グローバリゼーションと地域

21世紀・福島からの発信

福島大学地域研究センター　編

八朔社

装幀●高須賀　優

はしがき

　このたび福島大学地域研究センター発足10周年を記念して，本書『グローバリゼーションと地域——21世紀・福島からの発信——』を公刊することになった。当地域研究センターが公刊した著書は1995年4月の『国家をこえて地域をひらく——福島発・地域づくり新論——』に次いで2冊目であり，前身の福島大学東北経済研究所から数えると『福島県の産業と経済』（山田舜編，1980年），『新しい時代の地域づくり』（1987年）を加えて4冊目となる。
　今回の公刊は，市民を対象にした公開講座をベースにして編纂されたこれまでの著書と異なり，センター10周年の記念事業としてセンター運営委員会内部に「記念誌編集委員会」をつくり，ここで企画・構想を練り，経済学部と行政社会学部を中心に教育学部も含めた福島大学3学部の地域研究スタッフに依頼して，それぞれのテーマで書き上げてもらったものである。大学教員の多忙化がいわれて久しいが，誠に忙しいなか編集委員会の求めに快く応じて執筆の労を取っていただいた先輩・同僚の皆さんにまず感謝したい。
　さて，センターの10年は戦後四十余年続いた冷戦に終止符が打たれた年に始まる10年であり，20世紀最後の10年ともほぼ重なる時期であった。この時期はグローバルな観点からみてどのように特徴づけられるであろうか。独断的にいうことが許されるならば，次の二つの点を指摘したい。
　第一は，冷戦の終結は世界の平和を期待させたが，湾岸危機・戦争の勃発とその後の頻発する地域紛争，そして大国による軍事介入にみられるように，世界は「新たな緊張の時代」に入ったということである。特に注目すべきことは複雑で多様な背景をもつさまざまな地域紛争に対し，先進諸国がその軍事力を背景に力で「安定」と「秩序」を維持しようとしていることである。日本も米国とともにそうした秩序維持に積極的に関与していこうとしていることは，日米安保再定義を踏まえて最近成立をみた，新ガイドライン関連法に端的に示されている。
　第二は，社会主義諸国の崩壊を機に世界の一体化，即ちグローバリゼーションが一層強く，深く，多面的に進んだことである。止まることを知らぬ情

報・技術革命は世界をますます縮小しつつリアルタイムで結びつけ，ボーダーレスの状態をつくりだしている。市場開放と規制緩和の動きは多国籍企業の展開，国際金融市場の一体化を急速に進め，あらゆるレベルで国際競争を激化させて相互依存を深化させている。日本も当然こうした動きの例外ではなく，遅れていた日本企業の多国籍化が進むなか，日本経済そのものの構造的転換が迫られている。

このような冷戦後世界の特徴は，福島県を含む日本の地方と地域にとって大変厳しい状況をつくり出している。すなわち，秩序維持のために力に依存する傾向は，多かれ少なかれ国家＝中央政府の権限をある面で強化せざるをえないのであるが，そのことは目下進行中の「財政改革」「行政改革」そして「地方分権化」などの中味を複雑に規定することになっていくであろう。また市場開放と規制緩和によって進行するグローバル化は，地方と地域を直接激しい国際競争の波にさらすとともに，ローカル化にもさまざまな影響を及ぼしている。いま地方と地域はグローバリゼーションのなかで激しい変化のただなかにあるといえるであろう。特に1997年来の不況はその動きを加速しているように思われる。

今回の企画はそのような時代の特徴と状況をみすえながら，地方・地域をここ福島県に限定し，グローバリゼーションのもとで福島の農業，工業，金融などの産業がどのような状況にあってどんな問題を抱えているのか，ローカル化が強調されるなかで分権化や地方都市と過疎地域の在りようはどうなのか，情報化が進むもとで地域づくりやネットワークづくりをどうしていくのか，などについて検討し，21世紀における対応指針を提起しようとしたものである。

しかし，みられるように本書は統一的な理論にもとづいた体系的な叙述展開にはなっていない。むしろ執筆者それぞれの立場からさまざまな切り口で論理を展開しているのが特徴である。執筆者それぞれの地域問題に対する真剣な取り組みから引き出された結論に，どのような評価を下すかは読者に委ねられている。

福島大学地域研究センターは今年から新しい10年を歩み始める。当センターの長所はなんといっても地域研究に直接・間接に関わる研究者が三学部に

またがって数多く存在していることであり，また遠く福島高商創立以来，先輩研究者がコツコツと蒐集してきた膨大な地域研究資料が，最新の資料も含めて蓄積されていることである。これらのまことに貴重な宝を，時代と地域の要求にも真摯に耳を傾けながら，どう生かしていくのか，マンネリズムに陥ることなく歩み続けていくことが，いま私たちに問われている。

　最後になったが，本書が公刊にまでこぎ着けることができたのは，実に多くの方々のお力添えのたまものである。特に1998年度の相良勝利センター長を始めとする記念誌編集委員会の皆さん，福島大学学術振興基金，そして八朔社の方々には深く感謝を表する次第である。

2000年2月

福島大学地域研究センター
センター長　斎藤　勝弥

グローバリゼーションと地域——目次

はしがき

序　章　新世紀・福島の発展段階 i
　　　——地域開発と科学技術の関連を中心として——
　　　1　長期不況下の規制緩和と地域経済の変化...1
　　　2　日本経済の再建と科学技術...6
　　　3　福島県の経済発展と企業誘致...8
　　　4　福島県の高等教育機関と科学技術...16

第Ⅰ部　グローバル化と産業の展望

第1章　WTO体制下の福島県農業と中山間地域農政......23
　　　はじめに...23
　　　1　新政策と農政審議会答申にみる
　　　　　中山間地域農業対策...23
　　　2　特定農山村法とウルグアイ・ラウンド
　　　　　農業合意関連対策...24
　　　3　中山間地域農業対策の体系化と地域の反応...25
　　　4　食料・農業・農村基本法に向けての動き...27
　　　5　県レベルの中山間地域農業対策...30
　　　6　福島県農業と中山間地域の現状...35
　　　7　福島県の中山間地域農業対策...37
　　　おわりに...44

第2章　「国際化」の進展と福島県の工業 47
　　　はじめに——工業化の特徴と現状の課題...47
　　　1　工業構成の地域的特徴...51
　　　2　金属・機械関連企業にみる「国際化」の影響と
　　　　　対応の限界...59
　　　3　展望——むすびにかえて...68

第3章　国際競争下の地場産業 75
　　　1　地場産業をめぐる視点の変化...75
　　　2　保原・梁川ニット産地の生産構造とその特性...76

3　川俣織物産地の生産構造とその特性…84
　　　　4　会津漆器産地の生産構造とその特性…89
　　　おわりに…95

第4章　県内中小企業にみるベンチャー事業の展開……100
　　　　1　現状と問題点…100
　　　　2　新たな事業展開をめぐる問題状況…102
　　　　3　ベンチャー事業の具体的展開…110
　　　　むすび──経営者はプラス志向であれ…113

第5章　地方都市中心商店街の空洞化と再構築への課題…116
　　　　はじめに…116
　　　　1　小売業の業態変化と大店舗の出店攻勢…118
　　　　2　消費者の要望に応えられない商店街への不満…123
　　　　3　商店街の盛衰分岐はどこにあるのか…133
　　　　4　地方都市における中心商店街再構築の方向性…141
　　　　おわりに…147

第6章　ビッグバンと福島の金融……………………153
　　　　1　ビッグバンの必要性とその影響…153
　　　　2　日本の金融危機とビッグバン…156
　　　　3　ビッグバンと中小企業金融…159
　　　　4　ビッグバンと地域・福島県の金融…160
　　　　おわりに…163

第7章　情報化と福島の産業……………………………165
　　　　1　情報化へのインセンティブが
　　　　　　いまひとつの福島県…165
　　　　2　ネットワーク社会構築に向けて進む
　　　　　　情報通信基盤整備…169
　　　　3　産業振興のための高度情報化…176

　　　　　　第Ⅱ部　ローカル化と地域の課題

第8章　地方分権と住民の課題…………………………185
　　　　はじめに…185

1　すでに始まっている地方分権...185
　　2　地方分権は何を目指しているか...187
　　3　90年代の地方分権の経緯...189
　　4　90年代の分権化の成果と限界...194
　　むすびにかえて...198

第9章　福島県の地方都市問題 ...202

　　はじめに——本章の課題...202
　　1　激動の地方都市，その象徴としての
　　　　中心市街地空洞化問題...206
　　2　都市問題における
　　　　「地域社会」（コミュニティ）問題...209
　　3　地方都市の今後の展望...211
　　最後に——豊かな地域社会とライフスタイルをめざして...217

第10章　福島県の過疎対策 ...221

　　1　過疎地域・過疎対策とは...221
　　2　過疎地域の現状・問題点は...222
　　3　福島県の過疎地域の現状は...225
　　4　過疎対策の推移と結果は...228
　　5　福島県の過疎対策は...231
　　6　21世紀の過疎対策は...234

第11章　電源開発と地域の論理 ...244

　　1　福島県と電源開発——歴史的概観...244
　　2　福島県と首都圏——電力需給の実態...250
　　3　浜通り地域の変貌...253
　　4　リスク・アロケーションと地域の論理...256

第Ⅲ部　ネットワーク化と地域づくり

第12章　福島県の地域コミュニティ ...263

　　1　コミュニティは実在するか？...263
　　2　コミュニティ行政の展開...264
　　3　町内会・部落会は変わったか？...267
　　4　福島市の町内会連合組織と役職層...269

　　　　　5　保原町の「混住化」と新住民の町内会…273
　　　　　6　伊達町の町内活動支援策…276
　　　　　7　コミュニティの課題…279

第13章　環境問題と地域の論理 ……………………………280
　　　　　──廃棄物問題を中心に──
　　　はじめに…280
　　　　　1　福島県における廃棄物処理事業者と処分場…280
　　　　　2　福島県の廃棄物問題と地域の論理…283
　　　むすびに…289

第14章　情報化と県民のくらし ……………………………292
　　　はじめに…292
　　　　　1　福島県における情報化の現状…292
　　　　　2　県民のくらしと情報化の課題…302
　　　　　3　市民生活変容論をめぐって…304
　　　おわりに…306

第15章　地域社会における子育て・文化の協同…………308
　　　はじめに…308
　　　　　1　「子ども時代」を失わされている子どもたち…309
　　　　　2　地域社会に目を向けた子育て支援策…311
　　　　　3　地域に根ざす子ども文化の協同化…314
　　　　　4　子育ての広場づくり…319
　　　　　5　子育て・文化のネットワークづくり…323

第16章　文化的環境としての地域文化の創生 ……………327
　　　　　──メディアトライブ形成による表象空間の再編成を中心に──
　　　　　1　「地域文化」を文化的環境として考える…327
　　　　　2　消費文化とユースカルチャー形成…331
　　　　　3　ライフスタイルによる表象空間の再編成と
　　　　　　　文化的環境の創生…339

執筆者一覧

序　章　新世紀・福島の発展段階
―――地域開発と科学技術の関連を中心として―――

下平尾　勲

　福島県は，わが国の経済成長を背景に，封鎖経済，財政支援，保護政策という条件の下で発展してきた。ところで今日の低成長下のグローバリゼーション，国家財政危機と地方分権や規制緩和の下では，地域政策の重点を変更し，自立化を推進し，地域の再生産を構築していくことが課題となっている。その背景は次の点にある。

1　長期不況下の規制緩和と地域経済の変化

(1)不況下の規制緩和

　1990年代に入って超低金利政策をとっても，物価，株価，地価は上昇せず，設備投資も回復していない。8年間に60兆円に及ぶ景気対策が推進されたが，その効果もいまだに目立たず，景気の停滞状況が続いている。そこで，各企業は過剰設備，過剰雇用，不良債権の過多を削減し，健全な経営をめざそうとするが，結果的には縮小再生産が推進されている。国民経済的には，このことは失業者の増大，中小企業の衰退，土地価格や株価の低迷を促進し，景気悪化の原因となっている。1992年からはじまった不況の波は，大きな円弧をえがいて大企業，本社，大都市，金融から中小企業，支店，地域経済，製造業へと拡大している。バブル経済の崩壊を契機に，製造業，中小企業，地方産業が全体的には縮小再生産しているのみならず，規制緩和＝市場原理主義政策の採用によって，衰微しつつある産業，立ち後れている地域，競争力の弱い企業は経済的に陶汰される時代へと移行しつつある。というのは不況下の競争は売り手と買い手との競争よりも売り手間，生産者間の競争をひきおこしているからである。企業，財政，家計という経済の基礎条件の整備に

費用対効果，効率化という尺度が採用されるようになれば，勝ち組と負け組の優劣が一挙に表面化する。わが国の政策は，立ち後れている地域を振興し，競争力のない中小企業を近代化・合理化することによってボトムアップを図る政策を採用してきたが，市場原理・規制緩和を背景に成長性のある地域や企業，新産業の発展を誘導する方向へ転換しつつある。[1]福島県の産業政策はこのような時代の潮流に対応しつつ，いろいろ工夫して勝ち組を増やす努力を行うとともに，遅れた産業や企業を支援し自立化を図り，さらに，新事業を創出しつつ自前の産業を育成し，大企業の下請工場ではなく，自立した本社のある産業づくりを重視する必要がある。

(2)金融のリスク管理と BIS 規制

特に最近では金融面から産業の再編成が行われつつあることに注目すべきである。金融市場，業務分野，国際化の規制緩和により，金融機関の間の競争が激化し，金融機関内部の金融技術，リスク管理だけでなく，それぞれの金融業界の独自性を生かした業務提携が進みつつある。

また，金融業務のネットワーク化・デジタル化により，与信業務や決済業務が高度化し拡大するので，リスク管理や企業審査が合理化されるだけでなく，それにともない新しいマーケット業務が拡大する。すなわち，規制緩和により非金融法人，コンビニエンスストアや情報産業などの金融業務への進出が増加するであろうし，外資系の金融機関は，日本への進出をビジネスチャンスとみて，業務提携や系列化や合併を進めてくるであろう。また今後，高齢化社会の到来にそなえた老後資金の蓄積では，安全性の高い預金から，リスクをともなうが成長性の期待できる債権・株式，海外預金へと資金シフトが生じるであろうし，高度情報化と情報公開時代を迎え，家計部門の資金運用が多様化するであろう。その結果として，自己責任原則を前提とした業務や資金運用手段の多様化，投資機会の拡大，取引の効率化と同時にリスク管理の強化，金融機関の複合化，合併，系列化，得意分野への専門化が進展することになる。とりわけ，リスク管理の面から地方銀行も都市銀行と同様に自己資本比率 8％にまで高められることとなるであろう。また，金融機関は経営の安定のために，不良債権の処理，経営上将来性の乏しい企業への融

資の削減，債権の取り立てを行うが，とくに中小企業では，物的担保が不足しているうえに，事業基盤が不安定であり，金融機関にとっては貸出リスクが大きく，また，与信審査やモニタリングに要するコストも大企業よりも相対的に大きいから，貸し渋りが発生しやすい。したがって，金融機関の行動の面から経営条件の良くない中小企業や地方産業は経済的に選別されるであろう。そこで中小企業や地方産業はしっかりとした経営計画をたて，経営基盤の強化を図ることが大切である。

(3)海外投資と地域経済

国際的な利潤率，利子率や価格等の格差により生産財，資本財の輸出と海外への資本流出が一体化して進んでいる。今日では自動車，エレクトロニクス，半導体などわが国の代表的な輸出産業の海外生産が本格化し，わが国経済の空洞化が現実のものとなりつつある。本格的な国際価格競争の激化により，東北地域に進出していた企業が東アジアに生産拠点を移しており，企業の立地では東北地方と東アジアとが競合している。それだけでなく，わが国金融機関の安定のために採用されている超低金利政策は，実は米国との間に長期にわたり金利格差を発生させ，巨額の資本流出が続いており，その流出した資本でわが国の企業の買収が行われている。大都市と地方との，また大企業と中小企業との競争だけでなく，経済のグローバル化のもとで地方や中小企業の産業立地が問われている。その結果親企業が関連企業の面倒をみるというわが国の産業システムが大きく変化しつつある。下請・関連企業の多い福島県の経済の自立化の施策（市場，技術，資本，経営）が重要性を増しているゆえんもここにある。

(4)大都市と地域の相互依存関係の弱体化

わが国の産業基盤である資本，技術，労働力，市場および資源を活用し，産業の活性化に取り組むにあたっては，地方産業の発展が重要な鍵となっている。地方における生産基盤を強化してはじめてわが国全体の発展と再生産が可能となるからである。大都市と地方との経済格差をなくせば，全体としての底上げによって経済力を高め，国内における資本循環と社会的再生産が

拡大できるからである。

　経済のグローバル化と不況の長期化の中で，地域と大都市との相互依存の関係が遮断されつつあるという事態に直面し，地域と大都市との間の相互依存・社会的再生産の関係を樹立し，再構築していく必要がある。かつては地方から大都市へ原材料，食料，エネルギー，水および労働力が提供され，大都市から地方へ工業製品，観光支出，財政上の配分が行われてきた。農林漁業が衰微すると，地方へ工場を移転させ，公共投資を重点的に配分し，大都市と地方との均衡ある発展のみならず，相互依存・再生産の関係が維持されてきた。地域が繁栄した結果として都市が栄え，都市の豊かな経済力を地域へ再配分してきたのである。

　しかし今日，状況が大きく変化している。地域から若年労働力が大都市に流出した結果として，地域内部における労働力の再生産能力が低下しているし，大都市に必要な原材料や食料品は，巨額の機械工業製品の輸出の結果としてそれらの商品の輸入を強いられ，地域を支えてきた主要な産業は衰微している。また国際競争の中で，地方へ進出していた工場は縮小・閉鎖され，外国に生産拠点を移している。また国家財政の地方への配分能力も著しく低下している。その結果，地域産業が衰微し，巨大都市周辺，地方中枢都市，県庁所在地に人口が集中し，サービス産業が肥大化しているが，町村や中小都市における地域全体が社会，経済，文化，教育の面で活力の低下と衰微の傾向を示しており，経済政策による地域振興から社会政策にもとづく地域振興へ変化しつつある。

　都市と地域との社会的再生産を域際収支の面からみると，域際収支では，地域から農水産物，食料品，繊維，木材，家具類，陶器，漆器，パルプ，紙などを都市に販売して得た収入でもって，医療品やプラスチックなどの化学製品，電気製品，自動車，土木や農業用機械，資本財などを購入している。国の貿易収支にあたる県や市町村の域際収支は，大都市を有する都府県を除いてほとんどの地方県で赤字である。不足分はどうするか。県民の貯蓄額を減らすか，財政支援を仰ぐか，企業誘致にみられる民間投資や公共事業を導入するか，いずれかである。バブル経済の時期には企業の誘致，民間企業の設備投資も旺盛で，地域に資本が持ち込まれ，経済も成長し，雇用も拡大し

てきたが，バブル経済の崩壊後，域際収支の赤字補塡は，財政支援，公共事業，観光収入に依存している。なかでも公共事業に対する依存度が高い。公共事業は，地域における社会資本の整備のみならず，雇用面からみれば，地域の主要な産業であった農林漁業の衰微の補完としての産業的役割を果たしている。そのために，公共事業の効果は，建設業の経営だけでなく，地域商業，サービス業，不動産業，運輸業にまで，経済上広範囲に波及している。

　公共事業の削減と関連して建設業は転業すべきだと主張する人も少なくないが，これも地域の産業振興の推進の中でしか現実性をもちえないのである。地域の主要な産業である農林業が衰退した結果，重要な地域産業の一つとして，公共事業に依存して建設業が発生してきたからである。地域は海外貿易，県外販売の拡大の見込める産業の育成発展をめざし，このために資本の蓄積を図り，すぐれた人材を確保し，研究開発に人を動員すべきである。産業の精力的な育成の中でのみ基礎技術，応用技術の発達，関連産業の成長，地域雇用の維持が可能となる。この見地からすれば，たとえ困難であっても産業の振興を図らねばならず，そのためには新産業・新技術の開発，将来性に富む産業の育成に力を注ごうとする企業には，補助金，利子補給，特別融資等に関する地域政策の重点化が必要となってくる。

　資金の循環についてみると，財政と金融における再生産構造が形成されていた。すなわち，財政および財政投融資で地域に配分された資金は地域内部における産業の連関に応じて地域内を循環し，余剰資金は銀行に集められ大都市に流出し，大都市で租税の形でその一部が吸収され，地域に配分されたのである。つまり1996年の都道府県および市町村の普通会計は108兆円であるが，税収入は33兆円であり，その差額75兆円のうち地方交付税交付金19兆円，税外収入（国庫支出金等）56兆円で補塡されているのである。これに対して，東京都，大阪府，愛知県，福岡県の国内銀行勘定によると，1997年には預金額201.6兆円（全国の44.6%），貸出額299.2兆円（同60.9%），預貸率1.48，資金不足97.6兆円（預金に対して48.4%）で，他県から58.5兆円流入した。また首都圏の状況をみると，97年の資金不足は顕著で，首都圏（東京都，神奈川・千葉・埼玉県）は全国の預金額の39.0%，貸出額51.0%を占め，預貸率1.42であり，74.3兆円の資金が不足し，35.2兆円が他地域からファイナン

スされ，39.1兆円は中央銀行等から補塡されているのであるが，全国からの余剰資金の多くが首都圏に集中している。財政による資金の地方配分を基盤にして銀行が余剰資金を大都市に集中することができるのであって，財政と銀行が補完しあって地域と大都市との資金面での再生産を形成してきた。しかし今日，財政危機の中で地域財政を通じた所得再配分機能は低下し，また金融においては規制緩和の推進により地方銀行を通じて余剰資金が国外へ流出しつつあり，財政，金融における地域と大都市との再生産構造の緊密性は弱体化している。そこで以上のように，規制緩和，リスク管理，グローバリゼーション，地方分権，再生産システムの変化などの社会経済的な環境変化に対応し，地域経済の自立的，創造的発展の施策の重要性が増しているのである。地域金融機関には地元預金の何割かを地元に投資するという地域投資法の制定が望まれるのである。

2 日本経済の再建と科学技術

1983年以降のわが国の一方的な（米国，ヨーロッパ，東アジアに対して）経常収支の黒字に対して，一方では，為替調整（1985年9月のプラザ合意，バブル経済崩壊後の1992～95年の円高・ドル安）が強いられ，他方では，わが国の市場開放，規制緩和，海外直接投資の増加を推進せざるをえなくなった。条件が悪いことには，長期的不況下において市場開放，規制緩和が生じたので，資本の流出と開発輸入によって，わが国の産業の多くは価格上の国際競争力を喪失したのである。農畜産物，水産物，衣料品，陶器，漆器，木工品，金工品などは国内で生産するよりも輸入したほうがはるかに安価となった。日本製品が競争力をもつとすれば価格以外の要素，すなわち，品質，用途，機能，納期，デザインや形状などの競争力を強化するということであった。経済のグローバル化や規制緩和は消費者の利便性を向上させるとか，競争によって活力が向上するとか，効率化するとかいわれてきたが，現実には国際価格競争の激化により既存産業の衰退，失業者の増加，不況の長期化と深刻化をもたらしたのである。こうした国際的な価格競争の敗北の中でわが国経済を再生する新しい道として提起されたのは，科学技術の振興にとも

なう既存産業の高度化と新規産業の創造，非価格競争力の強化であった。

　科学技術の振興に関しては，一方では，自動車，エレクトロニクスなどわが国の代表的な輸出産業の海外生産が本格化し，わが国経済の空洞化が現実のものとなり，他方では，高齢化の急速な進展にともなう経済活力の低下の懸念が拡大しているわが国経済社会をめぐる最近の動向への対応策として，産業構造審議会基本問題小委員会は，いちはやく科学技術の振興，新規産業の創出，制度改革を提案していた（1995年10月）。

　さらに，わが国の科学技術政策の基本的な枠組みとして科学技術基本法（1995年11月）が制定され，研究開発推進に関する基本的な方針，基盤整備，基礎研究の充実，新産業の創出や学術面での国際交流の貢献などが検討されることとなった。その当時から大学の所有するすぐれた科学技術と研究成果を産業に応用し，移転するために，産学連携に関する調査研究も本格化した。[2]

　1997年5月に入るとアジア通貨危機が本格化し，またわが国の金融危機から金融恐慌の様相を示した。信用秩序の安定は放置できない事態であるので，預金者保護の立場から金融機関を救済し，不良債権をなくし，公的資金の導入を図りつつ信用秩序の安定を図る方法が講じられた。しかし長期にわたる低金利政策の維持と過剰生産の一般化，不況の深刻化による海外への資本の流出，工場の移転，それと関連しての生産財や資本財の輸出の増加がみられた。国内では民間企業の経営不振，収益の低下を背景に企業倒産の増加，事業の縮小，株式や不動産の販売，リストラの拡大，雇用不安の増加が進み，わが国経済は縮小再生産の方向を歩んだ。

　科学技術に根ざす産業振興による空洞化対策として「事業革新法」（1995年4月），さらに安定雇用の構築を図る必要から一歩進めて「新事業創出促進法」（1998年12月）が制定され，新規企業育成のための具体的な方策が打ち出された。[3] 通商産業省も「21世紀経済産業政策の課題と展望——今後の展望のたたき台——」（1999年6月）を発表し，社会経済的な環境の変化に対応しつつ「可能性を啓く技術の新たな展開」として情報・電子分野，遺伝子組み換え技術の活用，バイオ技術，新機能材料，複合材料に代表される新素材とその加工技術，医薬品産業，航空宇宙産業等の振興に21世紀のわが国の産業政策のビジョンを描いたのである。[4] 福島県もこうした新技術開発を推進する受け皿づ

くりが必要である。とくに中小企業の技術革新，新事業展開の機関として地域に根ざした試験場の設置や地場産業振興センターの新設が重要性を増している。

3　福島県の経済発展と企業誘致

　わが国の高度経済成長は1955年からはじまり1973年の石油危機の時代をもって終わった。その間に新産業分野の形成を背景とした第一次（1955〜64年），大型設備投資を条件とした第二次（1966〜69年），製造業から非製造業へ，大企業から中小企業へ，さらに大都市から地方へと設備投資が拡大した第三次（1971〜73年）高度経済成長を経過したのである。これに対して，福島県の高度経済成長は1968年からはじまり1977年に終わった。日本全国平均よりも10年余遅くはじまり5年遅くまで続いたのは，設備投資全体がすでに高度経済成長が終わろうとしていた1972〜73年から開始したことと新幹線等の集中的な公共工事の続行による波及効果によるものであった。しかし，経済成長の期間も10年間にすぎなかった（表1）。

　今日わが国の歩むべき唯一の道として，一方では信用秩序の安定，金融危機への対応策がとられ，他方ではわが国経済の発展のための科学技術による新産業育成の政策が採用されているが，福島県においては科学技術政策への取り組みは立ち後れ，21世紀の最大の課題となっているが，その立ち後れの最大の理由は，一方では福島県における経済成長の性格に根ざすものであり，他方ではその文教政策であった。一般的にいえば，1960年代における経済成長の立ち後れの主な条件は次の点にあった。

　①けわしい山脈による都市間の切断，総合的な交通体系の未整備による輸送コスト高。

　②地域内市場が小さく，また大都市販売市場に遠いために，加工技術の定着が弱く，機械工業への展開を欠き，最も生産性の低い農林業を基礎とする産業構造。さらに農林業の分解と衰退による産業基盤の弱さ。

　③産業基盤が弱く雇用吸収力が不足し，さらに大学等の基盤整備も遅れ，毎年多くの若年労働者層が流出したため，地域産業や文化の創造力が不足。

序　章　新世紀・福島の発展段階

表1　福島県の戦後産業構造の時期区分

福島県の発展の時期区分	福島県の産業動向	わが国の産業動向	備　考
I．戦後復興と資源開発期（1945～57年）	資源開発政策（食料増産、植林、地下資源開発、只見川電源開発）、輸出奨励策（養蚕、生糸、大堀相馬焼）。	国内資源開発と食料増産政策、傾斜生産方式による基幹産業の育成、財政・金融・通貨制度の確立。	復興国土計画要綱〔46〕、国土開発法〔50〕、日本開発銀行〔51〕、電源開発促進法〔52〕。
II．資源開発政策の放棄に伴う主要産業（農林水産業）の衰微、若年労働力の流出、地域格差・農工間格差拡大の時期（1958～67年）	格差是正政策（東北開発三法〔57〕）、企業誘致政策への転換、輸入増加により主要な産業の分解と転換（石炭から石油へ、生糸から合成繊維へ、木製漆器からプラスチックへ、水力から火力へ）がすすんだ。重化学工業化への立ち後れだけでなく、既存産業が崩壊し、大量の労働力が流出した。	資源開発政策から加工貿易政策へ、国内資源開発産業から石油・化学・機械工業へ、内陸型から臨海型開発へ、大都市工業化政策へ。	低開発地域工業開発促進法〔61〕、農業基本法〔61〕、全国総合開発計画〔62〕、中小企業基本法〔68〕、山村振興法〔65〕。
III．第一次高度経済成長と産業構造転換の時期（1968～77年）	企業誘致政策が本格化。低価金若年労働力を必要とする家電、繊維、織物産業の立地がすすむ。農業労働力から工業労働力への転換、首都圏市場の影響を強く受ける。公共事業により経済成長が持続する。	設備投資と輸出拡大による経済成長、重化学工業製品の輸出急増、日米貿易摩擦、雇用拡大と賃金上昇により国内市場・大都市の外延的拡大。	重化学工業の地方分散。第二次全国総合開発計画〔69〕、新経済社会発展計画〔70〕、ドルショック〔71〕、第一次石油危機〔73〕。
IV．公共投資による基盤整備期（1978～85年）	石油危機後の産業構造の転換と内需拡大策としての公共事業の推進、新幹線・高速道路に関連した交通体系の整備、港湾、空港整備、技術先端型産業の立地が増加する。	狂乱物価と不況（スタグフレーション）、省エネルギー、省労働力、省資源を目的とした技術開発、内需拡大政策と財政支出。	第三次全国総合開発計画〔77〕、大型国債発行、東北開発促進計画〔79〕、第二次石油危機〔79～80〕。
V．第二次高度経済成長と産業構造の高度化・多様化の時期（1986～91年）	貿易黒字を背景として輸出型企業進出ラッシュ。特定工場の立地件数（20年間全国累計第1位）。運輸・通信、住宅など新分野の急成長、雇用拡大により地域内市場拡大、サービス業の発達。	バブル経済の展開と日米貿易摩擦、規制緩和、内需拡大、民間活力論。技術革新を伴う広範囲の設備投資。	プラザ合意〔85〕による急激な円高・ドル安、前川リポート〔86〕、第四次全国総合開発計画〔87〕。
VI．国際競争と長期不況（循環的、構造的、制度的）の時期（1992～2000年）	進出企業の産業合理化、海外への資本流出、進出企業撤退・縮小、輸入商品の増加により地場産業の衰退。流通の合理化と規制緩和により既存商業の衰微、縮小再生産。	不況下における規制緩和、金融ビッグバン。過剰生産により輸出増加、既存制度の崩壊、失業者の増加、主要産業の海外進出による経済の空洞化。	バブル経済の崩壊、過剰生産により輸出急増。第四次円高・ドル安〔95〕、海外へ巨額の資本流出、重点的な景気対策、新全国総合開発計画〔98〕、新事業創出促進法〔98〕。
VII．景気回復と新技術開発の時期（2001年～）東アジア、米国との競争激化。高齢化による活力低下・新技術基盤体制の強化、自然環境を生かした産業立地政策	東アジアと東北経済との競合、東アジアの経済的自立化と研究開発、技術水準の向上、中国の国際競争力の脅威高まる。高齢化対応産業の発展、農山村の活力の発展のための独自技術の開発、自然環境を生かした企業立地がすすむ。	既存産業のリニューアル化、海外進出企業と日本企業との競合。新素材、システム工学、医療、福祉、情報通信、環境産業、宇宙・海洋開発、バイオ産業、生活文化産業の発達に伴う産業構造の変化。	既存法体系の緩和、グローバリゼーション、公共投資の内容変化、超微細、大型化技術、人工頭脳、高度情報化の技術や生活関連等の基盤整備促進。

注：〔　〕内は西暦年。

④高等教育機関，研究施設や調査機関などの整備が立ち後れ，大都市や国際交流の窓口の欠如にともなう科学，研究および文化の未発達と科学技術の産業への応用力が定着しなかったこと。

これらの諸条件が相互に作用しあいつつ，社会・経済的面からみて地域の発展が遅れてきたのである。

地域内市場が小さく，遠距離市場に対しては交通が不便であるという事情は，地域外部から新たな技術や手法を導入し，新たな展開ができない原因でもあった。福島県は，一般的には技術に立脚した産業地域ではなく，大都市の発展のための食料基地，原料基地として位置づけられた。

特に戦後のわが国の開発政策に関しては，米国を除く先進資本主義国も第二次世界大戦により荒廃しており，また米・ソ冷戦体制により外国市場は縮小しており，わが国における資本蓄積の不足と過剰労働力の存在という状況の中で，加工貿易政策ではなく，国内資源開発政策がとられ，食料増産，植林政策，電源開発，石炭政策が国家財政を背景に推進された。このように国内資源を有効に活用するという時代においては，それなりに地域は有利な地位にあった。

しかしながら，朝鮮戦争の勃発を契機にわが国の輸出が急増し，それを背景に国内資源の活用よりも安価な原材料・エネルギー・食料を輸入し，加工した商品を輸出するという政策転換が行われた。この国内資源の活用政策から加工輸出型産業政策への転換により，原材料・食料の供給地としての福島県の経済は，不利な地位に立たされた。

工業化が進み加工貿易が発展するにつれ，安価な原材料が大量に輸入され，価格競争上から既存産業（林業，養蚕・生糸——生糸，絹織物は輸出産業として繁栄し，戦前〔1934～39年〕のわが国の輸出額の17.5％を占めていた）が衰退しただけでなく，工業製品が自給自足的な農山村の経済を分解したからである。農薬，肥料，農機具だけでなく，衣料，家電，生活用品などの工業製品が農山村に大量かつ安価に流通するようになると，これらの工業製品の購入のために一定貨幣額が必要となり，現金収入の獲得のために食料品，原材料，労働力を販売することによって，地域的なバランスを維持しようとした。田から米を収穫し，山から木材を切り出し，海から魚をとり，地下か

序　章　新世紀・福島の発展段階

ら石炭や非鉄金属を掘り，河川から石をとり，水を電力に変え，原材料のまま大都市に販売し，繰り返し工業製品を購入してきた。しかし技術の面からも，価格の面からも，さらに労働生産性の面からも，農林漁業は工業などに比較すればはるかに不利であり，結果として地域間の収支が赤字となった。

　わが国の経済がたくましく高度経済成長をとげていた時期，特に1955～68年にかけては福島県の主要な産業であった農林漁業，石炭業，水力発電など地域資源に立脚する産業は分解され，多くの若年労働力を大都市に流出させたのである。このように高度経済成長から取り残されてきたという現実への対応策は，早急に交通体系と産業基盤を整備し，工場誘致を図り，地域の雇用を拡大し，県民所得を引き上げることであった。このことが福島県の発展のための唯一の道であった。福島県の高速体系の整備は首都圏市場との近接性に向けていち早く着手された。土地，水などの自然的条件や安価で豊富な労働力を活用し，地域内生産物を販売すると同時に積極的な企業誘致政策を推進し，東北地域の他県よりも有利な地位に立つうえでは，首都圏への高速交通体系の整備が緊急の課題であった。交通体系の整備を背景にまず進出した企業は労働集約型産業であった。高速交通体系の整備とともに1965～78年にかけては裁縫工場や弱電気産業が進出してきた。低賃金労働力と安い用地の確保を目的としたものであったが，企業立地は福島市，郡山市，いわき市および会津若松市などの大都市にかぎられていた。企業誘致政策が大きな成果をあげたのは第二次石油危機後であった。1986～91年にかけて福島県は第二次の高度経済成長期を迎えた。しかしその内容は輸出型機械工業の立地と公共事業の拡大に原因があった。

　1983年以降わが国の機械工業製品の輸出が急増した。しかも外国為替相場が1ドル＝240円前後で1981～85年まで5年近くにわたって安定していたので，わが国の輸出産業は為替差益も加わって，巨額の利益をあげた。当時国内製造業の売上利益率が2～3％であるのに対して輸出製造業のそれは4～5％であった。輸出型機械工業は海外への商品販売によって得られた利潤でもって研究開発と地方への設備投資を進めた。1986年以降の東北地域の産業の発展は輸出型機械工業の立地によって推進された。簡単にその概要を述べれば，次の通りである。

表2　特定工場の立地動向

(工場数)

		1977～79年	1980～82年	1983～85年	1986～88年	1989～91年	1992～94年	1995～97年	合　計	全国比％
1	福　島	35	51	97	124	207	83	69	666	5.6
2	茨　城	40	62	85	127	167	82	78	641	5.4
3	北海道	89	91	73	66	137	87	58	601	5.1
4	兵　庫	47	67	73	130	126	65	61	569	4.8
5	静　岡	52	61	68	116	124	67	70	558	4.7
6	埼　玉	69	76	88	71	89	69	22	484	4.1
7	愛　知	46	64	85	84	96	50	56	481	4.0
8	栃　木	50	63	64	73	98	60	56	464	3.9
9	福　岡	33	47	39	53	106	96	41	415	3.5
10	千　葉	36	55	67	68	79	31	22	358	3.0
東北計		126	177	246	284	504	240	175	1,752	14.8
全　国		1,048	1,472	1,649	1,953	2,937	1,563	1,255	11,877	100.0

注：敷地面積が9000平方㍍以上または建築面積の合計が3000平方㍍以上の製造業の工場または事業所の新設または増設。
出所：福島県工業開発課『工場立地動向について』より作成。

表3　福島県の技術先端型業種の立地状況

	1987年	1988年	1989年	1990年	1991年	1992年	1993年	1994年	1995年	1996年	1997年	1998年
技術先端型業種の立地件数	17	25	24	25	23	9	4	6	7	4	4	7
新設届出件数	96	159	147	171	147	87	60	50	58	62	63	46
技術先端型業種の占める割合	17.7	15.7	16.3	14.6	15.6	10.3	6.7	12.0	12.1	6.5	6.3	15.2

注：技術先端型業種（8業種）は，医薬品（206），通信・同関連機器（304），電子計算機・付属（305），電子応用装置（306），電気計測器（307），電子部品・デバイス（308），医療用機器（323），光学機器・レンズ（325）。
出所：表2と同じ。

①1977～97年の21年間における特定工場の立地件数では，福島県の666社（全国の5.6％）は，全国第1位であり（表2），そのなかでも技術先端型業種（医薬品，通信，電子工業等）の立地では全国の12％を占めている（表3）。とくに電子機械工業の増加率が顕著であり，1997年には事業所で15％，従業者数で29％，製造品出荷額で38％を占めている（図1）。

②1996年の福島県の工業製品の出荷額は5.6兆円で，宮城県の3.7兆円はもとより，青森・岩手・秋田県の合計5.3兆円よりも多く，北海道6.1兆円，京

序　章　新世紀・福島の発展段階

図1　事業所数，従業者数，製造品出荷額等の構成比（1997年）

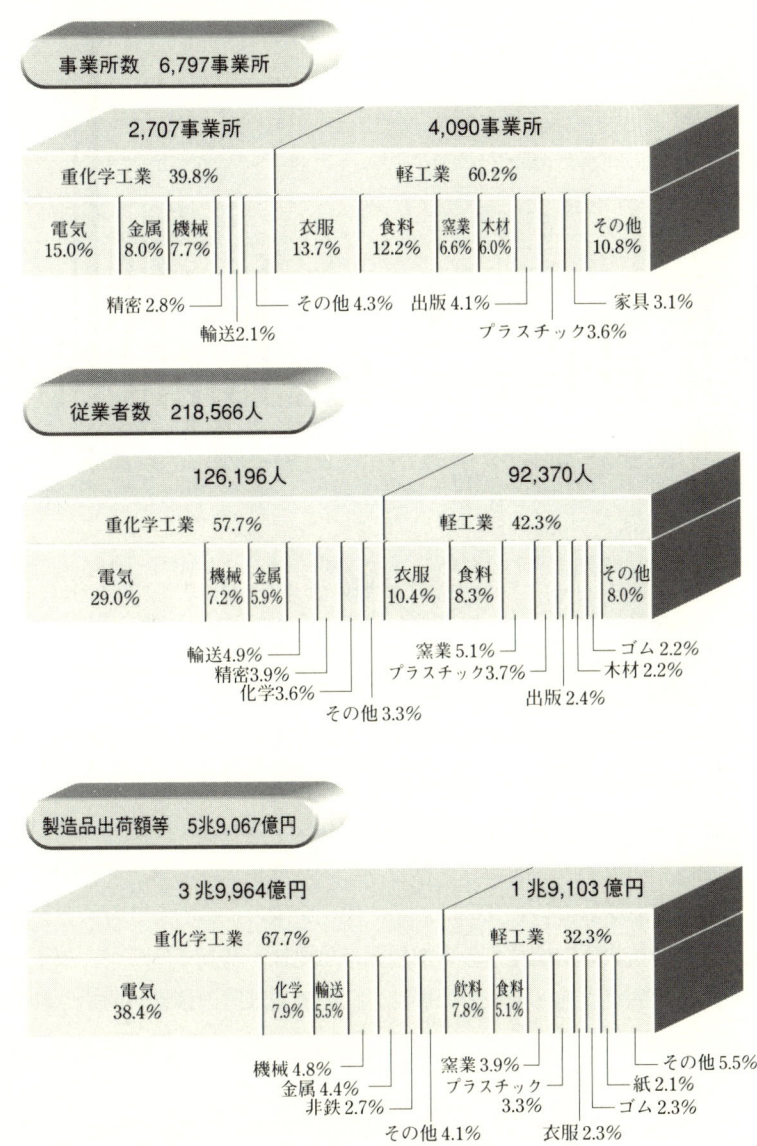

出所：福島県企画調整部統計課『福島県の工業』1999年。

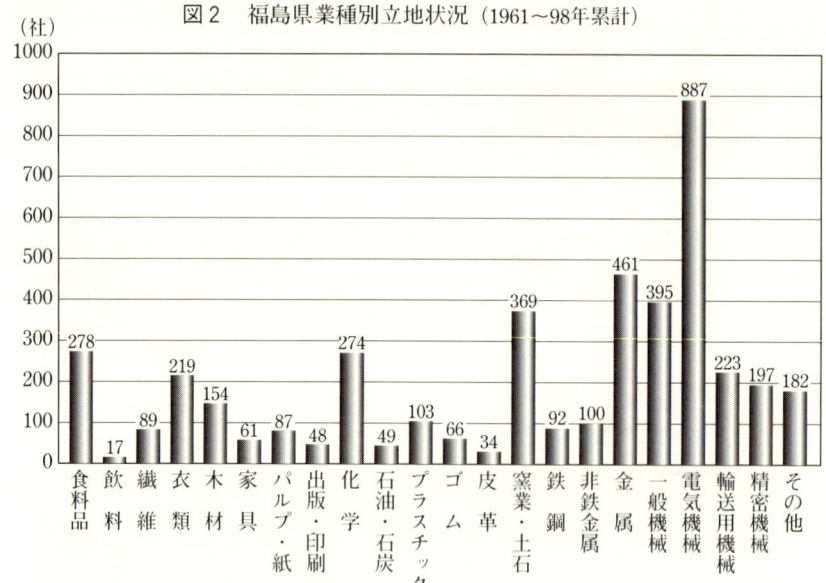

図2 福島県業種別立地状況（1961〜98年累計）

注：1) 1987年以前の飲料は食料品に，プラスチックはその他に含まれる。
　　2) 敷地面積1000平方m以上の工場立地（工場立地法に基づく工場立地届出）。
資料：福島県商工労働部『平成10年工場立地状況について』より作成。

都5.9兆円とほぼ肩を並べている。

　福島県の工業は輸出型工業の立地によって推進されたので(図2)，米国やアジアの経済発展やアジア経済危機と直接間接に影響を受けることとなった。

　③研究開発部門はほとんど首都圏に依存しており，工業製品全体の付加価値は全国平均にくらべてかなり低いうえに，近年では，東アジアから機械部品の輸入が急増している(図3)。県内中小企業の技術向上や将来の発展の可能性の高い情報通信産業への事業展開が重要性を増しているが，技術先端型産業の集中的な立地と地域での展開，研究開発部門の移転が開始されている今日，その地域の受け皿としての研究機関はもとより，技術者はもちろん研究者も地元には少ない。

　④国際競争のため進出企業の技術開発が要請され，大学に対する地域産業高度化の期待が大きいが，福島大学には自然科学系学部がないために他県にみられるように，技術相談，指導，情報提供をはじめ地域と大学との共同研

序　章　新世紀・福島の発展段階

図3　福島県輸入額の推移

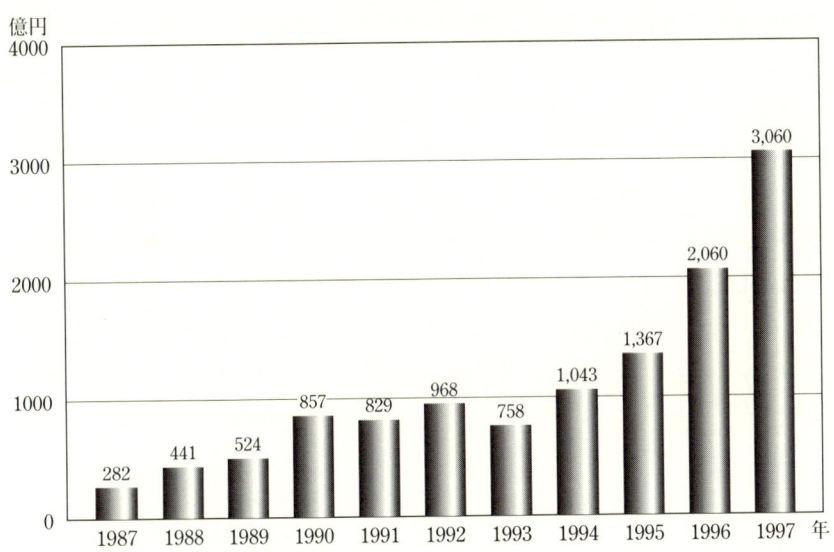

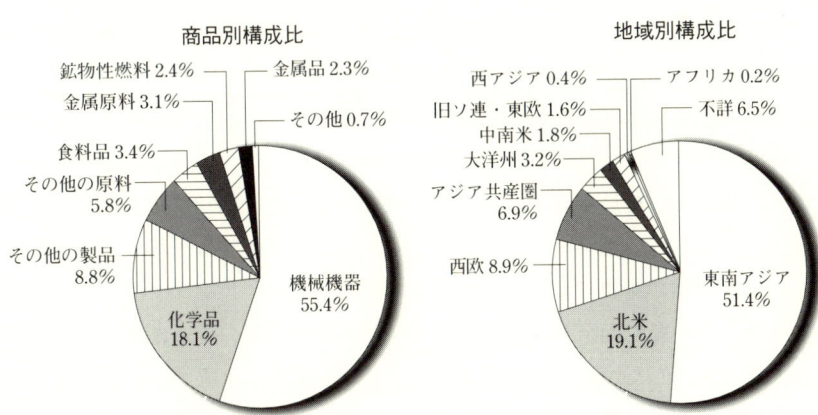

出所：福島県商工労働部『福島県の貿易』1999年版。

究は立ち後れてきた。産官学のモデルとしてのテクノポリス地域における協力は地場産業の振興や起業家支援，技術開発等多様であるが福島大学においては，地域共同研究センターが存在せず，協力の状況は5年間に1件のみとなっているにすぎない。大学と地域の連携の強化が全国的に推進されているが，面積も広く，企業立地がすすんでいるのに，自然科学系学部がないために大学との連携・協力体制が立ち後れており，今後それをいかに確立していくかが課題である。技術先端型産業の集中的な立地によって，農林業から工業化の道を歩みはじめた福島県においては，いわき明星大学，県立会津大学の新設，日本大学工学部の拡充により技術開発や新産業育成の支援体制を強化しつつあるが，21世紀の産業構造の高度化の中で国立大学に自然科学系学部が存在しないことは，地域の発展のうえで重要な課題の一つとなっている。

4 福島県の高等教育機関と科学技術

　福島県の産業政策は，農林業の基盤整備と各種のパイロット事業の採用をすすめると同時に，他方では積極的な企業誘致とそのための産業基盤の整備に重点がおかれてきた。学校教育も企業誘致に対応して実業高校を中心に整備された。高等教育については仙台市や首都圏に進学させるということで間に合わせてきた。県立医科大学の国立大学への移管についても，大学等の新設についても，福島県はそれほど積極的でなかった。1970年には高校進学率73%，大学等への進学率も17%であり，大学等への進学は一部エリートに属し，県民全体の悲願ではなかったからである。

　ところで，県内経済の工業化，さらにサービス産業の発達により県民の所得水準は上昇したが，それを背景に大学等の進学率が上昇するにつれて，高等教育機関充実の世論が高まってきた。面積も広く，人口も多い福島県において，大学としては，1970年までは福島大学，福島県立医科大学，日本大学工学部，郡山女子大学，東北歯科大学が存在したにすぎなかった。その後，明星大学，県立会津大学，東日本国際大学が新設され，東北歯科大学の改組・拡充（奥羽大学）が行われた。面積では首都圏（東京都，神奈川・千葉・埼玉県）よりも広く（全国第3位），人口も213万人（全国17位）を有している

序　章　新世紀・福島の発展段階

表4　福島県の大学進学状況（1997年度）

(人，％)

	志願者(A)	入学定員(B)	進学者(C)	自県内大学入学者(D)	県外大学入学者(E)	自県以外の東北地域入学者(F)	首都圏大学入学者(G)	定員／志願者B/A	定員比率B/C	自県内進学比率D/C	県外進学比率E/C	自県外東北比率F/C	首都圏進学比率G/C
青　森		3,589	5,084	1,513	3,571	1,107	1,421		70.6	29.8	70.2	21.8	27.9
岩　手		2,222	4,828	870	3,958	1,527	1,532		46.0	18.0	82.0	31.6	31.7
宮　城		10,810	9,077	4,615	4,462	1,352	2,128		119.1	50.8	49.2	14.9	23.4
秋　田		1,690	4,134	759	3,375	1,119	1,375		40.9	18.4	81.6	27.1	33.3
山　形		2,311	4,457	636	3,821	1,103	1,637		51.9	14.3	85.7	24.7	36.7
福　島	13,576	4,142	7,709	1,442	6,267	1,143	3,748	30.5	53.7	18.7	81.3	14.8	48.6
計		24,764	35,289	9,835	25,454	7,351	11,841		70.1	27.9	72.1	20.8	33.6

注：1)　志願者は1997年3月卒業生，入学者は1997年5月1日現在大学に在籍している者。
　　2)　入学定員は各県内の大学の入学定員＋α，実際の入学者数。
　　3)　首都圏とは東京都，神奈川県，千葉県，埼玉県をさす。
出所：文部省『学校基本調査』および福島県統計調査課『学校基本調査報告書』。

表5　福島県外大学等への進学者の教育費年間流出額（1998年）

		初年度費用 進学費(A)	初年度費用 敷金家財道具(B)	年々費用 在学費用(C)	年々費用 仕送り(D)	費用合計 A＋B＋C	1年間の流出額 A＋B＋D	内首都圏の大学等への進学学生数と負担費用
大学生	基準額	138万円	37	148	128			
大学生	学生数	6,388人	6,388	24,621	24,621			14,616
大学生	金額	88.1億円	23.6	364.4	315.1	476.1	426.8	281.9
短期大学生	基準額	122万円	37	148	128			
短期大学生	学生数	1,120人	1,120	2,616	2,616			1,495
短期大学生	金額	13.6億円	4.1	38.7	33.5	56.4	51.2	34.2
合計	学生数	7,508人	7,508	27,237	27,237			16,111
合計	金額	101.7億円	27.1	403.1	348.6	532.5	478.0	316.1

注：1)　基準額は国民金融公庫「勤労者世帯の家計を圧迫する教育費負担」（『調査月報』1995年2月号）による。
　　2)　学生数初年度については1998年度進学者とし，年々費用の学生数は，大学については1995～98年度入学者，短期大学については1997～98年度入学者とし，入学者すべてが進学したとして計算する。留学生は含まない。
　　3)　帰省のための年間の必要交通費は含まない。
出所：　文部省『学校基本調査』および上掲，国民金融公庫『調査月報』より作成。

福島県の進学率が年々上昇し，高校卒業生の30％は進学するようになれば，大学等の定員は絶対的に不足するようになった。大学進学者に対して県内高等教育機関の定員についてみると，志願者に対する定員比率30.5％，進学者に対する定員比率53.7％となっている（表4）。福島県の大学等への進学率は今日30％であり，全国平均40.7％よりも10ポイント以上低く，兵庫県，福井県，石川県，愛知県，広島県の50％に比較して20ポイント低い状況下にある。もし進学率が上昇して全国平均に近くなれば，定員不足は深刻さをますであろう。県外への進学者が増加し，卒業後，地元に帰らない人が増加するならば，高等教育機関の不足から若年層の流出が増加していくのである。福島県ではかつては地元に働くべき企業が不足していたので，中学，高校卒業後おびただしい若年層が流出し，地域の経済的発展を阻害してきたが，今日においては，企業誘致が進み，新しい産業も発達し，地域内雇用が拡大し，所得水準が上昇した結果，各家庭で子弟の高等教育捻出費の余裕が生まれたが，地元に大学がないために若年層が親の経済的負担によって流出しているのである。中長期的にみれば，科学技術や知的開発によって地域産業を振興しようという時代においては，大学等進学率の向上にもとづく若年層の流出は福島県の経済発展にとっては看過できない重要な問題となっている。

　1997年度県内大学進学者7709人のうち県外進学者6267人（85.7％），なかでも首都圏へは3748人（48.6％）流出している。福島県の97年度国立大学の定員1073人に対して国立大学進学者1480人であり，県外国立大学へ進学する者は1000人を越えている。また，県内には国立の理工系学部がないことも加わって，男子進学者の県外大学進学者は，全体の82.1％を占めている。94年度の大学進学者（過年度を含む）は6623人であるが，そのうち自然科学系学部への進学者は1726人（26.1％）を占めている。また，現年度のみの進学者は4693人で，そのうち国立大学の自然科学部へは353人（7.5％）進学しているが，地元に国立の自然科学系学部がないため，全員が県外大学に進学している。

　1998年度に大学等で学んでいる者は3万586人であるが，県内大学在学者は8349人（23.5％）であり，県外大学等在学者は2万7237人（県人口の1.3％）であり，そのうち首都圏大学等で学んでいる者は1万6111人（45.3％）であ

　　　　　　　　　　　　　　　　　　　　　序　章　新世紀・福島の発展段階

る。1995年2月号の国民金融公庫『調査月報』の基準額にあてはめると，帰省のための交通費等を含まないで約500億円の教育費の流出となっている(表5)。そのうち首都圏には300億円余流出している。県外への巨額の教育投資流出の現状を考えるとき，福島大学の自然系学部増設は，たんに21世紀型産業の発展のためのみならず，少子高齢化時代の地域の人材育成のためにも，地方分権の推進の人材の確保のためにも，さらに，教育費負担や教育の機会均等（人口や面積）の面からみても県民の悲願となっている。

注
1) 1997年6月に成立した中央省庁等改革基本法では，新たに設置される経済産業の編成方針として「個別産業の振興又は産業間の所得再配分を行う政策から撤退し，又はこれを縮小し，市場原理を尊重した施策に移行すること」とされている。中小企業の政策については，「中小企業の保護又はその団体の支援を行う行政を縮小し，地域の役割を強化するとともに，新規産業の創出のための環境の整備へ重点化を図ること」とされている。これを受けて，中小企業政策研究会『中小企業政策研究会最終報告』(1999年5月)は，市場原理の金融的側面である「近年の金融ビッグ・バン進展は，中小企業の資金調達にとって量的側面とコスト面の両面で困難性を高めるもの」(同報告書，17ページ)と批判的立場に立ちつつ，「二重構造の格差是正」から市場原理にもとづく「新規産業の創業支援」「経営革新」の政策理念がとられている（同上，11ページ，58ページ）。
2) 産学連携については相ついですぐれた調査報告書がとりまとめられている。中小企業事業団情報技術部『中小企業と大学との交流実態調査報告書』(1997年2月)，産学の連携，協力のあり方に関する調査研究協力者会議『新しい産学協働の構築を目指して』(1997年3月)，三菱総合研究所『平成8年度　中小企業における産学連携調査研究』(1997年3月)，北海道東北開発公庫北海道支店『産学官連携に関する道内研究者の意識調査』(1997年3月)，中小企業庁『中小企業白書(平成9年版)』(1997年5月)，東北インテリジェント・コスモス構想推進協議会『東北インテリジェント・コスモス構想中期推進ビジョン』(1997年6月)などがある。拙著『現代地域論』(八朔社，1998年) を参照されたい。
3) 「新事業創出促進法」は，1998年11月緊急経済対策として，提案され，12月11日法案制定，99年2月16日施行の運びとなった。内容は産業構造の高度化と流動性のある安定雇用社会の構築をめざし，(1)高度未来技術の開発費の集中的な投下制度を創設する。(2)新規起業家育成のための資金調達面を

はじめとする支援体制を確立する，というものである。創業支援としては，①中小企業事業団が直接に100万円から500万円の範囲内で助成し，②自己資金の額まで不動産等の担保を必要とせず，信用保証が受けられる。③欠損金の繰り戻しにより開業5年以内であれば，前年の法人税の一部が還付できる。④税制上の優遇を図る（権利行使時の経済的利益の非課税，売却時の譲渡益に対して税率26％を適用）。新事業の創出に向けた具体的な都道府県の支援の事例は次の通りである。①技術開発支援事業，②技術移転，③インキュベート，④資金供給，⑤経営指導，⑥販路拡大，⑦リエゾン（マッチング），⑧人材育成である。

　地域産業の基盤的な技術を支えてきた部品，金型を製造している中小企業では，技能者の高齢化，若者の製造業離れにより経営基盤が弱体化しているところへ，地域に進出していた加工組立型量産工場の海外展開により急激に取引が減少し，倒産，転廃業，銀行の貸し渋り対象の企業が続出している。このような背景で緊急経済対策が打ち出された。

4）　通商産業省は「経済構造の変革と創造のための行動計画」（1997年）の中で新規産業創出環境整備プログラムにみる今後のわが国の産業動向の有力な産業分野として，①医療福祉関連，②生活文化関連，③情報通信関連，④新製造技術関連，⑤流通・物流関連，⑥バイオテクノロジー関連，⑦エネルギー関連等15分野をあげており，1998〜2010年の12年間にいずれも2〜3倍の市場規模になると予測している。しかし半面，同省の『産業構造審議会地域経済部会報告』（1999年6月）によれば，わが国における基盤的技術産業集積の空洞化が強調されている。「高度な技術を有し，我が国の基幹産業を支える部品，金型，試作品等を製造することにより相互に取引関係を形成している中小，中堅企業が密集する我が国の『ものづくり』の基盤となっている大田区，東大阪市等の地域においては，加工組立型量産工場の海外展開，若者の製造業離れ，技術者の高齢化等により，地域の工場数，従業員数が減少し，空洞化が進行している。このような状況を放置すれば，重要な基盤的技術を有する中小，中堅企業の転廃業が進み，地域産業の空洞化が加速的に進む懸念が……急速に高まってきた」（3ページ）。中小企業の技術的基盤の空洞化が現実のものになり，技術的基盤の強化なくしては新産業の飛躍的な発展は期待できないとみているのである。

5）　1977年に策定された『福島県長期総合計画』の重要な課題の一つは人口定住条件の整備を行うために，整備条件を全国平均水準に引きあげることにあったし，産業についても「全国水準へのキャッチアップの過程」（46ページ）が重視されたのである。

第Ⅰ部　グローバル化と産業の展望

第1章　WTO体制下の福島県農業と中山間地域農政

守友　裕一

はじめに

　中山間地域が，耕地面積や農業就業人口において全国に占める割合は，約40％である。また国土保全機能，生態系保全機能，社会文化的機能で，農業・農村のもつ多面的な機能の評価でも，その評価額は全国の6兆8788億円に対して，中山間地域は3兆319億円で，45％を占めており(1998年，農林水産省農業総合研究所)，食料政策，国土政策，環境政策などにとって重視すべき地域となっている。

　中山間地域問題とは，高度経済成長期以降顕在化し，いまや地域社会の崩壊の危機にさらされている過疎問題を底流におき，さらにはウルグアイ・ラウンド農業合意の結果，地域の農林業の衰退を招き，それが地域の資源管理，国土保全，環境保全の問題を引き起こしているといった，農林業振興，食料生産，地域社会の維持，地域資源管理，国土・環境保全全般にかかわる問題である。

　本章では，この問題を中心として，国と地方自治体の農業・農山村政策を概観し，その中で福島県の独自の取り組みを紹介しながら，これからの方向性について検討を行なっていく。

1　新政策と農政審議会答申にみる中山間地域農業対策

　1992年6月に出された農林水産省の「新しい食料・農業・農村政策の方向」(新政策)では，10～20%程度の個別経営体の育成による生産性の向上目標とならび，農村地域政策の項をたて，その中で中山間地域に対する取り組みと

して二つの政策を掲げている。

　第一は産業の振興と定住条件の整備であり，労働集約型，高付加価値型，複合型の農業や有機農業，林業，農林産物を素材とした加工業，観光などの振興と，地方都市との道路アクセス条件の改善，生活環境の整備，居住区域の再編統合，伝統・文化の育成，医療，福祉の充実などの定住条件の整備を図ることである。

　第二は地域資源の維持管理であり，特に条件が不利で，定住人口の確保などに努める必要がある地域については，農林地を一体的に経営・管理するため，農協と森林組合の業務の相互乗り入れ，農業と林業にかかわる事業を併せ行う新たな組織の設立のための仕組みの整備，農林地などの地域資源の適切な利用・管理について積極的な取り組みを進めることである。

　1993年1月に出された農政審議会の中間取りまとめ「今後の中山間地域対策の方向」では，今後の取り組みの視点として，次の5点をあげている。

　第一は集落からの積み上げによる地域の農林業生産体制と土地利用の再編整備についての展望の確立，第二は地域の特性を生かした高付加価値型・高収益型農業への転換と森林資源等地域資源の総合的活用，第三は地域の農地および森林の国土・環境保全機能の確保をめざした取り組み体制の再編整備，第四は生活圏全体として都市地域と遜色のない水準の実現をめざした定住条件の総合的整備，第五は個性ある内発的発展の促進である。

　この五つの視点，とりわけ内発的発展の促進の指摘は，これまでの農政審議会の諸答申と比べて，かなり地域の個性，内発性を重視したものとして評価してよいと思われる。つまりこのことはそれだけ中山間地域問題が深刻化しており，地域実態により近いところから対策を考えていかなければ，新たな展望はひらけないという現実の反映であるとみてよい。

2　特定農山村法とウルグアイ・ラウンド農業合意関連対策

　1993年6月に公布された「特定農山村地域における農林業等の活性化のための基盤整備の促進に関する法律」（特定農山村法）では，目標とそのための手法やソフトを明示する農林業等活性化基盤整備計画，新作物の減収の際資

金を融通するなどの措置を含む農業経営改善安定計画の策定，耕作放棄地対策や代替農地取得の円滑化を含む農林地所有権移転等促進事業などが定められた。

さらに1993年12月には，米以外の輸入制限品目の関税化，米についてはミニマム・アクセスの設定，国内支持の削減などを内容とするウルグアイ・ラウンド農業合意の受け入れが行われた。その後1994年10月には同合意を受けてウルグアイ・ラウンド農業合意関連対策大綱が定められ，①地域の基幹産業である農林業の振興，②多様な収入機会の創出，③暮らしやすく，開かれた農山村の形成を柱とする農山村地域対策が打ち出された。

3 中山間地域農業対策の体系化と地域の反応

このように新政策，農政審議会中間取りまとめ，特定農山村法，ウルグアイ・ラウンド農業合意関連対策，さらには既存の山村振興法，過疎地域活性化特別措置法等の諸事業を含めて，中山間地域農業対策は体系的に整備されるようになってきた。

このもとで，地域のソフト活動支援のための中山間地域活性化推進事業，特色ある地域条件を生かした農業生産基盤の整備，地域条件等に配慮したきめ細かな事業展開と生活環境との一体的整備のための山村振興等農林漁業特別対策事業などの対策がなされるようになってきた。

このように，1990年代中期の国の中山間地域対策は次第に体系的になり，また市町村で採択できるメニューも増えてきた。だが農業者や市町村の担当者からいまひとつ元気な声があがってこなかった。

ではその原因は何であったのであろうか。気のつく点をあげてみよう。

第一にメニューが増え使用目的の自由度が高い事業があったとしても，補助事業という枠は崩していないから，その補助残を地域で担うだけの力が落ちてきており，計画から事業へとすぐには進んでいかない点があげられる。

第二にウルグアイ・ラウンド対策関連事業では，特に土木・建設関連のハード事業において市町村の事業担当者の業務量が過大となり，対応が十分にできないという現実もある。

農業生産，農村生活改善のための基盤の整備を重視することは大切であるが，いま少し土木中心の対策から，多様な担い手・主体の自立支援，人間発達を軸とする事業へと転換していく必要がある点があげられる。

　第三に融資についても，中山間地域を中心として融資の裏付けとなる担保物件の価値が下がり，資金を借りにくい状況となっていることがあげられる。農業の展望の欠落は地域のもつ資産的価値の低落へとつながっていくのであり，この点の長期的展望の構築が急がれている。

　第四はウルグアイ・ラウンド農業合意にもとづく農産物輸入自由化，とりわけ米輸入とそれにともなう減反面積の拡大や政府による米価の下支え機能の喪失を前に，農業生産に対する意欲が薄れてきていることがあげられる。今後の農村整備にあたっては生産と生活の一体的整備が課題としてあげられているが，その中では生活にかかわる下水処理・排水などへの要望は強い半面，生産についてはあまり元気な声があがってこない。そのギャップが全体として整備水準上昇の足を引っ張っている点があげられる。

　第五は農協の広域合併により，中山間地域のそれぞれ個性をもった市町村が単独で個性的な仕事をやりにくくなっており，それが事業の導入をしにくくしている原因の一つといえる。市町村レベルで農業公社を設立しようという動きが活発化しているのはこのことの反映でもある。

　第六は自由度の高い事業が増えたといってもそれがすべてではない。具体的な地域レベルでの個性的な事業を独自に進めていくという，財源的裏付けをもった地方分権の進展はまだこれからである。ただその重要性の認識は深まりつつあるので，農林水産サイドからその具体策の検討を急ぐ必要がある。

　第七は農業経営基盤強化法に端的に現れているが，法に基づく計画策定を前提にしたうえでの法人，認定農業者優先の政策になっているという問題点である。法人化の必要性と認定農業者の積極的役割は大いに認めうるとしても，しかし同じ地域の中で，少数の認定農業者と多数のそのほかの農業者という構図の中から，広く地域の農業者の英知を結集していくという方向性は出てくるのであろうか。農業者の間に選別を入れることによって，一方で上向展開を志向する農業者を支えるとしても，他方で多数の農業者の意欲を減少させていっているという負の側面があることも忘れてはならない。

第八は兼業農家，零細農家，高齢農家などの役割について，地域からこれらの層を担い手とする「やりがい農業」「ふれあい農業」「60歳からの農業」などが提起，実践されているが，これらは地域の実践のほうが先行し，国の政策が一歩遅れているといえる。国レベルでのその現実対応の不十分さが，全体として地域からの盛り上がりを欠く一つの原因であったとみてよいであろう。

4 食料・農業・農村基本法に向けての動き

こうした状況のもと1996年9月に，「農業基本法に関する研究会報告」が出され，その中で「新たな基本法の制定に向けた検討に当たって考慮すべき視点」が8点出され，中山間地域にかかわるものとして，「農業の有する多面的機能の位置付け」「農村地域の維持・発展」が提起されており，日本農業・農村の発展のために中山間地域対策は不可欠のポイントとなっていることを確認することができるようになった。

さらに1997年4月から新たな農業基本法にむけて，食料・農業・農村基本問題調査会が発足し，1998年9月に答申が出された。

そこでは食料・農業・農村に対する国民の期待として，食料の安定供給の確保などに加えて，農業の自然循環機能の発揮，農業・農村の多面的機能の発揮，農村地域の地域社会としての維持・活性化などがあげられている。

具体的政策の方向では，総合食料安全保障政策の確立，わが国農業の発展可能性の追求，農業・農村の有する多面的機能の十分な発揮などがあげられている。多面的機能の発揮にかかわって，中山間地域等への公的支援が提起され，中山間地域等の維持・活性化を図るため，平地地域とは異なった施策を構築することが必要であるとして，特色ある農業・林業・地場産業の展開と中山間地域等への直接支払いが，新たな公的支援策として有効な手法の一つであるとして提起された。ただし中山間地域等において適切な農業生産活動等に対して直接支払いを行うことについて国民の理解を得ることができる仕組みと運用のありかた，すなわち対象地域，対象者，対象行為，財源等の検討を行なっていく必要があるとされた。関連して都市と農村の交流と相互

理解の促進も打ち出された。

これらをふまえて，食料・農業・農村政策の行政手法として，①政策の評価と見直し，②財政措置の効率的・重点的運用，③情報公開と国民の意見の反映，④国と地方の役割分担の明確化，⑤国際規律との整合性の考え方が打ち出された。

この点にかかわって，④では地域の自主性と創意工夫の発揮というなかで，国と地方の役割分担ではどこに線を引くのか，財政負担はどう分担するのか，⑤では国内政策が国際規律の押しつけとならず，国，地域の独自性を出していけるのかどうかが課題となっているといえよう。

1998年12月8日に農林水産省は，「農政改革大綱」を公表した。その柱はⅠ農政改革についての基本的考え方，Ⅱ国内農業生産を基本とした食料の安定供給の確保と食料安全保障，Ⅲ消費者の視点を重視した食料政策の構築，Ⅳ農地・水等の生産基盤の確保・整備，Ⅴ担い手の確保・育成，Ⅵ農業経営の安定と発展，Ⅶ技術の開発・普及，Ⅷ農業の自然循環機能の発揮，Ⅸ農業・農村の有する多面的機能の十分な発揮，Ⅹ農業団体の見直しである。

中山間地域にかかわって，基本問題調査会答申の中でもⅨが重視され，農業生産の振興と農業経営の体質強化では，高付加価値型農業等の推進，中山間地域等に適合した基盤整備と技術の開発・普及，第三セクターの活用等による多様な担い手の確保が，国土保全等の多面的機能の維持・発展では，農林地の一体的な保全整備，生産基盤の整備と農地の利用・管理体制整備の一体的な促進が，中山間地域における定住の促進では，内発型の地場産業の育成，生活基盤の総合的整備と高齢者対策の推進が提起されている。

基本問題調査会答申で提起された直接支払いの導入では，次の枠組みが出され，それに基づいた議論が開始された。

①対象地域は，特定農山村法等の指定地域から，傾斜等により生産条件が不利で，耕作放棄地の発生の懸念が大きい農用地区域の一団の農地，②対象行為は，耕作放棄の防止等を内容とする集落協定または第三セクター等が耕作放棄される農地を引き受ける場合の個別協定に基づき，5年以上継続される農業生産活動等，③対象者は，協定に基づく農業生産活動等を行う農業者等，④単価は，中山間地域等と平地地域との生産条件の格差の範囲内で設定，

⑤国と地方公共団体とが共同で，緊密な連携の下で直接支払いを実施，⑥農業収益の向上等により，対象地域での農業生産活動等の継続が可能であると認められるまで実施。

　この枠組みは耕作放棄地を発生させないために，5年以上，協定に基づいて農業生産活動を行うことを条件としており，現在中山間地域で必死の努力で農業生産を行なっている農業者や組織体を支援することになるが，対象地域をどこまで広げるのか，一団の農地の面積の下限はいくらか，経費負担はどこなのか，耕作放棄の防止と国土・生態系保全との関連をどのようにみるのか，集落の役割や位置づけをどうするのかなど早急に検討すべき課題を内包しているといえる。

　この大綱を実現するために，1999年度から2000年度までと2003年度までの，年度を区切った実施計画としての「農政改革プログラム」もあわせて公表された。

　この大綱と改革プログラムの公表の直後，また日本農業の進路をめぐって激震が襲った。政府は1998年12月18日に，ウルグアイ・ラウンド農業交渉において選択した米についての関税化の特例措置に関し，1999年4月から関税措置への切り替えを行うとの決定を行なった。そのねらいは次期農業交渉をにらんだ戦略とかかわっていることは明らかであるが，自国の食料をどうするのかという哲学に欠けた対応と批判されてもやむをえないであろう。また発表の日時は逆になっているが，農政改革大綱はウルグアイ・ラウンド合意後のWTO (World Trade Organization, 世界貿易機関) 体制下の自由化戦略，米関税化措置を前提として組み立てられているとみてよいであろう。この点が次に検討する，地域レベルでの独自の農業政策を制約することになる危険性もはらんでいる点には，注意が必要である。

　1999年7月には農政改革大綱を基礎においた食料・農業・農村基本法が公布・施行された。その基本理念は，①食料の安定供給の確保，②多面的機能の発揮，③農業の持続的な発展，④農村の振興である。基本理念に即した諸施策を行うため，施策についての基本的方針，食料自給率の目標，総合的かつ計画的に講ずべき施策等を明示した基本計画を政府が策定するとしている。基本的施策は，①では食品産業の健全な発展，不測時における食料安全保障

など，③では農地の確保および有効利用，人材の育成・確保，価格政策と経営安定，自然循環機能の維持増進など，④では農村の総合的な振興，中山間地域等の振興などとなっている。中山間地域振興については，1999年8月に「中山間地域等直接支払制度検討会報告」が出され，「農政改革大綱」で出された論点の整理がなされ，2000年度からの実施にむけて地域での検討が開始された。

5 県レベルの中山間地域農業対策

　国のこうした政策の流れと相互に関連しながら，県レベルでさまざまな独自の中山間地域農業対策が検討され，いくつかの道府県では実施に移されたものがある。そこでそのいくつかをみていこう。

(1)農業振興，中山間地域振興に対する考え方に特徴がある事例

　北海道においては，1997年4月に「農業を魅力あるものとし活力のある農村を築き上げ……北海道の農業・農村を貴重な財産として育み，将来に引き継いでいく」ことを基本理念とした「北海道農業・農村振興条例」を制定した。同年10月には北海道農業・農村振興推進計画を策定し，農業・農村の振興に関する基本的な施策を定めた。これは全国に先駆けた試みとして積極的に評価してよいであろう。

　富山県においては，1996年に「富山県中山間地域活性化指針」を作成した。そこでは中山間地域といっても地域によって自然的，経済的，社会的諸条件に大きな違いがあることから，中山間地域を過疎化と農業活力の程度の二つの指標で，Ⓐ平地連接地域（過疎化低，農業活力度高），Ⓑ山麓地域（過疎化低，農業活力度低），Ⓒ山間地域（過疎化高，農業活力度高），Ⓓ山間僻地地域（過疎化高，農業活力度低）の四つの類型に区分した。そのうえで，類型ごとの振興方向を打ち出している。中山間地域の多様性を踏まえた地域類型区分は，今後の集落や土地利用の在り方を考えていく際に不可欠の作業となるものと思われる。

　岡山県においては，平地地域に比べ，地理的，自然的に不利な営農条件に

ある中山間地域の農林業の新たな視点からの支援策の提言を得るため，岡山県中山間地域農林業活性化懇談会を設置し，1996年に「中山間地域農林業の新たな展開に関する提言」を行なった。その中で注目に値するのは，施策の展開にあたっての新たな視点として，地域の類型化と支援策の実施として，農業集落ごとの営農条件と定住条件の指標をクロスさせ，営農条件，定住条件とも高い「発展型集落」，営農条件低，定住条件高の「交流型集落」，営農条件高，定住条件低の「安定型集落」，営農条件，定住条件とも低い「保全型集落」の四つに類型化を行い，それぞれのタイプに応じた支援策を設定する必要があることを提起している点である。

島根県では1999年3月に「中山間地域の活性化に向けて最大限の努力を払うことを決意」し，「島根県中山間地域活性化基本条例」を制定した。日本の中山間地域政策上画期的なできごとといえよう。

徳島県においては，農林水産部の中に農山村振興課を設置し，中山間地域対策の中心的な施策を行なっている。徳島県の対策で特徴的なことは，農山村地域おこし支援事業として，地域リーダーを中心とした3～4町村の広域連携組織による地域おこし研究会を設け，地域おこしのための課題を選定するとともに，課題解決に向けて研究・検討を各地域で繰り返して行なっていることである。

(2) 特徴的な中山間地域農業振興策を行なっている事例

秋田県においては，不利な条件にある中山間地域の稲作を，野菜，花卉，果樹，畜産等へ転換させることを大きな目標として，意欲的な農業者に対し，初年度経営費の軽減等経営の早期安定に必要な支援を行なっている。また農林漁業の生産振興を目的として実施している国庫事業について，受益者負担を軽減するため，県で嵩上げ措置を講じ，戦略作目の振興を図っている。経営転換への立ち上がり支援と補助率の嵩上げを県独自に行なっていることが特徴的である。

岩手県においては，中山間地域活性化推進体系の中に五つの柱をたてている。その第一は内発的な地域づくりの促進，第二は産業基盤の整備，第三は生活環境の整備，第四は都市と農村の交流の促進，第五は農林地の適切な保

全管理の促進である。

　県単独事業では第二の柱の中には，農協等が独自で行う農産物価格支持制度への支援を行う山間地域農産物価格支持対策事業，中山間地域の園芸の産地化を促進する花と野菜の郷づくり産地育成事業など，中山間地域における価格支持と戦略作目への誘導という考え方が明確である。

　新潟県においては，早くから系統的に中山間地域農業対策が行われているが，その柱となってきたのは，1989年から1995年にかけて実施された山間地域総合振興対策モデル事業（県単独事業）である。農業所得拡大対策，農林水産物付加価値拡大対策，地域農林業・観光提携促進対策，農外所得拡大対策，県土保全などが総合的に組み込まれている。

　1996年度からは中山間地域活性化総合対策事業（県単独事業）が行われている。ここでは事業展開類型を，広域総合整備型，地区緊急整備型，やるき農家支援型の三つとし，事業を次の7類型に区分している。Ⅰ地域活性化推進事業，Ⅱ小規模生産基盤整備事業，Ⅲ高品質生産体制整備事業，Ⅳ高付加価値経営促進事業，Ⅴ都市交流促進定着化事業，Ⅵ定住条件整備促進事業，Ⅶ特認事業であり，Ⅱの中での農地保全・管理活用推進事業，耕作放棄地等活用整備事業，Ⅲの中での中古機械リース事業などがユニークなものである。小規模土地改良や中古機械のリースなど，型にはまらない発想が県レベルの施策で出てきているところに，この事業の特徴がある。なお新潟県では事業主体として市町村の第三セクターを重視していることが特徴的である。

　鳥取県においては，1990年の山間集落実態調査，1992年の中山間集落座談会の実施，中山間地域活性化推進協議会の設置，1994～95年の山間集落現地調査をふまえて，1996年から中山間ふるさと保全施策を創設した。これは鳥取型デカップリングと称する県独自の施策である。

　「豊かで快適な魅力あふれる農山村の創造を目指して――鳥取県中山間地域活性化基本方針――」（1996年）では，その目的を，中山間地域における定住条件整備の促進と地域の活性化を助長することにより，県土の均衡ある発展を図り，中山間地域が有している水源のかん養・国土の保全・保健休養などさまざまな公益的機能を維持・永続させることとしている。

　そのうえで中山間地域が有する公益的機能は，人がそこに住み，農林業を

第1章　WTO体制下の福島県農業と中山間地域農政

営むことによってもたらされるものであり，その必要な経費は，社会的なコストとして担わなければならない部分もある。したがって，公益的機能の維持・永続を図るうえで基礎となる，担い手にかかわる緊急かつ重要な課題については，県独自の特別な施策を講じ，地域の担い手を直接的あるいは間接的に支援していくこととするとしている。

具体的方策は担い手に対する支援であり，次の二つに分かれている。

Ⅰ　活動等に対する支援

①農林業や農山村に魅力を感じ新規に就業する者や，新規作物の導入など農林業経営に意欲のある農林業者等を対象に，その投資的経費および経営費に対して支援を行う。

②第三セクター等公的な農林地保全組織や森林組合の就労条件の改善など，人材定着の取り組みに対して支援を行う。

③公的な団体や森林組合，集落等が行う農林地保全のための基盤整備や活動に対して支援を行う。

Ⅱ　定住条件整備に対する支援

①担い手の定住促進を図るため，個人住宅の建設を支援する等，中山間地域に配慮した個人助成的な支援を行う。

②中山間地域の中でも，人口の減少や高齢化等が特に進行している集落や地域を対象として実施される施設の整備およびその運営費等に対し支援を行う。

これらをみただけでもわかるように，山間集落実態調査など地域に根ざした実態把握を基礎として，中山間地域が抱える諸問題に対して，きめ細かな対策を独自に打ち出しているところに大きな特徴があるといえよう。

島根県においては，特徴的な施策として，1995年度から県単独事業として取り組まれている農山漁村高齢者生産活動支援事業があげられる。県で策定した高齢者活動支援計画に基づく，高齢者産直コミュニケーション促進事業，高齢者農業講習事業，高齢者活動推進事業を基礎として，働く意欲と能力のある60歳以上の高齢者またはそのグループを対象として，高齢者の運動能力や体力的な衰えを補う機械施設や作業環境整備，農林水産品の流通加工・販売，伝統的産品の製作等に要する機械・施設整備にかかわる経費を市町村に

対して補助するものである。事業開始直前の1994年時点で高齢化率21％で全国一という島根県の実状を反映した施策であるといえよう。

　山口県においては，1996年策定の「山口県農林業・農山村振興の基本構想」では，農山村と都市との共生を強く打ち出し，地域を結ぶ人づくり，多様な交流の場づくり，未来へ引き継ぐ美しい環境づくりを体系化している。その具体化のため，1997年には「やっぱしえぇね！　緑の大地と青い海」という手引き書を出し，グリーンツーリズムの全面的展開を試みている。例えば1995年に全国でも初めての試みとして国道315号・376号線沿いの朝市，直売所等をつないでの「ルーラル315・376フェスタ」，1996年の国道191号をメイン路線とした「ルーラル・さんさん・フェスタ」などを，今後県域でネットワーク化し，情報交換や研修会等を実施することにより，朝市を地域固有のローカルマーケットとして，「食業おこし」として育てていくことを実践しつつある。山口県の事例は，人，交流を軸にした農山村振興の試みといえる。

　宮崎県においては，中山間地域では民有林が多く，農林家が中心であることから，国土保全奨励制度を制定しそのもとで多様な事業を行なっている。山村の担い手対策では，研究・啓発を進める国土保全奨励制度推進費，第三セクターの設立・人材育成などに対する総合産業支援事業，ハウスリースの助成を行う中山間地域新農業育成支援事業，山村生活の充実では，過疎地域集落整備研究事業，特定農山村地域の活性化施設建設への上乗せ補助を行う中山間地域定住条件整備支援事業，集落単位で治山ダム，簡易給水施設等を整備する国土保全山村集落整備事業，さらには森林等の管理の推進，山村と都市との交流の拡大の四つの分野で，山村・農林業・集落に視点をおいた対策がとられている。

(3) 県レベルの中山間地域農業対策の特徴

　まず農業・農村を守り，将来に引き継いでいく宣言的な条例を北海道が制定した。農業のウエイトが相対的に高い北海道とはいえ，この条例は全国的な意義をもつといってよいであろう。

　中山間地域といってもその実態は多様であり，地域の類型化とそれに基づく支援策の実施を提起しているのが，富山県と岡山県である。地域の多様性

認識はこれからの地域政策の中で不可欠の視点といえよう。さらに住民参加の研究・検討を重視しているのが徳島県である。地域は多様であり，地域に即した研究・検討は不可欠であり，地方自治体の重要な役割がここにあるといえよう。

具体的な事業では，稲作転換を主眼とする秋田県，中山間地域における価格支持と戦略作物への誘導を図る岩手県，国の基準からははずれる事業に独自に取り組んでいく新潟県や，各県で行われている国の事業に対する上乗せ助成などが一つの傾向として把握できる。

デカップリングを政策に明記したのは鳥取県である。内容では一部生産対策とリンクするものもあり，生産対策と所得補償との分離というデカップリング本来の意味とは少しずれる部分もあるが，公益的機能を維持する担い手が，これまで負担すべきものとされてきた費用について，行政がその一部を肩代わりすると明確に述べた点は，地域農政史上画期的なことといってよいであろう。

さらに島根県では高齢者に，山口県では人と交流に，宮崎県では国土保全や集落に視点をあてたさまざまな施策がなされている。これらの独自の事業を集大成し，相互比較検討していくことが，今後の中山間地域農業対策にとって，不可欠となっている。

次にこれらの諸施策とならび独自の事業で関係者の注目を集めている，福島県の事例についてみていこう。

6 福島県農業と中山間地域の現状

(1)農業の現状と振興方針

福島県は県土も広く，阿武隈地域，南会津地域など中山間地域も多くかかえている。

そこでまず福島県農業の現状をみておこう。1998年の総農家数は11万6910戸，うち販売農家数は9万7800戸で，専業農家率は10.6%，第一種兼業農家率は9.2%，第二種兼業農家率は80.2%である。

新規就農者は1980年に375名であったが，1990年には42名にまで減少した。しかしその後は増勢に転じ，1998年には94名となっている。認定農業者数は1998年12月で3684名，うち法人は115である。
　耕地面積は年々減少しており，1998年で16万1400haであり，特に畑の減少が著しくなっている。また遊休桑園などを中心に耕作放棄地が増加してきており，1995年には1万2353haに達している。
　農業粗生産額は1997年で3028億円で，うち米42.5%，畜産20.1%，野菜19.4%，果実10.2%であるが，いずれも停滞ないしは減少傾向にある。花卉は中山間地域では，リンドウや宿根カスミソウなどの生産が増加しつつあったが，やや頭打ちの状態である。
　福島県では，農業・農村をとりまく情勢が，農業従事者の減少と高齢化，ウルグアイ・ラウンド農業合意の実施，新食糧法の施行，さらに新たな「農産物の需要と生産の長期見通し」の策定など，大きく変化してきたため，1990年8月に策定した「第三次福島県農業振興基本方針」を見直し，1996年1月に「第三次福島県農業振興基本方針（改訂）」（ふくしま新世紀農業・農村プラン）を策定した。
　そこで目標とする21世紀の農業・農村では，「魅力に富んだ農業」「産地間競争に打ち勝つ生産・流通」「住んでみたくなる農村」「活力に満ちた中山間地域」「県民とともに発展する農業」を柱としている。
　中山間地域については，総合的な活性化対策を次のように提起している。まず第一は立地条件を生かした農業の振興，第二は地域資源を活用した産業の複合化による地域の活性化，第三は生活環境基盤の整備，第四は公益的機能の維持強化である。
　なおこの「第三次福島県農業振興基本方針（改訂）」は2000年度が目標年度であるため，1999年度より新たな計画の策定作業が開始された。

(2)中山間地域の現状

　ここでは1996年8月に福島県農林水産部農林企画室がとりまとめた「福島県における中山間地域の現状」からみていこう。
　中山間地域は県内90市町村のうち54市町村が該当し，面積は78万1999haで，

県全体の56.7%を占めている。経営耕地面積は6万1731㌶で，県全体の39.6%を，地目別では田で38.4%，畑で49.6%，樹園地で26.0%を占めている。耕作放棄地面積は5707㌶で県全体の46.2%を占め，県全体の耕作放棄地率が8.0%であるのに対して，9.2%と高くなっている。林野面積は68万9099㌶で，県全体の70.5%を占め，県全体の林野率が71.0%であるのに対し，88.1%と高くなっている。

　人口は48万5073人で，県全体の22.8%を占めているが，その割合は年々低下してきている。人口動態では，自然増が県全体で2.5%であるのに対して0.5%であり，社会増減が県全体で0.0%であるのに対して△0.2%と減少になっている。65歳以上の人口の割合（高齢化率）は，県全体が16.8%であるのに比べて，20.5%と高くなっており，その率は年々上昇してきている。

　農家数は5万2496戸で，県全体の40.5%を占めている。専業農家率は県全体が9.3%であるのに対して，8.5%でありやや低い。農業粗生産額は1065億円で県全体の35.7%を占めているが，農家人口一人当たりの農業粗生産額は県全体が46.0万円であるのに対して，41.5万円と少し低くなっている。住民一人当たりの分配所得は，県全体では269万円であるのに対して，249万円であり，20万円の開きがある。

7　福島県の中山間地域農業対策

　以上みてきた中山間地域の現状を踏まえて，福島県としてはどのような独自の対策を立てているのであろうか。

　中山間地域の活性化にあたって，福島県では次のような方針を立てて計画の実施にあたっている[2]。中山間地域は，ウルグアイ・ラウンド農業合意の影響が最も懸念されることから，農林業をはじめとする産業活動の振興を図ることを基本にしつつ，生活環境の整備や景観の保全による中山間地域の活性化に努め保健・保養など多面的な機能を発揮させていく必要があるとして，第一に地域の特性を生かした農林業の振興，第二に生産・生活環境基盤の総合的な整備の施策を打ち出している。

　そこで次には代表的な事業について検討していこう。

(1) 中山間地域農業，地域振興全般にかかわる事業

　この事業は国の補助事業と連動して行われているが，多数あるなかで二つ紹介する。

　まず第一は1998年度まで実施された，中山間地域活性化推進事業と中山間地域広域支援活動推進事業である。

　前者は市町村に中山間地域活性化推進資金を造成し，新規作物の導入等による農業経営の改善・安定，需要の開拓，新商品の開発，都市住民の農林業の体験等地域間交流の促進などを支援するものである。後者は地域資源を総合的に活用し，所得の周年確保を目指す広域活性化推進組織の確立・充実の支援と，地域興しをリードする人材の活用を行うことによって，地域活性化に資するものである。

　この二つは，1999年度に統合され，特定農山村総合支援事業となった。これは市町村に中山間地域振興資金を設置し，これを原資として（5年以内で取り崩し），高収益・高付加価値型農業の展開，多様な担い手の育成，地域間交流の促進，環境，景観，伝統文化の維持保全の活動を実施するものである。

　第二は2001年度まで継続予定の山村振興等農林漁業特別対策事業と1999年度に創設された新山村振興等農林漁業特別対策事業である。前者は四全総（第四次全国総合開発計画）に対応し，ウルグアイ・ラウンド対策事業として位置づけられ，農業振興に重点がおかれていたが，後者は五全総（21世紀の国土のグランドデザイン）に対応し，ウルグアイ・ラウンド対策後を念頭におき，多自然居住地域の整備の観点から，多様な産業支援，多様な地域施策が組み込まれている。

　新山村振興等農林漁業特別対策事業の内容は，農林漁業の振興，新しい地域産業の振興，山村・都市交流促進，文化教育の増進，農林地・自然景観の保全，生活環境の向上，高齢者・女性対策の推進が含まれている。

　福島県内の具体的な事業事例には次のものがある。

　山都町では，雪室利用の寒晒しソバの製造，保存のための集出荷施設の建設など，地域資源を生かした身の丈にあった交流の基礎条件を整えつつある。

　安達町では，「道の駅・安達」に地元の上川崎和紙の技術伝承を目的とする

紙漉き伝承館を建設し，技術伝承者を1名雇い，見学，体験も付随してできるようにする計画である。三春町では，既存の交流施設・田園生活館の自然観察ステーションとしての機能付加のための風力発電施設，天文台と，体験農業のための農芸センターの建設を進めている。

塙町では，すでに建設が認定された道の駅に，センターハウスを建設し，レストランと農産物直売所の機能をもたせることとしている。

天栄村では，村営スキー場にセンターハウスを建設し，地元食材供給施設，直売施設地して機能させる計画である。

桧枝岐村では，1999年5月にオープンしたミニ尾瀬公園に温泉を中心とした交流施設づくりが計画されている。桧枝岐村は村の産業の中心は観光であり，農業振興地域がなく，山村振興にかかわる事業しか導入できないため本事業を適用させたという。

葛尾村では，マルチメディアビレッジ事業を展開しているが，無医村での在宅医療，健康相談のための健康情報端末の導入と，宿泊型交流促進施設の建設による，子供を中心とした交流を検討している。

以上多様なバラエティに富む事業が各地で行われており，県の担当者によると多様な機会を与えることによって，地域からは意外な考えが生まれ，またそれらの施設の予想外の利用方法が編み出されたりして，さまざまな需要創造に役立っているという。

しかし事業の内容が，農業それ自体より，交流，文化，生活環境，高齢者対策などに傾斜していることに対して批判も予想されるが，これも県の担当者によると，中山間地域の町村に時間はそれほどは残されていない，いま農業従事者の平均年齢は60代半ばで，あと10年もつかどうか，それならばいまやる気のある町村にはいろいろな事業をやらせて，その中から新たな展開の芽を見出すべきではないかとの考えが出されている。中山間地域の実態からすれば妥当な見解といえる。

(2)稲作生産調整，転作にかかわる事業

福島県の転作支援事業は，稲作転換推進条件整備事業（転作用機械等導入事業），緊急転作拡大特別対策事業（福島県転作応援助成），中山間地域水田

多面的活用推進事業（中山間経営転換事業）から成り立っている。

　転作用機械等導入事業は，転作田で使う機械，施設等の導入に必要な経費の一部を補助するものであり，他県ではあまり例がみられない宿根性の種苗（カスミソウ，リンドウ，カラー）にも補助を行なっている。その際中山間地域に対しては，補助率をアップしている。また事業主体は3戸以上の共同利用としているが，中山間地域では2戸以上に条件を緩和している。

　福島県転作応援助成は，転作目標面積の前年より増加したぶんに対して，大豆等転作拡大助成（大豆，麦，飼料作物），振興作物導入助成（野菜，花，ソバ，なたね等），水田機能保全助成（調整水田，多面的機能水田・景観作物・学童農園等）を行い，また5㌶以上の大規模稲作農家が転作目標を達成した場合，規模拡大定着加算を行うものである。

　中山間経営転換事業は福島県の中山間地域対策の中でも，その独自性で全国的に注目を集めているものである。この事業は中山間地域米生産推進モデル事業として，1995年度から開始された。そこでまずこの前史となる事業からみていこう。

　このモデル事業の目的は，中山間地域における望ましい水田営農を確立するため，自然条件を生かした特色ある米産地の育成と，転作の推進による経営転換を，一体的に推進することにあった。

　この目的達成のために，高付加価値米産地育成事業（ハード）と中山間地水田活性化事業（ソフト）が設定された。実施年度は予定では1995年度から1999年度までであった。事業全体のイメージは図1‐1の通りである。

　高付加価値米産地育成事業は，おおむね標高400㍍の中山間地域における，中核的農業者を核とした生産組織の育成と，特色ある米の産地を育成するため，15〜20㌶規模の共同利用施設（ミニライスセンター，産地精米施設，もち加工施設），集団営農用機械（コンバイン）の導入・整備を行うものである。

　中山間地水田活性化事業は，おおむね標高600㍍の中山間地域で，集落(推進地区)単位で転作目標面積以上に転作を実施し，経営転換と水田の維持・保全を図るものであり，これを集落間での水田利用調整とあわせて行い，適地適作を図るものである。

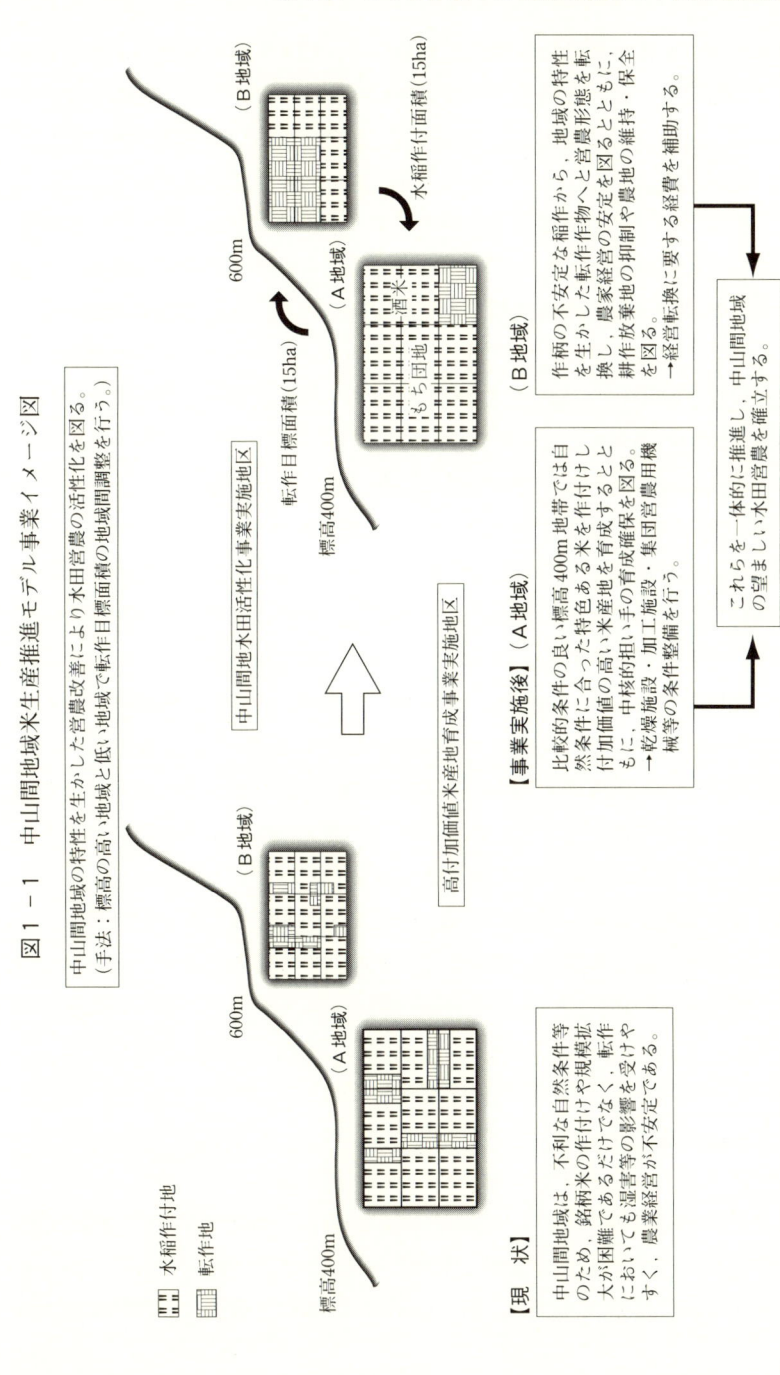

第1章 WTO体制下の福島県農業と中山間地域農政

図1-1 中山間地域米生産推進モデル事業イメージ図

中山間地域の特性を生かした営農改善により水田営農の活性化を図る。
（手法：標高の高い地域と低い地域で転作目標面積の地域間調整を行う。）

【現状】

中山間地域は、不利な自然条件等のため、銘柄米の作付けや規模拡大が困難であるだけでなく、転作においても冷害等の影響を受けやすく、農業経営が不安定である。

中山間水田活性化事業実施地区

高付加価値米産地育成事業実施地区

【事業実施後】（A地域）

比較的条件の良い標高400m地帯では自然条件に合った特色ある米を作付けし付加価値の高い米産地を育成するとともに、中核的担い手の育成確保を図る。
→乾燥施設・加工施設・集団営農用機械等の条件整備を行う。

（B地域）

作柄の不安定な稲作から、地域の特性を生かした転作作物への転換を図り、農家経営の安定を図るとともに、耕作放棄地の抑制や農地の維持・保全を図る。
→経営転換に要する経費を補助する。

これらを一体的に推進し、中山間地域の望ましい水田営農を確立する。

水稲作付地
転作地

資料：福島県農林水産部水田農業課資料（1996年）による。

推進地区の要件は高齢化，過疎化が著しく，加えて転作等目標面積が達成されていること，また3戸以上で構成される営農集団が行うことが条件となっている。交付金額は県から1万5000円／10㌃，市町村から5000円／10㌃であり，この助成金で転作にともなうリスクをカバーする計画である。

　この事業によって中山間地域の中でも条件が不利な地域において，転作作物等の導入を促進することにより，冷害等による作柄の不安定な地域での水稲作付けが抑制され，地域に適した営農が確立でき，また中山間地域の中でも比較的条件が良い平坦地域の良質米生産地域においては，地域間調整により転作面積が減少し，適品種の水稲作付けが一層促進されるとともに，担い手の育成が期待されることとなる。

　この中山間地域米生産モデル事業は関係者から注目を集め，地元新聞にも「全国初の所得補償」として一面のトップ記事で取り上げられた[3]。そして「所得補償型の事業は国の農政審議会が昨年，導入を検討したが，時期尚早として事業化は見送られた経緯がある[4]」と解説し，そのうえで「福島版デカップリング[5]」として紹介された。

　1995年度には大玉村，古殿町，大信村，柳津町，伊南村，飯舘村，いわき市川前町が指定された。支出される補助金の使い方は，生産調整を行い，作物を植えて収益を確保する程度のゆるい条件で，経営改善のために農家が使いやすいやり方で使ってもらえればよいとの考えであり，高冷地における生産調整にともなう所得補償と農地資源管理の色彩が濃いといえる。

　例えば大玉村では全村対応で野菜，花卉の定着をめざして小菊，リンドウ，ながいもの実証圃の設置や，振興作物の視察研修や苗代にあて，大信村では，ソバの種子代，肥料代，基幹作業の委託料などにあて，柳津町では琵琶首地区でカスミソウへの転作に活用し，実証圃設置や先進地視察の費用にあて，伊南村では定額を転作奨励金として農家に交付していた。

　この中山間地域米生産推進モデル事業は，1995～97年度，1996～98年度，1997～99年度と各地区3年，全体で5年の実施計画であった。

　ところが1996年から1997年にかけて米の過剰から米価が下落し（例えば福島県中通りコシヒカリは1996年11月1俵〔60㌔㌘〕2万3915円，97年9月1万9297円），政府は1997年11月に「新しい米政策大綱」を発表し，1998年度から

第1章　WTO体制下の福島県農業と中山間地域農政

2年間の緊急生産調整推進対策を実施することとした。その結果福島県では、それまでの水田面積の約4分の1から、3分の1へと生産調整面積が大幅に拡大することとなった。

そこで県はこのモデル事業を1997年度で打ち切り、98年度から中山間地域水田多面的活用推進事業（中山間経営転換事業）へと衣替えを行なった。現在行われているこの新しい事業の基本的仕組みはこれまでの事業と同じであるが、変化したのは次の3点である。

第一は基準となる標高を600メートルから500メートルに下げたことである。転作目標面積が増え、中山間高冷地では米からの転換を図っていくことがますます必要となってきたためである。

第二はそれまでは転作作物を助成の対象としたが、新しい事業では転作作物に加え景観作物（例えばコスモス、なたね）や学童農園・レクレーション農園等への利用も可としたことである。

第三は中山間地水田活性化事業実施地区を水田多面的活用推進事業実施地区と名称を変更したことである。

この結果1998年度は700ヘクタール、99年度は950ヘクタールと、政府基準以上の上乗せ転作が計画されることとなった。

1998年度の中山間経営転換事業は、市町村数28、地区数36、補助対象面積（超過面積）700ヘクタール、事業費1億4000万円であった。転換作物はキュウリ、柿、ソバ、大豆、カスミソウ、フキ、インゲン、葉わさび、クローバー、トマト、養魚水田（ドジョウ）、ウルイ、シドケ、リンドウ、ギョウジャニンニク、サヤインゲン、コンニャクなど多彩である。

補助金の使途は、所得補償的に超過面積割で農家に交付したり視察研修にあてている事例が多いが、霊山町でキュウリ・柿の共同利用機械の整備、月舘町で葉わさび加工用施設の充実、猪苗代町でソバの種子代、肥料代、刈り取り委託料の負担軽減、金山町でソバの肥料代、いわき市川前町で種子代、収穫作業の委託料充当など、新たな展開方向の芽を含むものも現れている。

おわりに

　これまで中山間地域を中心とした農業振興策について，国と県の施策についてみてきた。

　国の政策は，国家的な枠組みの中での統一性，体系性の維持の観点から，大枠的な提示とならざるをえない。他方地域政策においては地域の個性，地域の実情に応じた定住条件の確保のための独自の具体策が必要になっている。特に中山間地域は自然・生産条件や地域資源・生産物が多様である。そしてその多様性が地域農業の集約化，高付加価値化などの発展や，都市と農村の交流の発展へ向けてのシーズ（種）となっていくという関係から，政策においても多様性を生かす観点が不可欠となっている。

　そのため地域の側では，国の政策を県や市町村レベルから地域の実情にあわせて，修正・補強していく独自政策が必要になってきており，地域からの政策立案能力が問われるようになってきているのである。また地域政策を先行させそこから国家政策を変えていくという考えは，かつての公害などの「市場の失敗」への反省の中から生まれ，革新自治体がシビルミニマムをスローガンにして福祉，医療，教育，公害対策などの分野で先駆的な取り組みを行い，それを後に国が追認する政策をとってきたという歴史的経験がある。これらをふまえて再度地域主体の観点から，地域政策の具体的な検討ならびに政策立案能力の形成が大きな課題となってきているといえよう。

　それに対応する形で，国の側では地域ごとの差異を認識して，より一層の地域との情報の交換を基礎とした多様性認識にもとづく政策の提起が必要である。地域の側では財政的裏付けをもった分権化をより一層追求して，地域に即した多様な政策を配置していく努力が不可欠になっているといえる。

　中山間地域の総合的活性化を図るためには，定住条件の再構築，すなわち新たな時代や中山間地域に見合った暮らしの再編が不可欠である。そのためには，①産業面からの地域経済の自律化，活性化，②生活基盤，環境の整備，③中山間地域に見合った文化の創造，継承，が柱となってくる。

　①については，就業機会の保障すなわち所得追求と，土地利用の適性化す

第1章　WTO体制下の福島県農業と中山間地域農政

なわち地域資源管理の二つの視点が必要になってくる。そこでは地域資源，地域特性を生かした地域産業の活性化，起業化が課題となり，さらに農林業および農林関連産業の多面的展開が課題となってくる。そしてその中から並行して土地利用の管理主体が形成されてくる道が展望されなければならない。

②については，住宅，生活基盤，農村空間整備を当然の前提として，農地，林地，棚田などの保全をあわせて図っていく必要がある。

③については，その実現のために地域の住民組織の自主的な活動に加え，地域外の人々との交流によってそこでの情報交換をもととして食文化，農村文化の再評価，継承，発展が図られなければならないであろう。

WTO体制を前提とした食料・農業・農村基本法には，食料自給率に対する考え方が不明確，家族経営の位置づけが弱い，農産物価格支持制度の大幅な後退，条件不利地域への直接支払いも制約条件が多い，といった問題点があり，市場メカニズムを基調としているなかでの，セフティネットの欠落も指摘しうる。

一方これまでみてきた地域の農業振興策では，その積極面はかなりの部分が生産対策，転作対策と結びついており，デカップリング的ではないものが含まれている。県や市町村レベルでは価格安定化，生産対策を行わないと農業・中山間地域の維持ができなくなっていることがその背景にある。

そうしたなかで，グローバルスタンダード（その内実はアメリカンスタンダードであるが）という名目で，WTOの基準が押しつけられてきているのである。国際化の名目のもと，外との「ハーモナイズ」だけで地域，特に条件不利な中山間地域を守り，発展させていくことはできるのであろうか。

そうした点からみれば，地域の現実を目の前にして必死の対応を考えている地方自治体を支え，国際的にきちんと意見をいう国家の対応とそれを裏付ける政策が不可欠となっているといえよう。これが21世紀に向けて取るべき基本方向といえよう。

注
1 ）　福島県農林水産部『福島県農林水産業の現状』1999年，による。
2 ）　福島県農林水産部『平成11年度事業計画書』1999年。

3) 『福島民報』『福島民友』(1995年7月27日)。
4) 前掲『福島民友』。
5) 『朝日新聞』福島版 (1995年10月25日)。

第2章 「国際化」の進展と福島県の工業

末吉　健治

はじめに——工業化の特徴と現状の課題

「企業誘致に狂奔する前に地道に自らの足腰を強める課題が当面の最大の問題になってきた段階に本県経済がきていることを十分考慮しなければならない」[真木実彦, 1980, 108ページ]と指摘されて, すでに20年が経過している。工業に限れば, 現時点においてもこの指摘をそのまま結論にして差し支えないようにもみえる。というのも, ここには「分工場経済」や「域外支配」といった地方工業が一般的に抱える構造的な問題を解決するための課題が端的に表現されているからである。すなわち,「非常に単純化して」言い換えれば,「外来型開発」から「内発的発展」へ, という課題である。しかも, 1985年の円高不況を経て, 90年代における未曾有の不況下にあって, この課題はいっそう重要性を増してきていると考えられる。大企業は自らの多国籍化の下で, グローバルな競争条件に適合的なかたちで, 地方に配置した生産拠点（分工場, 生産子会社）の機能を急速に変化させてきているからである。この場合, 単純に東南アジア諸国への生産移管にともなう工場閉鎖や縮小だけではなく, それとは逆に地方工場における開発機能や営業機能の強化といった変化もみられる[例えば, 東北産業活性化センター, 1997：東北通商産業局, 1998a]。地域経済という観点からみれば, それら拠点工場の傘下に形成されてきた地元下請企業が, 新たな展開を遂げることができるか否か, あるいは進出工場の変化に対応しうるか否か, ということが問われているといえよう。とはいえ, 地元企業が「自律的」な展開を遂げるのは, それらが組み込まれた地域的生産体系の機能的特質に規定されて, 非常に困難なものとなっている。周知のように, 福島県を含む東北地方は内部に労働集約的な工程を比較的多

図2-1 工場立地の推移（1961～97年）

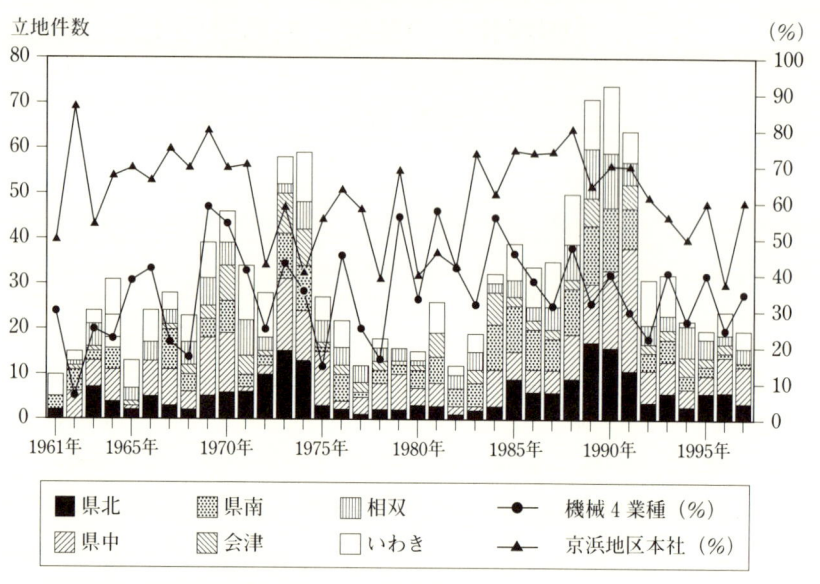

立地件数、機械4業種(%)、京浜地区本社(%)の推移を示すグラフ。県北、県南、相双、県中、会津、いわき別の内訳。

注：新設の特定工場が対象。
資料：福島県商工労働部所管資料より著者集計。

く抱える加工組立型工業の進出によって，高度経済成長期後半から著しい工業化を遂げてきた。その中心的な業種が電機工業や衣服工業であり，それらは安価な土地と労働力を求めて，生産の支脈を農村の奥深くにまで張りめぐらせてきた。進出工場の設立当初の意図もあって，東北地方の工場は限定的な製品の量産や部品加工を担っていることが多く，さらにその傘下に組み込まれた地元企業はより限定的な工程に特化している。こうした機能的特質のために，それらの工場はグローバルな再編の影響を工場閉鎖や生産縮小といったマイナス面で被りやすいのである。

まず，福島県における工業化の推進力となった工場進出の状況を確認しておこう。福島県における1960年代以降の特定工場の新規立地動向をみると（図2-1），60年代後半から70年代初頭，80年代後半から90年代初頭にかけて二つのピークが認められる。新規に立地した工場のうち，機械4業種がほぼ毎年20％から40％，比率の高い年では60％近くを占めている。しかも，京浜地区に本社を置く工場がどの年でもほぼ過半数，あるいはそれ以上を占めてお

第2章 「国際化」の進展と福島県の工業

表2-1 福島県の工業の業種別構成比（1997年）

	事業所数	(%)	従業者数	(%)	製造品出荷額等 (万円)	(%)	付加価値額 (万円)	(%)
合　　　　計	6,797	100.0	218,566	100.0	590,670,483	100.0	230,448,803	100.0
食 料・飲 料	942	13.9	20,867	9.5	76,069,773	12.9	23,814,630	10.3
繊 維・衣 服	1,039	15.3	24,318	11.1	15,207,946	2.6	8,461,292	3.7
木 材・木 製 品	406	6.0	4,762	2.2	9,243,069	1.6	3,084,134	1.3
家 具・装 備 品	208	3.1	4,053	1.9	6,767,982	1.1	2,426,874	1.1
パ ル プ・紙	113	1.7	3,838	1.8	12,671,387	2.1	4,306,642	1.9
出 版・印 刷	278	4.1	5,269	2.4	8,144,280	1.4	4,380,129	1.9
化　　　　学	110	1.6	7,817	3.6	46,643,599	7.9	26,123,014	11.3
石 油・石 炭	29	0.4	409	0.2	1,813,450	0.3	649,949	0.3
プラスチック製品	246	3.6	8,194	3.7	19,743,075	3.3	8,490,870	3.7
ゴ ム 製 品	71	1.0	4,832	2.2	13,670,614	2.3	6,845,472	3.0
な め し 皮	84	1.2	1,785	0.8	2,039,755	0.3	811,765	0.4
窯 業・土 石	450	6.6	11,045	5.1	22,901,743	3.9	10,510,929	4.6
鉄 鋼 業	81	1.2	3,022	1.4	7,355,055	1.2	2,825,296	1.2
非 鉄 金 属	67	1.0	3,876	1.8	15,775,719	2.7	5,181,587	2.2
金 属 製 品	547	8.0	12,853	5.9	25,713,823	4.4	10,361,660	4.5
一 般 機 械	522	7.7	15,633	7.2	28,165,279	4.8	13,098,443	5.7
電 気 機 械	1,021	15.0	63,429	29.0	226,924,036	38.4	78,174,671	33.9
輸 送 用 機 械	143	2.1	10,696	4.9	32,281,352	5.5	13,020,365	5.7
精 密 機 械	187	2.8	8,461	3.9	14,966,570	2.5	6,062,486	2.6
そ の 他	253	3.7	3,407	1.6	4,571,976	0.8	1,818,595	0.8

注：構成比（％）の斜体は，特化係数1.0以上。
資料：福島県企画調整部統計調査課『福島県の工業』（ただし，原資料は『平成9年　工業統計調査』）。通商産業省『平成9年　工業統計表　産業編』（確報データ1999年1月29日）。

り，全体的にみれば50％を下回る年は稀であった。このような京浜地区からの工場進出に支えられて，福島県の工業は量的な成長を遂げてきたわけである。1997年の数値で県外に本社・本店を置く事業所が福島県の工業に占める比率を確認しておくと，事業所数で18.7％，従業者数で40.5％，製造品出荷額等で64.1％となっている［福島県企画調整部統計調査課，1999］。

このように，福島県の加工組立型工業を主軸とする工業化は，まさに大企業による企業内地域間分業の形成・発展のプロセスであった。したがって，福島県における工業の「国際化」の側面は，まず，企業内地域間分業を通じて間接的に現れることが多い。つまり，京浜地区に立地する親企業の対外直接投資にともなって，国内生産体制を再編成する一環として「国際化」の側

図2-2 福島県の概要図

面が現れるのである。[1]

　1997年段階の福島県の工業構成をみると(表2-1)，やはりどの指標でみても「電気機械」の比率が高くなっており，特化係数も1.0以上となっている。次いで事業所数，従業者数では「繊維・衣服」「食料・飲料」，製造品出荷額等，付加価値額でみると「食料・飲料」「化学」の比率が高い。東北地方において，従業者数でみた場合に90年代の「産業空洞化」の影響を最も受けたのは「電気機械」「繊維・衣服」であり［日野正輝，1998］，福島県の工業雇用は現在でもこの2業種によってその40％以上を支えられている。つまり，福島県の工業は，ここでいう「国際化」の影響を非常に受けやすい構成となっている。

　本章では，福島県の工業がもつ一般的な特質を以上のように捉えたうえで，第一に1985年以降における福島県内各地区（図2-2）の工業の動向を統計的に確認し，さらに工業構成や工業の性格について，その地域的特徴を検討する。「国際化」の影響は，その地域の工業構成や性格によって異なると考えられるからである。なお，ニット（保原・梁川）や織物（川俣），漆器（会津）などの地場産業については，次章で具体的に検討される。

第2章 「国際化」の進展と福島県の工業

第二に，福島県の中心的な業種である電機工業を含む機械4業種に金属工業を加えた5業種を対象としたアンケート調査結果[2]から，「国際化」の影響について検討する。その際，各企業の取引関係だけではなく，技術や情報をめぐる企業間ネットワークに関する側面にも光を当てたい。この点に注目するのは，福島県内において「産業集積」と呼ぶことのできるような企業間ネットワークがどの程度形成されているか，という問題関心があるからである。東北地方では，北上地域が基盤的な加工工程を担当して県内のみならず県外との関係でも機能的な結節となっており，ある程度のネットワーク状の連関構造をもつに至っている[3]。このことが，東北地方の他の地域と同じく「外来型開発」によりながらも，「産業空洞化」に対して良好なパフォーマンスを示すことにつながっている。地域の側からすれば，「外来型」であっても，それをどのように地域経済に資するように方向づけていくのか，ということが政策的，戦略的に重要になってきていると考えられる。先に「非常に単純化して」と述べたのも，「内発的発展」に加えて，実はこの点が量的にみても重要になってきているという認識があるからにほかならない。

最後に，以上の検討を踏まえて，福島県における工業の今後を政策的な側面を中心に展望してみたい。

1 工業構成の地域的特徴

1985年の円高を契機とする対外直接投資の活発化によって，これまで国内において限定的な低付加価値製品や部品を製造していた地方の工業は，大きく再編成されることになった。80年代後半は「バブル経済」の影響もあって，地方工業へのマイナス影響は全体的にみれば必ずしも顕在化することはなかったが，91年の「バブル崩壊」以降，継続する対外直接投資と不況の影響で福島県の工業はこれまでにない従業者数の減少を経験している[4]。

まず，従業者4人以上の事業所数，従業者数，製造品出荷額等，付加価値額を指標に1985年以降の工業動向をみておこう（図2-3）。事業所数，従業者数で特徴的なのは，会津地区の動きである。会津地区はこれら二つの指標で，ともに全国水準以上の大きな減少をみており，とくに事業所数では85年

図2-3 工業の動向

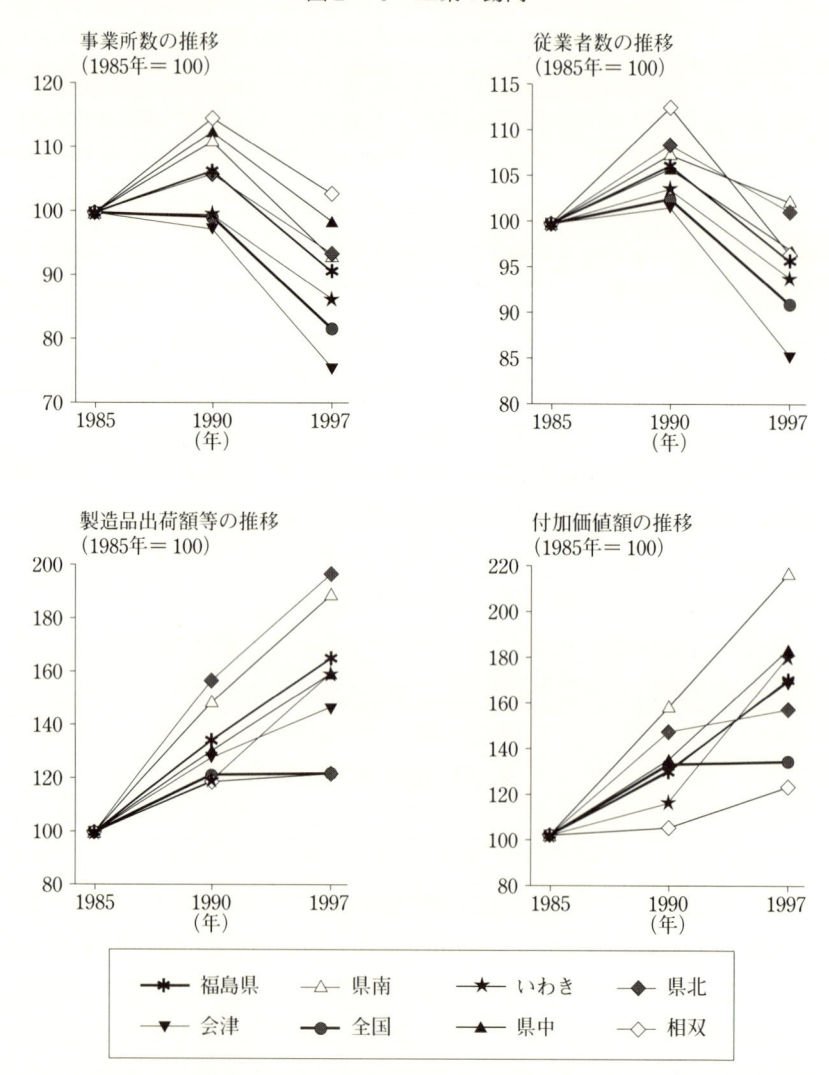

事業所数の推移
(1985年=100)

従業者数の推移
(1985年=100)

製造品出荷額等の推移
(1985年=100)

付加価値額の推移
(1985年=100)

凡例：福島県　県南　いわき　県北　会津　全国　県中　相双

資料：福島県企画調整部統計調査課『福島県の工業』および通産省『工業統計表』各年版
（ただし，1997年の全国数値は1999年1月29日確報データ。http://www.miti.go.jp/stat-j/kougyou/1997_kak/index.htm）。

以降一貫した減少を示している。また，いわき地区が全国水準を上回るものの，福島県全体の水準よりも減少傾向が大きかった。他の地区も同様に90年以降減少に転じているが，事業所数では相双地区で，従業者数では県北地区と県南地区でかろうじて85年の水準が維持されている。製造品出荷額等，付加価値額の二つの指標では90年以降，全国が停滞傾向にあるのに対して，福島県全体は順調な伸びを示している。そのなかにあって，製造品出荷額，付加価値額ともに相双地区が停滞傾向である点が目を引く。付加価値額では県北地区も90年以降，伸び率が低下している。事業所数，従業者数で比較的良好な推移を示していた県南地区は，これら二指標でも高い伸びを示している。90年代以降，大きくは，付加価値額こそ県水準と同様の伸びを示しているものの相対的に工業活動の減少・停滞傾向の著しい会津地区や同様の傾向がみられる相双地区の2地区の動向と，事業所数や従業者数は減少するものの相対的に良好な動きを示している県北（付加価値額では停滞傾向），県中，県南の3地区にいわきを加えた4地区の動向との間に格差が生じてきているようにみえる。これら4地区のなかでも，各指標ともに県全体の水準を上回る県南地区の動向がとくに注目される。

　つぎに，従業者数を指標に業種別の動向をみておこう（図2－4）。1985年から90年の間は，85年の円高の影響はあったものの，多くの業種で従業者数を増加させている。最も増加数が多かったのは「電気機械」で5697人，以下「一般機械」「プラスチック」「金属製品」「食料・飲料」「輸送機械」の順で増加数が大きく，それぞれ1000人を越える増加を示した。「繊維・衣服」は相双，県中の2地区で500人を越える増加をみたものの，県北，県南の2地区で減少したために，851人の増加にとどまった。逆に，機械業種のなかでも「精密機械」が県北，県中の2地区を中心に，合計で3828人の減少をみた。これは，カメラや時計の海外生産がこの間一貫して進展したことによっている。最も落ち込みの大きかった86年には生産指数が対前年比で-16.2％であった［通商産業大臣官房調査統計部，1987］。その他，「石油・化学」「窯業・土石」「木材・パルプ」の従業者数が減少した。地区ごとにみると，県北，県中の2地区で「精密機械」が大きく減少するものの，他の業種の増加によって，全体としては増加を示した。県北地区ではとくに「電気機械」の増加が著しかっ

図2-4 業種別従業者数の動向（1985～97年）

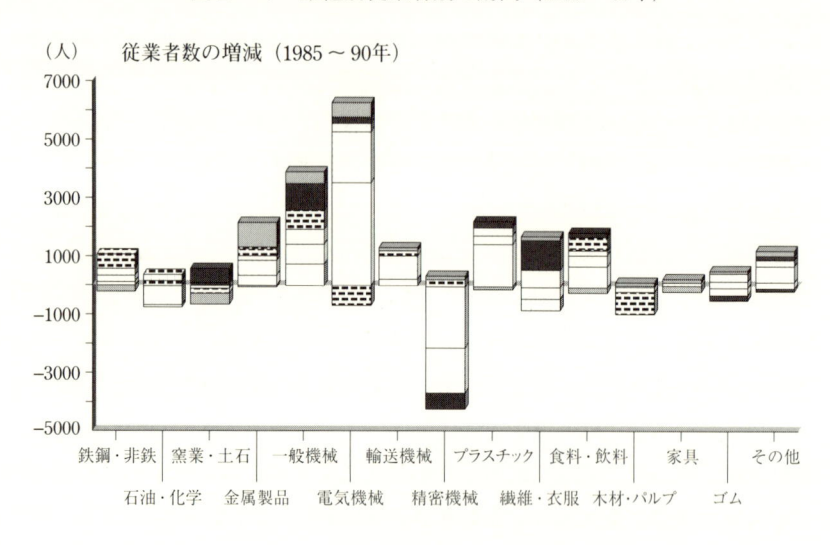

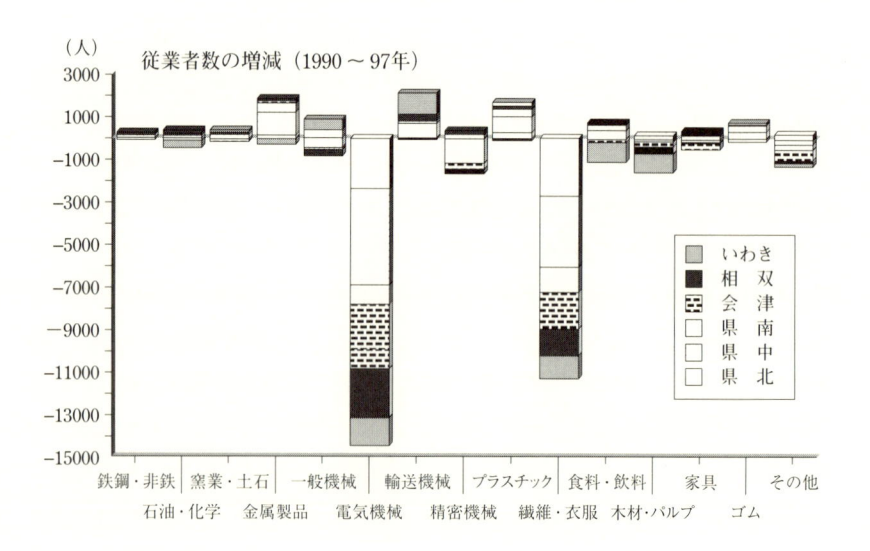

（人）従業者数の増減（1985～90年）

（人）従業者数の増減（1990～97年）

凡例：
- いわき
- 相双
- 会津
- 県南
- 県中
- 県北

注：秘匿数値は，その他に合算してある。県南の一般機械には武器を含む。
資料：福島県企画調整部統計調査課『福島県の工業』各年版。

第2章 「国際化」の進展と福島県の工業

た。これら2地区に次いで増加数が多かったのは相双地区である。相双地区では他地区に比較して「一般機械」「窯業・土石」「繊維・衣服」の増加が顕著であった。県南、いわきの2地区は突出した変化を示す業種は少なく、堅調な伸びを示したといえよう。以上の5地区とは対照的に会津地区は停滞的であった。特徴的なのは会津地区では「電気機械」がすでに減少を示していることであり、従業者数の伸び率も全国水準を下回った。

　1990年から97年の間は、「バブル崩壊」等によって、91年をピークに工業全体の従業者数は減少に転じるが、すべての業種がそうであったわけではない。従業者数を大きく減少させたのは、これまで福島県における工業雇用の主軸であった「繊維・衣服」と「電気機械」であり、この2業種でそれぞれ1万1259人、1万4472人、合計で2万5731人の減少をみた。他方で、「金属製品」「輸送機械」「プラスチック」は堅調な伸びを示したものの、前記2業種の減少を埋め合わせるほどの増加数ではなく、結果として福島県全体で2万3729人の減少となった。地区ごとにみると、会津地区が最大となっており、6285人の減少数を記録した。会津地区では増加をみた業種が、「鉄鋼・非鉄」（14人増）、「金属製品」（111人増）、「輸送機械」（229人増）の3業種にとどまり、どの地区よりも増加業種が少なかった。県中地区では、8業種が増加したものの、「電気機械」「繊維・衣服」の減少が県内で最大となっており、会津地区に次ぐ5319人の減少となった。県北地区は、「電気機械」「繊維・衣服」に加えて、「精密機械」が1000人を越える減少を示し、会津地区、県中地区に次いで減少数が大きかった。いわき地区は、増加業種が5業種にとどまったものの、「輸送機械」で883人の増加をみたのが特徴的であった。これは、94年に生産を開始した日産自動車いわき工場によるところが大きい。相双地区は、減少数こそ3291人で前記の諸地区よりも少なかったが、減少率の点では会津地区と並んで大きかった。県南地区は、どの地区よりも少ない1069人の減少にとどまり、この間の減少率も-4.6％（全県-9.8％）であった。

　以上のように、福島県の工業化を主導してきた「電気機械」と「繊維・衣服」の2業種は、1990年代に入って急速にその雇用を縮小させることになった。しかしながら、97年時点でみた場合、依然として前記2業種、なかでも「電気機械」は各地区の工業構成の上で重要な位置を占めている。この点を従

55

表2-2 地域別・業種別構成比 (1997年)

従業者数(%)

	全国	福島県	県北	県中	県南	会津	相双	いわき
合　　　　　　計	100.0	100.0	100.0	100.0	100.0	100.0	100.0	100.0
食　料　・　飲　料	12.4	9.5	10.6	9.9	4.5	10.6	6.9	11.0
繊　維　・　衣　服	7.6	*11.1*	*12.9*	*11.5*	*11.6*	*8.1*	*17.8*	5.4
木　材・木　製　品	2.0	*2.2*	0.9	1.7	*2.0*	*2.6*	*2.5*	*4.5*
家　具　・　装　備　品	2.0	1.9	0.7	1.8	0.5	1.9	*2.5*	*4.3*
パ　ル　プ　・　紙	2.6	1.8	1.5	1.1	2.5	2.0	2.2	2.2
出　版　・　印　刷	5.3	2.4	4.2	1.9	1.4	1.4	1.7	2.2
化　　　　　　学	3.9	3.6	1.0	*4.2*	1.5	0.8	*4.8*	*10.3*
石　油　・　石　炭	0.3	0.2	0.1	0.2	X	X	0.2	*0.6*
プラスチック製品	4.4	3.7	*5.1*	4.5	*4.6*	2.1	2.3	2.1
ゴ　ム　製　品	1.4	*2.2*	1.3	*2.4*	*8.2*	0.3	*2.5*	1.0
な　め　し　皮	0.6	*0.8*	0.3	*1.2*	0.3	*1.4*	*1.8*	0.2
窯　業　・　土　石	4.1	*5.1*	4.0	*6.6*	*4.1*	*4.1*	*6.9*	*4.6*
鉄　　　鋼　　　業	2.8	1.4	1.9	1.0	1.9	1.3	0.5	1.4
非　鉄　金　属	1.6	*1.8*	0.7	0.6	*2.2*	*5.3*	1.2	*2.3*
金　属　製　品	7.9	5.9	6.0	6.7	6.4	3.2	5.4	6.8
一　般　機　械	11.0	7.2	6.6	5.5	*12.0*	6.6	*8.4*	7.4
電　気　機　械	17.0	*29.0*	*33.7*	*27.7*	*26.7*	*30.3*	*23.6*	*26.8*
輸　送　用　機　械	9.1	4.9	6.1	6.3	3.2	3.1	1.8	5.2
精　密　機　械	1.9	*3.9*	1.7	*3.9*	*5.8*	*9.4*	*5.0*	0.3
そ　の　他	2.1	1.6	0.7	1.1	0.5	*4.6*	1.9	1.3

付加価値額(%)

	全国	福島県	県北	県中	県南	会津	相双	いわき
合　　　　　　計	100.0	100.0	100.0	100.0	100.0	100.0	100.0	100.0
食　料　・　飲　料	10.3	*10.3*	8.2	*22.8*	4.6	6.5	4.8	4.6
繊　維　・　衣　服	3.3	*3.7*	*5.9*	3.3	*3.9*	2.3	*6.5*	1.4
木　材・木　製　品	1.2	*1.3*	0.8	1.0	*1.3*	*1.2*	*1.4*	*2.5*
家　具　・　装　備　品	1.3	1.1	0.4	1.2	0.0	0.8	*1.8*	*2.1*
パ　ル　プ　・　紙	2.7	1.9	1.9	0.8	*2.8*	1.2	*3.1*	*2.8*
出　版　・　印　刷	5.8	1.9	5.4	1.0	0.7	0.8	1.4	1.0
化　　　　　　学	10.1	*11.3*	5.3	7.8	5.6	0.6	*16.9*	*31.5*
石　油　・　石　炭	0.7	0.3	0.2	0.2	X	X	0.3	*0.7*
プラスチック製品	3.6	*3.7*	*4.7*	*6.7*	3.4	1.2	1.7	1.5
ゴ　ム　製　品	1.4	*3.0*	0.8	1.8	*18.9*	0.2	*2.1*	0.4
な　め　し　皮	0.3	*0.4*	0.1	*0.5*	0.1	*0.9*	*0.5*	0.0
窯　業　・　土　石	4.1	*4.6*	*5.3*	*6.1*	3.2	3.0	*5.8*	3.1
鉄　　　鋼　　　業	4.3	1.2	2.1	0.9	1.8	1.0	0.3	0.8
非　鉄　金　属	1.8	*2.2*	0.6	0.4	1.4	*7.8*	0.6	*3.4*
金　属　製　品	6.7	4.5	6.3	4.9	4.6	1.7	5.2	3.8
一　般　機　械	11.1	5.7	5.8	4.4	10.4	4.3	*8.9*	4.5
電　気　機　械	16.8	*33.9*	*36.1*	*27.7*	*30.7*	*54.5*	*32.4*	*26.5*
輸　送　用　機　械	11.3	5.7	7.4	5.6	2.5	3.7	1.6	*8.6*
精　密　機　械	1.6	*2.6*	*2.2*	*2.3*	*3.7*	*6.1*	*3.3*	0.7
そ　の　他	1.7	0.8	0.6	0.6	0.1	*1.8*	1.5	0.5

注：斜体は，特化係数1.0以上。県南の繊維1事業所，会津の繊維11事業所分は秘匿数値。県南の一般機械には武器を含む。

資料：福島県企画調整部統計調査課『福島県の工業』(ただし，原資料は『平成9年　工業統計調査』)通商産業省『平成9年　工業統計表　産業編』(確報データ1999年1月29日)。

業者数と付加価値額を指標に確認しておこう(表2-2)。従業者数では，各地区ともに「電気機械」の構成比が最も高く，かつ特化係数も1.0を大きく上回っている。「繊維・衣服」は，いわき地区で構成比が低くなっているが，他のすべての地区において特化係数が1.0を上回っている。そのほかに，各地区に特徴的な業種を拾い上げてみると，県北地区の「プラスチック」，県中地区の「窯業・土石」，県南地区の「一般機械」「ゴム」，会津地区の「非鉄金属」「精密機械」，相双地区の「窯業・土石」，いわき地区の「化学」などが特化係数1.0を上回り，かつ各地区の工業構成のなかで相対的に高い比重を有している。付加価値額でみると「繊維・衣服」は従業者数と比較すれば構成比が低下するものの，「電気機械」はやはり高い比率を占めていることを確認できる。とくに，会津地区における「電気機械」の地位は突出している。

さて，これまでみてきたような各地区における工業の動向は，そこに展開する業種と同時に，各企業ないし工場の機能的な特質にも関連している。この点について日野[1998]は，1990年代における東北地方の工業動向を統計的に分析したうえで，「電気機械」の従業者数は大幅に減少したものの，その従業者1人当たり付加価値額は急増していることから，90年代の工業の縮小は加工組立型工業のなかでも生産性の低い部門がとくに縮小したのではないか，としている。そして，その具体的部門の一つとして，農家の主婦層を雇用する下請工場をあげている。これに加えて，各工場における合理化や自動化の進展も，同様の効果をもたらしたと考えられる。以下では，従業者1人当たり付加価値水準，給与水準，従業者に占める女子比率を指標に，各地区の工業の性格を検討してみよう。

図2-5は，前記の三指標それぞれについて，各市町村の水準を示したものである。まず，付加価値水準をみてみよう。付加価値水準が高い市町村は各地区の中心となる市であり，その周辺の町村でも相対的に水準の高い町村が分布している。逆に，60以下の水準の町村は圧倒的に阿武隈山系や会津地区に分布している。その結果として，それら町村を多く抱える県北地区，相双地区，会津地区が付加価値水準の低い地区となっている。これらの地区に対して，県中地区と県南地区は60以下の水準の町村が少なく（いわき地区は当然のこととして），全体として付加価値水準の高い地区となっている。

図2-5　市町村別にみた工業の性格（1997年）

従業者1人当たり付加価値額（福島県＝100）

女子従業者比率（％）

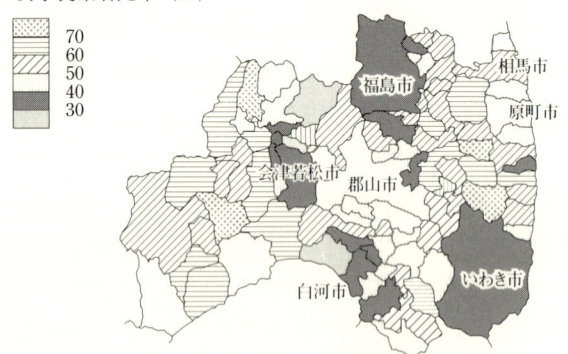

従業者1人当たり現金給与総額（福島県＝100）

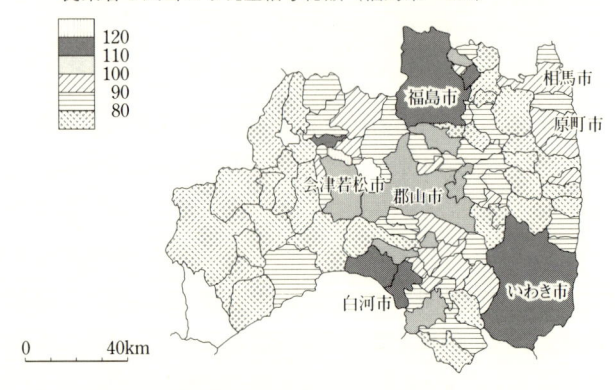

注：檜枝岐村，高郷村は秘匿数値のため白地。
資料：福島県企画調整部統計調査課『福島県の工業』1999年。

つぎに，女子比率についてみてみよう。女子比率50％を基準にみると，付加価値水準とほぼ対応した分布となっている。つまり，付加価値水準の低い町村ほど女子比率は高くなっている。このことは給与水準についてもいえるようである。ここに示したのは1997年の数値なので，この図から直接的に判断することはできないが，女子比率の高い町村を多く抱える地区ほど，90年代の従業者数の減少は著しかったのではないかと考えられる。事実，会津，相双の2地区は90年から97年の間に，他のどの地区よりも大きな従業者数の減少率を記録した。このことを前述した仮説と重ね合わせると，「女子雇用型」の工場は依然として景気循環の調整弁，つまり生産の「量的な補完」として利用されていると考えられる。したがって，付加価値水準が低くかつ女子比率の高い町村を相対的に多く抱える会津地区や相双地区で従業者数の大きな減少をみたのである。それとは逆に，県南地区やいわき地区は「男子雇用型」の工場が多く立地するので，県内の他地区に比較して相対的に良好なパフォーマンスを示したのではないかと考えられる。

　この点を男女別にみた従業者数の動向から確認しておくと，福島県全体では2万3729人の減少のうち女子従業者数が2万1426人の減少となっており，女子従業者数が減少数の圧倒的部分を占めるけれども，トータルでは男女ともに減少している。ところが，県南地区といわき地区だけは，女子従業者数が大幅に減少したのに対して男子従業者数は増加しているのである。その数値を具体的に示すと，県南地区では全体で1069人の減少で女子従業者数の減少は1722人，いわき地区では全体で3585人の減少で女子従業者数の減少は3636人となっている。地区ごとにみた場合，前記2地区は1990年代の産業再編成のなかで，徐々にではあるが「男子雇用型」の業種，あるいは立地する工場がそうした機能的特質をもつように変化してきているのではないかと考えられる。

2　金属・機械関連企業にみる「国際化」の影響と対応の限界

　前節でみたように，1990年代に入って加工組立型工業は大きくその雇用を減少させてきたが，現在でも依然として電機工業が重要な位置を占めている

表 2 - 3 「国際化」の影響（金属・機械 4 業種）

	合計	県北	県中	県南	会津	相双	いわき
合　計	659 (100.0%)	170 (100.0%)	166 (100.0%)	100 (100.0%)	89 (100.0%)	74 (100.0%)	60 (100.0%)
受注先の海外進出によって生産量が減少	278 (42.2%)	69 (40.6%)	75 (45.2%)	40 (40.0%)	43 (48.3%)	32 (43.2%)	19 (31.7%)
受注先の海外進出によって取引先を変更	40 (6.1%)	8 (4.7%)	5 (3.0%)	8 (8.0%)	10 (11.2%)	7 (9.5%)	2 (3.3%)
受注先は海外展開とは特に関係がない	105 (16.0%)	31 (18.2%)	23 (13.9%)	16 (16.0%)	13 (14.6%)	13 (17.6%)	9 (15.0%)
生産品目が変化した	169 (25.6%)	48 (28.2%)	38 (22.9%)	24 (24.0%)	28 (31.5%)	15 (20.3%)	16 (26.7%)
受注取引先を多角化した	133 (20.2%)	31 (18.2%)	39 (23.5%)	18 (18.0%)	18 (20.2%)	16 (21.6%)	11 (18.3%)
合理化のため自動機等を導入した	74 (11.2%)	24 (14.1%)	20 (12.0%)	9 (9.0%)	8 (9.0%)	9 (12.2%)	4 (6.7%)
生産規模を大幅に縮小した	80 (12.1%)	21 (12.4%)	15 (9.0%)	8 (8.0%)	13 (14.6%)	16 (21.6%)	7 (11.7%)
生産規模を大幅に拡大した	19 (2.9%)	4 (2.4%)	6 (3.6%)	4 (4.0%)	1 (1.1%)	1 (1.4%)	3 (5.0%)
受注先の要請で海外に進出した	21 (3.2%)	4 (2.4%)	8 (4.8%)	4 (4.0%)	0 (0.0%)	1 (1.4%)	4 (6.7%)
特に大きな変化はない	123 (18.7%)	27 (15.9%)	32 (19.3%)	16 (16.0%)	18 (20.2%)	15 (20.3%)	15 (25.0%)
その他	25 (3.8%)	7 (4.1%)	4 (2.4%)	6 (6.0%)	2 (2.2%)	1 (1.4%)	5 (8.3%)

資料：アンケート調査結果（1999年1月）。

点に変わりはないといえる。以下では，電機工業を含む機械4業種に金属工業を加えた5業種を対象としたアンケート調査結果から，各地区の「国際化」の影響とそれへの対応にも関係する企業間ネットワークについて検討する。

　1991年以降の「国際化」の影響についてみたのが表2 - 3である。全体でみると「受注先の海外進出によって生産量が減少」と回答した事業所が42.2％を占めており，25.6％の事業所で「生産品目が変化した」。逆に「受注先は海外展開とは特に関係がない」「特に大きな変化はない」と回答した事業所はそれぞれ16.0％，18.7％であった。つまり，4割あまりの事業所は「国際化」のマイナス影響を被っているわけである。それにともなって「生産規模を大幅に縮小した」事業所は12.1％あり，全体の比率からみれば相双地区（21.6

第2章 「国際化」の進展と福島県の工業

表2－4 「バブル崩壊」後の経営動向（金属・機械4業種）

売上

	合計	県北	県中	県南	会津	相双	いわき
合　計	677 (100.0%)	174 (100.0%)	169 (100.0%)	103 (100.0%)	92 (100.0%)	74 (100.0%)	65 (100.0%)
増加した	212 (31.3%)	53 (30.5%)	57 (33.7%)	41 (39.8%)	21 (22.8%)	20 (27.0%)	20 (30.8%)
減少した	410 (60.6%)	108 (62.1%)	103 (60.9%)	58 (56.3%)	58 (63.0%)	47 (63.5%)	36 (55.4%)
変化なし	55 (8.1%)	13 (7.5%)	9 (5.3%)	4 (3.9%)	13 (14.1%)	7 (9.5%)	9 (13.8%)

従業者数

	合計	県北	県中	県南	会津	相双	いわき
合　計	680 (100.0%)	174 (100.0%)	169 (100.0%)	104 (100.0%)	93 (100.0%)	74 (100.0%)	66 (100.0%)
増加した	187 (27.5%)	46 (26.4%)	49 (29.0%)	34 (32.7%)	21 (22.6%)	22 (29.7%)	15 (22.7%)
減少した	377 (55.4%)	97 (55.7%)	93 (55.0%)	54 (51.9%)	55 (59.1%)	41 (55.4%)	37 (56.1%)
変化なし	116 (17.1%)	31 (17.8%)	27 (16.0%)	16 (15.4%)	17 (18.3%)	11 (14.9%)	14 (21.2%)

外注先件数

	合計	県北	県中	県南	会津	相双	いわき
合　計	629 (100.0%)	160 (100.0%)	160 (100.0%)	92 (100.0%)	87 (100.0%)	67 (100.0%)	63 (100.0%)
増加した	143 (22.7%)	36 (22.5%)	37 (23.1%)	30 (32.6%)	13 (14.9%)	13 (19.4%)	14 (22.2%)
減少した	258 (41.0%)	67 (41.9%)	65 (40.6%)	35 (38.0%)	34 (39.1%)	28 (41.8%)	29 (46.0%)
変化なし	228 (36.2%)	57 (35.6%)	58 (36.3%)	27 (29.3%)	40 (46.0%)	26 (38.8%)	20 (31.7%)

資料：アンケート調査結果（1999年1月）。

％)，会津地区(14.6％)でその比率が高かった。このようなマイナスの影響に対して「受注取引先を多角化した」(20.2％)，「合理化のため自動機等を導入した」(11.2％) という対応がとられている。「受注先の要請で海外に進出した」という事業所も3.2％存在するが，ここでいう「国際化」の影響は，やはり直接的には県内の生産縮小として現れる側面が強い。

　つぎに，1991年以降の売上，従業者数，外注先件数の変化についてみてみよう（表2－4）。売上では全体で31.3％の事業所が「増加した」，60.6％の事業所が「減少した」と回答した。県南地区では「増加した」と回答した事業所が全体より8％ポイントほど上回っている。従業者数でも同様の傾向となっており，全体で27.5％の事業所が「増加した」，55.4％の事業所が「減少した」と回答している。県南地区では全体より5％ポイントほど高い32.7％の事業所が「増加した」と回答した。つぎに，外注先件数についてみると，やはり県南地区ではほかのどの地区よりも「増加した」と回答した事業所の割合が高くなっており，全体を10％ポイントほど上回っている。

　すべてが同一地区内に外注されるとは限らないし，「減少した」と回答した事業所数のほうが「増加した」と回答した事業所数を上回っているので，このことが県南地区に立地する事業所のパフォーマンスの良さを必ずしも説明することにはならないが，現在でも存続している事業所でみれば，県南地区には他地区よりも良好なパフォーマンスを示す事業所の比率が高い，ということはいえるだろう。また，県南地区と会津地区との対照性をみれば，ある程度，前節での統計的な分析と整合的であると考えられる。このような，地区ごとに異なる事業所のパフォーマンスは，その事業所の置かれた取引関係（下請構造）上の位置や機能を反映したものであると考えられる。つぎに，これらの点を検討してみよう。

　表2－5は，当該事業所の設置形態について示したものである。全体でみれば最も多いのは「単独事業所」で52.6％を占めており，ついで「本社が県外にある工場・事業所」で31.2％となっている。県南地区では「本社が県外にある工場・事業所」が47.7％で，「単独事業所」を上回っており，ほかのどの地区よりも「本社が県外にある工場・事業所」の比率が高い。本社の所在地はどの地区でも圧倒的に「南関東」が多く，全体の90.3％がそれにあたる。[6]

第2章 「国際化」の進展と福島県の工業

表2-5 事業所の種類と本社所在地（金属・機械4業種）

事業所の種類

	合計	県北	県中	県南	会津	相双	いわき
合　計	692 (100.0%)	178 (100.0%)	172 (100.0%)	107 (100.0%)	95 (100.0%)	74 (100.0%)	66 (100.0%)
単独事業所	364 (52.6%)	109 (61.2%)	82 (47.7%)	44 (41.1%)	52 (54.7%)	42 (56.8%)	35 (53.0%)
他に工場をもつ本 社・本所	66 (9.5%)	16 (9.0%)	24 (14.0%)	5 (4.7%)	10 (10.5%)	7 (9.5%)	4 (6.1%)
本社が県内にある 工場・事業所	46 (6.6%)	13 (7.3%)	12 (7.0%)	7 (6.5%)	7 (7.4%)	3 (4.1%)	4 (6.1%)
本社が県外にある 工場・事業所	216 (31.2%)	40 (22.5%)	54 (31.4%)	51 (47.7%)	26 (27.4%)	22 (29.7%)	23 (34.8%)

本社所在地

	合計	県北	県中	県南	会津	相双	いわき
合　計	216 (100.0%)	40 (100.0%)	54 (100.0%)	51 (100.0%)	26 (100.0%)	22 (100.0%)	23 (100.0%)
宮城県以外の東北	1 (0.5%)	1 (2.5%)	0 (0.0%)	0 (0.0%)	0 (0.0%)	0 (0.0%)	0 (0.0%)
北関東	12 (5.6%)	1 (2.5%)	4 (7.4%)	1 (2.0%)	3 (11.5%)	1 (4.5%)	2 (8.7%)
南関東	195 (90.3%)	36 (90.0%)	48 (88.9%)	49 (96.1%)	21 (80.8%)	20 (90.9%)	21 (91.3%)
その他	8 (3.7%)	2 (5.0%)	2 (3.7%)	1 (2.0%)	2 (7.7%)	1 (4.5%)	0 (0.0%)

注：東北＝青森県・秋田県・岩手県・山形県・宮城県，北関東＝群馬県・栃木県・茨城県，南関東＝東京都・神奈川県・埼玉県・千葉県。
資料：アンケート調査結果（1999年1月）。

　これらの事業所がどの程度の数の受注先企業と取引をしているのかをみたのが表2-6である。全体では「2〜5社」の企業との取引が最も多く34.7％となっており，「21社以上」も20.1％を占めている。全体的にみればある程度多角化しているようにみえる。しかし，会津地区や相双地区では「1社」専属の事業所が20％を越えており，他地区に比較して受注先件数は少ない。これら2地区は，現在存続している事業所にあっても他地区に比較して企業間取引連関は希薄であり，逆に県南地区を含む他地区では，ある程度，企業間取引連関が密に形成されてきていると考えられる。[7] この点は，それぞれの事業所がある程度「自律的」な展開をしうるかどうかにも関わっている。

表2－6 受注先事業所数（金属・機械4業種）

	合計	県北	県中	県南	会津	相双	いわき
合　計	691 (100.0%)	178 (100.0%)	172 (100.0%)	107 (100.0%)	94 (100.0%)	74 (100.0%)	66 (100.0%)
1社	107 (15.5%)	24 (13.5%)	25 (14.5%)	16 (15.0%)	20 (21.3%)	17 (23.0%)	5 (7.6%)
2～5社	240 (34.7%)	73 (41.0%)	46 (26.7%)	33 (30.8%)	43 (45.7%)	29 (39.2%)	16 (24.2%)
6～10社	104 (15.1%)	21 (11.8%)	24 (14.0%)	16 (15.0%)	14 (14.9%)	11 (14.9%)	18 (27.3%)
11～15社	60 (8.7%)	20 (11.3%)	13 (7.6%)	12 (11.2%)	4 (4.3%)	6 (8.1%)	5 (7.6%)
16～20社	34 (4.9%)	6 (3.4%)	13 (7.6%)	5 (4.7%)	3 (3.2%)	2 (2.7%)	5 (7.6%)
21社以上	139 (20.1%)	32 (18.1%)	50 (29.1%)	23 (21.5%)	10 (10.6%)	7 (9.5%)	17 (25.8%)
固定した受注先はない	7 (1.0%)	2 (1.1%)	1 (0.6%)	2 (1.9%)	0 (0.0%)	2 (2.7%)	0 (0.0%)

資料：アンケート調査結果（1999年1月）。

表2－7 事業所の業態（金属・機械4業種）

	合計	県北	県中	県南	会津	相双	いわき
合　計	688 (100.0%)	177 (100.0%)	170 (100.0%)	107 (100.0%)	94 (100.0%)	74 (100.0%)	66 (100.0%)
自社製品の製造販売が中心	158 (23.0%)	40 (22.6%)	41 (24.1%)	33 (30.8%)	18 (19.1%)	11 (14.9%)	15 (22.7%)
自社製品も製造するが，他社製品の下請加工が中心	80 (11.6%)	14 (7.9%)	24 (14.1%)	13 (12.1%)	8 (8.5%)	8 (10.8%)	13 (19.7%)
自社製品をもたず，他社品の下請加工が中心	431 (62.6%)	119 (67.2%)	100 (58.8%)	60 (56.1%)	63 (67.0%)	54 (73.0%)	35 (53.0%)
その他	19 (2.8%)	4 (2.3%)	5 (2.9%)	1 (0.9%)	5 (5.3%)	1 (1.4%)	3 (4.5%)

資料：アンケート調査結果（1999年1月）。

第2章 「国際化」の進展と福島県の工業

　各事業所の業態を示したのが表2－7である。全体では「自社製品をもたず，他社製品の下請加工をが中心」の事業所が62.6%を占めている。「自社製品も製造するが，他社製品の下請加工が中心」の11.6%を加えた74.2%の事業所がいわゆる下請を主とする事業所というわけである。「自社製品の製造販売が中心」で，「自律的」な展開をしうると考えられる事業所は全体で23.0%となっている。こうした事業所の比率は，地区ごとにみると，やはり県南地区（30.8%）で高く，会津地区（19.1%）で低い。このことを上述の点との関連でみれば，県南地区は「自律的」な展開が可能な事業所がある程度存在しているために，企業間取引連関も密に形成され，その結果として，1990年代に入っても他地区に比較して良好なパフォーマンスを示したのではないか，あるいは，90年代に入ってこのような機能的特質をもつ生産の単位として再編されてきたがゆえに，「国際化」に対しても相対的に「強み」をもったのではないか，と考えられる。

　これまで，主として直接に取引関係に関わる側面をみてきたが，以下では取引関係を補完する企業間ネットワークがどの程度形成されてきているかについてみてみよう。表2－8は経営に必要な情報を主としてどこから入手しているかを聞いたものである。全体で最も多かったのは「受注先企業」の66.2%であった。次いで「同業者」の46.7%，「業界誌」の23.1%が上位を占めた。「受注先企業」をあげた事業所が県南地区，いわき地区でやや高くなっている。そのほかに，「異業種の経営者」（18.8%），「マスコミ」（17.2%），「取引金融機関」（17.1%），「原材料・機械商」（16.4%），「外注先企業」（15.7%）などが10%以上の回答を集めた。「同業者」や「異業種の経営者」など，直接的な取引関係以外の情報交換のためのネットワークもある程度，形成されてきているのではないかと考えられる。他方で，「自治体」（1.2%），「商工会議所」（6.2%），「大学・研究機関」（1.3%），「中小企業団体・組合」（6.8%）を情報の入手先としてあげた事業所は，地区によって若干のばらつきはあるものの少ない。福島県内では，既存の工業集積地に比較して，公的な機関や団体が「情報源」として機能することは現状ではまだ少ないといえるかもしれない。また，「取引金融機関」（17.1%）が，県南地区では20.4%となっているが，会津地区では8.7%でほかの地区を大きく下回っている点が注目され

65

表 2 - 8 経営に関わる情報の入手先（金属・機械 4 業種）

(複数回答：3 以内)

	合計	県北	県中	県南	会津	相双	いわき
合　計	675 (100.0%)	175 (100.0%)	166 (100.0%)	103 (100.0%)	92 (100.0%)	73 (100.0%)	66 (100.0%)
同業者	315 (46.7%)	79 (45.1%)	77 (46.4%)	47 (45.6%)	46 (50.0%)	33 (45.2%)	33 (50.0%)
外注先企業	106 (15.7%)	30 (17.1%)	28 (16.9%)	12 (11.7%)	14 (15.2%)	12 (16.4%)	10 (15.2%)
異業種の経営者	127 (18.8%)	32 (18.3%)	29 (17.5%)	19 (18.4%)	15 (16.3%)	19 (26.0%)	13 (19.7%)
マスコミ	116 (17.2%)	28 (16.0%)	34 (20.5%)	20 (19.4%)	15 (16.3%)	9 (12.3%)	10 (15.2%)
業界誌	156 (23.1%)	45 (25.7%)	38 (22.9%)	24 (23.3%)	22 (23.9%)	17 (23.3%)	10 (15.2%)
自治体	8 (1.2%)	2 (1.1%)	3 (1.8%)	1 (1.0%)	1 (1.1%)	0 (0.0%)	1 (1.5%)
原材料・機械商	111 (16.4%)	24 (13.7%)	34 (20.5%)	13 (12.6%)	13 (14.1%)	13 (17.8%)	14 (21.2%)
受注先企業	447 (66.2%)	113 (64.6%)	108 (65.1%)	74 (71.8%)	60 (65.2%)	43 (58.9%)	49 (74.2%)
商工会議所	42 (6.2%)	9 (5.1%)	9 (5.4%)	10 (9.7%)	5 (5.4%)	5 (6.8%)	4 (6.1%)
経営セミナー	52 (7.7%)	11 (6.3%)	12 (7.2%)	7 (6.8%)	10 (10.9%)	7 (9.6%)	5 (7.6%)
大学・研究機関	9 (1.3%)	2 (1.1%)	2 (1.2%)	2 (1.9%)	2 (2.2%)	0 (0.0%)	1 (1.5%)
中小企業団体・組合	46 (6.8%)	15 (8.6%)	8 (4.8%)	4 (3.9%)	3 (3.3%)	9 (12.3%)	7 (10.6%)
取引金融機関	115 (17.1%)	30 (17.1%)	32 (19.3%)	21 (20.4%)	8 (8.7%)	11 (15.1%)	13 (19.7%)
インターネット	8 (1.2%)	2 (1.1%)	2 (1.2%)	0 (0.0%)	1 (1.1%)	3 (4.1%)	0 (0.0%)
その他	44 (6.5%)	12 (6.9%)	9 (5.4%)	6 (5.8%)	10 (10.9%)	4 (5.5%)	3 (4.5%)

資料：アンケート調査結果（1999年1月）。

第 2 章 「国際化」の進展と福島県の工業

表 2 - 9 企業間ネットワークの活用状況（金属・機械 4 業種）
(複数回答：3 以内)

	合計	県北	県中	県南	会津	相双	いわき
合 計	654 (100.0%)	174 (100.0%)	160 (100.0%)	97 (100.0%)	90 (100.0%)	70 (100.0%)	63 (100.0%)
同業者間での情報交換や仕事の紹介（「仲間取引」「仲間請け」）などを行なっている	211 (32.3%)	51 (29.3%)	55 (34.4%)	30 (30.9%)	26 (28.9%)	26 (37.1%)	23 (36.5%)
異業種の経営者と情報交換や仕事の紹介などを行なっている	131 (20.0%)	34 (19.5%)	31 (19.4%)	20 (20.6%)	17 (18.9%)	16 (22.9%)	14 (22.2%)
同業者で定期的に親睦会を行なっている	128 (19.6%)	35 (20.1%)	41 (25.6%)	16 (16.5%)	10 (11.1%)	15 (21.4%)	11 (17.5%)
異業種の経営者と定期的に親睦会を行なっている	111 (17.0%)	28 (16.1%)	32 (20.0%)	19 (19.6%)	12 (13.3%)	7 (10.0%)	13 (20.6%)
技術や製品の共同開発をしている	36 (5.5%)	11 (6.3%)	6 (3.8%)	7 (7.2%)	2 (2.2%)	4 (5.7%)	6 (9.5%)
原材料の共同仕入れや製品の共同販売を行なっている	8 (1.2%)	2 (1.1%)	1 (0.6%)	2 (2.1%)	1 (1.1%)	2 (2.9%)	0 (0.0%)
共同受注グループを設立している	19 (2.9%)	7 (4.0%)	4 (2.5%)	1 (1.0%)	3 (3.3%)	2 (2.9%)	2 (3.2%)
事業提携や合弁会社を設立している	8 (1.2%)	2 (1.1%)	1 (0.6%)	1 (1.0%)	3 (3.3%)	0 (0.0%)	1 (1.6%)
経営者間で定期的に勉強会を行なっている	64 (9.8%)	16 (9.2%)	14 (8.8%)	8 (8.2%)	11 (12.2%)	7 (10.0%)	8 (12.7%)
特に行なっていない	266 (40.7%)	77 (44.3%)	59 (36.9%)	38 (39.2%)	44 (48.9%)	27 (38.6%)	21 (33.3%)
その他	10 (1.5%)	1 (0.6%)	4 (2.5%)	1 (1.0%)	1 (1.1%)	1 (1.4%)	2 (3.2%)

資料：アンケート調査結果（1999 年 1 月）。

る。

　つぎに，企業間ネットワークの活用状況について検討してみよう（表 2 - 9）。最も多かったのは「特に行なっていない」とする事業所で，全体の 40.7％を占めた。とくに会津地区で高く 48.9％となっている。実際に企業間ネットワークを活用しているとする回答は，「同業者間での情報交換や仕事の紹介などを行なっている」が 32.3％，「異業種の経営者と情報交換や仕事の紹介などを行なっている」が 20.0％であった。他方で，技術や製品の開発，共同仕入れ・販売，共同受注，事業提携といった側面で企業間ネットワークが形成されているケースは必ずしも多くない。共同受注については後述するが，福島県内の金属・機械関連事業所間には，景気循環のバッファーとしての機能

をもつ「仲間取引」などについてはある程度の水平的なネットワークの形成が認められるけれども，新たな事業展開を可能とするようなタイプの水平的なネットワークの形成はいまだ希薄であるといえよう。

　ところで地区ごとにみた場合，県南地区でとくに水平的な企業間ネットワークの形成が進展しているとはいえないようである。このことをこれまでの分析との関連で捉え直すと，県南地区に立地する事業所の相対的に良好なパフォーマンスは，「産業集積」が形成され，そのメリットが発揮されたがゆえに可能になったのではなく，依然として垂直的な分業関係のなかにありながら，より強固にその分業関係に組み込まれていたがゆえに可能になった，と考えられる。つまり，県南地区の事業所は，垂直的分業関係のなかで，量的な補完としてではなく，質的な補完として位置づけられているのではないか，ということである。このことは，京浜地区に本社を置く事業所の比率がどの地区よりも高いということの反映でもあると考えられる。地域経済にとっての「外来型」の意味と，地元企業の限界を克服するための政策的な課題が改めて問われている。

3　展望──むすびにかえて

　これまでみてきたように，福島県の工業は1990年代に入って，地区ごとに多様な展開をみせながらも，共通して従業者数の大幅な減少を経験してきている。中心的な業種である金属・機械関連の事業所についてみれば，4割を越える事業所が生産量の減少など，「国際化」のマイナス影響を被ってきている。多くの県内事業所は，「下請企業」であり，さらに新たな展開を可能とするような企業間ネットワークも形成されていないため，こうした変化を受動的に受け入れざるをえない状況にある。工場進出による「外来型開発」の抱える問題を依然として克服しえていないのである。とはいえ，同様に「外来型開発」でありながらも，県南地区のように相対的に良好なパフォーマンスを示す地域が存在することもまた事実である。前節での検討は仮説の域を出るものではないが，「はじめに」で触れた北上地域のように，地域にとっては戦略的「外来型開発」あるいは戦略的「企業誘致」という政策も選択肢の一

第2章 「国際化」の進展と福島県の工業

つとしてありうるのではないか,と考えられる。ここでいう「戦略的」とは,地域の側の主体性の発揮ということである。その意味では,これまで政策的に行われてきた「外来型開発」は,主体を含めた文字どおりの「外来型」であったのではないか。経済の右肩上がりの時代には,福島県はその地理的な条件から,「外来型開発」には有利な条件を備えていたといえる。21世紀を迎えるにあたって,さらに「戦略的」という視点を付け加えていくことが必要になっている。下請関係が内包する経済的な諸問題についてはおくとして,垂直的な分業関係の下に編成されつつも,そのなかで「不可欠な生産の単位」となることを目指すことが,長期的には地域経済の「安定」につながる一歩になるのではないだろうか。そのうえで,地元中小企業の底上げをいかに実現していくのかということも,改めて重要な課題として検討されなければならない。そのための方策として,ここでは福島県の工業が新たな展開を遂げるための公的支援のあり方について,技術的な側面と企業間ネットワークの形成の2点に絞って検討してみよう。

　福島県では,1992年に福島県ハイテクプラザが郡山市の郡山西部第二工業団地内に設置され,既設の福島市,会津若松市,いわき市の3工業試験場(技術支援センターと改称)とあわせて県内4カ所に公的な技術支援施設が整備されている。ハイテクプラザをはじめ各支援センターでは,依頼試験の受託事業,施設や設備使用の受託事業,技術相談指導などが行われている。97年度の実績をハイテクプラザの利用に限ってみると,依頼試験は2919件(うち大企業1413件,中小企業1321件),設備使用は合計8589時間(うち大企業4104時間,中小企業3745時間),技術相談は891件(うち大企業470件,中小企業368件)となっており,いずれも大企業の利用が中小企業のそれを上回っている。[9]また,ハイテクプラザの施設内には10室の技術開発室が用意されており,1室1カ月当たり8万6620円で利用できるようになっている。97年度には年間延べ70カ月(稼働率58.3％)の利用があった。この稼働率からみてもわかるとおり,地元中小企業は研究員をハイテクプラザに常駐させるための人件費や使用料といったコスト負担力が乏しいことや研究員そのもの,つまり人材の確保が困難であるために,以上のような公的なインキュベーション施設も有効に機能しえていないというのが実状であろう。[10]

表 2 - 10　福島県ハイテクプラザの利用状況（金属・機械 4 業種）

	合計	県北	県中	県南	会津	相双	いわき
合　　計	689 (100.0%)	178 (100.0%)	171 (100.0%)	107 (100.0%)	95 (100.0%)	72 (100.0%)	66 (100.0%)
あ　　る	210 (30.5%)	60 (33.7%)	59 (34.5%)	33 (30.8%)	19 (20.0%)	15 (20.8%)	24 (36.4%)
な　　い	428 (62.1%)	105 (59.0%)	100 (58.5%)	63 (58.9%)	71 (74.7%)	50 (69.4%)	39 (59.1%)
存在を知らない	40 (5.8%)	12 (6.7%)	8 (4.7%)	10 (9.3%)	5 (5.3%)	4 (5.6%)	1 (1.5%)
利用する必要がない	11 (1.6%)	1 (0.6%)	4 (2.3%)	1 (0.9%)	0 (0.0%)	3 (4.2%)	2 (3.0%)

資料：アンケート調査結果（1999年1月）。

　表 2 - 10は，金属・機械関連事業所に福島県ハイテクプラザの利用状況を聞いたものである。全体では30.5％の事業所が利用したことが「ある」と回答している。利用したことが「ない」という事業所は全体で62.4％となっており，会津地区では74.7％となっている。利用率の地区ごとの差異は，ハイテクプラザの『業務年報』でも確認できるところである。上述したように，県内には 4 カ所の技術支援施設が設置されているが，会津地区や相双地区といった距離的に離れている地区では利用率が低くなっている。さらに，表には示していないが，このアンケートでも小規模な事業所ほど利用率が低くなっている点を確認できる。地元中小企業にとって施設へのアクセスの点で格差が生じてしまうのは，公的支援としては好ましくないのではないだろうか。これは，施設の立地の問題だけではなく，支援体制の問題でもあると考えられる。「利用する必要がない」とする事業所は1.6％しか存在しないので，何らかの技術的支援に対するニーズは存在しているとみるべきであろう。そうしたニーズを的確に把握したうえで，支援策を改善していく努力が必要である。

　地元中小企業は，以上のような公的な技術支援を受けるうえでも，資金的な裏付けをはじめ，さまざまな弱点を抱えている。それをある程度補完しつつ，新たな展開を遂げるためには企業間の水平的なネットワークの形成が有効であろう。例えば，既存の工業集積地域では，「共同受注グループ」への参

加企業とそうでない企業の間に業績の差が出ていることが報告されている[岡田知弘,1999]。既存の工業集積地域に比較して，相対的に狭い空間的スケールでの集積に乏しい福島県にあっては，企業間の水平的なネットワークを「意識的」に作り上げていくことが必要である。県内には現在，福島県中小企業振興公社も関与して，金属・機械関連業種を中心に12の「共同受注グループ」等が組織されており，合計で約150社が参加しているが，一部を除いて，ほとんど機能していないというのが実態である。公的な支援体制の整備や情報交換のための「場」を創出するなど企業間ネットワークを支える企業外環境ネットワーク[11]をどのように整備していくのかが課題となっている。前述したアンケート結果から明らかなように，商工会議所や業界団体が重要な情報源として事業所に認識されていないという事実は，企業外環境ネットワークの形成が乏しいということの証左であろう。同様のことは公的な技術支援のあり方についてもいえる。さらに，従来から形成されてきた地域的生産体系の態様，すなわち垂直的な階層的下請構造のあり方が，企業間の水平的なネットワークの形成を困難にしている側面もある。したがって，企業外環境ネットワークと企業間ネットワーク双方の実態を把握するなかから，技術支援を含めた公的支援のあり方を再構築していくことが必要である。

最後に強調しておきたいのは，公的な支援策を含めて，工業に関する地域政策はその地域の実態に即して多様であるべきであり，政策の策定主体には地域のニーズを的確に把握する能力がこれまでにも増して求められている，ということである。地域政策は，中央省庁から提示される全国版プログラムの単純な地域縮小版ではありえない。

付記　本章の執筆にあたっては，福島大学経済学部から支給された，1998年度「特定研究経費」の一部を使用させていただいた。

注
1）　工業の「国際化」という場合，製品の輸出入や人材交流，さらには外資系企業の進出や事業提携等の多様な側面を含むけれども，本章では福島県工業における「国際化」の側面を国内企業の対外直接投資とそれとの関連で生じる国内生産の再編に限定して把握する。ちなみに，外国資本比率50％以上

の製造業事業所は，福島県内に15事業所が立地している［東北通商産業局，1998b］。

2）　このアンケート調査は，『福島県工業名鑑　1995』に掲載されている（従業者5人以上）金属製品製造業（建築用・建築用金属製品製造業を除く），一般機械器具製造業，電気機械器具製造業，輸送用機械器具製造業，精密機械器具製造業の2285社を対象に，郵送自記方式で1999年1月に実施したものである。回収数は692票で回収率は30.3％であった。また，回収数のほかに宛て先不明あるいは廃業した旨を明記して返送されたのは215票（9.4％）であった。なお，調査結果全体の報告については末吉健治［1999］を参照されたい。

3）　例えば，北上地域における連関構造を定量的に把握した研究として小田宏信［1998］，松橋公治・佐々木直人［1998］がある。東北地方の他の地域では，山形県の米沢地域における電機工業を中心とした企業間ネットワークが注目されている。これらの事例については，とりあえず関満博・加藤秀雄編［1994］，河北新報社［1997］を参照されたい。

4）　日本の対外直接投資は，1989年に過去最高を記録した後，93年まで減少するが，同年を底に再び増加傾向にある。この結果，海外生産比率（製造業現地法人売上高／製造業国内法人売上高）は，1985年の3.0％から96年の11.6％に上昇している［通商産業省，1998］。

5）　他の地区の具体的な数値も示しておこう。県北地区は全体で4180人が減少し女子従業者数の減少数は3690人，県中地区はそれぞれ5319人，5155人，会津地区はそれぞれ6285人，4684人，相双地区はそれぞれ3291人，2539人であった［福島県企画調整部統計調査課，1999］。

6）　1997年の統計で確認しておくと，金属製品と機械4業種の2418事業所のうち本社・本店が県外にあるのは548事業所で22.7％となっている。このアンケート結果では全体で10％程度，県外資本の事業所にバイアスがかかっている。ただ，回答企業によっては，誤解により主たる取引企業（親企業）の所在地を回答している場合も考えられる。もう一点補足しておくと，アンケートに回答した事業所の従業者規模は，全体で300人以上の規模が24事業所（3.5％），統計では53事業所（2.2％）となっている［福島県企画調整部統計調査課，1999］。

7）　この点は，外注先企業数についてもいえる。ここでは，県南地区と会津地区の数値のみで補足しておく。外注先企業数が「1～5社」とする事業所数は，全体で57.6％，県南地区43.1％，会津地区65.6％となっており，「21社以上」とするのは全体で10.8％，県南地区12.5％，会津地区6.6％である。

8）　選択項目も多少異なるので，直接的に比較することは不可能であるが，工業集積研究会［1996］の行なった東大阪の調査結果では「自治体」1.0％，「商工会議所」13.4％，「大学・研究機関」2.0％，「業者組合・中小企業団体」

19.8％となっている。東大阪では「商工会議所」や「業者組合・中小企業団体」が「情報源」として一定の役割を担っているとみられる。ただ，一例をあげれば，このような団体の主催する会議や会合によって提供される「場」としての役割が各回答事業所に「情報源」として認識されているのか，そのような「場」で直接的に情報を提供する「同業者」や「異業種の経営者」が「情報源」として認識されているのかによって評価は異なるだろう。

9） 数値は，福島県ハイテクプラザ企画情報部［1998］による。他の技術支援センターでは中小企業の利用が大きく大企業を上回っている。中小企業，大企業の合計値と全体の差は，「その他」による利用である。また，技術相談の利用業種でみると，ハイテクプラザでは「電気機械」が891件のうち394件，福島技術支援センターでは「繊維・衣服」が961件のうち836件，会津技術支援センターでは合計1785件のうち「食料品」が901件，「漆器」が593件，いわき技術支援センターでは148件のうち「電気機械」が59件，「金属製品」が31件となっている。技術支援センターによって設備や人員配置に業種的な特色があると同時に，利用頻度のばらつきが大きい。

10） 福島県ハイテクプラザ企画情報部『業務年報』［1998］の「はじめに」において，所長が「技術的相談と依頼試験，設備使用および試験研究を従来の延長で実施することが果たして良いのだろうかと，苦悩するところであります」と述べているのは，90年代の不況下にあって公的機関自らが従来の地元中小企業に対する公的支援のあり方とその有効性を問うものであり，興味深い。

11） 山本健兒・松橋公治［1999］は，Yeung［1994］の議論を整理して，企業行動に関わるネットワークのうち企業をとりまくさまざまな企業以外の主体と企業との相互作用によって形成されるネットワークに，企業範疇には含められない主体どうしの間のリンケージの集まりを含めて，「企業外環境ネットワーク」としている。ここでは，「企業外環境ネットワーク」は，企業間ネットワークのあり方に重要な枠組みを与えるが，必ずしも一方通行的に企業間ネットワークを規定するものではないと把握されている。

参考文献

岡田知弘「地域経済再生の条件と自治体の役割」『住民と自治』第429号，1999年。

小田宏信「岩手県北上地域における機械系工業における集積・連関構造」『経済地理学年報』第44巻第1号，1998年。

河北新報社編『むらの工場・産業空洞化の中で』新評論，1997年。

工業集積研究会：植田浩史・川端望・忽那憲治・大田康博・河邑肇・田口直樹「〈東大阪の中小製造業に関する実態調査〉の集計結果について」『季刊経済研究』第19巻第2号，1996年。

末吉健治「福島県における金属・機械関連製造業の実態――アンケート調査の集計結果について――」『福島大学地域研究』第11巻第1号，1999年。
関満博・加藤秀雄編『テクノポリスと地域産業振興』新評論，1994年。
通商産業省編『平成10年版　通商白書〈総論〉』大蔵省印刷局，1998年。
通商産業大臣官房調査統計部編『我が国鉱工業生産の地域動向』大蔵省印刷局，1987年。
東北産業活性化センター編『アウトソーシング時代のネットワーク型産業集積』八朔社，1997年。
東北通商産業局『東北地域の製造業における企業成長と地域定着――東北地域における新産業創出実現のための方策に関する調査報告書――』1998年a。
　――『東北地域の産業集積』1998年b。
日野正輝「東北経済の成長を牽引した工業の停滞」『統計』第49巻第11号，1998年。
福島県企画調整部統計調査課『福島県の工業』福島県統計協会，1999年。
福島県商工労働部工業課『福島県工業名鑑　1995』福島県中小企業団体中央会，1995年。
福島県ハイテクプラザ企画情報部『業務年報　1997年度実績　1998年度計画』福島県ハイテクプラザ (http://www2.fukushima‐iri.go.jp/hitch/nenpou98.pdf)，1998年。
真木実彦「福島県産業構造の変化と問題点」，山田舜『福島県の産業と経済――その歴史と現状――』日本経済評論社，1980年。
松橋公治・佐々木直人「北上・花巻両市における機械金属工業の集積および受発注連関構造」『駿台史学』第105号，1998年。
山本健兒・松橋公治「中小企業集積地域におけるネットワーク形成――諏訪・岡谷地域の事例――」『経済志林』第66巻第3・4号，1999年。
Yeung, H.W. "Critical reviews of geographical perspectives on business organizations and the organization of production: towards a network approach," *Progress in Human Geography*, 18(4), 1994.

第3章　国際競争下の地場産業

初澤　敏生

1　地場産業をめぐる視点の変化

　地場産業は「風土産業」として，長い間に多くの構造転換を経ながらも，地域と密接に結びつき，その発展につくしてきた。しかし，ポストバブル不況の深刻化と産業の国際化・グローバル化にともなう空洞化の進展は，地場産業産地に大きな打撃を与え，その研究の視点を大きく転換させた。

　鈴木［1995］は，地場産業を規定している産地性，歴史性，社会的分業等の枠組みが変化し，産地を核とする地場産業から，個別企業の活動が軸となる企業活動へと転換していることを明らかにするとともに，にもかかわらず個別企業が展開するさまざまな事業も地場産業が歴史的，地域的に培ってきた技術や社会的分業体制の上に立脚したものであることを指摘している。また，国民金融公庫総合研究所［1995］は，鈴木が指摘しているような地場産業の構造変化が進んでいることを踏まえたうえで，なお，地場産業が地域住民に質的な広がりのある雇用の場を提供していることから，地場産業が今後も高齢者雇用の場として重要な役割を果たすであろうこと，また，その存在は地域のアイデンティティ形成にも重要であることを指摘している。

　これらの研究は，地場産業の中心的な生産構造である，その社会的生産構造が産業のグローバル化とその結果としての国際競争の進展によって変質しつつあり，その地域的存立基盤である「産地」が解体の危機に瀕していることを指摘している。

　このような状況は，基本的に福島県内の各地場産業産地も同様である。しかし，一口に地場産業といってもその製品は多様であり，業種による差違はきわめて大きい。また，地場産業は各産地が固有の歴史的背景に基づく独特

な地域的生産体制を形成しており，特徴ある製品を生産している。そのため，グローバル化の進展度合いや国際競争の影響も産地により大きく異なる。このようなことから，地場産業産地の実態を把握するためには各産地を実地に調査し，その生産構造をまず明らかにしなければならない。そこで，本章においては1990年代前半に実施した地域調査に基づき，産地のモノグラフを作成して生産構造の特徴を把握するとともに，進展するグローバル化と国際競争が産地に与えている影響について検討することにしたい。

2 保原・梁川ニット産地の生産構造とその特性

繊維産業を中心とするファッション産業は，全国各地に産地を形成し，生産を進めてきた。各産地は産地問屋や買継商などによって統括され，商社や中央問屋（集散地問屋）・アパレルメーカーなどにより，全国的な生産体系の中に位置づけられている。地場産業産地はその歴史的特性等により生産構造の地域的差違が大きいため，従来の繊維産業研究においては産地研究がその中心を占めているものの，その多くは織物産地を対象としており[2]，ニット産地を対象としたものは比較的少ない[3)4)]。しかし，ニット産業，特に婦人服等の付加価値の高い製品を生産する産地では，企業の自立性が強く，鈴木［1995］や国民金融公庫総合研究所［1995］が指摘しているような産地の枠組みの変化・解体が進む可能性が高い。そこで，ここでは全国的な婦人用セーターの産地である保原・梁川ニット産地を取り上げ，その特性について検討することにしたい。

まず，近年の生産動向をみることにしたい。表3－1は福島県のニット産業に関する，産業細分類別事業所数等を示したものである。この表は福島県全県の従業者数4人以上の工場の調査結果を示したものなので，必ずしも現状を正確に示しているわけではないが[5)]，産地に関する詳細な資料もないため，ここでは，この資料を参考にする。

表3－1には福島県の横編ニット生地製造業とニット製品製造業の2業種を示したが，基本的に前者は後者の下請的存在である。従業員1人あたりの製造品出荷額等で比較しても，前者が386万円であるのに対し，後者は855万

第 3 章　国際競争下の地場産業

表 3 – 1　福島県におけるニット製造業の近年の動向

年	横編ニット生地製造業			ニット製品製造業		
	事業所数	従業者数	製造品出荷額等(万円)	事業所数	従業者数	製造品出荷額等(万円)
1985	74	534	207,432	270	6,313	5,377,786
1986	77	587	217,035	303	6,758	5,754,552
1987	63	425	166,106	302	6,945	5,898,714
1988	64	420	135,830	296	6,672	5,642,080
1989	64	400	151,666	294	6,552	5,457,231
1990	63	375	147,411	291	6,520	5,473,230
1991	58	338	133,874	287	5,865	5,008,390
1992	49	290	118,668	284	5,806	5,100,655
1993	40	236	93,082	272	5,443	4,691,274
1994	23	129	58,151	207	4,153	3,828,486
1995	22	127	48,870	228	4,380	3,778,419
1996	18	104	40,313	222	3,988	3,440,770
1997	13	78	30,143	219	4,075	3,484,243

注：1994年度の統計区分の変更にともない、それ以後は「ニット製外衣」「ニット製アウターシャツ類」「セーター類」「その他ニット製外衣・シャツ」の合計を「ニット製品製造業」として示した。
資料：福島県工業統計調査。

円と、前者は後者の約45％にすぎない(1997年)。そのため、横編ニット生地製造業はほぼ一貫して減少傾向を示し、1997年の製造品出荷額等は1985年の約15％にすぎない。一方、ニット製品製造業も1987年をピークとして減少に転じており、1997年は1987年に比べて、工場数で73％、従業員数で59％、製造品出荷額等で59％にすぎない。横編ニット生地製造業ほどではないとしても、産地は急速に縮小の傾向にある。ただし、従業員1人あたりの製造品出荷額等は統計区分が変更された1994年を除いてほとんど変化しておらず、好況期・不況期にかかわりなく安定的である。しかし、1工場あたりの製造品出荷額等はピーク時に比べて約2割減少しており、企業経営が悪化していることがうかがわれる。

　次に、産地の歴史を概観することにしたい。保原・梁川産地のニット生産の歴史は新しい。この地域はもともと養蚕地域であり、繊維産業との関わりは深かったものの基本的に産繭地帯にとどまり、製糸工場への原料供給地域にすぎなかった。しかし、戦後の物資不足期に周辺農家が飼育していた綿羊を利用した羊毛生産が始まり、これを利用したホームスパンのセーターを生

産するようになったことを契機として産地が形成された。そのため商業資本等の資本蓄積が進まず，織物産地にみられるような産地問屋による生産者の支配はみられない一方で，初期においては，製品の販路確保は困難であった。1950年代においては，製品の販売は「かつぎ屋」「背負子[6]」に頼らざるをえず，製品の品質も低かった。

しかし，1960年代に入るとセーターを中心とする輸出が拡大したことをきっかけに，生産構造が大きく転換した。当時，アメリカ・ヨーロッパ・ソ連等に大手のアクリル糸を使用したバルキーセーターの輸出が拡大したことから，旭化成等の合繊メーカーが商社とタイアップし，各ニット産地，ニッターの系列化を進めた。保原・梁川産地においても，この時期はほとんどのニッターが輸出製品の生産を行なった。輸出用セーターは品質が低く，産地技術の向上にはあまり寄与しなかったものの，保原・梁川産地の多くのニッターは，これを通じて商社や東京・大阪の集散地問屋との取引を開始することができた。その意味において，輸出製品の生産は産地の成長に大きな役割を果たしたといえる。ドルショックとオイルショックを契機として，輸出製品の生産はほとんどなくなるが，保原・梁川産地の多くのニッターは内需製品の生産に転換し，高級化を進めた。この傾向は現在も続き，保原・梁川産地は日本有数の高級ニット製品生産地となっている。主要製品は女性用セーター，カーディガン，ベスト等で，近年はニットスーツの生産も増加しつつある。以下においては，実地調査をもとに[7]，その生産構造について検討することにしたい（表3-2）。

まず，産地企業の概要について概観する。創業年代をみると，1960年前後の創業が多い。これは輸出用バルキーセーターの生産拡大にともなう産地の拡大によるものと考えられる。年間生産額をみると，22企業中18企業が1億円を超えており，企業の生産規模は比較的大きい。これは，各ニッターが最終製品まで生産するため，付加価値生産性が高いことによると考えられる。従業員数は上位2企業が100人を超えるが，大部分は30人以下である。しかし，従業員規模に比較して生産設備は非常に大きい。編機台数は産地最大企業の350台を筆頭に，5社が100台以上を装備している。これは，編機の場合，機械によって使用できる糸の太さを変えることができないため，各種の製品

第3章　国際競争下の地場産業

表3-2　保原・梁川ニット産地調査企業の概要

企業	年間生産額	従業員数	創業年	生産設備(うちコンピュータ機)	主要製品	中心価格
1	48 億円	175	1958	横編 350(150)	婦人ものセーター90%、紳士ものセーター10%	3 万円
2	26	230	1958	140(60) 丸編 10(10)	婦人服75%	3
3	15	85	1962	26(26) 丸編 15	婦人服65%、紳士服35%	2
4	11	75	1963	130	婦人服100%	4
5	7	50	1965	110(13)	婦人服90%、紳士服10%	3
6	6.5	30	1965	137(7)	紳士服90%、婦人服10%	2
7	6	30	1962	18(11)	婦人ものセーター60%、紳士ものセーター40%	3
8	5.2	10	1938	10	婦人ものセーター90%、紳士ものセーター10%	1.5
9	4	27	1948	N.A.	婦人ものセーター100%	1.5
10	4	22	1954	49(17) 丸編 3	婦人服100%	3
11	3.6	20	1951	20(7)	婦人もの70%、紳士もの30%	0.5
12	2.8	18	1947	4(4) 経編 3(3)	婦人服100%	N.A.
13	2.5	5	1964	54(4)	婦人もの95%、紳士もの5%	1.3
14	2.5	15	1960	50	婦人もの100%	3.5
15	2	21	1982	14(14) 丸編 3	婦人もの100%	1.5
16	1.8	18	1967	13(13) 丸編 2	婦人もの90%、紳士もの10%	1
17	1.3	8	1971	N.A.	婦人もの40%、紳士もの60%	1.5
18	1	12	1950	7(6)	ヤングカジュアル	1.5
19	0.8	8	1964	8(2)	婦人もの	2.5
20	0.4	4	1965	12(2)	婦人もの100%	3
21	0.25	3	1965	7(6) 丸編 1	編立のみ	N.A.
22	0.2	3	1968	8(8)	編立のみ	N.A.

資料：聞き取り調査結果により作成。

に対応するためには，各社とも常に多数の遊休設備をもっていなければならないためである。このため，各ニッターは多額の設備投資を迫られることになる。そのためか，各企業とも高額のコンピュータ内蔵機の機数は比較的少ない。1980年代以降，アパレルメーカーの成長と製品の高付加価値化の進行にともない，複雑な柄を出すことができるコンピュータ内蔵機を装備することが受注を確保するための基本条件であるといわれているが[8]，実際にはその装備率は産地によって大きな差がある[9]。高額のコンピュータ機の導入を比較的小規模に押さえながら多数の旧式機を装備し，多品種少量生産に対応する

ことが，保原・梁川産地の特徴となっているといえよう。[10]

　ただし，ここで注目されることは，生産額の規模が必ずしも従業員数や生産設備の規模ではなく，コンピュータ内蔵機の装備数と対応する傾向が強いことである。上位企業の中にもコンピュータ内蔵機を装備していない企業がみられるが，これらの企業はいずれも大手メーカーの専属的協力工場であり，他の企業とは生産構造が異なる。コンピュータ機と手動機を併用しながらコストダウンを図ることはむずかしく，基本的に高性能機の導入が生産の拡大に不可欠であることがうかがわれる。また，ファッション性の高い製品を短期間のうちに生産・納品するためにも，コンピュータ機の導入が必要である。[11]この点からみると，保原・梁川産地の生産力の水準はまだ低い位置にあるといわざるをえない。ただし，前述のようにニット産業においては多くの遊休機を発生させることが避けられないため，このような設備の装備はニッターに多額の設備投資を強いることになる。そのため，近年では生産設備を海外に移し，生産コストの削減を図る動きがみられる。

　主要製品は女性用セーターであるが，その中心価格は年間生産額6億円程度を境として，それ以上の規模の企業は3万円前後，それ以下の規模の企業は1万5000円程度のものが中心となっている。[12]これは国内で販売されている商品の中ではハイランクに位置するが，新潟県の五泉産地に比較するとやや低い水準にある。流通経路等の相違もあるため即断はできないが，この原因としては生産設備の旧式化の影響も大きいと考えられる。

　次に，保原・梁川産地の調査企業の主要取引形態とその変化について検討することにしたい。前述のように，保原・梁川産地は歴史が新しく，産地問屋が存在しないため，当初，各企業は「かつぎ屋」などによって製品の販売を行なっていた。これが変化するのは1950年代半ば以降のことである。この時期には多くの商社がこの産地に進出し，輸出用セーターの生産を拡大した。このような生産構造の転換は，産地のニッターが新たな流通経路を切り開く契機となり，各ニッターの営業努力ともあいまって，商社・集散地問屋との取引が急速に拡大した。ただし，ここで形成された商社・集散地問屋と結びついた生産構造は，あくまで企業を単位としたものであり，産地全体としてのものではない。そのため，この時期は急成長した企業がみられる一方で，

廃業した企業も少なくない［Naito：1966］。

　ドルショック以降は輸出が急速に縮小したため，各企業は内需製品の生産に転換することを迫られた。しかし，すでに輸出を通じて販路や流通ルートの開拓に成功していた各企業は，比較的容易に国内のアパレルメーカーとの取引に転換することができた。保原・梁川産地がこのように容易に生産構造を転換できた理由としては，各企業の努力のほかに，三つの要因を指摘することができる。その第一は，アパレルメーカーと取引のある商社（日商岩井等）が，この産地のニッターの系列化を進め，産地に相当量の発注を行なったことである。保原・梁川産地は，このような商社と結びつくことによって生産構造の転換に成功したのである。

　第二に，現在とは異なって，当時はまだアパレルメーカーの製品企画能力が低く，それほど技術力の高くない企業でも，比較的容易にその注文を受けることができたことが指摘できる。アパレルメーカーは，この後，急速に付加価値生産性を高めていくが，保原・梁川産地の各ニッターは，これと歩を合わせて自らの生産技術を向上させていくことに成功した。これが現在の付加価値生産性の高さを実現させることになった。

　第三は，スーパーとの取引の拡大である。当時，急速に成長したスーパーは自社企画によるPB（プライベート・ブランド）製品の開発・販売を進めたが，その企画・流通を担当した商社が進出したことにより，保原・梁川産地はその生産基地となった。スーパーのPB製品は品質よりも価格競争力を追求するケースが多く，当時の保原・梁川産地の生産技術でも十分に対応することができた。これらの要因により，保原・梁川産地は内需向け製品の生産へと，生産構造の転換を成し遂げることができたと考えられる。

　しかし，保原・梁川産地のこのような商社・アパレルメーカー依存の生産構造は，産地独自の製品企画能力を喪失させることにもつながった。保原・梁川産地においては，1960年代まではほとんどの企業が自社企画製品を生産していたが，商社等からの受注生産を行うようになってからは，その比率は急速に減少した。現在，自社企画製品を生産しているのは上層企業に限られており，また，多くの場合，その比率は10〜20％程度にすぎない。ただし，この数字は織物産地などに比べると非常に高いものである。この理由として

は，ニット製品は産地で製品化されるため，ニッター側が多くの製品製造の技術とノウハウをもっていることがあげられる。そして，ここで注目しなければならないことは，産地内の下請企業や内職層がそのような生産体制を支えていることである。

　保原・梁川産地のニッターの外注比率はきわめて高く，上位層においては50％を超えている。一般に，ニット産地においては完成品製造業者がリンキング・ボタン付け等に多くの下請・内職を利用しているが，保原・梁川産地においては，中心工程である編立までもが，多く下請に出されている。このような外注はコストダウンを進めることを目的にされていることが多いが，厳密な工程管理が要求される現在のアパレル製品の生産にあたって，中心工程にまで多数の下請企業を利用することは，製品管理上，適当なこととはいいがたい。現在，保原・梁川産地では生産機能を海外に移転し，外注比率を下げる動きが現れているが，その背後にはこのような要因もあるものと考えられる。

　グローバル化にともなう国際競争が激化している現在，ニット産業は新たな局面に直面している。繊維産業，とりわけニット産業が直面している問題の一つに「価格破壊」があげられる。繊維産業はすでに1960年代からくり返し国際競争にさらされてきたが，国内の産地・メーカーの多くは，高付加価値生産性を追求することによってこれに対応してきた。すなわち，安価な製品は海外からの輸入に任せ，国内においては外国では生産できないような高付加価値製品の生産を追求するという「国際分業体制」をつくり上げることを目指してきたのである。しかし，ポストバブル不況の深刻化と円高にともなうイタリア等海外高級ブランド製品の価格の下落により，高級製品といえども高い価格はつけにくくなった。一方，中国等のアジア諸国の技術力の向上にともない，中級品程度ならば十分に輸入品で対応することが可能になっている。[13]この結果，従来の「国際分業体制」に基づく経営戦略は修正を迫られ，国内産地において対応することができる製品の幅はきわめて狭いものになっている。

　このような経営環境の変化は，保原・梁川産地にも大きな影響を与えている。産地内の各企業は新たな状況に対応するため，さまざまな活動を進めて

いる。産地企業の国際的な展開も，これへの対応の一つの結果であると考えられる。前述のように，保原・梁川産地の多くの企業においては設備が旧式化するとともに，主要工程においても外注比率が高く，納期の短縮やコストダウン，工程管理，品質の維持等に課題を生じさせている。工場の海外展開はコストダウンと同時に，生産工程を集約化してこれらの課題に対応することも可能とするものである。しかし，このような対応はあくまで「企業」を単位とするものであり，「企業」のグローバル化は必ずしも「産地」や「地場産業」の生き残りに結びつくものではない。産地内有力企業のグローバル化は，かえって産地内取引を縮小させ，産地を弱体化させることにもつながる可能性がある。「産地」を振興させるためには，異なった方向での対応が必要である。

　ニット製品は産地内で最終製品まで生産するため，産地内に各種のノウハウが蓄積されている。発注者であるアパレルメーカー等にとっても，多品種・小ロットの高級品は，密接なリンケージを維持することができる国内産地に発注せざるをえない。そのため，国内産地として生き残るためには，アパレルメーカーの多品種・少ロット・短納期に対応するとともに，高級製品のコストダウンを進める必要がある。このためには，まず，コンピュータ機の導入が不可欠であろう。前述のように，コンピュータ機は高付加価値製品の生産に重要な役割を果たしており，その装備率が低いことは，保原・梁川産地が産地間競争において不利になることを意味している。設備の近代化は避けられない課題である。しかし，コンピュータ機の導入は多額の設備投資を必要とするため，必ずしもすべての企業が対応できるわけではない。筆者は，これを補うのが産地内の集積であると考える。地場産業産地は，これまで産地内において各種の社会的分業体制を形成してきたが，アパレルメーカー等の進出にともない，事実上，生産体制が企業単位に分割され，その集積のメリットを十分に生かしきれていない。前述のような中心工程における外注比率の高さは，たしかに工程管理上問題を発生させるが，このことは一方で保原・梁川産地の下請企業の技術力がすでに相当レベルにまで達していることを示している。このような技術力の高い企業を系列の枠を超えて再組織化することにより，受注の幅が広がるとともに，遊休設備の削減を図ることも可

表 3 - 3　福島県における絹・人絹織物業の近年の動向

年	事業所数	従業者数	製造品出荷額等(万円)
1985	107	1,051	931,648
1986	102	967	887,575
1987	93	881	874,596
1988	91	878	1,138,198
1989	84	776	1,213,163
1990	80	718	965,906
1991	75	675	1,001,994
1992	75	677	1,007,283
1993	72	622	934,272
1994	61	550	759,674
1995	55	492	652,024
1996	55	496	622,280
1997	42	411	519,305

資料：福島県工業統計調査。

能になると考える。また，製品企画能力を高め，産地からアパレルメーカーや消費者にアピールすることも必要であろう。

　産地のメリットを生かし，生産体制の変化に対応していくことが，グローバル化時代における産地の生き残り戦略の方向であると考える。

3　川俣織物産地の生産構造とその特性

　福島県川俣町に展開する織物業は約1300年の歴史をもち，特に幕末期から明治期にかけては日本を代表する絹織物産地として大きく発展してきた。川俣産地は福井・石川産地とともに輸出用の軽目羽二重を中心製品としてきたが，1954年のアメリカによる可燃性織物輸入禁止問題を契機として，その中心製品を重目羽二重，そして合繊織物へと転換した。これにともない，1956年頃から合繊メーカー・商社による系列化が進み，合繊メーカーを頂点とした生産構造を形成した。しかし，1980年代半ば以降の円高は，輸出比率の高かった川俣産地の生産構造に大きな影響を与えている。

　表 3 - 3 は福島県における絹・人絹織物業の近年の動向を示したものである。前述のように，この資料は制約的なものではあるが，福島県においては川俣産地以外には絹・人絹織物産地はなく，そのおおよその傾向を捉えるこ

とはできる。

　川俣産地もこの13年間に事業所数・従業者数とも40％以下にまで減少し，保原・梁川産地同様，一貫して縮小の傾向にある。しかし，製造品出荷額等は若干異なる動きを示している。川俣産地はスカーフ生地の産地として重要な役割を果たしているため，バブル経済期のファッションのトータル化，高付加価値化にともなって，生産が拡大した。この時期，一時的に製造品出荷額の拡大がみられる。ただし，この時期にも事業所数・従業者数は減少している。これは後述するように，産地内において複数の生産構造が並列的に存在し，それぞれが異なった動きを示しているためと考えられる。しかし，ポストバブル不況の深刻化により，製造品出荷額等もその後急速に減少，1997年には89年の約43％にまで縮小している。ただし，1985年を基準とすれば，工場数・従業員数の減少に比較して減少幅はやや小さいものにとどまっている。これはスカーフ地等の付加価値の高い製品を生産していることに加え，有力企業への生産の集中が進みつつあることの結果であると考えられる。

　このように，川俣産地においても，これまでのさまざまな国際環境の変化などに対応して，その生産構造を転換させてきた。その意味で，川俣産地は保原・梁川産地と同様，常に国際競争下におかれてきたといえるが，川俣産地はその製品があくまで中間製品にすぎず，最終製品の生産は行なっていないこと，合繊メーカー・商社等の強力な系列下にあり，産地としてのまとまりがきわめて弱いことなどの特徴がある。そこで，以下においては1993～94年に行なった34企業を対象とした実地調査をもとに川俣産地の生産構造をとらえたうえで，産地の課題を考えることにしたい。

　川俣産地の各企業の経営的な差違はきわめて大きく，年間生産額をみると，最高の7億円から最低の100万円まで差が開いている（表3－4）。各企業の差も大きく類型化は困難であるが，ここでは便宜上，年商1億円以上の企業を上位層，年商1000万円以上1億円未満の企業を中位層，年商1000万円未満の企業を下位層として検討を進める。

　ここで注目されるのは，絹織物を生産している企業の大部分が上位層に区分されることである。調査企業中上位層に区分される12企業のうち9企業が絹織物を主として生産している企業である。これに対し，合繊織物を生産し

表 3 - 4　川俣織物産地調査企業の概要

企業	生産額（百万円）	従業員数（人）	織機台数 超自動	織機台数 自動	織機台数 普通広幅	織機台数 普通小幅	生産量（万m）	生産織物
31	700	62	173				1,200	ナイロン／ポリ
32	700	10	28				650	ナイロン
33	600	24		18	27		45	スカーフ
34	550	23		63	40		200	羽二重
35	500	25		4	46		210	羽二重
36	500	36			105		150	絹／ナイロン
37	450	23		14	78		207	羽二重
38	400	17			47		60	羽二重
39	230	7	N.A.				155	羽二重他
40	200	4		16			32	スカーフ
41	190	14			46		24	絹
42	130	6	N.A.				N.A.	クリンプ
43	80	6			43		N.A.	ナイロン
44	20	5			80		38	ソルブレン
45	20	4			40		35	ビニロン
46	20	6			68		30	ソルブレン
47	20	3			14		36	ナイロン
48	15	3			48		21	アセテート
49	12	2			40	23	71	ナイロン
50	12	2			46		24	ビニロン
51	11	3			24		26	ビニロン
52	8	2	8		10		30	キュプラ
53	7	3			24		10	絹
54	7	2			30	12	24	ラメシア
55	7	2				28	12	ナイロン
56	6	2		15			N.A.	羽二重
57	4	2		10	17		16	人絹
58	3	2			14		12	人絹
59	1.5	1				14	4	ナイロン
60	1	1			2		N.A.	通棹のみ
61	N.A.	7			47		17	絹
62	N.A.	12			48		5	ラメシア
63	N.A.	12	8	6	60		N.A.	合成繊維
64	N.A.	2			22		N.A.	ナイロン

資料：聞き取り調査結果による。初澤敏生「川俣織物業の生産構造」『福島地理論集』第42号，1999年，より引用。

ている企業は中規模以下層の企業が中心となっている。これは企業系列の影響が大きい。上位企業のうち合繊織物を生産している3社は，それぞれ東レ・旭化成・カネボウの系列企業である。このことは，川俣産地においては合繊メーカーと密接な関係を保っていない限り，合繊織物生産で規模を拡大することはむずかしいことを示している。

　上位企業のもう一つの特徴は，設備の近代化が進んでいることである。川俣産地では依然として旧式の普通織機が中心的な生産手段となっているが，上位層においては，合繊織物生産工場には生産効率の高い超自動織機が，絹織物生産工場では製品の特性上超自動織機を利用することができないため，自動織機が多く装備されている。しかし，一部の企業を除けば，織機台数はそれほど多くはない。これは下請企業を利用して生産を拡大している企業が多いためで，中位・下位企業は上位企業の下請となっているケースが多い。しかし，これにも企業系列が大きな影響を与えている。そこで，以下においては，川俣産地の企業経営の特徴を，企業系列ごとに検討することにしたい。

　川俣産地においては，1949年に三菱アセテートが最初に進出したが，アセテート織物は川俣産地の製品の特性に合わなかったため，この系列化は短期間で終了した。この後，1956年に東レ，60年に帝人，61年に旭化成と日本ビニロンが進出，機屋の系列化を進めた。実地調査においては帝人系列の企業は確認できなかったため，これを除く3企業の系列について検討する。

　実地調査において東レ系列と確認されたのは，産地内の最大企業（企業31）だけである。企業31は1947年に創業，当初横浜の商社と取引を行い絹羽二重を生産していたが，56年に東レが進出するとその系列下に入った。創業当初は半木製織機を10台所有していただけだったが，合繊織物への転換を契機に120台の鉄製織機を導入，生産力を飛躍的に増大させた。また，1971年には特定繊維構造改善事業を利用して超自動織機を導入，設備近代化に力を入れている。企業31は，産地内最大の設備をもち，東レから支給された原料を自社のみで加工，下請・外注はまったく利用していない。系列化された当初の一時期，下請企業を利用したこともあったが，短期間のうちに終了し，生産を内部化している。また，企業36も一時期東レの系列に入っていたが，その期間やはり下請は利用していなかった。東レ系列の各企業は，自社の生産能力

を高めることによって生産量を確保し，コストダウンを進めることが特徴となっているといえる。

　旭化成の系列に属している最大手の企業は，産地で2番目の規模をもつ企業32である。企業32は1950年頃創業の新しい企業である。当初は機屋ではなく絹の売買を行う問屋だったが，60年頃から旭化成の系列下に入り，合繊織物の生産に参入した。当初，企業32は生産設備をもたなかったが，1963年に産地内の織物工場を買収し，生産に参入した。当初は普通織機20～30台の設備しかもたなかったが，順次拡大し，75年には180台の織機を装備するにいたった。しかし，そのすべてが普通織機で生産性が低かったため，1985年に自社生産をいったん中止し外注に切り替えた。その後，87年に超自動織機を28台導入して生産を再開，以後設備をより生産性の高いものに切り替えながら生産力の充実を図っている。企業32の特徴は，このような企業史を反映して外注を積極的に利用していることである。調査時点において，企業32は10企業の外注を利用し，その合計生産能力は超自動織機56台，自動織機38台，普通織機80台におよんでいる。また，これらの外注企業も必ずしも企業32の専属というわけではなく，その結びつきは比較的弱いものにとどまっている。この点において，企業32の生産構造は，企業31とはまったく異なったものになっている。

　今回の調査で把握した日本ビニロンの系列に属している企業は企業44，45，46，48，50，51の6社である。これらの企業はいずれも日本ビニロンの子会社である川俣ビニロンを経由して原料を受け取り加工，逆のルートで製品を出荷している。これらの企業はいずれも中規模で，織機の保有台数は比較的多いもののいずれも旧式の普通織機で，生産能力はそれほど高くはない。また企業51が他企業の下請となっているほかは下請・外注関係は原則としてない。現地の子会社を利用して専属企業を多数確保することが，日本ビニロン系列の特徴となっている。日本ビニロンは，川俣産地では主にソルブレン布を生産しているが，これは刺繍・レース用の水溶布であり，中間素材にすぎない。そのため，生産は単純で付加価値も低い。このような主要製品の特徴が，企業系列の特徴をつくり出しているものと考えられる。

　このように，川俣織物産地の各企業は，地域特性の上に形成された共通性

に加えて，生産している製品の特性やその企業が属している系列の合繊メーカーの戦略などによって異なった生産構造を形成している。この意味において，従来の「産地」概念とは異なった形態を示しているといえよう。グローバル化の影響に関しても，付加価値生産性が高く，「横浜スカーフ」というブランド製品の材料となる絹織物と，付加価値生産性が低いにもかかわらず強力にコストダウンが要請される合繊織物では影響が大きく異なる。また，絹織物，合繊織物の中でも企業系列あるいは企業特性によって生産構造は異なる。川俣産地は，系列は異なりながらも生産構造は共通していた保原・梁川産地に比較しても一層の細分化・異質化が進んでおり，集積のメリットを生かせるような構造にはなっていない。これは，織物はあくまで中間製品であり，企業経営を安定させるためには，発注者の要求に合わせて構造を転換していくことが求められているためである。すでに他産地では産地の枠を越えた，企業単位での生産連関が形成されてきており，[14]この傾向は今後もさらに拡大していくと考えられる。現在，「産地」として対応することができるのは，スカーフ地・和服裏地等の限られた製品にすぎない。これらは付加価値生産性が高いうえに国内での製品の生産基盤が比較的強固であり，これらと結びつくことによって，生産基盤を維持することは可能であろう。これに対し，合繊織物に関しては企業系列を越えたまとまりをつくることは困難であり，産地の集積を生かすことはむずかしいと考えざるをえない。むろん企業の経営努力によって企業を維持していくことは十分に可能であるが，「企業」と「産地」との結びつきは薄いものにとどまらざるをえない。しかし，産地としての集積を維持することは，企業の再生産を維持するうえでも重要である。これに関してはただちにビジョンを提示することはできないが，グローバル化への対応はもちろん，地域振興上も検討しなければならない課題である。

4　会津漆器産地の生産構造とその特性

ファッション産業と同様，漆器製造業も全国各地に産地を形成し，生産を進めてきた。漆器製造業は，各産地において産地問屋等を頂点とした伝統的

な地域的生産体制を形成してきたが,1960年代におけるカシュー塗料等の「代用漆」の利用の拡大やプラスチック漆器（以下，PC漆器）の導入は各産地の生産構造に大きな影響を与え，その再編成を促した。しかし，その導入課程やその後の対応には産地によって大きな差があり，その後の産地構造に大きな影響を与えている。また，近年は職人の技術伝承などが注目されており，各種の産地研究が蓄積されている[15]。

漆器業はわが国の特徴的な産業であり，これまで生活用式の変化の影響を受けたり，PC漆器の導入などにともなう構造変化などはあったものの，基本的に国際競争にさらされたことはなかった。しかし，近年生地加工部門において半製品を輸入して仕上工程だけを国内で行う事例が増加してきている。このような中間製品の輸入の拡大は，産地内の社会的分業体制に大きな影響を与える可能性がある。そこで，本節においては，会津若松産地における漆器業の現状と特性について把握した後，このような中間製品の輸入に関して検討を加えることにしたい[16]。

会津地方における漆器生産は，天正年間に会津に封じられた蒲生氏郷が近江の国から漆器職人を呼び，その技術を伝えさせたことに始まると伝えられている。会津産地には江戸時代を通じて技術が蓄積され，江戸時代末期には全国有数の産地が形成されていた。しかし，1958年の長崎国旗事件を契機とする中国漆の輸入の途絶により，会津産地でもカシュー塗料とPC漆器が導入され，その生産構造は大きく転換することになった。現在は，量的のみならず，金額面でもPC漆器の占める位置は大きなものになってきている。

表3-5に福島県における近年の漆器等の製造の動向を示した[17]。1985年からの13年間に，事業所・従業者数ともに半分近くにまで減少しており，産地の縮小が急速に進んでいることが認められる。しかし，製造品出荷額は1996年以降急減しているもののそれまではほぼ横ばいを保っていたこともあり，97年製造品出荷額等は85年比で24％の減少にとどまり，事業所あたり売上高，従業員1人あたり売上高は逆に増加を示している。これは，絹織物と同様，会津漆器の付加価値が比較的高いことと，生産の集中が進んでいるためと考えられる。

以下，会津漆器業の構造について検討することにしたい（表3-6）。会津

第3章　国際競争下の地場産業

表3－5　福島県における漆器製造業の近年の動向

年	プラスチック製日用雑貨・食卓用品製造業			漆器製造業		
	事業所数	従業者数	製造品出荷額等(万円)	事業所数	従業者数	製造品出荷額等(万円)
1985	28	404	450,020	155	1,747	873,196
1986	25	457	523,869	149	1,725	936,997
1987	28	448	494,597	149	1,767	1,029,758
1988	33	593	834,477	162	1,767	1,054,428
1989	31	573	923,600	143	1,642	982,404
1990	29	563	912,405	145	1,488	908,836
1991	32	630	1,067,664	124	1,491	904,727
1992	32	579	897,604	111	1,417	1,034,092
1993	34	641	955,259	110	1,283	861,761
1994	33	615	1,051,423	91	1,269	1,008,121
1995	32	617	827,348	95	1,254	937,086
1996	30	761	1,080,618	78	971	634,452
1997	24	628	998,986	81	997	660,682

資料：福島県工業統計調査。

　漆器業は，基本的に産地問屋がその生産構造を統括している。産地問屋は木地師・塗師・蒔絵師等の各作業工程の職人群を個別に統括して生産グループを組織し，漆器の生産を進めている。これは産地問屋が流通の窓口となってきたためである。各産地問屋は系列下の職人を「技術の高い者」「量産できる者」「短納期に対応できる者」など共通の特色をもった者同士をまとめてグループ化し，それぞれのグループに適した製品を発注している。各産地問屋はこのようにして複数の生産グループを恒常的に確保し，生産を進めている。
　しかし，産地問屋と職人との関係は，必ずしも密接なものではない。産地問屋はかつては前貸し等によって職人を自分の系列におさめ，専属的に利用してきたが，戦後になるとこのような形態は廃れ，両者の意志によるゆるやかな系列関係へと変化してきている。特に低成長期以降はこの傾向が顕著である。これは，産地内の社会構造が変化しただけではなく，経済的な構造の変化が進んだためである。すなわち，産地問屋にとっては消費者の嗜好の変化に即座に対応し，多品種少量生産を進めるためには，多数の生産グループと関係を保つ必要があるが，その一方で各グループと常に受注関係を維持することはむずかしい。一方，職人にとっても常に受注が確保できない以上，多数の産地問屋と常に取引を行い，生産量を確保する必要がある。また，産

表3－6　会津漆器業調査企業の概要

企業	創業年	従業員数(内家族)	年商(百万円)	担当工程	主要取引先
71	1900	500(20)	15,000	仏具を総合的に生産	集散地問屋・全国の小売店
72	1945	30(3)	1,200	漆器卸	集散地問屋・全国のデパート
73	1943	36(2)	950	漆器製造卸	全国のデパート
74	明治期	17(6)	650	漆器卸	東京の消費地問屋
75	1948	34	530	塗り・蒔絵	産地問屋30軒
76	1934	18(3)	480	漆器製造卸	東北のデパート・消費地問屋
77	1974	12	380	漆器卸	市内の問屋への卸が中心
78	1962	26(2)	320	PC製造・木地輸入卸	市内の漆器業者約200軒と取引
79	1960	18(3)	250	塗装	市内の問屋5社がメイン
80	江戸期	5(4)	200	漆器卸	全国のデパート
81	1891	3(1)	200	漆器卸・小売	東京のデパートが中心
82	1907	8(3)	180	漆器卸	東京・大阪のデパート
83	1923	9(4)	150	漆器卸	主に東日本のデパート・小売店
84	1937	15(3)	150	木地・漆器問屋	福岡・東京の集散地問屋
85	1957	17(3)	150	PC成形	産地内の問屋3社ほか
86	1944	15(3)	120	木地加工	産地内12〜13軒の問屋
87	江戸期	16(2)	100	木地加工が中心	市内50軒くらいの問屋
88	1957	13(4)	100	木地加工	市内の問屋
89	1965	20(3)	90	PC一貫生産	主要取引先は市内3軒の問屋
90	江戸期	11(3)	60	塗り	市内の問屋4社
91	1944	9(3)	50	塗り	主要取引先は市内の問屋1軒
92	1965	8	40	塗装	市内の問屋1軒
93	1929	4(2)	40	木地加工	市内の問屋4社が中心
94	1945	9(4)	40	木地加工	市内の問屋10軒と取引
95	1916	6(4)	30	塗り	産地内の複数の問屋
96	1968	4(2)	20	塗り	市内の問屋1軒のみ
97	1940	3(3)	10	蒔絵	市内の問屋4軒
98	1945	5(2)	10	蒔絵	市内の問屋4軒
99	1940頃	3(2)	10	塗り	市内の問屋3軒
100	明治期	3(3)	9	蒔絵	市内の問屋2軒
101	1973	2(2)	9	木地加工	市内の塗り師7社，問屋3軒
102	1958	2(2)	8	塗装	市内の問屋5社ほか塗り師とも
103	大正期	3(3)	3	蒔絵	市内の問屋1軒
104	1953	2(2)	1	塗り	市内の問屋2軒
105	1945	3(2)	N.A.	漆器一貫生産	市内の問屋2軒
106	1958	3(3)	N.A.	木地加工	問屋1軒，塗り師2軒
107	1950	2(2)	N.A.	塗り	全国の小売店
108	1880頃	4(2)	N.A.	蒔絵	市内の問屋3軒

資料：聞き取り調査結果による。

地問屋の倒産に対処するためにも，取引先の多角化を進めることはリスクの分散につながる。そのため，現在では産地問屋と職人が専属的な関係を結ぶことは少なく，ゆるやかで錯綜した生産構造が形成されている。

　また，産地問屋の機能も，次第に変化してきている。従来産地問屋は産地の窓口として，産地と集散地問屋を結ぶ役割を果たしてきた。しかし，1960年代後半以降，一部の大手百貨店が集散地問屋をその流通構造の中に組み入れたのを契機として流通が再編され，集散地問屋の産地問屋に対する影響力が強化されている。この結果，産地内の組織力が強く，品揃えが豊富な一部の産地問屋を中心として集散地問屋が取引を行うようになり，その優位性が強まることになった。

　このような動きに対処するため，比較的規模の小さい産地問屋は，1980年代以降，協同会組織をつくり，受注の確保にあたっている。しかし，これらの多くは集散地問屋ではなく，各地の消費地問屋や小売店を対象として営業活動を行なっており，その製品の流通過程は，規模の大きな産地問屋のものとは異なる。産地問屋の能力により，異なった流通構造が産地内に併存していると考えられる。協同会組織は力の弱い問屋が集まって販路を開拓することが一義的な目的とされていたが，会を組織したことによりこれまで自分が扱ってこなかった製品の供給を会のほかのメンバーから受けることが可能となり，自分の生産組織を強化しなくとも，取り扱い製品の幅が広がるという効果を生んだ。このような活動はまだ大きなものとはいいがたいが，産地の独自性を保ちながら新たな活路を見出そうとするものであり，その動きは注目される。

　このような流通構造の再編成が進む一方，産地内の生産構造にも大きな変化が起きつつある。特に重要なことは，前述した，木地製品の外国からの輸入である。会津産地内では，木地部門の加工は木地師が担当してきた。しかし，木地加工には木材の乾燥という時間のかかる工程があるため，木材の仕入れは各木地師の見込みにおいて行われてきた。この部分に関しては，産地内の問屋との関係はなく，木地生産においては規格化されたものの見込み生産の比率が高いものになっている。そのため，産地内の生産構造・生産連関の位置づけの中で，木地加工部門は塗り部門や加飾部門とはやや性格が異な

ったものになっている。

　木地加工部品の輸入が拡大したことの背景には，コストダウンの推進のみならず，このような生産連関上の弱さが存在したのではないかと推測できる。すなわち，産地問屋や他の加工部門と密接に結びついているのであれば，それらは空間的に離れることはむずかしいが，安価な企画製品を大量に購入するだけであれば，その取引先は産地内に存在する必要はないことになる。にもかかわらず，現在においても，産地内の木地師から購入した材料のみを使用する産地問屋は多い。これは，産地内の木地師と密接な関係を保つことによって高い品質を保持したり，新製品開発を進めているためである。今後木地加工部門における産地内取引は，このようなものに限定されていくと考えられる。外国からの半製品の輸入の拡大により，木地加工部門は高度化を進めることを求められている。

　このように，長い伝統をもつ会津漆器産地も流通構造の変化や外国からの半製品の輸入の拡大などの影響を受け，産地の構造は変化しつつある。これらの問題点としては，前にあげた事例と同様，産地内の企業集積が十分に生かされないまま産地の弱体化が進みつつあることが指摘できる。集散地問屋等の力が強くなるのにともない，産地問屋は次第に独自の製品企画能力を失いつつある。特に不況期においては，製品企画よりも価格設定が先に立つこともまれではない。産地内の集積を生かした製品開発を進めることが必要であろう。このような点からみれば，近年開発が進みつつあるインテリア部門での漆器利用も，重要な方向の一つであると考えられる。インテリア製品のような市場調査に基づく多品種小ロット製品は産地内における強力な生産連関があってこそ初めて生産することができる製品であり，産地の集積を生かすことができると考えられる。

　また，前述のような産地問屋の協同会組織の結成も有効な手段であろう。いかに産地問屋による系列化が緩やかなものになろうと，各産地問屋が対応できる製品の種類には限界がある。各産地問屋がお互いの製品を相互に利用できるようになれば，取り扱い製品の幅は広がり，産地の集積性をより一層効率的に利用することが可能になる。今後の発展に期待したい。

　会津漆器業においては，中間製品の輸入が増加しつつあるものの，依然と

して産地内の集積性が高く，これを活用した地域振興は十分可能であると考える。

おわりに

　以上，保原・梁川ニット産地，川俣織物産地，会津漆器産地を事例として各産地の生産構造を概観したうえで，近年のグローバル化にともなう国際競争の強化が産地に与えた影響について検討した。

　グローバル化に関しては，企業のレベルと産地のレベルとで視点が異なる。企業においては，その企業がグローバル化することによって国際化に対応し，存続することが可能である。しかし，産地あるいは産業地域にとっては，そのような対応は産地・企業の再生産を不可能なものとし，地域の解体につながりかねない。むしろ現在の生産体制を革新しながら，国際競争に対応していくことが求められている。これは，各種の社会政策上からも検討しなければならない課題である。

　今後の地場産業振興の視点としては，産地の集積のメリットを活用することが重要であると考える。産地の構造分析のところでも示したように，現在の地場産業産地は問屋や地域外資本によって系列化が進み，産地内が細分化され，集積のメリットが十分に生かせないような構造になっている。このような，いわば企業を軸とした生産連関だけではなく，産地という地域を軸としたまとまりを構成し，その振興を図ることが必要である。

注
1)　一般に風土産業といった場合，地域産業の分布や存立基盤を環境決定論的な側面からとらえることが多いが，宮川泰夫はその一連の研究［宮川：1988, 1993, 1995］において，産業の存立基盤を自然環境とともに，その歴史的基盤や他の産業との重合的な存立形態，各種機能の地域的集積，地域経済の特性から生み出される「経営的風土」なども視野に入れ，これらを総合した「場所性」の上に産業の地域的基盤が形成されるとし，そのような「場所性」に基づく産業を「風土産業」と呼んでいる。本章においては，「風土産業」の語を宮川の定義にしたがって用いることにしたい。

2) 従来の織物業研究においては,産地研究がその中心を占めている。なかでも,産地内の生産構造の分析が中心テーマとして設定され,多くの研究が蓄積されている[辻本:1995,上野:1973,関:1984,辻本ほか:1989]。また,流通資本に注目した研究や[合田:1979,上野:1984],地域外の流通資本による産地再編成という視点からも研究が進められている[青野ほか:1972,合田ほか:1974,竹田:1976,初澤:1987]。

　このほか,第3節で取り上げる川俣産地に関しては,1950年に行なった調査をもとに産地構造を詳細に分析した研究[中村:1954],合繊メーカーによる系列化に焦点をあて,産地の生産構造の変化を企業経営と関連づけながら分析した研究[青野:1982,山川ほか:1984,初澤:1999]などがある。

3) メリヤス製品の多くは,その製品イメージを向上させるため「ニット製品」と呼称することが多い。そこで,本章においては「メリヤス」と同意味で「ニット」,「メリヤス製造業者」については「ニッター」の語を用いる。

4) ニット産地を取り上げた研究としては,保原・梁川産地の形成過程を明らかにした原[1962],保原・梁川産地の形成過程と工業立地を検討したNaito[1966],詳細な調査から五泉産地のニット工業の構造を明らかにした高津[1973,1975],保原・梁川産地の産地構造を解明した山口[1985],東京の丸編ニット産業を事例として企業の情報活動の分析から産業の存続基盤を分析した高柳[1990]などがあげられる。

5) 福島県内にはこのほかに丸編メリヤス業等も立地しているが,保原・梁川産地においては表3-1に示した横編ニット生地製造業とニット製品製造業が中心的な業種であるため,ここではこの2業種に限定して示した。本文中でも述べたように,この統計は,福島県全県を示したものであるが,福島県内では保原・梁川産地以外には有力な産地はなく,この産地で全県の生産の8割を占めるとされていることから(筆者の聞き取り調査による),保原・梁川産地の動向を示すものと考えられる。ただし,地場産業産地においては従業者数3人以下の工場が多いため,それら,零細層の動向を把握することはできない。また,1994年から統計区分が変更されているため,それ以前のデータとそれ以後のものとの比較については注意を要する。

6) これらはいずれも個人経営の中卸業者で,ニッターからニット製品をスポットで買いつけ,主に東北・北海道地方の地方問屋や小売店に販売して歩いた。通常,買いつけた商品を風呂敷きに包んで担いで歩いたことからこの名前がある。

7) 本章のもとになる実地調査は1991年に産地内で比較的上層に位置する22企業を対象としたもので,現在とは若干状況が異なっているが,最上層企業を除けばその基本的な構造は変化していないため,変化している部分についてのみ本文中で説明を加えれば特に問題はないと判断し,そのまま用い

第 3 章　国際競争下の地場産業

 8) 筆者の聞き取り調査による。
 9) 比較のため，新潟県の五泉産地を1994年に，山形県の山辺産地を92年に調査したが，両産地とも保原・梁川産地に比較してコンピュータ内蔵機を多数装備している。紙数が限られているため，ここではそのような事実があるという指摘をするにとどめ，3産地の比較検討については別稿に譲りたい。
10) 同様の指摘は佐藤［1995］においてもなされており，筆者の調査の後も，保原・梁川産地の基本的な性質は変化していないと考えられる。
11) 現在，ニット産業においてもCAD／CAM化が進んでおり，これに対応するためにも，コンピュータ機の導入が求められている。
12) いずれも小売価格。工場出値はこの3分の1程度である。
13) すでに中国の合弁企業などの技術力も相当の水準に達している。例えば，筆者が調査した北京市郊外の工場では，日本の小売単価2〜3万円程度のの紳士服まで，1週間の納期で納入することが可能な体制が組まれている［初澤：1997］。
14) この点に関しては，山形県の米沢産地の事例をすでに報告した［初澤：1997］。
15) 漆器業に関しても，多くの産地研究が蓄積されている。特にPC漆器の導入にともなう産地構造の変化については，馬場［1981］，上野ほか［1984］など，研究が多い。これに対し，伝統的な構造が維持されながらも量産化等に対応しつつある産地の構造については合田ほか［1985］などの研究がある。また，近年は職人の行動からその再生産機能から産地の分析を加えた須山［1992］などの研究がある。
16) 会津漆器業に関しては，筆者が1991年に行なった実地調査と，雪［1993］に基づき，検討を進める。
17) PC漆器に関しては，統計区分上，「プラスチック製日用雑貨・食卓用品製造業」に区分されるが，この中にはPC漆器以外のものも含まれるので，この数字がただちにPC漆器の生産動向を示すわけではない。

参考文献

青野寿彦「福島織物産地における系列化の進展」，国民金融公庫調査部『調査月報』1982年10月号。
　　　――ほか「奥能登における織布業の創設とその背景(1)」『地理学評論』第47巻第10号，1972年。
上野和彦「秩父織物業の変容」『地理学評論』第46巻第6号，1973年。
　　　――「遠州別珍・コールテン織物業の生産構造」『経済地理学年報』第30巻第1号，1984年。
　　　――ほか「会津および川連漆器業の生産構造」『新地理』第31巻第4号，1984

年。
合田昭二「東三河織物業の生産構造」『地理学評論』第52巻第8号，1979年。
――――ほか「奥能登における織布業の創設とその背景(2)」『地理学評論』第47巻第9号，1974年。
――――ほか「伝統的漆器業飛騨春慶の生産構造」『経済地理学年報』第31巻第1号，1985年。
国民金融公庫総合研究所編『転機を迎えた地域経済』中小企業リサーチセンター，1995年。
佐藤勝彦「福島県ニット業界の現状と展望」福島大学経済学部卒業研究，1995年（未発表）。
鈴木康夫「地場産業地域」，経済地理学会西南支部編『西南日本の経済地域』ミネルヴァ書房，1995年。
須山聡「石川県輪島市における漆器業の発展」『地理学評論』第65巻第3号，1992年。
関満博『地域経済と地場産業――青梅機業の発展構造分析』新評論，1984年。
高津彰「新潟県五泉地方のメリヤス工業の地域的展開(1)，(2)」『新潟大学経済論集』第14号，20号，1973年，1975年。
高柳長直「東京における丸編ニット産業の地域的情報流動」『経済地理学年報』第36巻第3号，1990年。
竹田秀輝『戦後日本の繊維工業』大明堂，1976年。
辻本芳朗「関東西部山麓における機業の生産構造」『地理学評論』第28巻第9号，1955年。
――――ほか『関東機業地域の構造変化』大明堂，1989年。
Naito Hiroo "Recent Development of Knitting Industry in Rural Region"『東北大学理科報告』第7巻第15号，1966年。
中村常次郎編著『川俣機業の構造』岩瀬書店，1954年。
初澤敏生「新潟県見附織物業の構造変化と産地再編成」『経済地理学年報』第33巻第2号，1987年。
――――「郷鎮企業的地域特性和其中存在的問題」『商学論集』第65巻第4号，1997年。
――――「米沢織物業の生産構造」『福島地理論集』第40号，1997年。
――――「川俣織物業の生産構造」『福島地理論集』第42号，1999年。
馬場章「海南・会津における漆器工業の技術転換と生産構造の差違」『地理学評論』第54巻第9号，1981年。
原真「福島地方における戦後の毛メリヤス工業発生の要因とその機能について」『東京学芸大学研究報告』第13号，1962年。
宮川泰夫「こけし産地の存在形態　その1」『愛知教育大学研究報告』第37号，1988年。

———「京都の伝統工芸の中枢性」『愛知教育大学研究報告』第42号，1993年。
———「風土文化の革新と三州瓦産地の変容」『比較社会文化』第1号，1995年。
山川充夫ほか「福島県川俣地区における化合繊織物の系列的生産と機業経営の現状」『福島地理論集』第28巻第2号，1984年。
山口不二雄「福島横編メリヤス産地の構造」『法政地理』第13号，1985年。
雪雅博「会津漆器業界の生産構造の現状と変化および新製品開発と後継者育成の現状」福島大学教育学部卒業論文，1993年（未発表）。

第4章 県内中小企業にみるベンチャー事業の展開

安西 幹夫

1 現状と問題点

(1)企業誘致依存の産業構造

　本題に入る前に，まず既存の調査・統計資料に基づいて福島県における産業の現状を整理しておきたい。1996年度，福島県内の総生産は7兆9414億円，それを産業別にみると1992年度で第一次産業1941億円（産業合計の2.4％），第二次産業3兆1260億円（39.4％），第三次産業4兆8167億円（60.7％）となっている［福島県統計協会，1998，147ページ］。

　1985年9月のプラザ合意は輸出主導で拡大成長基調にあったこれまでの日本経済の流れを質的に変えた。日本のメーカーは急速な円高に対応するべく生産拠点を海外にシフトし，国内ではいわゆる産業の空洞化が始まることになる。同時に円高を追い風に，原材料，部品，製品の輸入も増加，大競争時代が到来する。結果，福島県のリーディング産業である電機・機械ばかりでなく，ニット，絹等繊維の分野でも厳しい価格競争にさらされることになる。

(2)低い付加価値生産性

　以前より福島県工業の課題は，労働生産性，付加価値生産性にあるということが指摘されている[1]。例えば，福島経済研究所がまとめた『福島県の経済と産業』（1995年9月）では，労働生産性，付加価値生産性の低さを次のように指摘している［福島経済研究所，1995，92ページ］[2]。「……従業員1人あたりの経営効率では全国平均よりもかなり低い。平成4年の従業員1人あたりの製造品出荷額等（従業員30人以上の事業所）は，2484万円で全国の3652万円の[3]

第4章　県内中小企業にみるベンチャー事業の展開

68.0%と低く，同じく従業員1人あたりの付加価値額でも全国の1276万円に対し，福島県は73.4%の936万円とまだ低い水準にある」［福島経済研究所，1995, 92ページ］。そして，福島県工業の課題が，労働生産性，付加価値生産性の低さにあるとしている。中小企業の現状という視点からみても，福島県の工業が中小企業（中小企業法でいう従業員300人未満の企業）がほとんどであるということそれ自体が問題なのではなく，むしろ問題なのはその付加価値生産性の相対的な低さにあるとされている。

ちなみに，1994年度の1人あたり県民所得も2781千円と，1人あたり国民所得3080千円から約10%低い。したがって，福島県中小企業の問題の核心は，労働生産性，付加価値生産性を向上し，ひいては県民1人あたりの所得を増大せしめることにあるといえる。

そのためには，これまでの産業構造を変えつつ高付加価値型企業を増やしていくことが必要となる。それには，新たな事業を創造していく必要があるのであるが，前述のような福島県の産業構造は今日に至るも大きく変わっていない。福島経済研究所の報告書は次のように指摘している。「近年，各地域で多種多様な地域振興へ向けた魅力ある事業が行われている。しかし，これら事業の中から地域の基幹になりうる新産業が創出してこないのは"中央からの産業移転"という依存体質が依然として強い産業政策に由来していると思われる」［福島経済研究所，1998, 36ページ］。

とはいうものの，まったく新しい事業を創出するというのは，実際そう容易なことではない。それでは県内中小企業は今後どのような事業展開を行うことができるのか。筆者は，県内既存製造業企業に関しては，ベンチャーのようにまったく新しい事業を創出するというよりは，まず「自社開発」によって自立化を図ることが志向されるのが現実的であると考える。それが，下請度が高いことによる問題を緩和・解消し，経営の付加価値を高めるための有効な戦略要因となると考えるからである。そこで，以下では，ベンチャー事業の創出を志向しつつ，実現可能な事業展開の方向性を探っていきたい。

2 新たな事業展開をめぐる問題状況[6]

　清成忠男等によれば，わが国に「ベンチャー・ビジネス」(Venture Business)という言葉が紹介されたのは，ベンチャー・ビジネスについての第2回Boston College Management Seminar (1970年5月) に参加した通産省の佃近雄によってであったという [清成・中村・平尾，1971，9ページ]。ベンチャーとは，英和辞典などでは「冒険的事業」「投機」とある。英語で説明すると，risky undertaking，つまりリスクをともなう新事業という意味である。清成等は次のように説明している。「少なくともわれわれの概念としては，ベンチャー・ビジネスとは，研究開発集約的，またはデザイン開発集約的な能力発揮型の創造的新規開業企業を意味する。したがって，それらは小企業として出発するが，従来の新規開業小企業とちがうのは，独自の存在理由をもち，経営者自身が高度な専門能力と，才能ある創造的な人々を引きつけるに足りる魅力ある事業を組織する企業家精神をもっており，高収益企業であり，かつ，このなかから急成長する企業が多く現れていることである」[清成・中村・平尾，1971，10ページ]。ちなみに，アメリカではベンチャー企業を表すのにベンチャー・ビジネス (Venture Business) という言葉はあまり用いられず，単にスタートアップ・カンパニー (start-up company) 等と呼ばれている。何もベンチャーと断らなくとも，事業は本来リスクがあるものということなのだろうか。

　目下，わが国は第三次ベンチャーブームといったことがいわれているが，本来のベンチャーというのは天才集団が時間をかけて生み出すもので，そう簡単な話ではない。例えば半導体の発明は，ベル電話研究所の電子管部長であったマービン・ケリーという人が，電話通信システム構築のために真空管の限界を認識し，それに代わるまったく違った原理による増幅器の開発を夢見て，その夢をMITで研究をしていたウィリアム・ショックレーに託したことから始まった。ケリーの誘いでショックレーがベル電話研究所に入ったのが1936年のことである[菊地，1992，44〜45ページ]。そこでショックレーは「真空管とはまったく違う増幅器」の研究に没頭する。しかし，ショックレーは

第4章 県内中小企業にみるベンチャー事業の展開

それから12年もの間,失敗に失敗を重ね辛酸をなめることになる。そして,グループメンバーのウォルター・ブラッテンの小さな実験のミスから結晶の増幅作用が発見されたのは1947年12月23日のことであった。これが,トランジスタの誕生である。西澤潤一(岩手県立大学学長)は,「失敗の連続であったにもかかわらず,それを続けさせたのはアメリカ人のすばらしい所。日本では,先々判らないものを,しかもこれだけ長い期間失敗続きの研究を続けさせないだろう。ベンチャーはそんな簡単なものではないのだ」と指摘している。実際,それまでの産業構造ないしある製品に関する技術的枠組みを変えるようなイノベーターとしてのベンチャーには,天才的な頭脳をもつ人間,かなりの時間,そして資金が必要となる。福島県の中小企業を対象に考えるには少々かけ離れた話になってしまう。

したがって,ここではベンチャーというより,「自社開発」ということを中心テーマに問題状況を構築しながら,その一つのあり方としてベンチャー事業を考えることにしたい。自社開発というのは,製品企画力,製品開発力,デザイン力,製造技術力といった点において他社にない強み(コア・コンピタンス)をもち,自社製品(部品)の差別化を図ることを意味している。ここで自社開発を中心テーマとしたのは,福島県の中小企業(製造業)においては,脱下請,つまり下請度を下げることが必要であると考えるからである。図4-1の問題状況ネットワーク図を参照されたい。このネットワーク図は,県内中小企業を対象としたアンケート調査(有効回答39社),および同じく県内中小製造業(10社)を対象とするヒアリング調査結果を基に,ウルリッヒ＝プロープストの示す手法によって作成したものである [Ulrich u. Probst, 1991, 邦訳1997]。

(1)県内中小企業(製造業)における問題状況ネットワーク

図4-1のネットワーク図では問題に関わる要素と各要素間の影響関係を矢印で表している。そこに＋(プラス)もしくは－(マイナス)と記されているのは,その影響関係がプラスかマイナスかを示している。つまり,プラスであれば,「影響を与える要素Aが大きくなれば影響を受ける要素Bも大きくなる」,「Aが多くなればBも多くなる」といった関係を表している。ま

図4-1 県内中小企業(製造業)の問題状況ネットワーク図

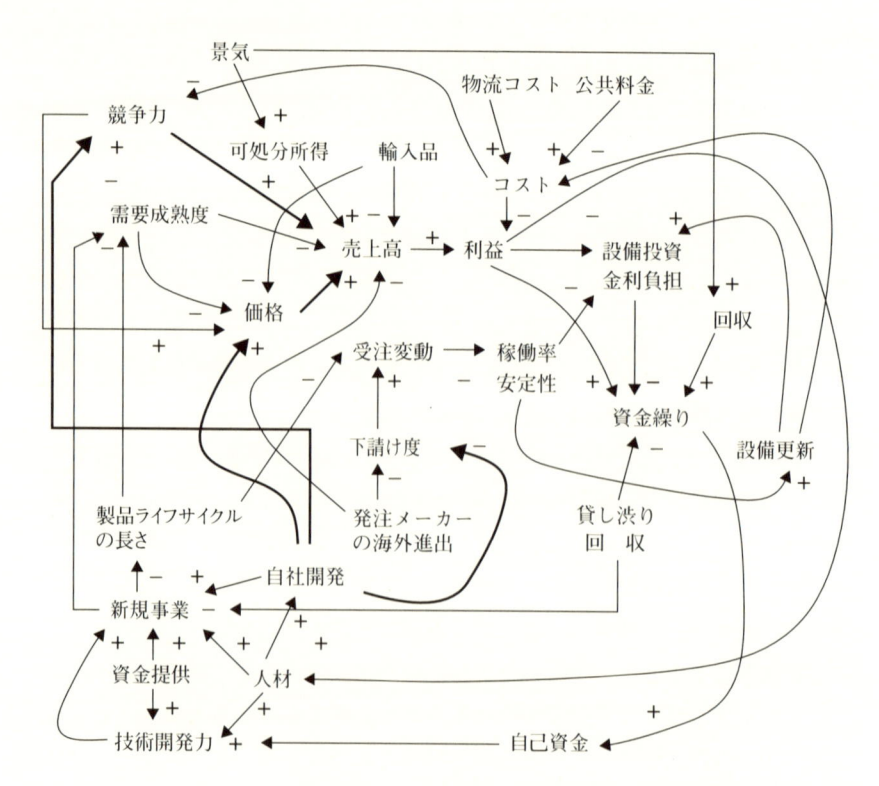

た,マイナスであれば,「影響を与える要素Aが大きくなれば影響を受ける要素Bは小さくなる」,「Aが多くなればBは少なくなる」といった関係を意味している。

今回調査した福島県企業が抱える現象的問題の多くは,「売上高が減少」,「受注が変動」といったことであった。そして,「付加価値生産性の低さ」というのが,より根本的な問題であるということも指摘した通りである。そこで,「売上高を上げ」,「受注を安定させ」つつ,高付加価値型の事業を実現することが福島県中小企業の課題であるといえる。

まず売上高に影響を与える要素としては,「価格(＋)」「需要成熟度(－)」「競争力(＋)」「可処分所得(＋)」「輸入品(－)」といったものが挙げられる。利益は,価格(図4-1では売上高(＋)を介して示されている)とコ

第4章　県内中小企業にみるベンチャー事業の展開

スト（−）によって決まる。したがって，高付加価値（high value）を前提に売上高の増大を実現するには，当然のことながら価格を高く，コストを低くする必要がある。価格には競争力（＋），輸入品（−），需要成熟度（−）といった要素が影響を与えるが，高い価格を維持するには，ここでいう「自社開発」を行い，同時に競争力を強めることが効果的であると考えられる。また，今回問題として挙げられていた「受注の変動」は，「下請度（＋）」によって影響を受ける要素である。この下請度を低下させることでこの問題を解消・緩和することができるが，これにも自社開発が有効である。自社開発力があれば，下請度も下げることができるはずである。ウルリッヒ＝プロープストは，問題解決のためには，問題状況ネットワークの分析から，操作可能で，かつそれを操作することで効果の大きい要素を選択する必要があると指摘しており，それを制御可能な戦略的要素と呼んでいる。ここで，自社開発はまさに制御可能な戦略的要素であるといえる。

　また，そのような自社開発は，新規事業を創造する可能性をも秘めている。ちなみに新規事業に影響を与える要素としては，「人材（＋）」「資金（＋）」「技術開発力（＋）」等が考えられる。それに，今日社会問題となっている「貸し渋り・回収」は，新規事業にとって当然マイナスの影響要因となっている。

(2)自社開発を決定づける五つの要素

　そこで，自社開発という問題を中心にもう少し詳しく検討してみると，図4−2のようなネットワーク図を描くことができる。先に述べたように，自社開発は「下請度」を低くするため，そして「非価格競争力」を高めるために有効な手段である。非価格競争力が強くなれば，価格競争の不毛な戦いを強いられることなく価格を相対的に高く維持でき，売上高を伸ばし，付加価値を高めることもできるからである。その自社開発の力を決める要素としては，まず「製品企画力（＋）」「製品開発力（＋）」「デザイン力（＋）」「製造技術力（＋）」が考えられる。このうち，とくに製品開発力に関しては，資金力が強く影響を与え（＋），自己資金力の有無が大きな意味をもつものといえる。したがって，自社開発力→非価格競争力→高付加価値→利益→自己資金→資金力→製品開発力→自社開発というサイクルをプラスに回転させる仕組

図4-2 県内中小企業における自社開発の問題状況ネットワーク図

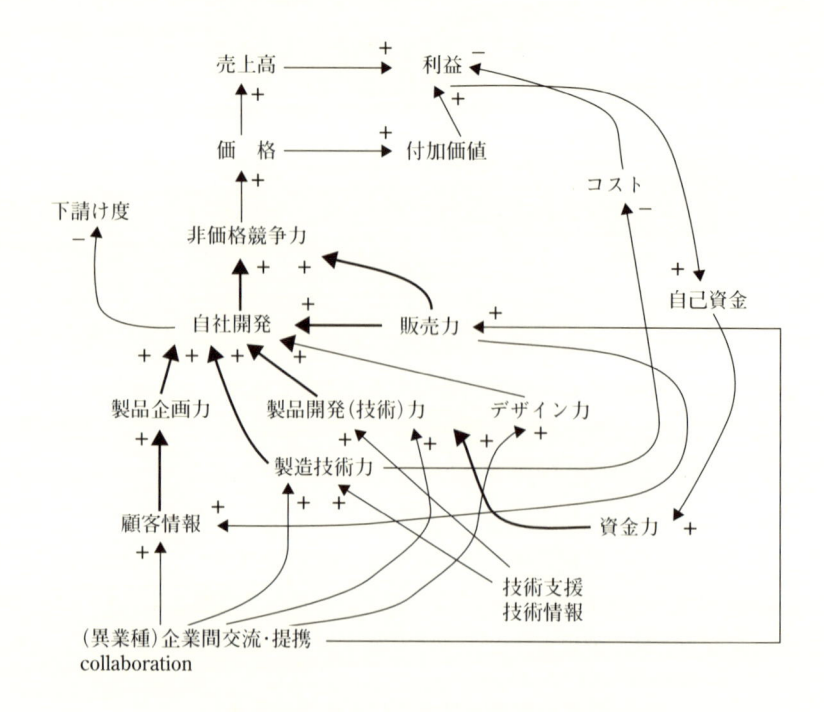

みを作ることが望ましいということになる（図4-2参照）。

　以上のような四つの要素に加え，今回指摘された5番目の要素は，「販売力（＋）」という問題であった。つまり，「モノを作るには作ったが，これをどうやって売ればよいのかがわからない」，「販売チャネルを作れない」，「営業が弱い」といったことである。これは，福島県に限られたことではなく，一般に製造業中小企業が自社開発を行なった際に抱える大きな問題であるといえる。

　今挙げたような自社開発を決定づける五つの要素を戦略的媒介変数としてどうやって動かしてやればよいかを考えると，製品企画力には何よりも顧客情報（＋）が必要で，製品開発力，製造技術力には技術情報・技術支援（＋）が必要である。そして，販売力を含めてこれらのためには，「コラボレーション(collaboration)」，つまりさまざまな組織間（大学，企業，行政，非営利組

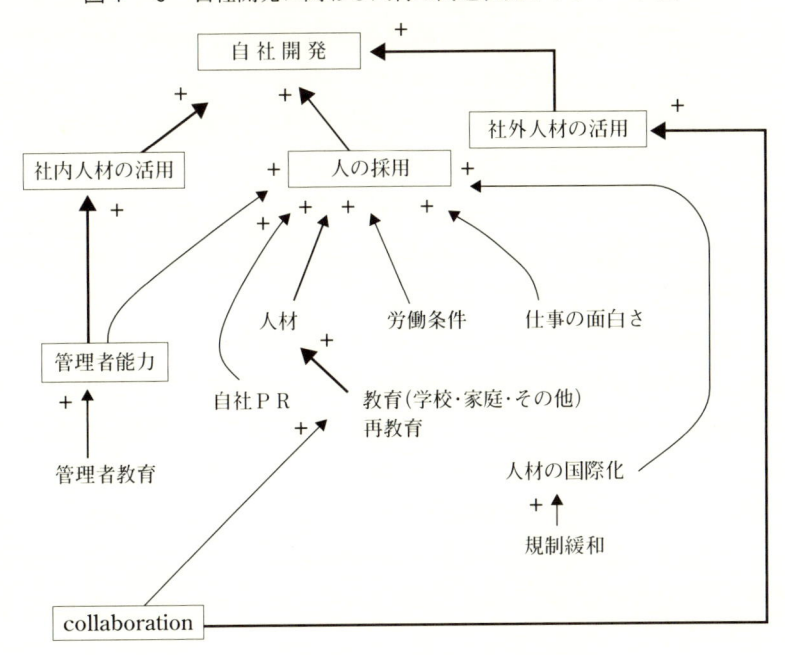

図 4 - 3 自社開発に関わる人材の問題状況ネットワーク図

織、そして地域住民等）の協同が必要不可欠となる。それには「（異業種）企業間の交流・提携」も含まれる。

(3)人材に関わる問題状況

さらに、ここで自社開発、ひいては新規事業展開に必要な人材に関わる問題状況を考えてみたい。それをネットワーク図に示したものが図 4 - 3 である。自社開発に影響を与える人材関連要素は、「社内人材の活用（＋）」と「人の採用（＋）」、そして「社外人材の活用（＋）」の三つである。自社開発をするに、まずは社内の人材を活用することが基本である。

「そんな余裕はない」という経営者の方も少なくないが、それを言っていたのでは自社開発はいつまでもできない。何とか時間をやりくりして、余裕を作るしかない。後に紹介する、積極果敢に新規事業を展開しているＮ社長は、「新しいことをやろうと言うと、よく社員が『それならそのような体制を作っ

てください』というが、私は常に『体制を作る前にまず自分でやってみてくれ』と言ってやります」そして、「時間的余裕がないというが、余裕はつくるもの。どこの会社でも削る部分があるはず」と言う。まったくその通りである。だが、その場合、「管理者の能力（＋）」という要素が大きな意味をもつ。つまり、上司がそれら社内人材の潜在能力を引き出す力をもたなければいくら自分でやってみてくれといっても実行できない。何か新しいことをやるために学習するには、やる気（心理的エネルギー）というものが伴わなければならないからである。学習する過程で指導するのも、そしてやる気を起こさせるのも管理者の役割であるといえる。それは、旧来のように、部下に命令・指揮し、統制するだけの管理者では務まらない。今回調査した企業でも、「せっかく若い人が入ってきてくれても、それを育てることができる管理者が不足しており、悪くすると辞められてしまう」。「うち（自社）の管理者は一生懸命によく働くのだが、管理能力に欠けている」といった声があがっている。今日の管理者は部下の仕事を監督する統率者というよりも部下のもっている能力とやる気を引き出す指導者でなければならないのだ。そのためには、経営のプロを育てる管理者教育が必要である。そして、それをどうするかが今後の課題であるといえる。

　そのうえでどうしても人材が不足する場合には、人の採用が考えられる。しかし、今日（就職したい）人はいても企業側が欲しい人材がいないというのが現状である。今回調査した企業だけをみてもあきらかにいわゆる労働市場でのミスマッチが生じていると認められる。工場設備の自動化設計業務を行なっているO社でも、「とにかく人の確保がむずかしい。うち（自社）は決められた仕事を決められた期限までにやってくれさえすれば、あとは出勤時間なども自由なのに、それでも来てくれない」と現状を訴えている。そこで、いまどのような人材が求められているのかというと、「創造力、つまり知識創造力」のある人、また「熟練した技術力」を有する人といった声が多く、逆に間接部門、いわゆる事務部門の人間はいらないという。一般論としては、図4-4に示すように、これから望まれる人材は、国際性、情報技術の能力、そして人間性に支えられた創造力を有する者といえる。国際性に関しては語学だけでなく異文化間コミュニケーションの能力が求められる。情報技術力

第4章　県内中小企業にみるベンチャー事業の展開

図4-4　求められる人材とその育成

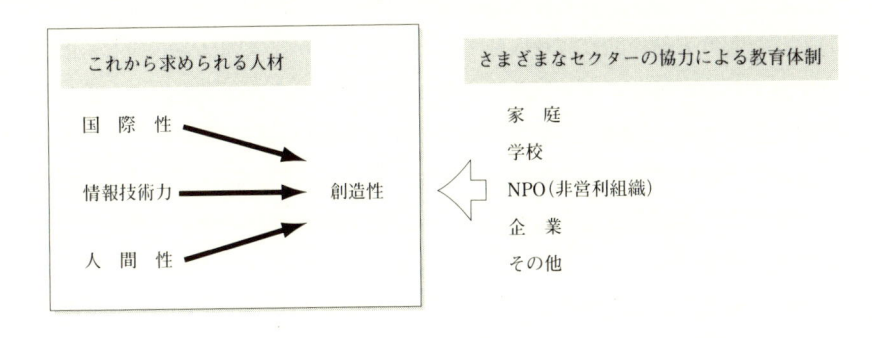

```
┌─────────────────────────┐  ┌─────────────────────────┐
│    これから求められる人材   │  │ さまざまなセクターの協力による教育体制 │
│                         │  │                         │
│   国 際 性 ──┐         │  │   家 庭                 │
│             ↘          │  │   学 校                 │
│   情報技術力 ──→ 創造性 │⇐ │   NPO（非営利組織）      │
│             ↗          │  │   企 業                 │
│   人 間 性 ──┘         │  │   その他                │
│                         │  │                         │
└─────────────────────────┘  └─────────────────────────┘
```

も，いまやどのような仕事でも大なり小なりコンピュータを情報処理だけでなくネットワーク手段としても使いこなすことができなければならない。そして，人間性である。どんなに仕事の遂行能力，問題解決能力が高くても，人間として人から信頼され，尊敬される人格の持ち主でなければならない。かくたるうえで創造性を発揮できる人間，それがこれから求められる人材である。

　外部からの人の採用に関わる要素としては，「自社ＰＲ（＋）」「（労働市場における）人材（＋）」「（自社の）労働条件（＋）」「仕事の面白さ（＋）」といったことが考えられる。労働市場における人材に関しては，地域の教育が大きな意味をもつ。しかも「教育は学校で行われるもの」という考え方を捨てて，教育は家庭，学校，企業，さまざまなボランティアによる非営利組織等さまざまなセクターよって，地域ぐるみで行うべきものと考える必要がある（図4-4を参照）。同時に，労働力のミスマッチを緩和し，流動性を高めるために再教育にも力を入れていく必要がある。現在のところ，労働省管轄の職業訓練所がその役割を果たしているが，商業高校，工業高校といった職業教育機関もその新たな機能として再教育を加えてはどうだろうか。3番目の労働条件については，賃金だけでなく仕事の内容も関わる。よく3Ｋ（汚い，きつい，危険）は嫌われるといわれるが，必ずしもそうではない。仕事が面白ければ，その点は緩和される。そのためには，従業員に夢を与えることが必要だ。エキサイティングな仕事，つまりわくわくするような，感動す

るような仕事をする機会を与え，成功には利益を分配する。例えば，いずれ株式公開が予定されている株式会社などの場合には，ストック・オプションのような制度も積極的に取り入れてはどうだろうか。人間は金銭的な報酬だけで働くものではないが，しかしまたそれが少なくても不満をもつ。面白い仕事と思いきった報酬制度がなければなかなかよい人材も集まらない。それでも集まらない場合には，外国から来てもらえばよいのだ。これには，わが国の法律上の規制がまだあるが，少子化が進む日本では今後ますますこうした規制が緩和され，いわゆる「出ていく国際化」から「受け入れる国際化」が進展することは間違いない。

　以上，県内中小企業の現状を踏まえたうえで，自社開発をめぐる問題状況のモデル化を試みたが，以下では県内2社の事例から，具体的な事業展開のあり方を探ってみたい。

3　ベンチャー事業の具体的展開

(1)問題意識なくしてアイデアは浮かばない

　株式会社S社（福島県福島市）の社長S氏は不燃材の開発に成功したが，そのアイデアが生まれたのは彼が日頃抱いていた問題意識，(同氏がこれまで手がけてきた)絹織物を何とか燃えにくいものにできないか，といった思いからであった。絹織物はその特性からさまざまな用途，例えば絹の繊維の断面が三角形状という特性から汚れを簡単に落とす作用があったり(東レの「トレシー」というメガネ拭きとして製品化)，乱反射することでシルク特有の光沢を出す合成繊維(ブライト糸，異型断面糸)，さらには化粧品といったものにも応用されている。しかし，絹は燃えてしまう。ふつうはこれが当たり前と思ってしまうのだが，彼は「これが燃えなければ……」と考えたのだ。燃えなければ絹は工業製品にもなりえるからだ。しかし，合成繊維用の防炎薬剤はあっても，絹のような天然素材に有効な防炎薬剤はほとんどなかった。

　その解決のきっかけは思わぬことから生じた。ある商社から当時福島県警向けに納めていた交通安全ベスト（夜間自動車のライトで光る）の引き合い

があり，S社長は早速その商社を訪れた。その時，会社の応接室で商談相手を待つ間に彼が手にしたのは，たまたまそこに置いてあった『TIME』という米国の雑誌であった。『TIME』誌1993年11月8日号に「火災によりおよそ2万5000人のカリフォルニア住民が家を失った」というキャプションとともに火災によって焼失した住宅地の写真が掲載されていた。しかし，その写真にはたった1軒だけ焼け残った家が写っている。これも普通人なら見過ごしてしまうのだろうが，日頃問題意識を抱いていたS社長はその1軒だけがなぜ燃えていなかったのか，ということに興味をもったのである。

「私はこの写真に強烈な印象をもった。そしてこの写真の事を周りに聞いたが誰も判らなかった。私は調査してみようと思い，94年9月にアメリカに渡った。その調査の結果，インディアナポリスにあるノーチャ社（NOCHAR）が開発した不燃剤（NAP）のおかげであるという事が判った」。そして，彼はNOCHAR社からこの不燃剤の販売権を取得したのである。

S社長はこの不燃剤を利用した製品を次々と開発する。最近では，古紙を100％使用したボードにこの不燃剤を加えて準不燃ボードといったものも開発している。これは石膏ボードの3分の1という重さで，しかも石膏ボードよりも燃えにくく有毒な煙もでないという利点をもっている。これらのアイデアもS社長の「燃えない絹ができないか」という問題意識が出発点になっている。

(2)事業機会は内部にあり——アウトソーシングの逆を行く

次に，ビルの空調設備用ダクトの設計・製造・施行を行うN社（福島県郡山市）の例を紹介したい。2代目として創業者の後を継いだのが現社長のN氏である。N氏は，東京大学工学部で電子工学を学び，その後ある大手電機関連企業で光通信等の仕事をしていた。社長に就任して，彼は「このままダクトだけをやっていたのでは20年後わが社はない」と，その事業の先行きに危機感を抱いた。彼が目指したのは自社開発による自立化であった。「新規事業はリスクが高い」という彼は，まず自分の工場で使用する金属加工機械の開発を試みた。「工場で必要な，自分たちで使う機械を自前で作ろうと提案した。自分たちが必要なものを自ら作ることのメリットは，自ら厳しい評価が

できること。仲間が作ったものには厳しい評価を下すからだ。そのため，内輪で高く評価されたものは外でも必ず売れるはずだ」とN氏は言う。それだけ新たな事業のリスクが低減されるというわけである。その結果，シートストッカー（ダクト製造に必要な材料をストックする装置），共板ベンドマスター（曲げにくい形状の金属板を曲げる機械）等のオリジナル製品を自社開発した。

　ここでN氏の自社開発に対する考え方は，①自分で（売れるかどうかを）評価できる機械，②自社で使える機械を開発する。③他社の真似はしない。④金額的には数百万程度の開発費に抑えリスクを少なくする。⑤販売に関しては商社と協力。そして，⑥できるだけ公的な助成金を利用する，といったことである。

　そして，これらの金属加工機械の設計・製造から学んだノウハウを生かして，今度は，連続マカロニ茹で上げ装置，かき揚げ供給装置，フライキング（電磁誘導コイル中間加熱式フライヤー）といった食品調理機械の開発・製造に乗り出した。そうすると，それを宣伝・広告する必要性が生じてくる。当初，パンフレットなどの制作を外部の専門業者に依頼したが，対応が遅いうえに高いことが問題となった。そこで，N氏は，ＰＲも自前でやろうと考えたのだ。しかも，それは印刷物だけではなく，コンピュータのディスプレー上でのプレゼンテーションであった。そのために，デザイナーを雇い入れ，新たに会社を設立した。デザイナーを雇って自社製品のＰＲだけをしていたのでは商売にならない。というわけで，マルチメディア事業を始めた。動く宣伝ではあるが，現在のようにインターネットのホームページが普及する前の話である。いろいろ努力しているうちにインターネットが普及，現在ではＨＰ等のコンテンツ制作サービスを行なっている。

　こうした情報技術は，さらに本業であるダクトの設計・製造・施行へ応用される。「建設業はとにかく価格競争が激しい業界。ダクトでも一品ごとの受注生産のほうが付加価値も高いが，これは生産効率が悪い。しかも短納期という条件もクリアーしていかなければならない」。こうした受注生産の生産効率を上げてコストダウンを図る必要がある。そこでは，情報技術の力が不可欠となる。まずＣＡＤによる設計。しかし，単にコンピュータを用いて図面を

書くだけでは意味がない。N社では，そのデータを直接工場の現場で見ることができるようにして，それをNCマシーン（例えば，レーザー金属切断機）に直結させている。将来はCAD／CAMを含めた統合的生産管理システムを開発していく計画だ。工場現場での「資材手配ソフト」「予算管理データベースシステム」「工場の営業支援データベースシステム」等，それらの一部はすでに販売を開始している。[10]

　工事から情報産業まで，N氏は自社の経営の在り方を「アメーバ的企業体質」と表現する。同社のカネのなる木商品（今日の主力製品）は空調の設計・施行だが，そこから得たキャッシュフローを次々と新しい事業に投資している。それは，まさしく最近はやりのアウトソーシングの逆を行くやり方である。自社で必要なものは他社でも必要なはず，それが新規事業のリスクを低減させている。

<h2 style="text-align:center">むすび——経営者はプラス志向であれ</h2>

　筆者が自社開発の必要性を訴えると，よく「そんな余裕はない」とか「そんなこと中小企業にはとても無理」といった答えが返ってくる。現実が厳しいのはよくわかる。しかし，経営者自らがそのように夢のないことでは従業員はやっていられない。経営者は，常にプラス志向でなければならない。ベンチャー・ビジネスをはじめ，自社開発による新たな事業展開を図る企業の経営者は，ほとんど例外なしにプラス志向の持ち主である。ある中堅企業の社長は「中小企業だから人材ない，カネない，時間ないは嘘だ」と言いきる。むしろ中小企業だからできることも多いと考えるべきであろう。

　例えば，前出N社のN社長は，「これからは地方の時代，そして中小企業の時代だ」と言う。つまり，中小企業の場合には，経営責任の所在が明確で，意思決定は即断即決で早い，またこれからますます要請されるであろう多品種少量生産にも中小企業のほうが向いている。また，地方であるがゆえに情報入手が遅くなるという問題もインターネットという情報技術革命によって解消，中小企業に対する公的な支援等はむしろ地方のほうが有利であるという。

防炎剤を開発した米国ノーチャ社の技術を導入し，燃えにくい木材や準不燃の古紙ボードを開発している株式会社S社のS社長も，プラス志向の持ち主である。彼がノーチャ社の副社長ジョン・マッカレー氏と商談をしたときのことを彼はこう語る。「中小企業は動きが速い。私はすぐさまその販売権を得る交渉に入った。時を同じくしてI商事と在米日系N社が販売権を得るための交渉に入っていたが，なんとかその権利を得た。当方は社長自身の私が交渉に当たったのに対して，I社やN社は社員であり，資金決済などのスピードは私の会社のほうが早かった。そうした大企業で稟議を通すとなると，決まるまでに半年ぐらい，ハンコの数も12個位必要になるそうである。この場合，決裁権をもっているのは私であるから，やりたいという意志を伝えてからいくら払えるまで即決できる」。

　もちろんすべての点において中小企業が強いわけではない。とくに人材の面，資本の面などでは一般に大企業のほうがまさる。そこで，中小企業はさまざまな連携（collaboration）を志向すべきなのである。

注
1) 付加価値＝生産過程で新たに付け加わる価値。総生産額から原材料費と機械設備などの減価償却分を引いたもので，人件費・利子・利潤になる。
2) 労働生産性＝生産額÷従業員数／付加価値生産性＝付加価値額÷従業員数
3) 1997年度，従業員1人あたり製造品出荷額は2585万円と若干増加している。
4) 福島県の中小企業は全事業所数の98.8％を占めており，しかもこのうち従業員数20人未満の小規模事業所が65.8％を占めている［福島経済研究所，1995，94ページ］。
5) 福島経済研究所の報告書は次のように指摘している。「問題なのはもとより規模の大小ではなく，本県の大勢を占めるこれら中小企業の付加価値が必ずしも高くないことにある。中小規模の事業所の付加価値生産性は，従業員数300人以上の事業所の約4割程度にすぎず，こうした中小規模の事業所の付加価値生産性をどのように上昇させるかが本県工業の今後の大きな課題になっている」［福島経済研究所，1995，94ページ］。
6) 以下に関わる研究は，1997・1998年度科学研究費補助金を得て，清水孝（早稲田大学商学部助教授）との共同で実施した「企業経営における成功要因に

関する研究」(課題番号：09630108)の一環である。また，ヒアリング調査に関しては，福島県雇用促進センターの協力を得た。
7) 1998年10月25日，組織学会全国大会(東北大学)における西澤潤一教授の記念講演「地域社会と大学の新たな役割」から。
8) アンケート調査は，1997・1998年度，文部省科学研究費補助金を得ての研究プロジェクト「企業経営における成功要因に関する研究」の一環として実施されたものである。
9) ヒアリング調査は，福島県雇用促進センターにおける「ベンチャー企業雇用管理研究会」の一環として1998年9月から11月の間に行われたものである。
10) 一部，『THE21』[1998]，52ページの記事を参考とした。

参考文献

菊地誠『日本の半導体40年——ハイテク技術開発の体験から——』中央公論社，1992年。
清成忠男・中村秀一郎・平尾光司『ベンチャー・ビジネス——頭脳を売る小さな大企業——』日本経済新聞社，1971年。
福島経済研究所『図説　福島県の経済と産業』1995年9月。
────『福島の進路』第191号，1998年7月。
福島県統計協会『福島県勢要覧　平成10年版』1998年10月。
『THE21』10月号（特別増刊号），PHP研究所，1998年10月。
Ulrich, Hans und Probst, Gilbert J. B., *Anleitung zum ganzheitlichen Denken und Handeln*, Bern: Verlag Pau Haupt, 1991（清水敏允・安西幹夫・榊原研互訳『全体的思考と行為の方法——新しいネットワーク社会の可能性を問う——』文眞堂，1997年）。

第5章　地方都市中心商店街の空洞化と再構築への課題

山川　充夫

はじめに

　地方圏においては，10万人未満の地域中心都市の多くが人口を減少させている。また20万人前後の地方中核都市も，1990年代には人口増減の分岐点にたたされている［米山，1997］。地方中核都市を支える経済的機能はすでに，農業などの第一次産業とか工業などの第二次産業ではなく，商業・金融・サービス業などの第三次産業である［森川，1991］。地方都市における第三次産業は主として販売従業者およびサービス職業従事者から成り立ち，これらは県庁所在地に集中している。この第三次産業の経済活動が地方都市の都心部で展開し，これらの立地が中心部を形づくっていた　［森川，1990］。

　しかしこのうち商業的機能が地方都市の中心市街地から撤退し，郊外に展開しつつある。この商業的機能が中心市街地から郊外へ転出していく要因は，大型店の新規立地あるいは再編による立地移動とに求められる。大型店の郊外への立地移動は，中心市街地の地価高騰，消費者ニーズの変化，モータリゼーションの進展などを契機としているが［島ら，1998］，やはり大店法の「改正」による出店規制緩和の影響が大きい。特に地方都市ではバイパスなど道路網の整備が交通体系を鉄道中心から自動車中心に移行させ，自家用車による消費者の店舗へのアクセス利便性を向上させた［永家，1998］。さらに郊外に工場団地が造成され事業所が誘致ないしは移転されたことが，住宅団地の造成が人口を郊外に移動させてきた。大型店は，中心市街地に比べて大区画でしかも安価な土地を入手することができ，しかもアクセス利便性が向上している郊外にその立地を求めた　［悴田，1990］。

　商業的機能が中心市街地から撤退することにより，地方都市に残された広

第5章　地方都市中心商店街の空洞化と再構築への課題

域的機能は業務機能に限られつつある。地方都市は大企業の本社がほとんどなく，県庁の存否が中心市街地のあり方にかなり影響する［松村，1992］。県庁が存在する地方都市には，これとの接触を必要とする外郭団体や業界団体，大企業支店，地場企業本社が立地し，同時にさまざまな広域的行政・住民サービスの拠点施設も立地している［池沢・日野，1992］。もちろん自動車交通体系が整備された地方都市では，これらの広域的機能も郊外に分散する可能性は十分にあり，中心市街地はまさに空洞化の危機的な局面にたたされている［後藤，1997］。中心市街地の空洞化は，地方における地域問題として提起されているのである。

　東北地方における中心商店街の最近の動向については，千葉昭彦が地方中枢都市としての仙台市［千葉，1997］，地方中核都市としての青森市や弘前市，秋田市［千葉，1998］，地域中心都市としての鶴岡市と白河市［千葉，1999］を検討している。また山川充夫は，福島県内における農村地域における商店街再構築にかかわる調査事業の動向と，福島県内の地方中核都市近郊における商店街の空洞化問題と再構築への取り組みを事例的に検討している［山川，1997］。

　本章では，最近における中心市街地の空洞化と地方都市における商店街のあり方を検討するために，以下のような手順で分析を進める。まず小売業全体として，店舗規模の大規模化と業態のスーパー・コンビニ化が進むなかで，東北地方の小売業もこれを後追いしている現状を概観する（第1節）。次いで，消費者の生活様式が新たな買い物利便性を求めているにもかかわらず，商店街はこれに対応できておらず，このことが商店街の利用率を低くさせている。たしかに大型店の郊外展開が中心部商店街の低迷の原因であるとはいえ，中心商店街の活気のなさの一義的な責任はやはり商店街のあり方にあると思われる（第2節）。

　しかし商店街といってもすべてが衰退しているわけではなく，立地特性や業種構成などに違いがあるとはいえ，繁栄している商店街もある。われわれは商店街のあり方を検討するにあたっては，何よりもまず商店街盛衰の分岐がどこにあるのかを確かめることが必要である。また商店街における閉店舗の発生は業績不振と後継者不在にあるが，これは商店街の盛衰別にかかわら

表 5 - 1　小売業

	合計		百貨店		総合スーパー		専門スーパー	
	1997年	対91年増減率	1997年	対91年増減率	1997年	対91年増減率	1997年	対91年増減率
青 森	19,162	−13%	9	−25%	20	82%	443	56%
岩 手	18,564	−11%	10	43%	15	−6%	390	55%
宮 城	26,232	−12%	9	−10%	38	3%	739	100%
秋 田	17,300	−14%	5	0%	16	60%	348	51%
山 形	17,122	−11%	7	−13%	18	6%	425	52%
福 島	26,662	−10%	10	−9%	32	52%	582	30%
全国計	1,419,696	−12%	476	0%	1,888	12%	32,209	55%

　注：合計には「その他小売業」を含む。
　資料：通商産業大臣官房統計課『平成9年商業統計表』1999年4月。

ず存在している。たとえ衰退商店街であっても，あるいは開店支援がほとんどなくとも，売上高を伸ばしている店舗や新規に開店する店舗があることに注目したい（第3節）。そのうえで商業集積の「場づくり」としての活性化・近代化事業の方向性を再検討しなければならない。地方都市中心部の再構築のあり方を考えるにあたって重要なことは，やはり主役としての地域住民が地方都市の中心部にいったい何を求めているのかをきめ細かく分析することであり，その主翼を担うのは中心商店街であり，その役割を鮮明にしていくことである（第4節）。

1　小売業の業態変化と大店舗の出店攻勢

(1)専門店・中心店からスーパー・コンビニ業態へ

　1997年における商店数は全体で142.0万店あり，そのうち専門店が最も多く59.1%をしめ，これに中心店の27.2%が次いでいる。以下，その他のスーパーの8.5%，コンビニの2.6%，専門スーパー[2]の2.3%と続くが，総合スーパー[3]と百貨店は商店数比率としては0.1%，0.03%とそれぞれわずかである。また97年の年間商品販売額は全体で147.7兆円である。その業態別内訳は専門店が最も多く40.3%であり，これに中心店21.3%が続くが，いずれも商店数比率

第5章　地方都市中心商店街の空洞化と再構築への課題

業態別商店数（県別）

| コンビニ || 他のスーパー || 専門店 || 中心店 ||
1997年	対91年増減率	1997年	対91年増減率	1997年	対91年増減率	1997年	対91年増減率
738	468%	1,633	475%	10,004	−19%	6,298	−28%
560	74%	1,055	47%	9,336	−14%	7,152	−16%
878	60%	3,342	123%	13,588	−19%	7,596	−27%
345	132%	861	96%	9,140	−18%	6.559	−17%
281	178%	519	30%	9,155	−16%	6,698	−13%
675	42%	1,612	6%	14,400	−12%	9,310	−12%
36,631	54%	120,721	68%	839,969	−17%	385,748	−16%

に比べて低い。これに対して，専門スーパー（13.8%）や百貨店（7.2%），総合スーパー（6.7%）などは年間販売額比率が商店数比率に比べて高い。コンビニも年間販売額比率（3.5%）が商店数比率を上回る。しかしその他スーパー（6.8%）はその逆となる。

改正大店法が制定された1991年から97年までの間に，小売業の業態の重心は専門店・中心店からスーパー・コンビニエンスストア[4]（以下，コンビニ）に確実に移動している（表5－1，5－2）。1991年から97年にかけて，全体の商店数は11.5%減少した。業態別では専門店・中心店およびその他の小売店などが大きく減少し，百貨店はわずかに減少した。これに対して総合スーパー・専門スーパー・コンビニ・その他のスーパーなどは大きく増加した。年間販売額は小売業全体では6年間に3.8%増加した。業態別では専門店と百貨店とが大きく減少し，コンビニ・専門スーパー・その他スーパー・総合スーパー・中心店などが年間販売額を増加させた。特に百貨店は商店数がほとんど減少しないにもかかわらず，年間販売額をかなり減少させた。これに対して，中心店は商店数をかなり減少させたにもかかわらず，年間販売額をそれなりに増加させている。

東北地方6県の業態別動向は表5－1，5－2の通りである。店舗規模の大きい総合スーパーは，青森・秋田・福島などで商店数が大きく伸び，年間販売額も2倍程度に拡大しているが，宮城・山形では伸びが小さく，岩手で

表5 - 2 小売業

	合計 1997年	合計 対91年増減率	百貨店 1997年	百貨店 対91年増減率	総合スーパー 1997年	総合スーパー 対91年増減率	専門スーパー 1997年	専門スーパー 対91年増減率
青森	1,662	11%	81	−9%	99	98%	278	54%
岩手	1,530	11%	72	44%	56	−14%	242	67%
宮城	2,746	8%	159	2%	178	24%	404	95%
秋田	1,428	14%	26	−26%	84	121%	224	46%
山形	1,470	14%	42	8%	79	65%	239	46%
福島	2,397	12%	79	−16%	144	109%	357	29%
全国計	147,743	4%	10,670	−6%	9,957	17%	20,440	45%

注：合計には「その他小売業」を含む。
資料：表5 - 1と同じ。

は商店数・年間販売額ともに減少している。専門スーパーの商店数や年間販売額の伸びは宮城で目立ち，福島で相対的に低い。他のスーパーの商店数や年間販売額は青森・宮城・秋田で大きな伸びがあり，岩手・山形・福島では伸びが相対的に小さい。コンビニは福島を除いて，商店数・年間販売額ともに全国平均を上回る伸びを示し，特に青森・秋田・山形といった西東北での伸びが非常に大きい。

これに対して専門店や百貨店はスーパー・コンビニの影響を受けて，大きく後退している。専門店の場合，商店数の減少はどちらかといえば西東北地区で大きいが，年間販売額の減少は岩手・宮城などの東東北地区でみられた。百貨店は青森・福島では商店数・年間販売額ともに大きく後退しているが，岩手ではいずれも大きく増加している。宮城・山形では商店数が減ったものの，年間販売額は何とか増加した。秋田では商店数は変わらないが，年間販売額が大きく減少した。中心店の場合は6県ともに商店数を減らしながらも年間販売額は増加した。特に宮城は商店数の減少率の大きさとは裏腹に年間販売額を大きく伸ばした。

(2) 東北地方で急速に拡大した大店舗

大規模小売店舗（以下，大店舗）数[5]は，1991年に大店法が改正されてから，急速に拡大した。大店舗数は1988年に1万4632店であったのが，91年に1万

第5章　地方都市中心商店街の空洞化と再構築への課題

業態別年間販売額（県別）

（単位：十億円）

コンビニ		他のスーパー		専門店		中心店	
1997年	対91年増減率	1997年	対91年増減率	1997年	対91年増減率	1997年	対91年増減率
52	373%	101	153%	634	−10%	415	4%
59	103%	74	25%	569	−30%	454	16%
116	76%	238	66%	1,018	−14%	629	24%
37	164%	90	43%	563	−1%	402	12%
33	313%	61	7%	566	−3%	449	15%
102	65%	155	15%	918	−7%	637	29%
5,223	67%	9,986	38%	59,879	−11%	31,535	9%

表5－3　面積規模別大規模小売店舗数および店舗内商店数・年間販売額

店舗面積	大規模小売店舗数		大規模小売店舗内小売店			
			商店数		年間販売額（十億円）	
	1997年	対94年増減率	1997年	対94年増減率	1997年	対94年増減率
500m²以上1千m²未満	7,836	34.7%	17,826	2.3%	5,275	33.3%
1千m²以上1.5千m²未満	5,366	1.3%	15,191	−12.0%	5,192	−1.2%
1.5千m²以上3千m²未満	3,984	37.0%	16,059	5.2%	5,875	30.8%
3千m²以上6千m²未満	2,255	41.6%	15,808	5.5%	5,488	24.1%
6千m²以上1万m²未満	1,128	15.5%	17,553	−1.6%	5,686	2.1%
1万m²以上2万m²未満	972	25.7%	27,054	12.3%	8,980	14.1%
2万m²以上	351	25.8%	15,061	26.4%	11,783	10.7%
合　計	21,892	24.1%	124,552	4.9%	48,278	14.4%

資料：表5－1と同じ。

5511店（＋6.0%），94年に1万7643店（＋13.7%），97年には2万1892店（＋24.1%）となり，増加率も加速化している。1994〜97年の動きを店舗面積規模別にみると，大規模化が進んでいるのが確認できる。最も店舗数の伸びが大きかったのは3千〜6千平方㍍であり，これに1.5千〜3千平方㍍が続いている。2万平方㍍以上の大店舗も3年間で25.8%の増加をみた（表5－3）。

1991年以降における小売業全体の年間販売額の伸びは小さくない。91年に142.3兆円であったのが，94年に143.3兆円(0.7%増)となり，97年には147.7

表5－4 東北地方の大規模小売店舗数と小売店年間販売額

都道府県別	大規模小売店舗数(店) 1997年	対94年増減率	小売店年間販売額 (10億円) 大規模小売店舗内 1997年	対94年増減率	大規模小売店舗外 1997年	対94年増減率
青　森	312	28.4%	500	24.0%	1,163	−3.8%
岩　手	294	24.1%	393	17.6%	1,136	1.2%
宮　城	358	49.2%	778	34.1%	1,968	−6.4%
秋　田	267	25.4%	383	23.8%	1,045	1.7%
山　形	302	43.1%	375	36.3%	1,095	−0.7%
福　島	428	59.7%	669	41.8%	1,729	−4.7%
全国計	21,892	24.1%	48,278	14.4%	99,465	−1.6%

資料：表5－1と同じ。

兆円(3.1%増)となった。しかし大店舗の年間販売額は大きく伸び，91年に40.1兆円であったのが，94年には42.2兆円(5.2%増)となり，97年には48.3兆円(15.2%増)となった。店舗面積規模別でみると，年間販売額の増加率は1千～1.5千平方メートルで小さく，6千～1万平方メートルで減少した（表5－3）。これは第二種大型店(売場面積500平方メートル以上3千平方メートル未満，ただし都の特別区および政令指定都市は6千平方メートル未満）のうち，売場面積1千平方メートルまでは「おそれなし」ということで事実上，調整対象とはならず，1千平方メートルを超えると調整対象となることが影響している。また6千～1万平方メートルは，都の特別区と政令指定都市において，第二種大型店と第一種大型店との狭間に位置していることの影響が出ている。

　都道府県別にみると1994～97年にかけての大店舗数の増加は，東高西低と大都市に多いという傾向とが組み合わさった状況を示している。東北地方6県における大型店の増加率はいずれも全国平均を上回っている（表5－4）。特に福島県はこの間の大店舗数の伸び率は全国一であった。また大店舗内小売商店の年間販売額の伸び率を都道府県別にみると，全国平均を下回ったのは南関東や愛知，阪神，福岡といった大都市圏と大分・鹿児島などである。他の地域は全国平均を上回る伸びを示し，なかでも南東北（宮城・山形・福島）の3県では，大店舗内小売商店の年間販売額の伸び率が全国平均の2倍を超えている。特に福島県は大店舗数の伸びが全国一であったことを受けて，

第5章　地方都市中心商店街の空洞化と再構築への課題

高い伸び率を示した。その一方，大店舗外小売商店の年間販売額は，1994～97年にかけて全国的には1.6％減少し，都道府県別でも33都道府県で減少した。東北地方6県では，大店舗外小売商店の年間販売額が増加したのは岩手と秋田のみで，これら2県では大店舗内小売商店の年間販売額の伸び率が全国平均は上回るものの，東北地方の中では相対的に低い伸びにとどまった。東北地方で最も落ち込みが大きかったのは宮城であり，福島がこれに続いた。

このように東北地方は，小売業業態における全国的な趨勢をタイムラグをもちながら追いかけているだけでなく，特に改正大店法によって店舗ならびに商店の大規模化の影響を最も強く受けていることがわかる。小売業の業態変化と大規模化の影響は，主に中小規模の専門店や中心店によって構成されている商店街では，どのように出てきているのであろうか。

2　消費者の要望に応えられない商店街への不満

(1)消費者の便利さ要求と低い商店街の利用頻度

総理府の「小売店舗等に関する世論調査」[6]（以下「世論調査」）によれば，たしかに改正大店法の施行以来，買い物が便利になったとする消費者は増加している。すなわち消費者の73％は，5～6年前に比べて買い物が便利になったと考えており，不便になったと感じているのはわずか5％である。都市規模別にみると，買い物が便利になったとする比率は，東京都区部で59％，政令指定都市で71％，中都市[7]で71％，小都市[8]で78％，町村で77％となる。都市の人口規模が小さいところほど買い物は便利となった。性別では男性のほうが女性よりも便利さが高まったと考えている。また自動車を利用する消費者のほうが便利になったとする比率が77％と高く，利用しない消費者の66％をかなり上回る（図5‐1）。

買い物が便利になった理由は，「大型店が増えたから」[9]（52％）が他をかなり引き離して第1位にあり，「買い物に行く店の営業時間が長くなったから」（39％）や「コンビニエンスストアができたから」（39％），「品揃えがよくなり買い物に幅ができたから」（37％）などが上位に続く。しかし価格の安さや

123

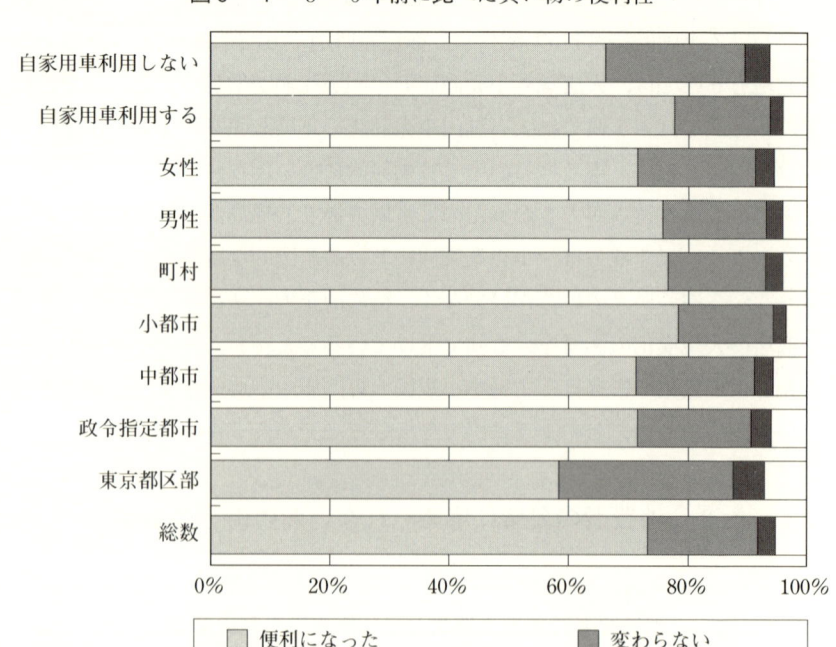

図5-1　5〜6年前に比べた買い物の便利性

凡例：便利になった／変わらない／わからない／不便になった

注：資料データを再編加工した。調査法等については本文注6を参照。以下の図はすべて同様。
資料：総理府大臣官房広報室「小売店舗等に関する世論調査」1997年6月。

交通手段の充実などを理由にあげた比率は10％台にとどまった。逆に不便になった理由は[10]，回答数が少ないが，「近所の中小小売店が少なくなったから」(61％)と「身近な大型店が撤退したから」(26％)とがある。

　また「買い物に便利な店」に対する消費者の考え方も変化している[11]。1997年調査と82年調査との支持率の差をみると，プラスに振れたのは「品質がよい店」(＋11ポイント)や「価格が安い店」(＋6ポイント)，「営業時間が長い店」(＋5ポイント)，「品揃えが豊富な店」(＋1ポイント)などである。これに対してマイナスに振れたのは「信用がおける店」(－7ポイント)や「入りやすい店」(－4ポイント)，「客への対応がよい店」(－3ポイント)などである。これは消費者の関心が店舗に対するものから商品それ自体へと移っ

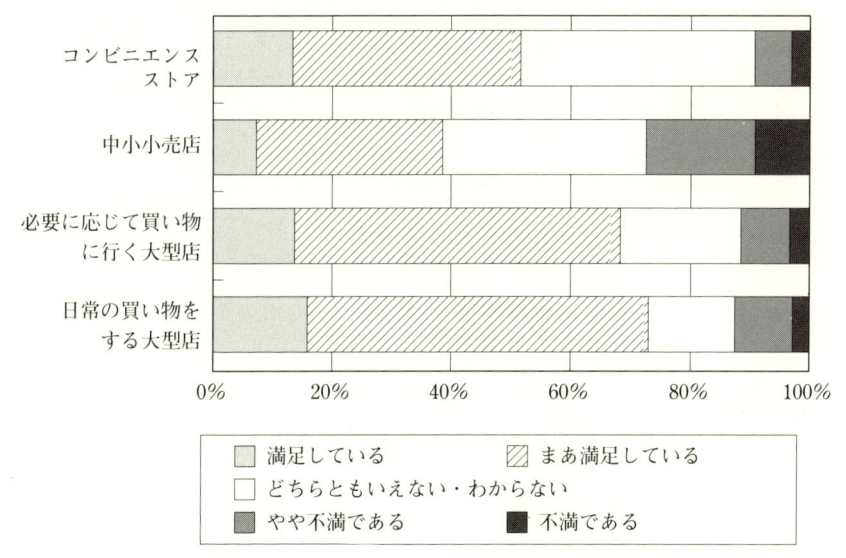

第5章　地方都市中心商店街の空洞化と再構築への課題

図5－2　店舗形態別満足度

凡例：
- 満足している
- まあ満足している
- どちらともいえない・わからない
- やや不満である
- 不満である

資料：図5-1と同じ。

ていることを表している［山田，1996］。

　日常的に利用する小売店についての満足度は，「世論調査」によれば，大型店では「満足している」比率が73％と高い。中小小売店では「不満である」よりは「満足している」ほうが高いものの，満足度の水準は高くない（図5－2）。大型店の「満足している」比率の分布は，性別年齢別は男女ともに30歳代で最も高く，年齢層が上がるに連れて低下する。中小小売店の満足度は男女ともに30～40歳代で満足度が相対的に低く，20歳代と50歳代以上で相対的に高い。コンビニの場合は，若い世代ほど満足度が高く，年齢層があがるにつれて急激に低くなる［箸本，1998；荒木，1994］。ただし，その低下の理由は「不満である」ではなく，「どちらともいえない」と「わからない」の比率の拡大による。

　どのような点に満足しているのかを買い物先別でみると（図5－3），大型店では「品揃えが十分である」が第1位であり，これに「駐車場，駐輪場などが整備されている」が続く。これに対して中小小売店への満足度で目立つ

図5-3 どのような点で買い物先に満足しているのか

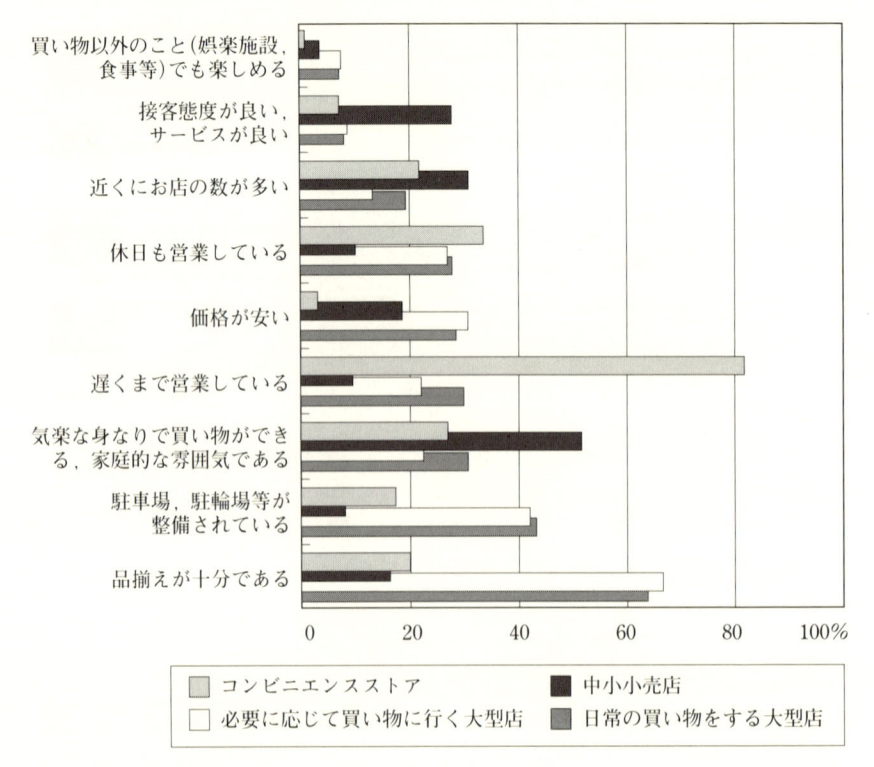

買い物以外のこと(娯楽施設,食事等)でも楽しめる
接客態度が良い,サービスが良い
近くにお店の数が多い
休日も営業している
価格が安い
遅くまで営業している
気楽な身なりで買い物ができる,家庭的な雰囲気である
駐車場,駐輪場等が整備されている
品揃えが十分である

□ コンビニエンスストア　■ 中小小売店
□ 必要に応じて買い物に行く大型店　■ 日常の買い物をする大型店

資料：図5-1と同じ。

のは、「気楽な身なりで買い物ができる、家庭的な雰囲気である」であり、これに「近くにお店の数が多い」や「接客態度が良い、サービスが良い」などが続く。コンビニへの満足度で目立つのは、「遅くまで営業している」であり、これに「休日も営業している」がかなり離れて続く。

　ところで消費者は店舗をどの程度、日常的に利用しているのであろうか。大型店と商店街、コンビニとを比較してみよう。全体としては、日常的に利用している割合は大型店が最も高く86％であり、商店街とコンビニの利用はいずれも57％であった。商店街の利用率は1982年では69％であり、かなり下がる。また日常的に利用する頻度も商店街よりは大型店のほうが高い。「ほとんど毎日利用」する比率が、大型店では15％あるのに、商店街ではその約3

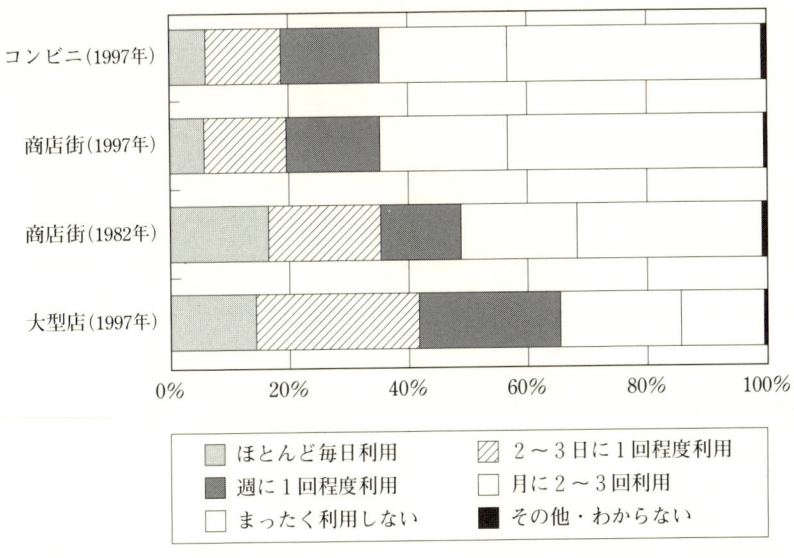

第5章　地方都市中心商店街の空洞化と再構築への課題

図5－4　店舗形態別利用頻度

凡例：
- ほとんど毎日利用
- 週に1回程度利用
- まったく利用しない
- 2～3日に1回程度利用
- 月に2～3回利用
- その他・わからない

資料：図5-1と同じ。

分の1の6％にとどまった。「2～3日に1回程度利用」する比率も，大型店では27％に達しているのに対して，商店街ではその約半分の14％にとどまった。また「週に1回程度利用」する比率は，大型店では24％であるのに対して，商店街ではその約4分の3の15％であった。これに対して「月に1～3回程度利用」する比率では，大型店と商店街とが逆転している。なおコンビニの利用頻度は商店街の利用頻度とほぼ同じ傾向を示す（図5－4）。

　性別では大型店・商店街ともに女性のほうが男性よりもかなり利用率が高い。これに年齢別を加味すると，大型店の利用率は女性では60歳以上を除くといずれの年齢層も96～99％の高さとなるが，男性では20歳代と30歳代が85％と高く，40歳代以上では70％台に落ち，年齢が上がるに従って低下する。商店街の利用率は男性では年齢層による差はあまりなく，45～51％に収まっている。女性では年齢層による差が少しみられ，20～40歳代で58～61％であるのに対して50歳代以上では67～68％となる。コンビニの利用率は，性別では女性（53％）よりも男性（62％）のほうが高く，年齢別では若年層（20歳

127

表 5 - 5 県別商業集積地区（商店街）シェア変動

		延べ商店数 1991年	延べ商店数 1994年	年間販売額 1991年	年間販売額 1994年
青森県	商業集積地区	35.5%	35.9%	42.9%	42.6%
	その他	64.5%	64.1%	57.1%	57.4%
岩手県	商業集積地区	40.6%	40.3%	44.2%	43.6%
	その他	59.4%	59.7%	55.8%	56.4%
宮城県	商業集積地区	40.5%	40.7%	48.4%	46.3%
	その他	59.5%	59.3%	51.6%	53.7%
秋田県	商業集積地区	36.0%	33.4%	44.3%	40.6%
	その他	64.0%	66.6%	55.7%	59.4%
山形県	商業集積地区	32.3%	33.6%	37.7%	39.0%
	その他	67.7%	66.4%	62.3%	61.0%
福島県	商業集積地区	41.4%	40.0%	48.3%	45.5%
	その他	58.6%	60.0%	51.7%	54.5%
東北計	商業集積地区	38.2%	37.8%	45.1%	43.6%
	その他	61.8%	62.2%	54.9%	56.4%
全　国	商業集積地区	39.7%	39.7%	47.9%	46.5%
	その他	60.3%	60.3%	52.1%	53.5%

資料：通産省大臣官房調査統計部『商業統計表——立地環境特性別統計編(小売業)——』（平成3年，平成6年）1992年，96年。

代男性96％，20歳代女性88％）で圧倒的に高く，年齢層が高まるにつれて急速に利用率が下がる。都市規模別でみると，大型店の利用頻度は東京都区部では80％と相対的に低く現れ，他の都市では84～87％である。また商店街の利用頻度は，逆に東京都区部では75％と高く，政令指定都市で63％，中小都市や町村では53～57％と相対的に低い。

　このように消費者がさらなる買い物の便利さを要望しているにもかかわらず，商店街はハードとソフトの両面において要望への対応ができていないという問題を抱えている。その深刻さは大都市よりはむしろ地方小都市に現れており，このままであれば，世代交替が進むにつれて，商店街の利用率はさらに低下していくことになる。

(2)地方都市中心部の活気低下と商店街の役割

　商業集積の空洞化はどの程度進んでいるのであろうか。『商業統計表——立地環境別特性別統計——』で商業集積地区の商業活動比率で確認しよう（表

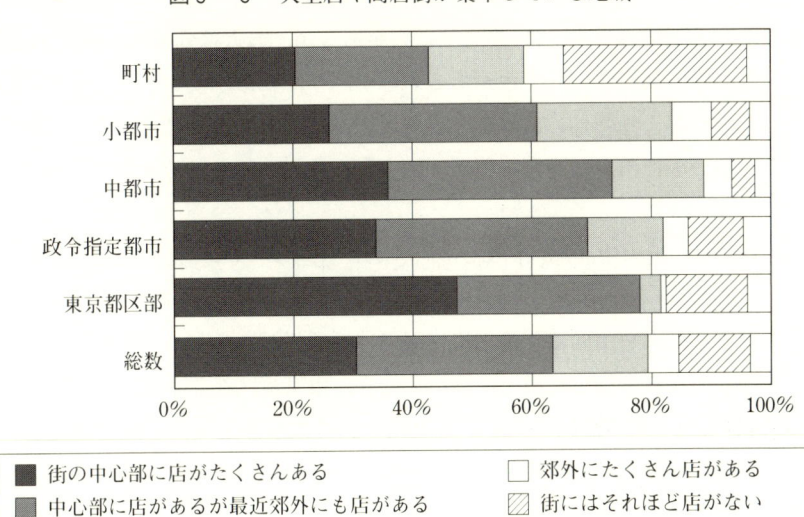

第5章　地方都市中心商店街の空洞化と再構築への課題

図5-5　大型店や商店街が集中している地域

- ■ 街の中心部に店がたくさんある
- ■ 中心部に店があるが最近郊外にも店がある
- ■ 中心部より郊外のほうがたくさん店がある
- □ 郊外にたくさん店がある
- ▨ 街にはそれほど店がない
- □ わからない

資料：図5-1と同じ。

5-5）。1991～94年の3年間においては，商店数の商業集積地区比率は，全国ではまったく変化がない。東北地方では商業集積地区比率がわずかではあるとはいえ，上昇した。東北6県では商店数の商業集積地区比率は青森・宮城・山形でわずかではあるが上昇し，逆に秋田・岩手・福島では低下した。年間販売額の商業集積地区比率は，全国・東北地方ともに3年間で低下した。東北6県でも山形を除く5県で上昇した。なお地域差はあるものの，商業集積地区の比重が低下していることは確認できよう。

　ところで商業集積としての大型店や商店街が集中しているのはどこであると認識されているのであろうか。「世論調査」によれば，全体では「中心部に店があるが，最近は郊外にも店がある」が最も比率が高い。これに「街の中心部に店がたくさんある」が対抗している。しかし「中心部より郊外のほうがたくさん店がある」や「郊外にたくさん店がある」を加えると，商業集積の重心はすでに「街のなか」から「郊外」へと移動していると認識されている。都市規模別には，東京都区部では「街の中心部に店がたくさんある」が

129

「中心部に店があるが，最近は郊外にも店がある」を上回る。しかし政令指定都市よりも下位の都市では「中心部に店があるが，最近は郊外にも店がある」が「街の中心部に店がたくさんある」を上回り，都市規模が小さくなるにつれて「中心部より郊外のほうがたくさん店がある」比率が高くなる。人口10万人未満の小都市では商業集積が「街中」よりも「郊外」で大きくなっている（図5-5）。

　それでは「街の中心部は活気がある」のか（図5-6）。自分が住んでいる街の中心部は「活気がある」としているのは全体の39.5％であり，「活気がない」とする比率を下回る。都市規模別では「活気がある」が「活気がない」を上回るのは政令指定都市と中都市であり，東京都区部や小都市，町村では「活気がない」が「活気がある」を上回る。特に小都市の中心部は深刻であり，「活気がない」とする比率が「活気がある」の2倍以上である。性別では女性のほうが「活気がある」比率が相対的に高い。職業別では学生や主婦，管理・専門技術・事務職被雇用者層で「活気がある」比率が「活気がない」比率を上回り，労務職被雇用者，商工サービス・自由業および農林漁業の自営業主・家族従業者で下回る。また地区別では，郊外や街中の住宅の多い地区で「活気がある」が「活気がない」を上回っており，逆に農山漁村地区，工場地区および商店その他の事業所地区では「活気がない」が「活気がある」を上回る。特に商店その他の事業所地区は深刻であり，「活気がない」比率がかなり高い。

　ではなぜ中心部に活気がないのか，その理由は何なのか（図5-7）。中心部に活気がない理由としては，全体では第1位に「商店街が活気がないから」である。次いで「人口が減少しているから」や「行きたいと思う魅力ある施設がないから」，「車で行くのが不便だから」などが続く。都市規模別では「商店街が活気がないから」と「人口が減少している」との比率が，東京都区部で高く，政令指定都市や中都市で低くなり，小都市や町村で再び高くなる。「行きたいと思う魅力ある施設がないから」との理由は，東京都区部と小都市では低いが，その他では2割弱を占める。第3位は「車で行くのが不便だから」であり，中都市および小都市では2割程度と相対的に高く，男女別ではそれほど大きな違いはない。地区別では，住宅地区ほど「商店街が活気がな

第5章　地方都市中心商店街の空洞化と再構築への課題

図5-6　自分が住んでいる街の中心部は活気があるか

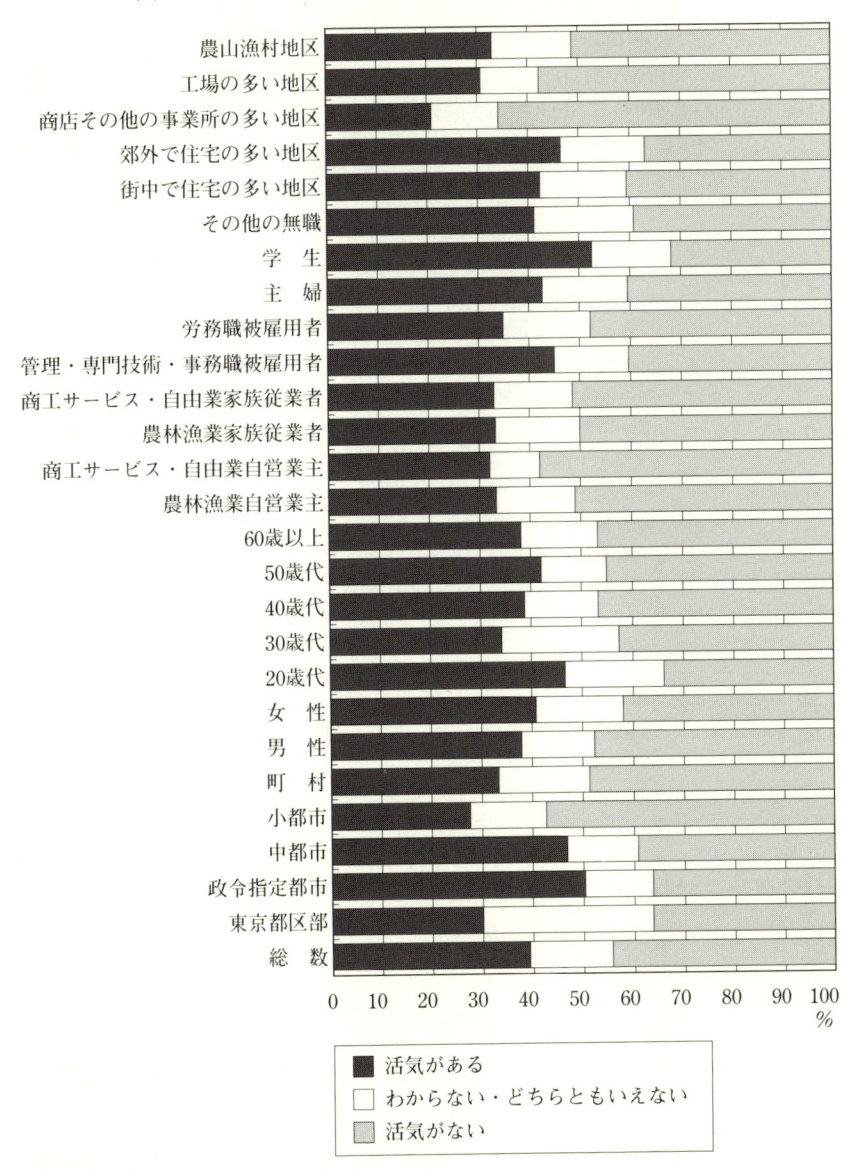

	活気がある
	わからない・どちらともいえない
	活気がない

資料：図5-1と同じ。

図 5-7 活気がないと思う理由

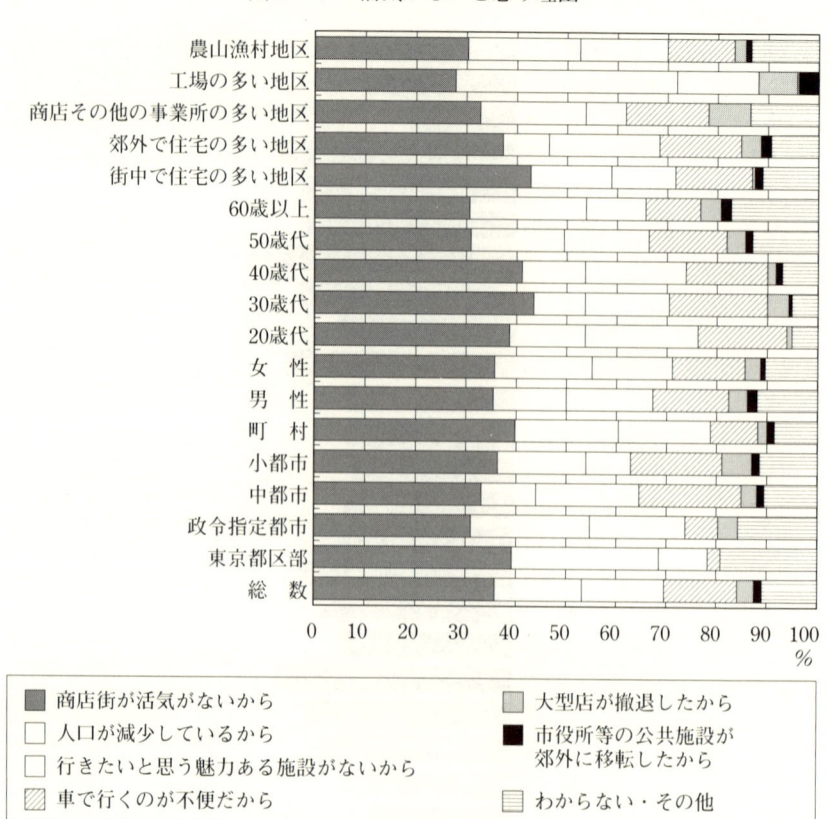

凡例:
- ■ 商店街が活気がないから
- □ 人口が減少しているから
- □ 行きたいと思う魅力ある施設がないから
- ▨ 車で行くのが不便だから
- ▨ 大型店が撤退したから
- ■ 市役所等の公共施設が郊外に移転したから
- ▦ わからない・その他

資料:図5-1と同じ。

いから」が，また工場や商業等事業所地区ほど「人口が減少しているから」が，活気がない理由としてあがる。「行きたいと思う施設がない」が相対的に目立つのは，郊外の住宅地区や農山漁村地区，工場地区においてである。

かくして地方都市においては，商業集積の郊外分散化がさらに進み，中心部の活気の低落を防ぐことができていない。しかし中心部の活力のなさは中心商店街の活力のなさを反映している。中心商店街の活力の復活は，現段階では商業者の個別的努力だけでは困難である。複合的な「行きたい」施設をどう付加していくのかが当面の課題となる。

第5章　地方都市中心商店街の空洞化と再構築への課題

表5-6　商店街への来街者減少の主要な理由

	回答数	比率
商店街外の大型店に顧客が流出	126	34.3
個店の近代化の遅れ	62	16.9
環境整備の不備	55	15.0
業種構成の不足	41	11.2
商圏地域の人口や世帯数の減少	45	12.3
その他	38	10.4
合　計	367	100.0

注：1)　複数選択可。
　　2)　資料の調査法等については本文注13を参照。
資料：「98年商店街調査」(1998年7〜8月)。

3　商店街の盛衰分岐はどこにあるのか

(1)商店街の特性と盛衰分岐

　ここでとりあげるのは，主に福島県内を中心とする198商店街[13]である。ここではこれら商店街のデータ（以下「商店街調査」）を使い，主として商店街の「繁栄」「停滞」「衰退」（以下，一括する際には「盛衰」とする）の諸要因を比較して検討したい。198商店街のうち，「繁栄している」と回答したのは13商店街，「停滞している」と回答したのは82商店街，「衰退している」と回答したのは102商店街である[14]。

　198商店街のうち，来街者数が「多くなった」と回答したのは6.1％にすぎない。盛衰別でみると繁栄商店街で来街者数が「少なくなった」と答えたものはなかった。繁栄するためには来街者数が多くなる必要がある。しかし来街者数が多くなったことと商店街が繁栄することとは直接的にはつながらない。それは来街者数が「多くなった」のに停滞・衰退していると回答する商店街が約半数みられるからである。来街者数の減少は商店街の衰退につながるが，減少理由の第一は「商店街外の大型店に顧客が流出」していることにある。また「個店の近代化の遅れ」や「環境の整備の不備」など，商店街自身の努力不足がこれに拍車をかけている（表5-6）。

表 5 - 7　立地条件と商店街の盛衰

商店街の立地	繁栄 回答数	比率	停滞 回答数	比率	衰退 回答数	比率	合計 回答数	比率
都心型（広域型）商店街	2	15.4	20	24.4	19	18.6	41	20.7
幹線道路に立地する商店街	2	15.4	2	2.4	9	8.8	13	6.6
生活街路に立地する商店街	6	46.2	43	52.4	56	54.9	105	53.0
交通ターミナルに立地する商店街	1	7.7	7	8.5	5	4.9	14	7.1
農村地域の商店街	1	7.7	5	6.1	10	9.8	16	8.1
その他	1	7.7	5	6.1	3	2.9	9	4.5
合計	13	100.0	82	100.0	102	100.0	198	100.0

注：合計には盛衰別不明を含む。
資料：表5 - 6と同じ。

表 5 - 8　店舗数と商店街の盛衰

店舗数	繁栄	停滞	衰退	合計
～19	1	12	12	25
20～39	1	24	41	66
40～59	2	19	19	41
60～79	4	14	13	31
80～99	1	4	10	15
100～119	2		1	3
120～139	1	3	1	5
140～199		2	1	3
200～299		3		3
300～	1			1
不明		1	4	5
合計	13	82	102	198

注：盛衰別合計には不明を含む。
資料：表5 - 6と同じ。

表 5 - 9　店舗構成と商店街の盛衰

	繁栄 回答数	比率	停滞 回答数	比率	衰退 回答数	比率	合計 回答数	比率
個店のみによる商店街	2	15.4	29	35.4	52	51.0	83	41.9
コンビニを含む商店街	1	7.7	13	15.9	16	15.7	30	15.2
中規模小売店を含む商店街	2	15.4	18	22.0	8	7.8	29	14.6
第二種大型店を含む商店街	2	15.4	5	6.1	13	12.7	20	10.1
第一種大型店を含む商店街	5	38.5	14	17.1	13	12.7	32	16.2
合計	13	100.0	82	100.0	102	100.0	198	100.0

注：盛衰別合計には不明を含む。
資料：表5 - 6と同じ。

第5章　地方都市中心商店街の空洞化と再構築への課題

　調査対象の商店街の立地場所の分布をみると,「生活街路」型が53％と過半をしめ, これに「都心型（広域型)」が続いている。盛衰要因としての立地場所についてみると,「幹線道路」型で「繁栄」の比率が相対的に高く,「都心型（広域型)」は「停滞」の比率が相対的に高い。もちろん繁栄商店街は数としてはきわめて少ないものの, いずれの立地場所であっても存在していることは, 確認しておくべきだろう（表5－7)。また商店街の集積規模をみる一つの指標として商店数があるが, 対象商店街では20～39店が最も多く, これに40～59店と60～79店とが続く。盛衰別では, やはり商店数規模の大きい商店街のほうが繁栄する比率が高い。繁栄商店街のうち商店数で相対的に大きな比率をしめたのは60～79店規模であった。もちろん60～79店規模の商店街の多くは停滞・衰退の傾向を示す（表5－8)。

　商店構成が商店街の盛衰といかなる関係にあるのか。調査対象の商店街の商店構成[15]は,「個店のみ」商店街が最も多く42％をしめる。商店街盛衰別では, 繁栄商店街で目立つのが「第一種大型店を含む商店街」の比率の高さである。売場面積規模の大きな小売店舗を含まない商店街ほど, 典型的な「個店のみによる商店街」ではあるが, 停滞商店街さらには衰退商店街でこの割合が高い。ただし「個店のみによる商店街」であってもすべてが「停滞」ないしは「衰退」しているわけではなく, 繁栄商店街もあることには注意すべきであろう（表5－9)。

　商品をたまに買いに行く「買回品」と日常的に買いに行く「最寄品」とに分けて, その構成比率で商店街を「近隣型」「地域型」「広域型」「超広域型」に分類し, 商店街の盛衰状況をみてみよう。たしかに商店街の商品構成における買回品比率が高くなるほど, 商店街の繁栄比率は高い。ただし,「最寄品がほとんどの近隣型」であっても繁栄する商店街は存在しており,「買回品がほとんどの超広域型」であっても衰退する商店街が存在している（表5－10)。

　商店街における業種を「食品小売」「その他小売」「サービス」「飲食店」「その他」に分類して, その構成比率をみると, その他小売が39.4％と最も多く, これに食品小売の24.9％やサービス業の12.3％などが続く。盛衰別でその構成比率の特徴をみると, 繁栄商店街は食品小売の比率が低く, その他小売やその他が相対的に高い。これは繁栄商店街のほうが多様な業種から構成され

表5－10　商品構成と商店街の盛衰

	繁栄		停滞		衰退		合計	
	回答数	比率	回答数	比率	回答数	比率	回答数	比率
最寄品がほとんどの近隣型	2	15.4	36	43.9	47	46.1	86	43.4
最寄品が買回品を上回る地域型	4	30.8	13	15.9	23	22.5	40	20.2
買回品が最寄品を上回る広域型	3	23.1	12	14.6	16	15.7	31	15.7
買回品がほとんどの超広域型	4	30.8	12	14.6	4	3.9	20	10.1
その他		0.0	2	2.4	3	2.9	5	2.5
不明		0.0	7	8.5	9	8.8	16	8.1
合計	13	100.0	82	100.0	102	100.0	198	100.0

注：盛衰別合計には不明を含む。
資料：表5－6と同じ。

表5－11　主な客層（年齢層）と商店街の盛衰

	繁栄		停滞		衰退		合計	
	回答数	比率	回答数	比率	回答数	比率	回答数	比率
高校生など			1	1.2	4	3.9	5	2.5
20～30歳代	3	23.1	7	8.5	2	2.0	12	6.1
40～50歳代	7	53.8	52	63.4	61	59.8	120	60.6
60歳代以上			7	8.5	20	19.6	27	13.6
その他	3	23.1	14	17.1	15	14.7	33	16.7
不明			1	1.2			1	0.5
合計	13	100.0	82	100.0	102	100.0	198	100.0

資料：表5－6と同じ。

表5－12　主な客層（性別）と商店街の盛衰

	繁栄		停滞		衰退		合計	
	回答数	比率	回答数	比率	回答数	比率	回答数	比率
男性中心					1	1.0	1	0.5
男性の方が多い	2	15.4	1	1.2	4	3.9	7	3.5
ほぼ半々	3	23.1	18	22.0	24	23.5	45	22.7
女性のほうが多い	5	38.5	47	57.3	52	51.0	105	53.0
女性中心	3	23.1	14	17.1	21	20.6	38	19.2
その他			2	2.4			2	1.0
合計	13	100.0	82	100.0	102	100.0	198	100.0

注：盛衰別合計には不明を含む。
資料：表5－6と同じ。

第5章　地方都市中心商店街の空洞化と再構築への課題

表5-13　空き店舗率と商店街の盛衰

空き店舗率	繁栄 回答数	繁栄 比率	停滞 回答数	停滞 比率	衰退 回答数	衰退 比率	合計 回答数	合計 比率
0～9%	10	100.0	54	78.3	44	51.8	108	65.9
10～19%			11	15.9	20	23.5	31	18.9
20～29%			1	1.4	11	12.9	12	7.3
30～39%			1	1.4	6	7.1	7	4.3
40～49%			2	2.9	3	3.5	5	3.0
50～59%								
60～69%					1	1.2	1	0.6
合　計	10	100.0	69	100.0	85	100.0	164	100.0

注：空き店舗数の回答があった商店街のみ。
資料：表5-6と同じ。

ていることをうかがわせる。商店街に来る主な客層を「高校生など」「20～30歳代」「40～50歳代」「60歳代以上」に4区分してみると，全体としては40～50歳代が圧倒的に多いが，繁栄商店街では20～30歳代が相対的に多い。これに対して停滞・衰退商店街では60歳代以上が目立つ（表5-11）。性別では商店街全体としては「女性のほうが多い」が過半を占める。盛衰別では，性別でどちらかに偏るのはよくなく，繁栄のためにはやはり男女のバランスが必要である（表5-12）。

　以上のことから，商店街の盛衰分岐は立地特性や商店数規模など個別の指標のみによって一義的に決まるものでないことは明らかである。ただし商店街の集客の核として大型店の存在は重要であることや，商品構成や業種構成も工夫されなければならない。いずれにしても来街者数をどう増やすかがポイントであることはかわらない。

(2)商店街の空き店舗発生の原因と結果

　商店数と空き店舗数とが回答されてた164商店街をみると，空き店舗比率は全体では1割未満が66%，1割台が19%とこれに続く。なかには空き店舗率6割台の商店街もある。盛衰別では，繁栄商店街では空き店舗率はすべて1割未満であるが，停滞商店街，衰退商店街へと移行するにつれて高くなる（表5-13）。もちろん繁栄商店街で商店の閉店がないわけではない。過去2年間

表5-14 店舗増減数と商店街の盛衰

店舗増減数	繁栄	停滞	衰退	合計
+6店以上	1			1
+5店			1	1
+4店	1	2		3
+3店	1	1		2
+2店	2	2	2	6
+1店		2	1	3
±0店	4	25	21	50
-1店	3	19	23	45
-2店		17	15	32
-3店		8	10	18
-4店		1	12	13
-5店		1	6	7
-6店		1	1	2
-7店			1	1
-8店		1		1
合計	12	80	93	185

資料：表5-6と同じ。

において，なかには10％を超える閉店率をみた繁栄商店街もある。ただし，繁栄商店街は閉店数にほぼ見合った開店数を確保している。このことが停滞商店街や衰退商店街と異なる[16]（表5-14）。これに対して，衰退・停滞商店街は開店数が閉店数を補充できていないことに問題がある。

閉店理由は，繁栄商店街では「売上減少」や「倒産」など「業績不振」を理由としているものが最も多く，13例中8例をしめた。「主人の死亡」や「後継者不足」など後継者問題は2例にとどまった。停滞商店街では，閉店した理由71例のうち，最も多くみられたのは「売上の減少や不振」「回転率が悪い」などの業績不振であり，35例に及んだ。「跡継ぎがいない」，「高齢化」，「主人の死亡」など後継者問題は21例であった。衰退商店街では106例中で直接的に「業績不振」が理由としてあげられたものは39例であり，これに「大型店との競合に敗れた」とか「業務縮小」，「ノルマ達成ができなかった」などを含めるとさらに多くなる。続いて「後継者問題」を理由としてあげたのは22例であり，郊外や中心街への「転出」も7例あった。ほかには「業種・業態転換」や「商店街整備による立ち退き」であった。記述式回答を整理したことから厳密な比較はできないが，閉店理由はもちろん業績の動向に大きな影響を受

けていることがわかる。停滞・衰退商店街ではこれに加えて業績不振をうちに含む後継者不足が，閉店理由としてあがる。

閉店した業種はどのようなものであろうか。繁栄商店街では数は少ないが，パソコン店やカラオケ店の閉店が特徴的である。食料品店の閉店事例は，停滞・衰退商店街と異なってほとんどない。停滞商店街で閉店が目立つのは，飲食店と衣料品店，魚店などである。衰退商店街で閉店が目立つのは食料品店と衣料品店と飲食店などである。やはり繁栄商店街では買回品・サービス店の閉店が，そして停滞・衰退商店街では食料品・衣料品など最寄品店の閉店が目立つ。

(3)業態業種の転換と新規出店の特徴

厳しいなかでも，売上を伸ばしている店舗がある。187商店街のうち，すべての店舗で売上が伸びないと回答したのはわずか1商店街であった。多くの商店街は売上を伸ばした商店が2〜3％はある。盛衰別では，繁栄商店街のほとんどは売上を伸ばしている店舗比率が4％未満にとどまる。むしろ，停滞商店街や衰退商店街のほうが相対的に高い商店比率をもつ。つまり，繁栄商店街とはいえ必ずしも「個店」それ自体の売上が伸びているわけではなく，また停滞・衰退商店街ではいくつかの「個店」はなお残るとはいえ，「街」としては虫食い状態が進んでいることを意味する（表5-15）。

店舗の売上が伸びた要因は，新規出店のほかは，店舗改装や業態の転換，駐車場を増やしたことにあった。なかでも繁栄商店街では駐車場の増設や店舗改装，取り扱い品目の転換などが目立つ。停滞商店街では新規出店に依存する割合が大きいものの店舗改装も見逃せない。停滞商店街では店舗改装を中心としながらも，業態の転換や経営者の世代交代，新規出店などが目立つ。

また業態転換の事例としては，繁栄商店街では「すべての年齢層から若者向けへ」とか「食肉からデリカ惣菜へ」，「店舗の主力品から売れ筋へ」などがあり，品目の絞り込みや高付加価値化を読みとることができる。停滞商店街ではニーズに合わせた転換として「酒屋からコンビニへ」が比較的よくみられ，ほかに特異なものとしては「瀬戸物からクリーニングへ」や「履き物主体から学生用品へ」，「テントから漫画喫茶店へ」などがある。また衰退商

表5－15　売上高向上店舗率と商店街の盛衰

売上高向上店舗率	繁栄 回答数	比率	停滞 回答数	比率	衰退 回答数	比率	合計 回答数	比率
皆　無					1	1.1	1	0.5
1.9％以下	8	66.7	19	23.8	7	7.4	34	18.2
2.0％以上4.0％未満	3	25.0	15	18.8	24	25.3	42	22.5
4.0％以上6.0％未満			14	17.5	19	20.0	33	17.6
6.0％以上8.0％未満	1	8.3	11	13.8	19	20.0	31	16.6
8.0％以上10.0％未満			8	10.0	12	12.6	20	10.7
10.0％以上15.0％未満			10	12.5	8	8.4	18	9.6
15.0％以上20.0％未満			1	1.3	2	2.1	3	1.6
20.0％以上30.0％未満			1	1.3	3	3.2	4	2.1
30.0％以上			1	1.3			1	0.5
合　計	12	100.0	80	100.0	95	100.0	187	100.0

資料：表5－6と同じ。

店街では，「食堂から居酒屋へ」や「呉服屋から婦人服へ」，「紳士服仕立てから服の修理へ」といった同業種内での転換，「茶・コーヒー・菓子から茶へ」の絞り込みなどがある。

　開店率はやはり繁栄商店街が最も高く，これに停滞商店街が続き，衰退商店街はその過半が過去2年間において新規開店がまったくなかった。もちろん繁栄商店街でもその4分の1は新規開店がなかった。ただし10％以上の開店率を示した商店街もあった。

　新規開店の業種は，記述式回答であり数字的に正確を期すことは困難だが，いずれの商店街においても飲食店の開店数が目立つ。繁栄商店街では事例22店のうち飲食が7店にのぼった。ほかに薬局（チェーン店を含む）3店やカメラ，ガラス工芸，100円ショップ，携帯電話などの店舗が開店している。停滞商店街では事例が69店あり，飲食店（ファーストフード，お好み焼き，ピザショップ，ラーメン，持ち帰り寿司などを含む）が21店と多く，次いで衣料品店（紳士服，仕立てなど）が10店，ほかには化粧品，中古本屋，塾，コンビニ，喫茶店，弁当販売店，英会話・塾，花屋など多様な開店がみられる。衰退商店街でも68店の開店事例があり，やはり第一は飲食店（そば，たこ焼き，ピザ，寿司，ファーストフード，ラーメンなどを含む）で14店であり，次いでPHSなどの販売店が5店，ほかに特異なものとしては整骨院，リサイ

クルショップなどがある。

　新規開店主の年齢的特徴は，これも数は少ないが記述例を整理すると，繁栄商店街では40歳代が事例7店中4店と最も多く，これに50歳代の2店が続く。停滞商店街では40歳代が事例31店中10店と最も多く，これに30歳代が7店，50歳代と60歳代がそれぞれ5店ずつと続く。また衰退商店街では50歳代が事例35店のうち12店で最も多く，これに40歳代と30歳代がそれぞれ9店，60歳代が3店と続く。事例数に違いがあるものの，しいて整理をすれば繁栄商店街での開店主の年齢は相対的に若く，停滞商店街，衰退商店街へと移るにつれて年齢層が相対的に高まる。

　新規開店の動機も，記述例を整理すると，繁栄商店街では「市内一番店に出店したい」とか「発展している地区だから」「活気があるから」「地域が商売に適しているから」などが特徴的である。また停滞商店街では「駅前通りのため」とか「集客力がある」など「立地のよさ」が比較的多いが，「中央資本による店舗展開の一端」などのほか，「空き店舗の活用」や「商売が好きだから」，「Uターン」といった動機が特徴的である。衰退商店街では立地条件などは影を潜め，かわって「競合する同業店が少ない」とか「Uターン」や「脱サラ」，「業種を引き継いで」などが目を引く。

　かくして厳しい商店街事情の中でも，売上高が上がっている店舗や新規に出店する店舗があることは一筋の光明であり，ニーズにあった業態や業種の転換，さらには品揃えの充実によって，この光明をさらに明るいものにしていくことができる。そしてそのための支援策の積極的な展開が望まれるのである。

4　地方都市における中心商店街再構築の方向性

(1) 商店街の活性化・近代化事業の展開

　空き店舗の増加に対して，商店街はどのような対策を講じているのか。回答があった197商店街で空き店舗対策を「行なっている」のは19.3％であり，「行なっていないが，行う予定である」も20.3％にとどまる。過半の商店街は

表5－16　商店街活性化の重要戦略について（複数選択可）

	繁栄		停滞		衰退		合計	
	回答数	比率	回答数	比率	回答数	比率	回答数	比率
品揃え，業種揃えなどの集積構成	2	6.1	30	17.9	35	18.2	67	17.0
販売，非販売などの配置設計など	1	3.0	5	3.0	5	2.6	11	2.8
ニューサービス，新業態などの導入	2	6.1	30	17.9	39	20.3	71	18.1
陳列，在庫，配送などの物的流通	2	6.1	7	4.2	6	3.1	15	3.8
コミュニケーション，プロモーション，情報システムなど	7	21.2	18	10.7	21	10.9	46	11.7
買い物環境，滞留・回遊など利便施設	8	24.2	29	17.3	29	15.1	66	16.8
景観・視覚的特徴など	5	15.2	25	14.9	21	10.9	51	13.0
人的組織の活性化	3	9.1	14	8.3	19	9.9	36	9.2
その他	3	9.1	10	6.0	17	8.9	30	7.6
合計	33	100.0	168	100.0	192	100.0	393	100.0

資料：表5－6と同じ。

「行なっていないし，行う予定も今のところない」という。特に繁栄商店街は「行なっていないし，行う予定も今のところない」が76.9％と高く，繁栄しているので，対策は不要であると考えているのかもしれない。衰退商店街で「行なっている」比率が相対的に高い。

　具体的な空き店舗対策を聞くと，繁栄商店街では「競合への配慮，集客力ある店舗入れ替えによる相乗効果」をねらったり，また逆に「同業者を入れ活性化を図る」こと，さらには「物産展示会」などを行おうとしている。停滞商店街では，記述回答数は30件と多いものの，具体的なものは意外と少ない。具体例としては「カルチャー教室」や「画廊の展示場としての活用」，「情報発信の場としてのスペース123」，「休憩場所」などが実行されたり，計画されたりしている。衰退商店街でも34例があるが，具体化しているものは少ない。「イベントホール，ライブハウスの運営を実施中」が1件のみみられるが，多くは補助金による事業を計画している段階である。

　商店街として開店に関わる特別支援はほとんどしていない。「ポイントカード会加入の進め」や「研究会・セミナーの案内」など商店街活動への参加を呼びかけるにとどまる。「不動産屋との仲介」や「開店祝い」，「歓迎会の開催」などを行なったり，「みんなで買いに行ったりする」こともあるが，「精神的な支援」にとどまり，物的な支援はほとんどないのである。

　商店街が考えている活性化の重要戦略は，「商店街調査」によれば，全体で

第5章　地方都市中心商店街の空洞化と再構築への課題

表 5 - 17　商店街が現在実施している事業（複数回答）

	繁栄 回答数	繁栄 比率	停滞 回答数	停滞 比率	衰退 回答数	衰退 比率	合計 回答数	合計 比率
共同売り出し	6	13.6	37	15.7	42	15.6	85	15.5
イベント事業	11	25.0	42	17.8	54	20.0	107	19.5
共同宣伝	4	9.1	29	12.3	28	10.4	61	11.1
講習会・研修会	5	11.4	31	13.1	24	8.9	60	10.9
環境整備	1	2.3	25	10.6	24	8.9	50	9.1
共通商品券の発行	3	6.8	11	4.7	15	5.6	29	5.3
サービス券・スタンプ事業	4	9.1	30	12.7	49	18.1	83	15.1
情報誌の発行	2	4.5	4	1.7	5	1.9	11	2.0
CI確立事業	1	2.3	2	0.8	1	0.4	4	0.7
情報機器の導入	2	4.5	2	0.8			4	0.7
オリジナルカードの発行	2	4.5	7	3.0	4	1.5	13	2.4
共同・協同駐車券	3	6.8	12	5.1	19	7.0	34	6.2
その他			4	1.7	5	1.9	9	1.6
合計	44	100.0	236	100.0	270	100.0	550	100.0

資料：表5 - 6と同じ。

はニューサービス・新業態の導入や品揃え・業態揃えなど集積構成，買い物環境，滞留・回遊などの利便施設などにおかれている。盛衰別では，繁栄商店街はコミュニケーション・プロモーション・情報システムなどや買い物環境，滞留・回遊などの利便施設，景観・視覚的特徴などに重点をおき，停滞・衰退商店街とは異なる。停滞商店街での重要な活性化戦略はほぼ全体平均と同様な傾向を示している。これに対して衰退商店街での目立つ特徴は，ニューサービス・新業態の導入や品揃え・業態揃えなど集積構成などにある。繁栄商店街と停滞・衰退商店街との間で活性化の重要戦略に関する如実な差を読みとることができる（表5 - 16）。

　商店街が現在実施している活性化事業として多いのは，第一にイベント事業であり，これに共同売り出し事業，サービス券・スタンプ事業，共同宣伝，講習会・研修会などが続く。繁栄商店街で相対的に大きな比重を占めるのは，イベント事業や情報機器の導入，情報誌の発行，オリジナルカードの発行，CI事業の確立，共通商品券の発行などである。停滞商店街で相対的に目立つのは，共同宣伝や環境整備などである。衰退商店街で目立つのは，サービス券・スタンプ事業などである。やはり繁栄商店街のほうが情報化や共同化が

表5－18　補助金等による商店街近代化事業など（複数選択可）

	繁栄		停滞		衰退		合計	
	回答数	比率	回答数	比率	回答数	比率	回答数	比率
実施したが，2年以上前である	5	31.3	20	21.5	21	19.1	46	21.0
過去2年以内に実施した，あるいは実施中である	6	37.5	33	35.5	32	29.1	71	32.4
来年度以降に実施を計画中である	1	6.3	20	21.5	24	21.8	45	20.5
今後も実施の計画はない	4	25.0	20	21.5	33	30.0	57	26.0
合計	16	100.0	93	100.0	110	100.0	219	100.0

資料：表5－6と同じ。

進んでいることがわかる（表5－17）。

　補助金などによる商店街近代化事業に関しては，やはり繁栄商店街での実施時期が早く，約3分の1は2年以上も前に実施済みである。また約3分の1は過去2年以内に実施ないしは実施中となっている。これに対して，停滞商店街では2年以上前に実施済みは5分の1強であり，過去2年以内に実施済みあるいは実施中が3分の1強である。来年度以降に実施予定が5分の1強，実施予定なしが同じく5分の1強ある。衰退商店街では2年以上前に実施済みが5分の1弱，実施中が4分の1強，実施予定が5分の1強，実施予定なしが3分の1弱である（表5－18）。

　店舗の開設希望は豊かにあるはずであるが，個店に対する制度的な積極的支援や，また商業集積の充実こそ商店街を活力あるものにするという認識が欠如しているために，潜在力が顕在化しないのである。商店街に対するハードあるいはソフト支援にあっても，継続性こそが活力の源を醸成するのであり，性根をすえた支援が望まれる。

(2)求められる中心部と商店街の役割

　中心部を活性化するためには，地域における中心部の役割をはっきりさせなければならない。地域住民は自分が住んでいる街の中心部に何を望んでいるのだろうか。「自分が住んでいる中心部に望むこと」は何かといえば，「世論調査」によれば，全体では「人々が集まるコミュニティの中心としての役割」と「生活上のきめ細かいニーズへの対応」との2項目がそれぞれ3割強の支持率を得ている。この2項目の支持率は，都市規模別，性別，年齢別に

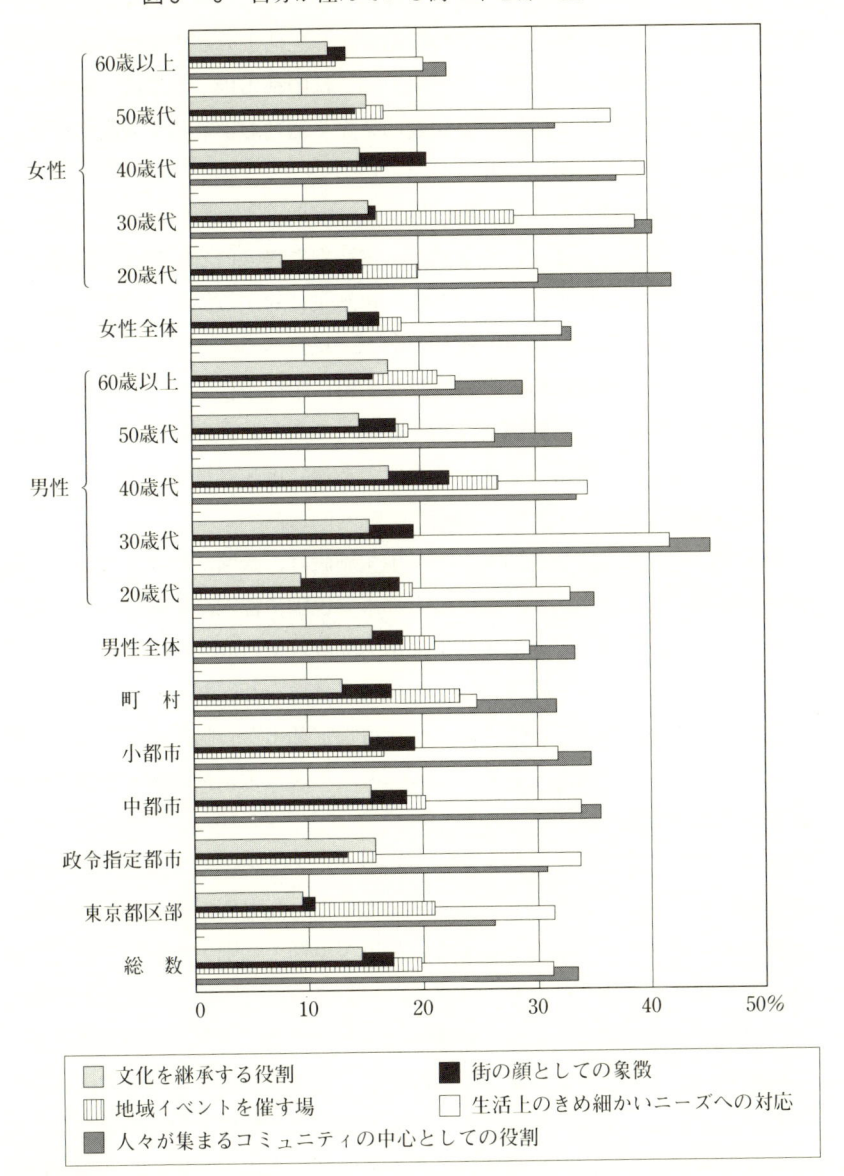

第5章　地方都市中心商店街の空洞化と再構築への課題

図5-8　自分が住んでいる街の中心部に望むこと

凡例：
- 文化を継承する役割
- 街の顔としての象徴
- 地域イベントを催す場
- 生活上のきめ細かいニーズへの対応
- 人々が集まるコミュニティの中心としての役割

資料：図5-1と同じ。

みて差はあれ，いずれも第1位あるいは第2位となっている。なお「人々が集まるコミュニティの中心としての役割」が「生活上のきめ細かいニーズへの対応」を上回っているのは，都市規模別では中都市以下の都市・町村においてであり，また性別年齢別では40歳代を除く男性および40～50歳代を除く女性においてである（図5－8）。

　住民ないしは消費者が「買い物に行く先にどのような施設があるとよい」と思っているのか。全体として2割台の支持率を得ている施設は，銀行や郵便局，市・区役所の出張所などである。各施設に対する都市規模別や性別，年齢別でニーズが高いのは次の通りである。銀行へのニーズが高いのは，東京都区部を除く全階層都市・町村に及び，特に中都市においてである。性別ではあまり差がなく，年齢別では20～40歳代で高い。郵便局へのニーズが相対的に高いのは，中都市・女性・50歳代である。市・区役所の出張所へのニーズは，政令指定都市・女性・30歳代で相対的に高い。

　全体でのニーズ支持率が10％以上を示す施設は，公園，レストラン・喫茶店等や病院・老人ホームなどである。都市規模別や性別，年齢別にみると次の通りである。公園へのニーズは中都市・30歳代で目立つが，年齢による差は小さい。レストラン・喫茶店等へのニーズは東京都区部・60歳以上では低く現れているが，ほかでは性別および政令指定都市から町村の別および年齢別での差が小さい。病院・老人ホームへのニーズは東京都区部・女性・60歳以上で相対的に高い。

　全体でのニーズ支持率が5～10％の施設は，スポーツセンターや映画館，美術館，クリーニング店，コミュニティホール，託児所，理容室・美容室，カルチャーセンター・塾などである。都市規模別・性別・年齢別で支持率が高く出たのは次の通りである。スポーツセンターには小都市・男性・20歳代の，映画館では小都市・女性・20歳代のニーズが高くでた。美術館は性別・年齢別ではあまり差がないが，都市規模別では東京都区部で相対的に高いニーズが出ている。クリーニング店には東京都区部・女性・20歳代の，コミュニティホールは中都市・40歳代の，託児所では中都市・女性・20～30歳代の，理容室・美容室では町村・女性・30歳代の，カルチャーセンター・塾では女性・30歳代のニーズがそれぞれ相対的に高くでている。

第5章　地方都市中心商店街の空洞化と再構築への課題

それでは「利用してみたい商店街」とは何なのであろうか。全体的には第一に「いろいろな店があり，一度に買い物ができ」，第二に「自転車置き場や駐車場が整備され」，第三に「歩いて気持ちがいい」商店街である。性別・年齢別にかかわらずほぼ支持順位は変わない。これらで性別年齢別で相対的に目立つのは，第一順位の「いろいろな店があり，一度に買い物ができる」は男性では30歳代が突出するが，女性では60歳代以上を除いてはいずれの年齢層でも6割弱という高い支持率を得ている。第二順位の「自転車置き場や駐車場が整備されている」は男性の30～50歳代で4割を超える。第三順位の「歩いて気持ちがいい」は20～30歳代の女性から相対的に高い支持を得ている。

第四順位以下では，「宅配サービスをしてくれる」は男女とも60歳以上で支持率が高い。「楽しいイベントをやっている」は30歳代の男女で，「スタンプやポイントカードをやっている」は女性の各年齢階層で，「地域の伝統的な祭りや文化活動をになっている」は男性の比較的高い年齢層で，「コミュニティセンターがある」は男性30歳代と女性40歳代で，相対的に高い支持率がある。

はっきりしていることは，中心部に対するニーズが性別・年齢別で多様なことである。しかし逆にこの多様なニーズを吸収できるのは，中心部において以外にはない。中心商店街は単なる商業集積にとどまってはならないが，商業集積のない中心部はきわめて味気ない中心部である。そのうえで歩いてうれしい環境をつくり上げていくことが重要なのである。

おわりに

大店法はすでに時代遅れになったとの国民的な認識のもとで，空洞化する中心市街地再生への政治的てこ入れが必要なことから，廃止答申が出され，これに代わる大店立地法が成立し，同床異夢の中で2000年4月に施行されることになった。

大店法と大店立地法との間での主な変更点は，第一に主目的が中小小売保護から地域環境保全・消費者利益の保護に変わったことである。ここで戦前から続いた「中小商業者保護」の流通政策は完全に終わったことになる。第二は対象店舗面積であり，500平方㍍超から1000平方㍍超に変わった。もちろ

147

んすでに現行法の中でも実質的に1000平方㍍まではほぼ無審査で認められているが，いずれにしても大型化に拍車がかかる。第三は審査内容であり，これまでは店舗面積や閉店時間，休業日数，開店日など申請店舗に直接関わる事項が対象とされてきたが，今後は直接的な事項はまったくなくなり，交通渋滞，ごみ処理，騒音などの地域環境への影響が対象となる。第四は審査期間であるが，これは最長1年とかわらない。第五は審査主体であり，これまでは国または県，政令指定都市であったのが，国がなくなり県または政令指定都市（市町村も参加）へとおりることになった。

　特徴は何かといえば，これまで以上に出店が容易となったことである。しかも審査対象区域は市街化区域であり，市街化調整区域は対象外とされている。それだけでなく，大型店が産業立地政策に組み込まれ，不況下で工場や研究所などの誘致が進んでいないもとでは，大型店が新たな誘致対象としてとらえられることである。都市計画法の改正で特別用途地区が設置することができる。85市・区に対する調査では，この特別用途地区に大型店を積極誘致しようと希望している都市は21市に及んでいる。出店規制を考えているのは64市・区であり，規制が強いのは関東や九州，近畿ブロックに多く，また人口規模では20万未満の都市や大都市周辺の住宅都市などで目立っている［市川・江口，1998］。

　いずれにしても地方都市における中心市街地は，改正大店法のもとでその主要な担い手である商業機能を失いつつある。中心市街地には他の機能もあるとはいえ，その主要な担い手を失うことは，単に経済的機能のみならず，「街の顔」や「賑わい」を欠落させることになる。重要なことは個店に魅力がなければならないことである。それには消費者ニーズに対応した業態の転換や，品質のよい商品やサービス等の品揃えを充実させることが何よりも重要である。消費者は「モノ」を買う際，その「モノ」に付随した「情報」ないしは「物語」にも大きな関心を寄せるのである［服部・杉村，1974］。多様な消費者ニーズに対応するための品揃えで中小規模の個店が大店舗に対抗するためには，やはり異業種・同業種を多様にとりまぜた商業集積を構築するしかない。

　主要な担い手としての商業集積を中心市街地に再構築するためには，商業

第5章　地方都市中心商店街の空洞化と再構築への課題

集積としての商店街に金融機能や通信機能，さらにはコミュニティ施設の整備充実などが，都市規模に応じたものとして必要とされる。賑わいとして表現される活力は，やはり商業集積に起因するものでなければならない［大石，1998］。商店街は盛衰別を問わず，新たな参入者が確実にあるのであり，参入しやすい条件をどのように整えるのか。その条件は公園や駐車場さらには公共交通機関といったハード面での都市環境整備にとどまらず，税制上の優遇措置あるいは補助制度などソフト面での支援体制の整備が必要とされよう。

今なによりも重要なことは，われわれがなぜ街の中心部を問題とするのかである。それは中心部が都市のもう一つの大きな本質としての「結節性」を担っているからである。「だれもが，自由に，平等に結節できる空間としての都心（中心商業地）や商業中心地は，その意味で，都市で最も重要な場所の一つとなる。それは都心が，都市の中の都市，都市の顔といわれるゆえんである。中心商業地や商業中心地は，その都市や地区文化・地域性の表現場所としての役割を担っているといえる」［戸所，1991，319ページ］ことが確認できるかどうかが中心部再生の鍵となるのである。中小小売業の集積としての商店街の再構築はまさに「地域の視点」からなされなければならない［石原，1997］。

注
1) 正式には「大規模小売店舗における小売業の事業活動の調整に関する法律」であり，1973年に制定され，78年・83年・91年に改正された。ここで「改正大店法」というのは91年に改正された大店法をいう。
2) 専門スーパーは，さらに衣料品・食料品・住関連スーパーの三つに細分されるが，売場面積が250平方㍍以上で，各細分品目取り扱いがそれぞれ70％以上のスーパーである。
3) 総合スーパーおよび百貨店は大店法の対象となる売場面積をもち，衣・食・住の商品群それぞれ10％以上70％未満を取り扱っている従業者50人以上の大店舗である。総合スーパーと百貨店とはセルフサービス方式をどの程度導入しているかにより区別するが，総合スーパーは売場面積の50％以上についてセルフサービス方式を採用している大店舗であり，百貨店はその比率が50％未満である。
4) 1997年の「商業統計表」から登場した業態名称であるが，これは内容的には94年までの「その他の商品小売業」を引き継いでおり，名称が変更された

だけである。
5） 1997年の「商業統計表」において大規模小売店舗（大型店）とは、「一つの建物内の店舗面積の合計が500平方㍍を超えるもの」であり、「大規模小売店舗における小売業の事業活動の調整に関する法律（大店法）」（1973年制定）の対象となる建物をいう。
6） 資料は総理府大臣官房広報室「小売店舗等に関する世論調査」1997年6月。調査対象は全国20歳以上の者3000人を層化二段階無作為抽出法で抽出し、調査は97年6月5日から6月15日にかけて調査員による面接聴取によって行われた。有効回答数は2138人、有効回答率は71.3％であった。
7） 人口10万人以上。
8） 人口10万人未満。
9） 「便利になった」と答えた者に、12項目の選択肢の中から複数回答を求めている。
10） 「不便になった」と答えた者から、7項目の選択肢から複数回答。
11） 消費者の商品選択に関する認識と小売業者の認識とのギャップも問題として指摘される。5年前と比較して、特に「品質」「安全性」「環境配慮」という点では小売業の認識以上に消費者は重視するようになっており、一方で「低価格」や「新製品」「ブランド」等については小売業の認識ほどには重視していない［中小企業庁，1997，244〜245ページ］。
12） 1997年の「商業統計表――立地環境別特性別統計――」は未公表段階であり、94年までの数字に依存せざるをえない。
13） ここで取りあげるデータは、1998年度福島大学経済学部の地域経済論受講生によって7〜8月に実施された調査結果を集計したものである。調査にあたっては千葉昭彦助教授（東北学院大学経済学部）の全面的な協力を得た。調査方法は面接聞き取り調査であり、回答者は商店街の幹部（会長・事務局長など）である。その地理的分布は、東北地方を中心として北海道から熊本・大分県にまで及んでいる。都道府県別で最も多いのは福島県（41.9％）であり、これに宮城県（13.6％）や岩手県（10.6％）、青森県（5.6％）、山形県（5.6％）などが続いている。なお調査対象の選定は、受講生によって任意に行われているので、分析にあたってはこのことに注意しなければならない。
14） ここでは調査対象の選定方法との関係で「繁栄」「停滞」「衰退」の比率は問わないこととするが、『中小企業白書』（平成10年版）によれば、「繁栄」3.8％、「停滞」41.8％、「衰退」54.4％となっている。
15） 商店街類型では、「第一種大型店を含む商店街」には「第一種大型店」が必ず含まれている。他の型の小売店舗が含まれるか否かは問わない。「第二種大型店を含む商店街」には第一種大型店は含まれず、第二種大型店が必ず含まれ、コンビニと中規模小売店が含まれるか否かは問わない。「中規模小

売店を含む商店街」には第一種大型店と第二種大型店とは含まれず，中規模小売店舗が含まれ，コンビニは含まれるか否かを問わない。「コンビニを含む商店街」には第一種・第二種大型店と中規模小売店とを含まず，コンビニを含む。「個店のみによる商店街」には第一種・第二種大型店・中規模小売店・コンビニのいずれをも含まない。
16)　店舗の入れ替わりは，最も通行量の多い核心部に著しくみられ，歩行者通行量の多い地区ほど激しい立地競争が行われている［五十嵐，1996］。

参考文献

荒木俊之「京都市におけるコンビニエンスストアの立地展開」『人文地理』第46巻第2号，1994年．
五十嵐篤「富山市における中心商店街の構造変化——経営者意識との関連性を含めて——」『人文地理』第48巻第5号，1996年．
池沢裕和・日野正輝「福島県における企業の支店配置について」『地理学評論』第65A巻第7号，1992年．
石原武政「コミュニティ型小売業の行方」『経済地理学年報』第43巻第1号，1997年．
市川嘉一・江口賢一「ポスト大店法時代の地域商業（下）」『日経地域情報』第297号，1998年．
大石一「点検・まちづくり」『日経地域情報』第306号，1998年．
後藤寛「日本における都心地域の空間形状の特性と動向」『地理学評論』第70A巻第10号，1997年．
島裕・岩切賢司・嶺井忍「中心市街地の活性化に向けて——まちづくりへの持続的な取り組み——」『地域レポート』（日本開発銀行）第15巻，1998年．
忰田昭太郎「群馬県における都市再開発の動き」，高崎経済大学附属産業研究所編『群馬からみた都市型産業と中小企業のニューパラダイム』日本経済評論社，1990年．
玉置雄次郎「地方都市における商業の動向——四国4県の県庁所在地都市の小売業——」，中島信・橋本了一編『転換期の地域づくり』ナカニシヤ出版，1999年．
千葉昭彦「仙台都市圏における商店街とまちづくりの地域的特性」『東北学院大学東北産業経済研究所紀要』第16号，1997年．
―――「特定商業集積整備法とまちづくりの地域性——東北地方の事例の検討——」『東北学院大学東北産業経済研究所紀要』第17号，1998年．
―――「郊外大型店の成立とまちづくり——鶴岡市・白河市を検討事例として——」『東北学院大学東北産業経済研究所紀要』第18号，1999年．
中小企業庁編『中小企業白書』（平成9年版）1997年．
戸所隆『商業近代化と都市』古今書院，1991年．

永家一孝「秋田・高崎・高松の3都市消費者調査」『日経地域情報』第297号，1998年。

箸本健二「首都圏におけるコンビニエンスストアの店舗類型化とその空間的展開――POS データによる売上分析を通じて――」『地理学評論』第71A巻第4号，1998年。

服部銈二郎・杉村暢二『商店街と商業地域』古今書院，1974年。

松村公明「郡山市中心部における都心機能の分布と集積過程」『地理学評論』第65A巻第12号，1992年。

森川洋「わが国の地域的都市システム」『人文地理』第42巻第2号，1990年。

────「わが国における都市化の現状と都市システムの構造変化」『地理学評論』第64A巻第8号，1991年。

山川充夫「大型店の出店攻勢と地方中核都市近郊商店街の対応――改正大店法下での福島県内4町を事例として――」『商学論集』（福島大学）第65巻第4号，1997年。

山田順一郎「規制緩和と小売商業の構造変革」，井口富雄編著『規制緩和と地域経済――京都市と周辺地域の動向――』税務経理協会，1996年。

米山希容子「北海道東北地域の都市の構造」『ほくとう』（北海道東北開発公庫）第46巻，1997年。

第6章　ビッグバンと福島の金融

漆崎　健治

1　ビッグバンの必要性とその影響

　日本版ビッグバン（金融大改革）の目的は，競争原理の導入により効率化を推進して金融システムを改革し，経済全体の発展に貢献することである。経済活動のインフラである金融が，その基本的機能である金融仲介機能や決済機能を十二分に発揮することが求められる。護送船団方式の下で日本の金融制度は，米英を中心とする1980年代以降の世界的な改革の流れから取り残された。市場の自由化や新商品・サービスの開発競争に遅れた日本の金融市場・金融機関は国際競争で劣勢となり，空洞化懸念が募った。ビッグバンは2001年4月を目標に金融改革を全面的かつ一挙に推し進め，欧米にキャッチアップしようとするものである。

　ただし，単に自由化を進めるだけでは欧米に追いつけない。自由化が進んだ欧米市場では，近年，二つの動きが急進展している。第一に，世界的な資本移動が活発化するもとで各国の金融市場の競争が激化し，結果的に金融取引・手法ならびに金融機関経営のグローバルスタンダード化が急進展している。第二に，情報通信革命のもとで，金融革命ともいうべき新しい動きが急進展し，金融市場構造や金融機関経営が大きく変貌しつつある。デリバティブの発達や電子決済導入の動きはその一例である。金融市場と金融機関経営のグローバルスタンダード化を成し遂げ，金融革命に追いついて初めて日本は欧米に肩を並べることができる。

　金融システムは，貯蓄資金の効率的配分および決済という二つの重要な機能を果たしているわけであるが，重要なのは，いずれの場合にも銀行は信用供与を行なっていることになり，そこには必ずリスク負担という行為が伴っ

ている点である。このことから，リスク負担こそ金融業の本質と考えることができる。金融システムにおいて本来損失の発生は不可避である。しかし，金融システムは強い公共的使命を帯びているため，その安定性をいかに確保するかが従来から最優先課題だった。こうした課題に対して，従来は当局がさまざまな規制をかけることにより，リスクの顕現化自体を事前的に抑制するという方法で，安定性を確保するアプローチがとられてきた。少なくとも1980年代前半までは，金融システムの抱えるリスクは，こうしたアプローチで制御可能な範疇に収まっていた。しかしながら，近年の金融環境の変化によってすべてが一変した。金融自由化，グローバル化，金融技術革新等のめざましい進展によって，従来ありえなかった新しい取引などが続々と誕生してきた。それにつれて金融システムの包含するリスクも量的に増大したほか，内容的にも多様化，複雑化するに至った。

　重要な点は，これらのリスクが旧来の規制ではカバーしきれないということである。換言すれば，このような金融環境の下では，もはや当局の規制によってリスクの顕現化を事前に抑制することは非常に困難である。近年，欧米の国々やわが国が経験した金融システムの動揺は，このような情勢変化の一つの帰結とみることもできる。金融システムのマクロ的な設計としては，ある程度のリスクの顕在化を前提としたうえで，その損失をうまく吸収できるようなシステムの構築が求められている。日本版ビッグバンでは，増大しかつ多様化する種々のリスクを首尾よく管理するために，従来のように単に安定性の確保を目指すのみならず，効率性と安定性の両立を図る視点が必要となる。もしこの両者がトレードオフの関係にある場合には，その最適バランスの達成を図る必要がある。そしてリスク管理上，市場参加者の自己責任原則の徹底や市場規律の十分な活用を図ることが望ましい。さらに効率化を促すために，業務分野規制の見直しを柱とした金融自由化をさらに進めると同時に，安定性の確保のために決済システムと運営上のシステミックリスク対策を推進すること，当局による検査監督機能を向上させることが求められる。また，効率性と安定性とを同時に追求する方策として，バランスシート規制の強化や，経営内容に関する情報開示の徹底，時価会計の広範な導入等が求められる。

第6章　ビッグバンと福島の金融

　最近わが国の金融機関の資金運用形態は大きく変わりつつあり，直接貸出・金融債などのウエートが大幅に低下し，代わって証券形態による運用が趨勢的に増加している。統計的には，国内金融機関の証券運用依存度は，ここ数年50％前後に達している。証券市場は，すでにわが国の金融システムにおいて間接金融に比肩しうる存在に成長している。このことはわが国の金融システムの将来像を考えるうえで，金融機関経営の強化と並んで，あるいはそれ以上に証券市場の機能強化を考えなければならないことを意味している。このような証券化（セキュリタイゼーション）という形での構造変化の主因は，高齢化やストック経済化の進行によって家計サイドにおける資金運用ニーズが高まり，機関投資家がハイリターンを求める証券投資志向を強めている点にある。同時に調達サイドで進行する狭義のセキュリタイゼーション，すなわちコマーシャルペーパーや貸出債権の流動化といった新型金融商品の増加の影響を指摘することができるだろう。

　証券市場の取引を通じた資金仲介の比重が高まることは，国民経済的視点に立つと，資金配分機能が次第に証券市場にゆだねられていくことを意味する。しかし，それには，証券市場における価格形成が公正に行われ，市場参加者のみならず全国民が証券市場を国民的な公共財として信認するようになることが必要である。証券市場がこのような諸機能を発揮し国民の信認を得るには，サブシステムとしての個別証券市場が他市場との競争を通じ効率性を高め，より多くの市場参加者を獲得し，自らの価格形成機能を強化していく革新が不可欠である。取引所集中原則や固定手数料制のような（日本版ビッグバンで証券市場間の競争・革新を阻害するような）規制の撤廃がうたわれているのはこのためである。同時に証券行政も証券市場における価格形成への介入は可能な限り避け，市場における公正取引の確保を志向する必要がある。それには，単に公正取引の確保を保全する存在にとどまるだけでは不十分で，証券市場のインフラストラクチャーとしての会計制度，税制，法制などについても，市場取引を促し，金融仲介者の新商品開発などの革新的行動を促進する方向に改革していく必要がある。

　わが国の金融機関は外貨資金を調達するさいに，1995年以降ジャパン・プレミアムという上乗せ金利を課せられている。これは，わが国の金融機関の

経営内容・財務状況に関する不透明性に対する欧米の不信がリスクプレミアムの形で顕現化しているとみることができる。この結果，日本の金融機関の資金調達コストが増大し，経営を直撃している。このような状況から，大手金融機関をはじめとして，不良債権の情報開示拡充に踏み切る動きが出始めたものの，不良債権開示額の範囲はグローバルスタンダードと比べれば，かなり狭い。たとえば，延滞債権の定義は，わが国では6カ月以上延滞であるのに対し，米国証券委員会（SEC）基準では3カ月以上延滞となっている。グローバルスタンダードから乖離しているのは，不良債権額などのネガティブ情報だけではない。不良債権処理・方針についても，海外の金融機関は年次報告書に遂一記載し，投資家の理解を得ようと努力している。このように情報開示自体，もはや横並びではなく，個々の金融機関の自発的なものへと変化しはじめている。このように，金融機関は今後，株主や投資家に向けて現在と将来の経営を説明していく姿勢が必要である。こうした個別金融機関の情報開示の拡充によって初めて市場規律が適切に働く市場が形成されるようになるだろう。

2　日本の金融危機とビッグバン

　1997年後半からのわが国経済の状況は，おそらく終戦直後の混乱期を除くと，オイルショック時をも上回る最大の危機にあるといえよう。99年度の実質経済成長率は98年度に引き続きマイナスになるものと見込まれる。そのうえ，実体経済を背後から支える金融システムが崩壊寸前に追い込まれているのである。人体にたとえれば，金融は血液の流れのようなものである。わが国の金融システムは，麻痺を起こす一歩手前の状態にある。このような状態で金融ビッグバンを本格的に進められるだろうかという不安をだれもが抱いている。
　銀行システムについて預金者が銀行経営に不安をもつと，預金の引き出しが発生する。これが大きな額になると，不安心理によって健全銀行やシステム全体までが危機に陥る可能性がある。不安心理が取引を萎縮させているのは預金市場に限らない。大口のプロの資金市場でも資金供給者の行動に変化

が生じている。具体的には1997年に，三洋証券の事実上の倒産に際し，無担保コール市場でのデフォルトが戦後初めて発生した。この結果，コール市場の取引条件は経営不安がうわさされる銀行を中心に急速に悪化し，北海道拓殖銀行の破綻の一因ともなった。当時，市場平均を大幅に上回るレートでないと資金を市場から調達できない銀行が多数あるといわれていた。銀行が調達に窮しているなかで，銀行貸出にも明らかな影響が発生している。すなわち金融機関の貸出態度，とりわけ中小企業向けの貸出態度は悪化が著しい。明らかに金融機関の資金仲介行動に問題が発生している。銀行は借手の健全性について不安になっており，預金の取り付けと同じように資金の回収競争に走っている。換言すると，ここでも市場メカニズムが円滑に機能していない。このことは，放置すれば多数の借手企業の倒産や設備投資の低迷につながることを意味する。

　ただし，ここで留意すべきことは，銀行の貸し渋り発生の理由がほかにも存在するということである。典型的な自己資本比率規制である国際決済銀行(BIS)規制は，1992年以降，国際的な業務を行う銀行について，狭義の自己資本(TIER I)，貸倒引当金，株式の含み益の45%，劣後債・ローンなど(TIER II)の和である自己資金を，リスク度合いで加重平均した銀行保有資産の8%以上に保つべしという規制として導入された。さらにわが国では1998年度決算からいわゆる早期是正措置が米国に追随して導入された。各銀行は貸出資産の健全性の査定を厳格に実施し，不良債権は速やかに償却する。そのうえで決まる自己資本比率が一定の水準を下回る銀行には業務改善努力が強制される。また，債務超過に転じた銀行には当局による解散命令が発動される。ところが，このような金融システムの安定性を高めるための両措置とも，大量の不良債権の存在，株価の下落の下で，むしろクレジットクランチの一因となっている。自己資本不足のため，貸出を削って比率を上げようとせざるをえないからである。1989年度には，リスク資産の4%近くを占めた有価証券含み益で，8%の達成は何とかなるようにみえた。ところが，その後の株価の大幅下落，および不良債権償却のための益出しによって含み益はほぼ消滅してしまった。株価が下落するたびに，BIS基準達成が危ぶまれ，わが国の金融システムは危機にひんしてきたのである。

自己資本比率規制と金融機関倒産に端を発した金融市場での自己実現的な不安心理に基づく市場の失敗が，金融機関の資金仲介機能を麻痺させている。留意すべきことは，このような市場メカニズムの失敗がみられるなかでも，それを基本的には生かしつつ，その欠点を是正するような対策が望ましいという点である。そうでなければ金融ビッグバンを進めることなど到底できない。マクロ的なショックが原因で多数の銀行が苦しんでいる場合には，自己資本比率規制を一時的に弱めることも正当化される。具体的には一時的な到達目標の引き下げか，補助金が考えられる。国内基準行への 4 ％という目標の弾力的適用，BIS 基準行についての公的資金での優先株・劣後債購入はこうした根拠をもつ政策である。ただし，このような政策も個別行の経営努力を促すような仕組みと併用すべきである。たとえば普通株主への配当抑制とか行員についてのリストラ・賃金引き下げの強化といった懲罰的条件を課す一方，経営が好転して優先株を買い取り償却した銀行には罰を解除したり自社株償却の弾力化を認めたりするという手法を用いるのである。いうまでもないが，債務超過行の整理は不可欠である。上述のように，金融市場は不安心理などを背景に理不尽な猛威をふるうこともある。それをなだめる仕組みや対応も必要である。しかし，その中にも，経済主体のインセンティブに働きかけるという要素もまた不可欠なのである。

　今回の金融危機とそれへの対応策によって金融ビッグバンは不可能になってしまったのだろうか。必ずしもそうとはいえないのではないか。上述したように，短期的な対応策が中長期の市場メカニズムの作用と矛盾しない構成になっていることを条件として，むしろ金融ビッグバンなどの準備はかなり進みつつあるという見方も可能であろう。そもそも価格メカニズムの浸透に対する最大の障害の一つは，いわゆる護送船団行政であるが，これが今回崩れつつある。不可欠である債務超過行等の倒産・整理の障害となっていた預金保険機構の資金不足も解消され，金融市場から秩序だった退出の仕組みが整いつつあるといえよう。金融機関はいや応なしに自己責任原則を意識しつつある。不安心理によって借手の払う金利が極端な上昇をみせるのは市場の失敗だが，しばらく前までのわが国市場のように，金利が借手のリスクを反映しないのではリスクに関する金融商品は発達しにくい。今後は，リスクプ

レミアムは落ち着きつつもゼロにはならず，その適正水準の追求が重要な金融活動となっていくだろう。このような状況の下で金融機関の調達金利もそのリスクやバランスシートの状態を反映したものになっていく。当然，金融機関はリスクの割に収益性の低い資産の保有を敬遠するようになる。その典型が政策投資目的の株式保有である。したがって，当面株式市場では持ち合い解消による売り圧力が続くことが予想される。財務リスクを抱える持ち合い株の放出は，金融機関を含めてわが国企業を敵対的買収などのリスクにさらすことになる。その場合，企業は，従業員や経営者のものではなくなる。これが平均的日本人を幸せにするかどうかはわからないが，グローバル化の下，後戻りはできない。このように，短期的な困難の中には，日本の金融・経済機構が世界標準に近づくための産みの苦しみといった性格のものも多い。金融システムの動揺が実体経済の足を引っ張るという構図を修正しつつ，金融システムの本格的な立ち直りをもった後には，金融ビッグバンの成果として現在予想されている以上に強い金融システムが出現している可能性がある。

3　ビッグバンと中小企業金融

　上述のごとく，貸し渋りが生じるのは，日本版ビッグバンを進め，自己資本比率規制および早期是正措置を課された金融機関，とくに大手銀行が資産収益率を重視して低効率の貸出の抑制・回収に走らざるをえないからである。そのことは，直接金融の手段をもたない中小企業に大きな打撃を与えかねない。このように，結果としてビッグバンは主として大手銀行による融資先の選別を強め，収益率の低い中小企業の経営を圧迫することにつながる。規制緩和政策も，新しい市場を創出する一方，競争を強めて低効率の企業を淘汰する。このような中小企業金融の間隙を埋める役割を担っているのが中小規模の地域金融機関（地方銀行，第二地方銀行，信用金庫，信用組合および農林・漁業協同組合等の系統金融機関）である。換言すると，今こそこれらの金融機関が地元の中小企業をガッチリ握るチャンスなのである。このことは，ここ10年間ぐらいにおけるわが国の大手銀行の中小企業融資への急進出の傾向を考慮に入れると，なおさら強くいえよう。すなわち，大企業における自

己資金ないし手許資金が絶対的な不足から過剰に転化するにつれて，都市銀行・信託銀行・長期信用銀行等の大手銀行の貸出行動は大きく変化せざるをえなくなった。大企業への貸出が相対的に減少し，逆に大企業からの預金が増加したのである。大企業の手許資金をCD・MMC等で集め，それに0.5％前後の利子を上乗せし，中小企業に貸付を行うという形で，大手銀行が中小企業専門金融機関や政府系金融機関の貸付領域へ浸透するようになった。その結果としていわばしわ寄せという形で，中小規模の地域金融機関の中小企業への貸付の比重の低下がみられたわけである。

4 ビッグバンと地域・福島県の金融

　地域金融機関の中にはバブル時代，地元企業の海外進出にあわせて国際業務を展開した銀行が多いが，バブル崩壊とともに国際業務の収益性の低さが顕在化し，国内業務に専念する銀行も多い。1998年4月からの早期是正措置により要求されている自己資本比率も国内業務だけの場合は基準が4％と低いため，今後も地元回帰の動きは加速するものと思われる。

　ビッグバンの地域金融機関への影響は，競争環境により異なってくる。大都市周辺では，都市銀行，証券会社，外資系金融機関が多様なサービスにより個人や中小企業を囲い込もうとして，競争が一層激化するとみられ，早急な対応策が必要になってくる。一方，地方では営業基盤や顧客基盤がほぼ固定し業態ごとにすみ分けているため，従来は競争意識が薄かった。ビッグバン直後の競争の激化は考えにくいが，富裕層などの大口預金が投資信託などに流れそうなほか，小口資金についても，都市銀行や証券，外資系によるダイレクトメールやテレホンバンキングの展開，あるいは郵便貯金との提携にともない，顧客基盤が脅かされることは必至である。

　地方銀行としては都市銀行や外資系金融機関との提携も視野に入れた商品・サービスの品ぞろえの充実とともに，高収益をもたらす顧客を固定化する努力が必要になろう。地方銀行の中にはシステム部門の共同化によってコスト削減とともに商品開発力の強化を図る動きもみられるが，さらに進んで地方銀行，第二地方銀行が持ち株会社の傘下に合同し，日本版スーパーリー

第6章 ビッグバンと福島の金融

ジョナルバンクに向けた動きが始まることも十分に考えられる。郵貯肥大化に対する反対姿勢も地銀内で足並みがそろわなくなり，郵貯との共生を模索する銀行も現れている。ここでこの銀行・郵貯急接近の現状についてやや詳しくみてみることにしよう。

すなわち，日本版ビッグバンを機に，これまでいわば敵対関係にあった郵便貯金と民間金融機関が急速に提携関係に入ろうとしている。行政改革で存続を狙う郵貯が民間への働きかけを強める一方，外資の攻勢で危機感を募らせた銀行界も，なだれを打って協力関係を模索し始めた。郵貯の肥大化反対で一枚岩を誇った民間側の実質的な方針転換で，郵貯と銀行界は共存共栄という第三の道を探り始めた。このように，金融界が郵貯の肥大化を一貫して批判し続けてきた姿勢を一転して変え，提携へとかじを切り始めたのは，ビッグバンを背景にこのままでは外資系金融機関などに顧客を奪われるという危機感があるからである。「顧客利便性の追求」という名目で郵貯提携に名乗りを上げた金融機関は第二地方銀行などの地域金融機関を中心に57行にのぼる。1997年3月末で郵貯は全国で約2万4000台のATM（現金自動預け払い機）とCD（現金自動支払機）を保有しているわけであるが，このような提携関係を結ぶことによって，地方の銀行顧客は店舗のある都市まで行かずとも，地元の郵便局で引き出すことができる。

地方銀行は県内に強力な営業網をもち，これまでは生き残りという言葉とは無縁だった。しかし都市銀行や外銀が地方の富裕層などにも食指を動かし始めたことで，収益基盤が切り崩されるとの危機感が高まった。郵貯と組めば，県内の隅々にまで拠点網を広げることができる。新たな顧客を獲得できる絶好の機会と考えたわけである。郵貯提携に踏み切る地域金融機関側のもう一つの狙いは，個別金融機関では限界がある信用力の補完であると解釈できる。郵貯の格付けは日本政府のトリプルAに準ずる信用力をもつとされる。顧客流出や狭い営業網に悩む地域金融機関にとっては，将来郵貯との関係を金融商品の販売提携などに発展させれば，顧客数も広がる可能性がある。金融の自由化ないしビッグバンの過程で「国営銀行」にすがる民間金融機関の姿は，独自戦を描けない苦悩を象徴している。

他方，信用金庫，信用組合，労働金庫，農協などの協同組織金融機関は，

ビッグバンの流れにどのように対応してきたのであろうか。これらの金融機関はもともと会員や組合員の相互扶助を基本理念とした非営利法人であり，中小・零細企業の育成・発展に貢献してきた。非営利法人であるため，業務範囲も制限されていたが，近年顧客のニーズにこたえるために漸次業務範囲が拡充され，実態的には普通銀行との同質化が進んできている。地域金融機関としての協同組織金融機関は，規模が小さく，従来きめ細かなサービスを提供してきたが，ビッグバン後はさらに多様化する顧客ニーズにどうこたえ，地方銀行などの攻勢にどう対抗していくかが課題となる。とくに最近注目すべきことは，協同組織金融機関どうしの合併による再編が進み，規模拡大とリストラにより生き残りをかけたり，地銀などに対抗したりする動きが顕著なことである。

とくに，総額約70兆円の貯金を預かる農協系統の金融機関が正念場に立たされている。農協系統は日本版ビッグバンをにらんだ改革の柱に組織の整理・統合を掲げているが，不良債権の増加や収益低迷，系統内の危機感の低さが実現の障害となっている。とくに留意すべき点は，農協系統金融機関の財務体質と収益環境が不良債権の増加によって確実に悪化していることである。まず第一に，系統金融の都道府県組織である信連（県信連＝福島県信用農業協同組合連合会）のおかれた状況についてみてみると，信連全体の1998年3月期決算は経常利益が前の期に比べて37％減少した。経営が破綻した企業に対する債権額が3.7倍に急増し，不良債権の償却負担が膨らんだためである。この利益減少を受け，農協への利益還元の柱である奨励金は，1997年3月期の2587億円に比べて147億円削減した。県信連は系統金融の最大の弱点であるといわれている。農協の余裕資金を預かっているが，融資先の開拓能力が弱く，農協貯金の6割はそのまま農林中央金庫（農中）に貯金している。しかも，総額6兆8000億円の貸出残高のうち，4.5％に当たる約3000億円が不良債権と化している。とくに福島県の信連の不良債権比率は10％台に達している。このように農協への還元機能が低下し，系統金融の「お荷物」となった県信連は，整理統合が避けられない。系統内の基本方針は，県信連を農中に統合し，県信連の金融機能をできるだけ農中に集約することであるが，県信連と農中の統合は，県信連が抱える不良債権の処理にメドをつけることが

前提である。同時に県信連の不良債権は，県内で処理することを条件にしている。しかし，処理の原資確保では県内農協にもしわ寄せが及ぶので，統合の急速な進展は困難な状況にある。

　第二に，県内の単位農協のおかれた状況はどうかというと，金融のビッグバンの荒波は，農協にも待ったなしの変革を迫っている。これまで表に出なかった経営破綻が県内でも噴き出している。金融機関としての営業を（1998年4月から農協に適用される早期是正措置に基づき県知事から）止められまいと，合併などによる延命に四苦八苦であるが，過保護に慣れた身にはままならない。たとえば，県内の双葉町農協は，1999年3月までに隣の浪江農協と合併することが決まっている。組合員3800人の浪江農協を，1300人の双葉町農協がのみ込むことになる。浪江農協の債務超過は，畜産事業の失敗などで約42億7000万円であり，農家へ貸した牛のえさ代の焦げつきが大半である。県農協中央会の支援や福島県の無利子融資のほか，浪江農協自身も農家の不動産競売や歴代役員の弁済などで穴埋めする計画になっている。このように破綻処理の枠組みは決まったが，現実に合併にこぎつけるまでには，いくつものハードルが待ち受けている。このように債務超過農協は健全な農協との合併に生き残りをかけようとするが，地元の合意が取れないケースもみられる。

おわりに

　地域金融機関は地域産業の育成という役割を負ってきた。経済活性化策の一つとして新規産業の育成が指摘されており，地域金融機関はさまざまな手法で産業育成を試みているが，有担保主義から脱却できず十分な成果は上がっていない。

　そのうえ，金融における規制緩和ないしビッグバン，さらには自己資本比率規制により地域の金融機関自らが経営の体質改善と安定を図らねばならなくなったので，経営内容のよくない中小零細企業は金融面から淘汰されていくという面のあることも否定できない。中小規模の地域金融機関が地域の産業・中小企業を育成し発展させて，自らも成長しようとする姿勢をとるか，

あるいは不良債権処理に必死になって経営内容のよくない中小企業を切り捨てることによって金融機関の経営安定を図る姿勢をとるかによって，地域経済の発展が大きく左右されるであろう。今日のような深刻な不況下におけるビッグバンはこの後者の姿勢のウエートを一時的にであれ高めるという点で，問題を地域経済に投げかけている。

参考文献

植田和男「金融危機の構造を考える」『やさしい経済学』日本経済新聞社，1998年。
貝塚啓明・植田和男編『変革期の金融システム』東京大学出版会，1994年。
菊池英博『銀行ビッグバン』東洋経済新報社，1997年。
金融制度調査会「我が国金融システムの改革について」(答申)。
下平尾勲『現代地域論――地域振興の視点から――』八朔社，1998年。

第7章 情報化と福島の産業

新家　健精

1　情報化へのインセンティブがいまひとつの福島県

(1)福島県の特性と情報化への取り組み

　福島県はすでに述べてきたように，東北地方の南の玄関口に位置していて，首都圏にも近く，首都圏との経済交流も活発である。県土も広大で総面積1万3782平方キロメートルであり，可住地面積とともに全国第3位である。また県土の約7割は森林であって，多くの温泉や景勝地を有している。このことから県は自然との共生をうたった「うつくしま，ふくしま」をスローガンにかかげている。県人口は約213万人であるが，65歳以上の高齢者の割合も年々上昇していて20％に達しようとしており，本格的な高齢化社会の到来に向けた医療・福祉サービスの充実も課題となっている。

　一方，東北新幹線や東北・磐越自動車道など高速交通体系の整備も進捗していて，県内への企業進出も進んでいる。ここにきて不況のため若干その速度は緩くなったものの，福島県への特定工場新設数は，1987年以降常に全国でもトップクラスで，福島県ハイテクプラザ等の研究・技術開発支援体制も充実してきている。今後は高付加価値産業の集積を図っていくことが求められている。また福島県はいわゆる多極分散型の県土構造であって，従来の南北軸と東西軸を主体とした発展方向に加えて県北，県中，県南，会津，南会津，相双，いわきの7地区を生活圏とした地域整備を基本としており，以下の分析でもしばしばこの地域区分が使用されている。

　福島県の情報化については，情報化の進展に適切に対応した行政施策を総合的に推進するための基本指針として，1989年3月に「福島県高度情報化推

進基本計画」を策定，さらにその後におけるコンピュータの高性能・低価格化，ダウンサイジングなどの変化や，1993年4月のコンピュータ理工学部を中心とした会津大学の開学，郵政省による光ファイバー網の全国展開といった情勢変化を受けて，基本目標である「21世紀のふくしま新時代をひらく情報ネットワークの形成」の実現を図るため，計画期間の中間年に当たる平成6（1994）年度に基本計画の見直しを行なっている。

こうした施策面における取り組みにもかかわらず，福島県の情報化については，以上述べてきたような県の特性を最大限に生かす方向ではたして進捗しているかどうかが問題となっている。全国的にみると，いわゆる大都市では第三次産業構造へのシフト力が働き市場原理も作用して，政策面においても実際のインフラ整備の面においても，急速な情報化への取り組みがみられる。しかしながら，産業構造面に立ち後れがみられる福島県を含めた東北地方は，他地域以上に情報交流を基盤とする市民コミュニティ社会の建設への強固な意識に基づいたボトムアップ型のソフト情報化政策の展開がほしいところである。

(2) 立ち後れがみられる地域情報化

ここで地域情報化の現況についてみていくことにしよう。なお，以下で参照するデータはすべて，東北情報通信懇談会による「東北データブック」(http://www.comminet.or.jp) からの収録である。

まず東北地域における情報化をみると，全国レベルと比較して全般的に遅れており，福島県も例外ではない。地域情報化の進展度について郵政省が平成8（1996）年度に作成した地域情報化指標でも，福島県の地域情報化の進展度は47都道府県中39位，東北6県中5番目である。地域情報化の比較に用いた指標はパソコン普及率，携帯・PHS普及率，人口当たりのインターネットAP数，INS64加入率，世帯当たりの都市型CATV局数の6指標であって，これらの指標からみた情報化の概況は次のとおりである（図7−1，表7−1参照）。

▶民間による情報通信インフラ・サービスの整備状況および地域情報システムの整備状況は指標として全国を100としたとき83である。

第7章 情報化と福島の産業

図7－1 地域情報化指標

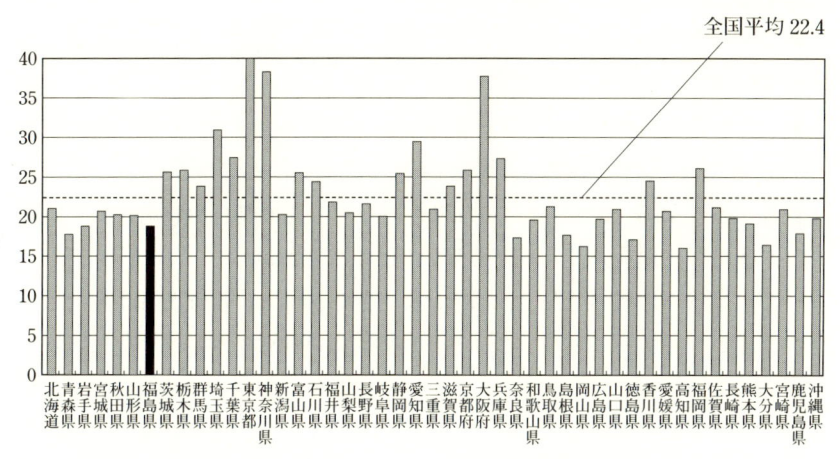

資料：東北電気通信監理局監修「データでみる東北の情報通信」1999年。

表7－1 都道府県間の情報格差

	福島県	東北6県	東京都	全国平均
地域情報化指標（利用環境指標） （1996年度）	15.8 (83)	16.2 (85)	33.7 (177)	19.0 (100)
地域情報化指標（開発整備指標） （1996年度）	2.9 (85)	3.2 (94)	6.2 (182)	3.4 (100)
パソコン普及率 （1994年度）	12.6 (76)	12.7 (77)	19.2 (116)	16.6 (100)
携帯・PHS加入率 （1997年3月末現在）	14 (64)	14 (64)	―	22 (100)
インターネットAP数（ダイヤルアップ） （人口10万人当たり） （1997年10月1日現在）	3.7 (106)	3.7 (106)	3.3 (94)	3.5 (100)
INS 64 加入率 （1996年3月末現在）	1.0 (91)	1.0 (91)	2.1 (191)	1.1 (100)
都市型CATV局数（20万世帯当たり） （1997年4月11日現在）	0 (0)	0.6 (60)	1.4 (140)	1.0 (100)
人口　　　　1995年10月1日現在	2,134 千人	9,836	11,774	125,570
世帯数　　　1995年10月1日現在	654 千世帯	3,102	4,998	44,108

資料：図7－1と同じ。

167

▶パソコン普及率は全国平均16.6%に対して12.6%であって，指標としては全国100に対して76である。
▶携帯・PHS 加入率は全国の22%に対して14%，指標は64と36％も低くなっている。
▶人口10万人当たりのインターネットのダイヤルアップ AP 数は全国平均3.5に対して3.7で，指標としては106と６％高くなっている。
▶都市型 CATV は他県では20万世帯当たり１局の割合で整備されているが，福島県は現在のところ都市型 CATV 施設はない。

一方，県内の地域間比較では郡部は都市部の50%と，郡部と都市部では２倍の格差が存在することが示される。具体的には郵政省が1996年度に実施した民間による情報通信インフラ・サービスの整備状況を示す地域情報化の利用環境指標が都市部の24.5に対して郡部は14.9であり，地域情報システムの整備状況としての開発整備指標が都市部の5.8に対して郡部は2.7となっていることから示される。県内の地域間の情報格差について，いま述べた利用環境指標，開発整備指標，インターネット AP 数（ダイヤルアップ，人口10万人当たり），インターネット AP 数（ダイヤルアップ）の４指標の結果から次が示されている。

▶いわき地域はいわき市のみであり，郡部を含まないため，地域情報化指標において他地域よりもポイントがきわめて高くなっている。
▶民間による県内での情報通信インフラ・サービスが最も遅れているのは南会津地域である（利用環境指標）。
▶地域情報システムの整備はいわき市と県中地域が先行しており，相双と南会津地域で遅れている（開発整備指標）。
▶インターネットのダイヤルアップ AP 数を人口当たりでみると，県北・県中地域では比較的整備されているが，相双地域での整備が遅れている。なお，県北と相双地域間の格差は3.5倍となっている。

こうした地域情報化における課題としては，市町村の将来に向けての情報化ビジョンの欠如，アプリケーションの整備や運用にかかるコスト・人材確保が困難であることが挙げられ，行政サービス，保健・医療・福祉サービス，生涯学習サービス，学校教育サービス，防災サービス，環境サービスなど一

連のサービス向上のための解決への具体的アプローチが要求されているところである。

2 ネットワーク社会構築に向けて進む情報通信基盤整備

本節では福島県の情報通信基盤の整備状況について「うつくしま情報ハイウエイ構想基礎調査書」(1997年11月, 富士通総研) にしたがってみていくことにしよう。

(1) NTT 通信サービスの現況

①電話の状況　1995年度末の全国の NTT 加入電話契約数は約6077万で, 対前年度比は約2％の増であった。これに対して福島県は事務用27万, 住宅用約60万の計約87万で, 伸び率は全国平均と同じであったが, 普及率は全国の95.4％に対して92.7％と若干低位である。同一都道府県内での通話の比率は全国平均で79.4％であるが, この比率は北海道や沖縄といった独立型の圏域で当然ながら高くなっており, 首都圏や近畿圏は低くなっている。福島県は84.9％と全国平均よりは高めである。他県との通話状況としては宮城県や東京都との通話が多くなっている。一方, 県内は15の MA (昼間3分10円で通話可能な区域) と呼んでいる単位料金区域が設定されているが, これを発信・着信関係でみると, 例えば福島からは域内74.8％, ついで郡山4.01％, 仙台, 二本松の順であり, 郡山からは, 域内65.1％, ついで福島4.53％, ついで二本松, 会津若松, 東京といった順になっている。

②ISDNの状況　ISDN サービスは音声, ファクシミリ, データ, 映像などの多様な情報を大量かつ高品質で経済的に伝送することを可能にしたデジタルネットワークサービスである。1996年度末の INS ネット64の契約回線数は, 全国で103万7000で, 対前年度比203.2％の驚異的な伸び率である。ISDN の急速な普及は電話回線に比較して高速データ転送が可能なことや, インターネットやパソコン通信でデータ伝送中であっても電話利用が可能といった利便性に加えて, 導入時に要する接続装置の初期費用が近年低廉になっていることなどから, 一般家庭に普及しているためである。

図7－2　福島県のINSネット契約回線数の推移

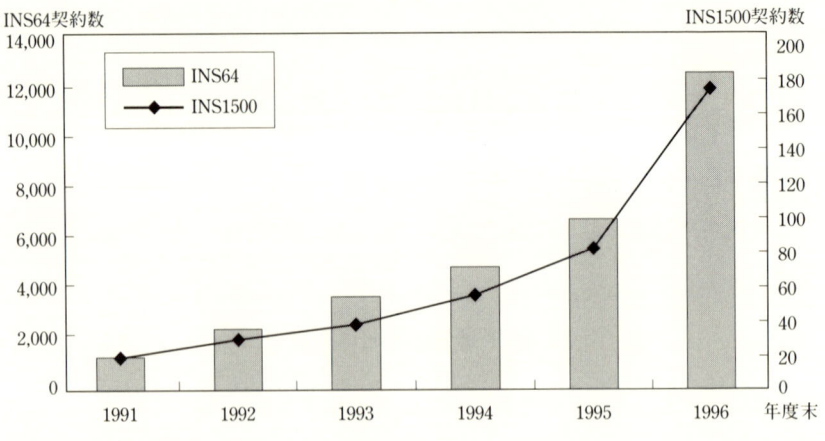

資料：図7－1と同じ。

　県内の契約回線数は1996年度末でINS64が約1万3000, INS1500が175回線となっている（図7－2参照）。
　③専用線サービスの状況　　高速, 大容量に加えて高品質であって, 料金定額制による経済性の点で一般回線よりすぐれているのが専用線サービスである。NTTの専用線サービスは一般専用線サービスと高速デジタル専用回線に二分されていて, 高速デジタル専用回線よりも低速（最高9600bps）で, 情報の種類別にアナログ伝送がある専用回線を一般専用回線と呼んでいる。高速デジタル専用回線は音声からデータ・映像までのあらゆる情報が伝送可能なサービスである。
　そのなか, 一般専用回線は細かいサービス構成になっていて, アナログタイプは音声, 音楽, AM・FM放送などの6品目, デジタルタイプは50, 2400, 4800, 9600の各bpsの4品目, 合計10品目となっている。県内総計1万3702回線のうち福島, 郡山両MAで全体の約半数, 次いでいわき, 会津若松のMAがつづいている。特徴としてはすべての地域において同一MA内での利用が多い。一方, 高速デジタル回線は速度でのきめ細かいサービスとなっていて, キロビットクラスでは64, 128, 192, 256, 384, 512, 768の各kbps, メガビットクラスでは1M, 1.5M, 3M, 4.5M, 6Mの各bps, 超

高速が50M，150Mの各 bps の計14種類のサービスとなっている。総計293回線のうち約半数が郡山 MA，3分の1が福島 MA で利用されていて，県内主要都市への接続のほか，仙台 MA や東京 MA が多くなっている。

④ OCN の状況　　OCN（オープン・コンピュータ・ネットワーク）は NTT が1996年12月から開始したインターネット接続サービスのことで，高速・広帯域の通信インフラを利用した高機能サービスを低料金で提供するものである。サービスとしてはダイヤルアクセス1，常時接続3（エコノミー，スタンダード，エンタープライズ）の4種類に加えて，電子メールのセキュリティ，帯域確保，マルチキャスト，VPN の4種類の付加サービスの提供が予定されている。県内のアクセスポイント（AP）は97年6月現在で10AP が開設されている。OCN エコノミー，スタンダード，エンタープライズは主要都市を中心に整備が進められている。

(2) NCC（新規通信事業者）の通信サービス

①長距離系 NCC の状況　　長距離系 NCC としては，第二電電(DDI)，日本テレコム（JT），日本高速通信（TWJ）があって，各社とも電話，専用線サービスを中心に二桁台の成長を続けている。1996年9月末で高速デジタル伝送サービス市場における NCC（地域を含む）のシェアは18％に達している。なお，長距離系 NCC 各社は NTT のネットワークである市内公衆網や専用サービスと自社回線の接続のためにポイント・オブ・インターフェース（POI）を福島市，郡山市を中心に設置，これらを通じて相互接続している。

②地域系 NCC の状況　　県内における地域系 NCC としては東北電力企業グループの電気通信会社である東北インテリジェント通信（TOHKnet）が通信サービスを提供している。同社は1994年6月より新潟県を含む東北7県において専用線サービスの提供（アナログ伝送サービス，一般デジタル伝送サービス，高速デジタル伝送サービス，ISDN，フレームリレーサービス，TOHKnet 版の OCN である TCN）を開始している。東北電力の送電線等に設置された光ファイバーを活用することで，高度な情報通信を経済的に提供するものである。県内のサービス地域は1997年8月現在で県北全域の市町村，いわき・郡山・会津若松各市の16市町村である。

(3)移動体通信サービスの状況

①携帯・自動車電話　1997年3月末現在の携帯・自動車電話の加入数は全国で約2008万件であって，国民約6人に1台の割合で普及している。対前年度比（1996年度）でみても約105％の著しい伸びとなっていて，加入電話を大きく上回っている。東北地区ではNTT東北移動通信網，東北セルラー電話，デジタルツーカー東北が通話サービスを行なっており，97年3月末の加入数は約96万件である。

　県内における1997年3月末現在の加入数は3社合計で約23万で約9人に1台の割合の普及となっている。サービス地域は東北新幹線，東北自動車道に沿った地域と常磐線に沿った地域および会津若松市周辺を中心に整備が進捗していて，サービスエリアの人口カバー率は90％を超えている。南会津地域は一部のみでまだ未整備である（図7－3参照）。

②PHSの状況　1995年7月に開始されたPHS通信のサービスの加入数は，97年3月末現在全国で約603万加入であって，国民約20人に1台の割合で普及している。東北地区ではNTT東北パーソナル通信，放送機構網およびDDI東北ポケット電話が95年10月から，アステル東北が96年3月からサービスを開始しており，97年3月末現在の加入数は約47万である。県内における97年3月末現在の加入数は3社合計で約6万であって，普及率は県民約33人に1台の割合である。サービス地域は都市の駅周辺および福島空港周辺を中心に整備されつつある。

(4)インターネット接続サービスの状況

　1997年10月1日現在で県内にアクセスポイントを設置している商用インターネットプロバイダーは45社である。県内のインターネットアクセスポイントの数はダイヤル接続ポイントが79，ISDN接続ポイントが76，専用線接続ポイントが57となっている。県内のアクセスポイントの約9割が福島，郡山，白河，会津若松，いわきの都市部に集中しており，相双や南会津地域の整備が遅れている。

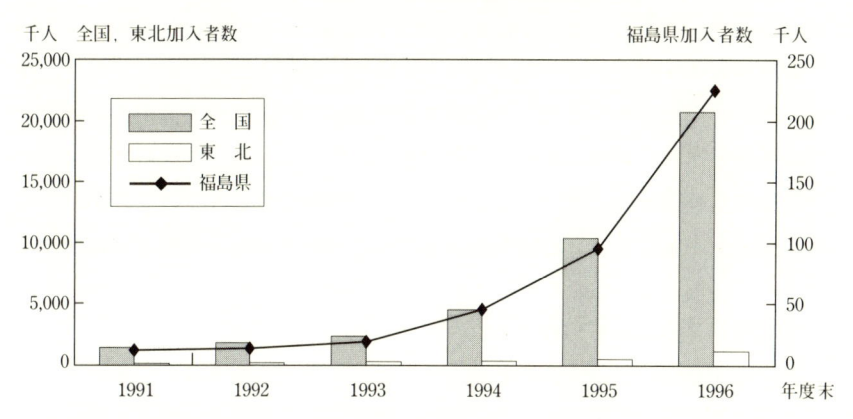

図7－3　携帯・自動車電話加入者数の推移

資料：図7-1と同じ。

(5) CATV（ケーブルテレビ）の状況

　現在，福島県に都市型CATV施設はない。全国で都市型CATV施設をもたないのは福島県だけであり，県庁所在地に都市型CATV施設がない県は福島県と茨城県だけである。1997年2月に西会津町で県内初の多チャンネル放送が開始された。同町ではTV放送等の再送信に加え，コミュニティチャンネルを活用して，行政情報や生活情報などの地域に密着した情報を提供している。また西会津保険センターと接続して，双方向を生かした「在宅保険管理システム」が稼働していて，高齢者を含めたきめ細かい保険医療サービスが展開されている。県内ではこのほかに，県北の伊達町で多チャンネルCATV局の導入に向けた計画が進んでおり，97年10月に東北電気通信監理局からCATV施設設置の許可を受けていて，99年4月に開局予定となっている。

(6) 衛星系・無線系の状況

　①衛星系の状況　　人工衛星関連では，通信衛星CSを使用する通信事業と放送衛星BSを利用する放送事業に大別される。最近では通信と放送との融合がみられ，通信衛星を利用したテレビ・音楽放送も行われている。衛星通

信の利点は地上災害の影響を受けにくく，同時通信が広範囲にわたって同一コストで可能なことが挙げられる。

　衛星通信サービスには，音声通信・大容量映像伝送によるネットワーク構築としての専用線サービス，委託放送事業者から提供された番組の放映としての受託放送サービス，衛星インターネットなどがある。これらを活用して遠隔教育や遠隔警備，衛星によるニュースの現場取材としてのサテライト・ニュース・ギャザリング，防災ネットワーク等が企業や公共団体等によって行われている。こうしたサービスの本格的開始は1997年からであるが，今後の需要増が見込まれる分野である。

　放送事業は保有する放送衛星によって配信を実施するNHKのBS放送と，委託放送業者が通信衛星を保有する第一種電気通信事業者に番組を委託して放送を行うCS放送とがある。BS放送ではテレビ放送やテレビ音声多重放送に加えて，ゲームソフトやエンターテインメント情報等を送信するデータ多重放送がある。CS放送はアナログ放送ではCSテレビ放送と高音質のPCM音声放送および超短波データ多重放送を提供，1996年10月からはCSデジタル放送も開始されている。BS・CS両放送ともに受信契約者数は確実に増加していて，社会生活への密着度も高くなってきている。

　なお，県内では地上波も含めた総契約数の約4分の1が衛星契約となっており，NHKの衛星利用状況としては全国レベルを上回っている。また東北地域で利用可能な衛星系第一種電気通信事業者は，日本サテライトシステムズ（JAST），宇宙通信（SCC），PanAmSat Co., Huchison Corporate Access Japan（HCA）の4社である（表7－2参照）。

　②**無線系の状況**　　無線による通信分野としては，1995年度末で携帯・自動車電話加入などを主体とした電気通信事業用が全体の71.5%を占めており，MCA無線，運送業務用，行政・公共事業用などの自営用が17.2%，アマチュア無線やパーソナル無線などのその他が10.5%といった構成になっている。95年度末現在の無線局数は全国で約1732万局で対前年度末比59.8％増となっているが，増加の主要因は携帯・自動車電話加入局の大幅増によっている。

　地方公共団体では主に防災行政無線によるシステム整備に力が注がれていて，県内各市町村の防災行政無線の設置状況は，設置率で84%に達している

第7章　情報化と福島の産業

表7-2　NHK衛星放送受信契約者数（1996年3月末現在）

	総契約数	衛星契約	衛星／総計	世帯数 (単位：千世帯)	千世帯当たり 衛星契約数
全国	35,377,295	7,374,885	20.84%	44,236	166.7
東北	2,757,754	759,064	27.52%	3,099	244.9
福島	572,699	136,693	23.86%	651	210.0

資料：東北情報通信懇談会「東北データブック」http://www.comminet.or.jp より作成。

表7-3　市町村防災行政無線の設置数（1996年12月末現在）

	市町村数	用途別設置数① 同報系のみ	用途別設置数① 移動系のみ	同報系および 移動系併設②	設置市町村数 (①+②)	設置率(%)
全国	3,257	123	908	1,698	2,729	84
東北	400	6	128	225	359	90
福島	90	2	22	52	76	84

資料：表7-2と同じ。

(表7-3参照)。

(7)放送サービスの状況

①地上波テレビの状況　福島県ではNHK総合，同教育のほか，地上民間放送会社としてフジテレビ系の福島テレビ(FTV)，日本テレビ系の福島中央テレビ(FCT)，テレビ朝日系の福島放送(FKB)，TBS系のテレビユー福島(TUF)の4局がある。郵政省は地上デジタル放送を2000年以前に開始できるように，放送方式やチャンネルプランの策定，制度整備を進めていて，1998年には実用規模による地上デジタル放送実験を開始したいとしている。地上放送のデジタル化の特徴は多チャンネル化，高画質化，高機能化，マルチメディア化などであって，電波資源の有効活用や視聴者の好みに応じたオンデマンド型放送サービスの提供，通信機能と連携した新たなマルチメディアサービスが期待されている。

②難視聴地域の現状　郵政省の電気通信格差是正事業の対象となる県内の難視聴地域（民放テレビ放送が一波も良好に受信できない地域）は16地域，7379世帯となっていて，中継局単位では県北（1），県中（5），県南（3），会津（0），南会津（1），相双（3），いわき（3）となっているものの，会

津・南会津地域の山間部では共同受信施設の設置が必要な場所も多くあるのが現状である。

3 産業振興のための高度情報化

　福島県における21世紀型リーディング産業育成のために高度情報化は必須であり，現に産業各分野において積極的な取り組みが行われつつあることはいうまでもない。具体的内容については紙幅の関係から他所に譲ることとして，ここでは主要産業分野の高度情報化について，施策レベルからの方向性を「福島県高度情報化推進基本計画（改訂版）」によって検討するとともに若干の事例を付記しておこう。

(1) 農林水産業

　農林水産業を取り巻く環境は，就業者の高齢化や生産物価格の低迷，ウルグアイ・ラウンド農業合意に基づく国境措置の実施などきわめて厳しい状況にある。そうしたなかにあって農政施策や農家指導の高度化を支援するため，農業・農政に関する各種情報の一元的なデータベース化をはかって，これを中核として出先機関を含めた情報通信ネットワークをを整備，情報検索や処理，加工などができる総合的な農政基本情報システムの整備拡充がねらいである。一方，農村と都市部との情報格差是正のための農村地域における情報通信基盤の整備も課題となっている。

　林業については，福島県の広大な森林面積を生かした豊かな県土づくりにむけて，林業技術情報や木材産業・林業経営情報ネットワークの整備，さらには森林レクリエーション施設等に関する情報ネットワーク整備が課題となっている。水産業も200海里体制の定着による国際規制の強化や沿岸重要資源の枯渇，経費高騰など厳しい状況があり，漁村においても人口の減少，高齢化の進行の一方で，海洋性レクリエーションに対する需要増大，海岸開発の活発化に応えていかねばならない。そのため水産情報の迅速な提供や漁業資源の適性管理のためのネットワーク整備が急がれねばならない。

　【事例】農業関連　　インターネットにおけるホームページ作成例として，

県北では5農家によるホームページ「自然倶楽部」があって，新しい農産物物流創造への挑戦ということで，おすすめ品の紹介など，消費者と生産者との直接のコミュニケーションを図っている。また，ホームページ「みなもと農場」は掲示板やチャットコーナー等を設置，メーリングリストによって情報の交流や共有を図っている。

(2) 産　業

　福島県の産業を取り巻く環境は，技術革新・高度情報化の進展，産業構造調整の急速な進行の中で，県内企業がこれらの環境変化に適切に対応し，自立的発展を維持していくためには，経営基盤の充実・強化や知識集約化，高付加価値化などの対策に迫られている。工業については，「技術立県」をめざす県工業の一層の進展のためには，各企業における研究開発，商品開発部門ならび製造部門における多品種少量生産体制の確立，製品の高精度化，合理化・省力化をはかるOA化，FA化などの情報化，情報の利活用などが進められねばならない。施策レベルとしては郡山ウエストソフトパークや須賀川ソフトパークなどによる研究開発ならびに情報サービス機能などの高次産業支援機能の整備，ハイテクプラザにおける科学技術情報（JOIS）や特許情報（PATOLIS）の提供体制としての技術情報ネットワークシステムの整備，中小製造業のFA化やCAD／CAMシステムの導入ならびにそのための資金融資や設備・機器等の貸与事業の充実化などが掲げられている。

　【事例】ネットワーク高度利用が産業に与えるインパクト　最近の情報通信ネットワークの活用はますます高度化，多様化していてその効果にも目ざましいものがある。ここではネットワークの高度利用が産業に与えるインパクトについて一覧するにとどめておこう（表7－4参照）。

(3) 商業・サービス業

　福島県の当該分野を取り巻く環境は，高齢化，サービス経済化や消費者ニーズの多様化などによって厳しいものがある。商業面では卸業者や小売業者の共同化による情報化促進のため，組合や商店街がVAN，POSといった情報システムを導入したり，サービス業でも各種情報提供の充実や人材の育成

表7-4　ネットワークの高度利用が産業に与えるインパクト

業　種	インパクト	備　考
素材産業	×〜△	・業界内で製品データ等の電子化，共通化を推進中 ・卸商，代理店の陶汰はさらに先の段階
組立加工産業	○	・企業グループごとのデータ共有化が進展 ・DRAM等の海外での販売動向をも経営戦略にリアルタイムで反映させることが可能に ・小売店が販売したパソコンをメーカーの工場から直接配送する新事業も ・造船では投資負担能力から大手と中小の格差が拡大，提携促進の要因に
エネルギー産業	×〜△	・ネットワーク化によるコスト削減に注力の段階。石油では，配送からSSまでのシステム整備が，将来的に特約店を含む販売体制の構造改革に影響を与える可能性も
運　輸	○	・顧客への情報提供システム等の整備が競争力格差の要因に ・大手と単純輸送機能に特化する中小との二極化を促進する可能性大
アパレル	○	・計画生産体制から，シーズン中の販売動向を反映させたクイックレスポンス体制に移行
食　品	△	・清涼飲料分野では，販売インフラの格差を情報ネットワークが拡大させる可能性あり
大型小売	◎	・百貨店ではデータベースマーケティングが今後の企業間格差の一要因となる可能性も ・卸売業界では，ネットワーク化への対応の可否が企業選別の大きな鍵に ・中堅以下の企業群では，存亡をかけて企業提携の動きも ・インターネットショッピングも限定的ながら登場
外　食	○	・売上情報（POS）把握から仕入指示までをオンライン化した効率経営企業が出現
印　刷	◎	・デジタル化の進展により写植市場等が縮小。小規模零細事業者，写植，製版下請業者の陶汰が進展。大手は情報加工業に転換済み ・各地の中小印刷業者がネットワークを利用した大合同する動きも
カード・信販	○	・銀行カードとの一体化や電子マネーにおける事業展開が今後の重要なポイントに
旅行関連	○	・航空，ホテル，旅行会社間における予約システムの提携戦略が加速 ・コンビニでのチケット販売は商品分野によっては今後大幅な勢力拡大も
医療・福祉	○	・遠隔診断事業がすでに事業化。今後は遠隔医療や病院の系列化の進展も
建　設	×	・単品受注かつリアルタイム処理のニーズが低いことから，ネットワーク化のインセンティブ低い

注：インパクト——現時点における，ネットワーク化の進展による影響の有無。
　　　◎＝影響大，○＝影響あり，△＝一部影響の可能性あり，×＝現状影響なし
出所：日本興業銀行『IBJ』（1997年7月号）産業調査部中山博史氏作成による。

などにおいて活発な情報化展開が行われている。

【事例】バーチャルモールあいづ　中心商店街の空洞化や観光産業および地場産業の低迷を打開するための一方策として，地域の特色を入れた仮想商店街づくりをサイバースペース上に実現，新たな地域振興策を見出そうとする試みである。具体的にはインターネット利用者（消費者）が自宅等のパソコンからテナント出店者が用意した商品情報を選択し，注文することができる仕組み（モール）である。このモールの特徴は，24時間世界の顧客に商品情報を発信して注文を受けつける点で，消費者からの住所，氏名などの注文情報がインターネットを通じて出店者へ渡されるが，暗号通信によって機密保護がされている。代金の支払いには代金引換，銀行口座振込などのオフライン決済とクレジットカードによるオンライン決済がある。対象商店街は23商店街，登録メンバー数は672商店，出店企業数は3社，1997年度通産省商店街活性化モデル事業の指定を受けている（図7-4参照）。

(4)中小企業

　福島県における中小企業の比重はきわめて高く，県勢伸展のためにはその活性化が中核を占めている。中小企業が環境変化に対応し，自立的発展を続けていくためには自らの経営基盤の充実・強化，知識集約化，高付加価値化が不可欠である。県では中小企業情報センターの機能拡充と強化によって，中小小売業者に対する情報提供やネットワークシステムの構築，商工会等へのパソコン導入による記帳機械化，ジェトロ等による海外経済情報の収集と提供，複合的産業拠点施設の整備を推進している。

(5)観光・ふるさと産業

　観光はこれまでの「見る観光」に加えて，「参加型・体験型・学習型観光」や「保養型観光」などが増加，多様化が進捗，観光情報も多岐にわたっていて，かつ迅速性も要求されている。そこではパンフレット情報はもとよりインターネットによるホームページの充実など多様なメデイアの有効活用が不可欠である。

　ふるさと産業おこし運動は県民運動として「ひとづくり」「ものづくり」「ふ

図7-4　画面構成フローチャート

モールアドレス　http://www.aizu-cci.or.jp/

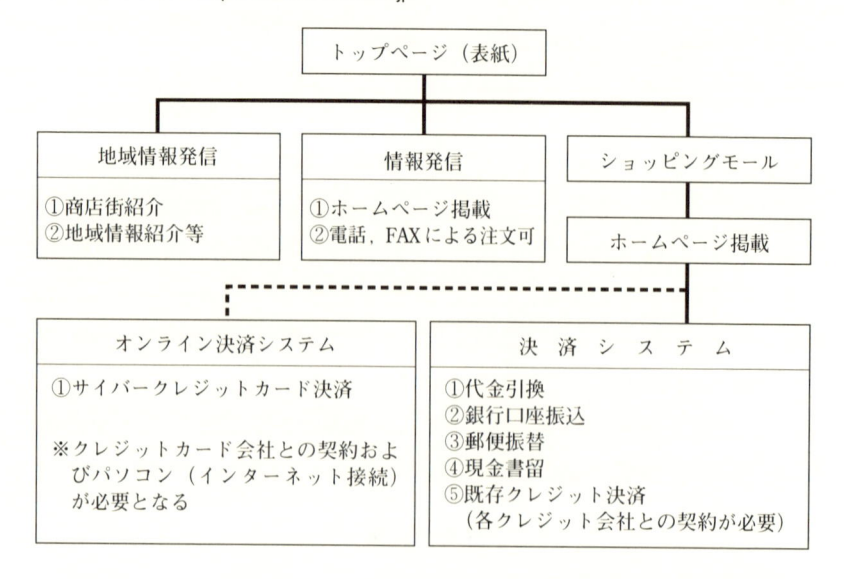

```
                    トップページ（表紙）
           ┌─────────────┼─────────────┐
     地域情報発信        情報発信         ショッピングモール
  ①商店街紹介       ①ホームページ掲載        │
  ②地域情報紹介等    ②電話，FAXによる注文可   ホームページ掲載
```

オンライン決済システム	決済システム
①サイバークレジットカード決済 ※クレジットカード会社との契約およびパソコン（インターネット接続）が必要となる	①代金引換 ②銀行口座振込 ③郵便振替 ④現金書留 ⑤既存クレジット決済 　（各クレジット会社との契約が必要）

図7-5　「インフォメーション・ネットワーク福島」のサービス概要

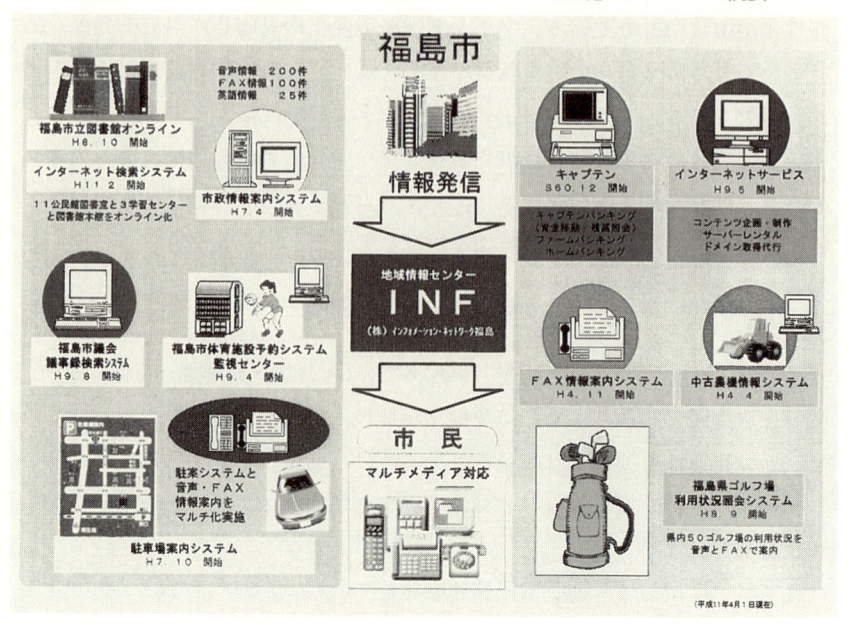

180

れあいづくり」の三本柱を中心に，地域キャプテンシステム，パソコン，インターネット等を活用しながら各種事業が積極的に展開されつつある。

【事例】インフォメーション・ネットワーク福島　インフォメーション・ネットワーク福島は，1985年12月のキャプテンシステム開始から最近にいたるまで市民サービスを中心として業容を拡大してきている。ここでは現在時点でのサービス概要を示しておこう（図7-5参照）。

付記　本章作成に際しては資料収集などで福島県情報管理課に大変お世話になりました。ここに記して謝意を申し上げる次第であります。

参考文献
会津若松商工会議所「商店街活性化モデル事業報告書」1998年。
『経営情報学会誌』第7巻第4号，1999年3月。
東北電気通信監理局監修「データでみる東北の情報通信」1999年。
日本計画行政学会『計画行政；ネットワーク社会の計画行政——地域の再生と創生にむけての連携をめざして』第22巻第1号（第21回全国大会特集号）1999年。
日本興業銀行調査部・産業調査部『IBJ』1997年7月。
福島県「福島県高度情報化推進基本計画（改訂版）」1995年。
富士通総研「うつくしま情報ハイウエイ構想基礎調査報告書」1997年。
―――「うつくしま情報ハイウエイ構想基礎調査報告書（資料編）」1997年。
郵政省東北電気通信監理局「情報通信と地域振興」1994年。
渡辺栄『地域情報化と地域経済の発展』九州大学出版会，1995年。

第Ⅱ部　ローカル化と地域の課題

第8章 地方分権と住民の課題

市川　喜崇

はじめに

　地方分権がいよいよ現実のものになろうとしている。すでに1990年代に入って，福祉八法の改正や地域保健法の成立による保健・福祉行政の市町村への権限委譲や，1994年の地方自治法改正による中核市と広域連合制度の成立などによって，地方分権は実質的にかなりの進展をみせてきたが，地方分権推進委員会の四つの勧告などを受けた地方分権一括法が99年の7月に成立したことによって，分権化はいよいよ本格的な段階に突入したといってよいだろう。したがって，今後求められることは，どのような分権化が必要かという議論と同時に，分権化にどのように対応していくべきかという議論である。
　そこで，本章では，90年代の分権化の過程を振り返り，その背景と特色などについてふれた後，末尾で，今回の分権化に地域がどのように対応していくべきかについて簡単に述べることにしたい。

1　すでに始まっている地方分権

　冒頭でもふれたように，90年代に入ってから，地方分権はすでに実質的にかなりの進展をみせている。それを時系列的に記せば以下のようになる。
　1990年の福祉八法の改正により，町村が都道府県から老人福祉施設の入所措置権などを委譲され，その結果，市町村が，施設・在宅を含めた高齢者福祉の責任を負う体制ができあがった。93年度から3年間にわたりパイロット自治体制度が実施され，意欲と能力のある自治体に実験的に分権が行われることになった。小中学校の空き教室の福祉目的などへの転用が容易になった

のは，この制度の貴重な成果である。94年の地方自治法改正により中核市と広域連合の制度が新設され，規模別権限委譲の方式が本格化するとともに，従来の一部事務組合を上まわる強力な広域行政機構が誕生した。94年に地域保健法が成立し，97年4月より全面施行され，乳幼児検診などの事務が都道府県から市町村に委譲された。また，95年5月に成立した地方分権推進法に基づいて同年7月に発足した地方分権推進委員会は，97年10月までに四度の勧告を提出し，それを受けて政府は，98年5月に地方分権推進計画を閣議決定している。この計画を具体化した地方分権推進一括法が99年7月に成立した。また，分権推進委員会は，四次勧告後も，98年11月に第五次勧告を提出しているが，それを受けて政府は，99年3月に第二次地方分権推進計画をまとめている。以上のほかにも，例えば，98年5月に都市計画法が改正され，市町村が従来よりも弾力的に特別用途地区を設定しやすくなっているが，これなども，上記と文脈をやや異にするものの，90年代の分権化の重要な一項目として数えることができるだろう。このように，1990年頃を境として，日本の行政は分権化へ向けて大きく舵を切ったのである。

　ところで，地方分権を求める議論は戦後一貫して存在してきた。それは，ある意味で，日本が一貫して集権的であったことを物語っている。日本は過度に集権的であるという認識があったから，分権化の必要性が叫ばれ続けてきたのである。少なくとも，分権論者はそう考えてきた。しかし，従来は，分権化の議論は研究者や地方六団体などに限られており，社会的に広くその必要性が認識されていたわけではなかった。

　ところが，90年代の分権化の場合，社会のきわめて広範な勢力が分権化を主張している。主要政党のほとんどが分権化を主張しているし，財界や労働組合のナショナルセンターなども地方分権の提言をまとめている。マスメディアも分権に熱心であるし，さらに，小沢一郎，武村正義，細川護熙など90年代に主役を演じた多くの政治家たちも，その著書の中で地方分権の必要性を主張し，そのためのさまざまな制度構想を唱えていた。

　地方分権とは，直接的には，中央省庁の地方自治体に対する関与の形態や，あるいは，両者の間の税財源や事務権限などの配分に係わる問題である。言い換えれば，分権化とは，中央―地方関係を自治体に有利な方向へと変更す

ることである。しかし，そのことだけを目的とするならば，おそらく，これほど多くの勢力が分権化を主張することにはならなかったであろう。社会の広範な勢力が地方分権を主張しているということは，彼らの関心が単に中央―地方関係の変更にとどまらず，分権化を通じて，ひろく政治や経済や社会のあり方を変革しようとする意図をもっていることを物語っている。

2　地方分権は何を目指しているか

　では，90年代の分権論は何を変革しようとしているのであろうか。
　第一に，90年代の分権論は，「追いつき型社会」から「成熟社会」への転換を目指している。
　日本がこれまで中央集権体制を維持してきたのは，欧米への追いつき型近代化を推進するうえで便利だったからである。中央に明確な司令塔をもち，乏しい資源を効果的に配分しながら，日本は，欧米をモデルとする近代化を進めてきた。しかし，日本は，1960年代の末にGDPでアメリカについで資本主義陣営で世界第2位となり，ほぼこの時点で追いつき型近代化を達成したと考えられる。したがって，ある意味で，これ以後約30年間にわたり維持されている集権体制は，惰性で続いているともいえるのである。今後は，経済成長という単一の国家目標ではなく，それぞれの地域や個人がそれぞれに応じた多様な目標を追求する社会にならなければならない。そのような「成熟社会」においては，集権体制はむしろ桎梏となるのである。
　第二に，いまのこととも関連するが，むだな公共事業を排除するためである。道路や港湾，集会・スポーツ施設などをはじめとして，公共施設は量的にはすでに一定の充足段階に達しているといってよいだろう。それに応じて，むだな公共事業が各地で増えている。それは，ある意味で当然のことである。全体の整備状況が低かった時代には，利用者の需要動向などをことさらに調査しなくとも，何かを作れば必ず一定の利用者がいたであろう。ところが，現在では，道路にしても，必要性の高いところはすでに整備されているし，また集会・スポーツ施設などもかなりの程度整備されている。そうしたなかで，さらに道路やハコモノが作られ続けているのである。もちろん，今後と

も必要な公共事業はまだまだあるだろう。しかし，むだな道路や利用されない施設が各地で数多く生まれていることも事実である。こうしたことを避けるためには，公共事業の決定権を利用者に近いところに委ねる必要がある。公共事業を分権化し，国の直轄事業と補助事業を減らして財源ごと自治体へ移譲することが求められている。

　第三に，高齢化の進展に対応するためである。日本は，これまでどの国も経験しなかったスピードで高齢化が進行しつつあり，また，どの国も経験しなかった高齢化率に達しようとしている。このような超高齢化社会に対応するためには，公共セクターのみならず，民間セクターや市民セクターも含めたサービスネットワークを築いていく必要があるが，こうしたことができるのは，基礎的自治体である市町村だけである。

　地域にはさまざまなボランティア団体やNPOなどがあり，その中には，お年寄りのお宅を訪問して話し相手になったり，配食サービスをしている団体などが少なからずある。国や県と違って，市町村であれば，地域にどのような団体がありどのような人たちがどんな活動をしているかを把握できるはずである。そこで，必要に応じてこうした団体と連絡を取り合いながら，広い意味でのサービスネットワークを組んでいくことができる。行政の仕事を「肩代わり」させるのではない。サービスの根幹部分は公共セクターが係わらなければならないことはいうまでもない。しかし，オプショナルな（選択的な）部分については，市民セクターとの協働を模索してもよいだろう。[1] 今後の行政は，必要に応じてこうした団体を側面支援しながら，サービスネットワークをともに築いていかなければならないのであるが，そうしたことができるのは，地域社会を把握できる市町村のみであり，国や県にはできないことである。[2]

　第四に，今回の分権論は政治改革の一環として捉えられる。利益誘導政治を断ち切るためには，地方分権が必要であるという議論である。また，第五に，中央省庁が国際化に対応するためにも分権化が必要だという議論がある。この二つについては，すでに別稿 [市川，1995] で論じているので，ここではこれ以上詳しくはふれないことにする。[3]

188

第8章 地方分権と住民の課題

表8-1 最近の分権改革の動き

1993年6月	地方分権推進の衆参両院決議
10月	第三次臨時行政改革推進審議会「最終答申」
1994年12月	地方分権推進に関する大綱方針の閣議決定
1995年5月	地方分権推進法成立（5年間の時限立法）
7月	地方分権推進委員会発足
12月	「機関委任事務制度を廃止した場合の従前の機関委任事務の取扱いについて（検討試案）」
1996年3月	「中間報告」
12月	「第一次勧告」
1997年7月	「第二次勧告」
9月	「第三次勧告」
10月	「第四次勧告」
1998年5月	（第一次）地方分権推進計画閣議決定（第一次〜四次勧告分）
11月	「第五次勧告」
1999年3月	第二次地方分権推進計画閣議決定（第五次勧告分）
7月	地方分権一括法成立（2000年4月施行）

3 90年代の地方分権の経緯

　90年代に進展した分権化の最大の成果は，なんといっても，99年7月に成立した地方分権一括法であろう。そこで，本節では，地方分権一括法成立に至る過程をみておくことにしたい（表8-1参照）。

　地方分権一括法への流れを作り出したのは，1993年6月の衆参両院の国会決議である。この中で，東京一極集中の排除と国土の均衡ある発展，および「ゆとりと豊かさを実感できる社会」の実現のために地方分権を推進する必要性が謳われ，「地方分権を積極的に推進するための法制定」などの断行が唱えられた。次いで，同年10月に，第三次行革審が，その「最終答申」の中で，政府が1年以内に地方分権大綱を策定すること，地方分権推進に関する基本的な法律の制定を目指すべきことなどを提言した。

　その後，政府の分権大綱の閣議決定を経て1995年5月に地方分権推進法が成立した。これを受けて，同年7月，西尾勝（行政学者，東京大学教授——当時）ら7人の委員よりなる地方分権推進委員会が発足した。委員長には諸井虔（日経連副会長——当時）が選出された。事務局スタッフは，総務庁と自治省が大半を占めたが，他省庁や自治体関係者なども含まれていた。

地方分権推進委員会の第一の特色は，機関委任事務制度の廃止を最優先課題としたことである。機関委任事務とは，長（知事，市区町村長）や行政委員会（教育委員会，公安委員会など）など自治体の機関に国の事務を委任して実施させる手法であり，この事務に関しては，これら自治体の機関は国の下部機関であるとされ，国の包括的な指揮監督を受けるものとされていた。団体としての自治体にではなく，自治体の機関を国の機関と位置づけて委任されるため，議会の条例制定権が及ばず，また地方自治法の第100条に基づく地方議会の調査権（いわゆる百条調査権）も行使できなかった。自治体の事務全体に占める機関委任事務の割合がどのくらいに及んでいたかは，正確にはよくわからないが[4]，生活保護や都市計画関係の諸事務をはじめとして機関委任事務とされていた事務は数多い。地方分権推進委員会が機関委任事務制度の廃止を課題としたのは，①対等・協力であるべき国と自治体の関係を上下・主従の関係に置いている，②国の機関としての役割を負うため，長は自治体の代表者としての役割に徹しきれない，③国の事務を自治体が実施するため，行政責任をあいまいにしている，などの理由によるものであった。

　しかし，委員会発足後間もない1995年秋頃の新聞記事などでは，機関委任事務制度の廃止は中央省庁の反対が強く，むずかしいのではないかといわれていた。もともと，地方分権推進法の記述も，機関委任事務の「廃止」ではなく「整理及び合理化」（第5条）となっていたし，国会審議の過程でも，当時の最大野党であった新進党が，「整理及び合理化」では不十分で，「廃止」とすべきだとする対案を用意していたが，結局実現に至らなかった。

　このような悲観的なムードを一挙に転換させたのが，同年12月22日の「機関委任事務制度を廃止した場合の従前の機関委任事務の取扱いについて（検討試案）」の公表であった。この「検討試案」は，マスメディアに大きく，そして好意的に取り上げられ，これ以後，機関委任事務制度廃止の方向が次第に固まっていった。

　ところで，地方分権推進委員会も，当初は他の多くの審議会と同様に，事務局主導で運営されていたが，この「検討試案」の公表をきっかけに，委員主導で運営されることになっていった［高木，1999，31〜55ページ］。委員主導で運営するということは，勧告をまとめるに際して中央省庁と行う交渉を事

務局まかせにせず，委員や専門委員が自ら行うということである。機関委任事務制度廃止の方向を打ち出した分権推進委員会は，今度は，この制度を廃止した場合に，現行の全部で561項目ある機関委任事務をどう振り分けるかを決めなければならなかった。委員会はこれを，①事務自体を廃止するもの，②国の直接執行事務にするもの，③法定受託事務にするもの，④自治事務にするもの，に4分類することにしたが，この分類作業を行うために，中央省庁とのおびただしい数の交渉を行う必要があった。委員主導で運営したこと，および中央省庁との交渉を研究者を中心とする委員と専門委員らが直接行なったことが，地方分権推進委員会の第二の特色である。

　分権推進委員会の第三の特色は，実現可能性を最優先とし，省庁の同意しないことは勧告に盛り込まないという方針をとったことである。このことの是非については，賛否の分かれるところであろう。というのも，そもそも中央省庁は分権化に反対なのであるから，その同意をとって進められる分権化など，たいしたものになるはずがないという議論が，当然に起こりうるからである[五十嵐，1997]。しかし，筆者は，分権推進委員会がこの方針をとったことを高く評価したい。

　1950年の神戸勧告以来，分権化を求める勧告や答申が少なからず提出されてきたが，いずれも中央省庁に無視され，棚上げにされてきた。分権推進委員会がどんなにすばらしい勧告を出したところで，この棚上げの歴史を繰り返してしまってはまったく意味がない。分権推進委員会の勧告は，その大部分が実現に移される初の分権勧告となったのである。

　しかし逆に，同意をとって改革を進めるという方針をとったため，分権推進委員会は中央省庁から一つ一つ譲歩を引き出すために，粘り強い交渉を積み重ねなければならなくなった。機関委任事務を廃止しても，その大部分が国の関与の強い法定受託事務になってしまっては意味がない。そこで分権推進委員会は，おびただしい数の交渉（「ひざ詰め談判」）をこなすことになったのである。

　分権推進委員会の第四の特色は，地方六団体の政治的支持を後ろ楯にしていたことである。そのため，分権推進委員会は，六団体が一致して賛成できないことは取り上げなかった。分権推進委員会は，都道府県─市区町村とい

う現行地方制度の枠組みを基本的に前提として議論を進めることにしたが，そのことは，ひとつには個々の委員の価値観などの影響もあったであろうが，主としてこうした理由によるものと思われる。また，分権推進委員会は権限委譲よりも関与の縮小・透明化を優先したが，そのことも地方六団体の意向に沿うものであった。六団体は関与の縮小についてはきわめて熱心であったが，権限委譲については都市計画や開発許可関係を別とすれば，それほど熱心ではなかったからである。

　さて，1995年12月に前述の「検討試案」を公表して機関委任事務制度廃止の方針を打ち出した分権推進委員会は，翌96年3月に「中間報告」を発表した。ここでは，「地域住民の自己決定権の拡充」を改革の主導理念として掲げるとともに，機関委任事務の廃止の方針を再確認している。その後，ここで確認した方針にしたがって，省庁との交渉を重ねながら，96年12月から97年10月までに四つの勧告をまとめたのである。分権推進委員会は当初，第四次勧告を最後として，以後は政府の分権への取り組みを監視する活動に専念するつもりでいたが，第五次勧告に踏み切ることになった。それは，当時の橋本首相の意向によるものであった［西尾，1999，218〜222ページ］。

　第一に，第一次〜四次勧告は，関与の縮小・透明化を優先課題としたこともあり，権限委譲については数十項目にとどまっていた。また，税財源の移譲については，①大蔵省の強い反対が予想されたこと，②政府税制調査会の領域に手を突っ込むことを遠慮したこと，③当時議論されていた財政構造改革との整合性を保つ必要性から抜本的な改革の提起をしにくかったこと，などの理由により，第二次勧告の中で，わずかに改革の方向性を理念的に示したにすぎなかった。そのため，いくつかの新聞は権限や財源の移譲が少ないことを指摘し，今回の分権勧告が不十分であることを批判しはじめた。おそらくこうした論調に影響されたものと思われるが，橋本首相は，市町村への権限委譲について再検討するよう分権推進委員会に要請した。しかし分権推進委員会としては，前述のように地方六団体がもともと権限委譲についてはそれほど熱心でなかったこともあり，必ずしも簡単に対応できるものではなかったが，首相の意向ということもあり，再びこれをとりあげることにした。

　第二に，中央省庁再編との関連である。1997年の12月に行政改革会議の「最

終報告」が提出され，省庁の大括り再編の方針が確定したが，そのなかで建設省と運輸省などが合体し，国土交通省が誕生することになった。これに対して，マスメディアは，現行の事務や事業のあり方を不問にしたまま省庁の数を半減したところで巨大な公共事業官庁が生まれるだけではないかという批判を展開した。やはり，ここでもこうした批判に配慮したものと思われるが，橋本首相は，分権推進委員会に，中央省庁のスリム化のための検討を依頼した。そこで，委員会は，公共事業の分権化に乗り出すことになったのである。

　ところが，第五次勧告が課題とした公共事業の分権化は，第四次勧告までとは状況を異にしていた。第四次勧告までが主として対象とした「関与の縮小」は，族議員の関心が低く，国民にとっても難解で地味な分野である半面，分権推進委員会と省庁との「事務的」で合理的な交渉が可能な分野であった。しかし，公共事業の分権化の場合は族議員が猛反対し，また本音では必ずしも乗り気でない自治体が少なくない。そのため，分権推進委員会は，第五次勧告については，自治体側の全面的なバックアップを必ずしも期待することができなかった。結局，第五次勧告は当初構想からズルズルと後退し，改革の方向性は一応示すことができたものの，国の直轄事業の範囲など具体的な部分の確定は，道路審議会や河川審議会など，事業官庁の影響力の強い審議会に委ねられることになってしまったのである。その後，都道府県から市町村への権限委譲を図る第六次勧告の作成が予定されていたが，とりやめとなり[渋川，1999]，結局，第五次勧告が最終勧告となったのである。

　さて，第一次から第四次までの勧告を受けて，1998年5月に政府の（第一次）地方分権推進計画がまとめられた。また，第五次勧告を受けて政府は，99年3月に第二次地方分権推進計画をまとめた。99年7月に可決し，2000年4月より施行される地方分権一括法は，政府が，（第一次）地方分権推進計画を受けて，地方自治法をはじめとする475本の法律改正を，一括法という形で法案化したものである。[5)]

4 90年代の分権化の成果と限界

ところで，90年代の分権化は何を実現し，また何を課題として残しているだろうか。

第一に，今回の分権化の最大の成果は，関与の縮小・透明化を果たしたことである。前述のように，分権推進委員会が最も力を注いだのは機関委任事務制度の廃止であったが，機関委任事務制度を廃止し，現行の561項目の機関委任事務の半数以上が自治事務になったということは，要するに，これらの事務について国の包括的な指揮監督権が廃止され，助言・勧告や資料の提出要求などの非権力的な関与と，一部の例外的な権力的関与になったということであり，関与の縮小が大きく進展したことを意味している。このほか，今回の改革で，不十分ながら必置規制の緩和が進んだことも[6]，関与の縮小に寄与するものといえるだろう。

また，今回の改革で書面主義の原則が確立されることになった。書面主義の原則とは，自治体に対する国の関与は原則として書面によることとするというものである。具体的にいうと，1999年の地方自治法改正（分権一括法）により，例えば国が自治体に対して是正の要求や指示などをする場合，緊急の場合を除いては必ず書面で行わなければならないことになった。技術的な助言や勧告などについては口頭による関与も可能だが，自治体が書面の交付を求めれば，国は必ず書面を提出しなければならないことになった。従来国の自治体への関与の中には法令の根拠のあいまいなものも含まれており，そうした関与に対しても自治体は否応なく従わされてきたという側面があったといわれているが，今後は文書による関与が基本となることによって，根拠のあいまいな関与がなくなっていくことが期待される。関与が文書として残るということはまた，住民にとっても自治体の意思形成過程が透明化することを意味している。

さらに，同じ地方自治法の改正で国と自治体との紛争を処理する第三者機関が新設されることになったが，そのこともまた関与の透明化に大きく寄与するものである。この結果，自治体は国や都道府県の関与に不服がある場合

は，国地方係争処理委員会や自治紛争処理委員の審査を請求できることとなり，さらにその審査結果に不服がある場合や国や都道府県がこれらの機関の勧告に従わないなどの場合に，司法の判断を求めることができるようになった。

　この制度ができれば，先の書面主義の原則とあわせて，国と自治体間の関係は「見える」ようになる。書面に残るということは，見えない関与ではなく見える関与になるということであり，また第三者機関の設置により，係争は「見えるところ」で処理されるようになる。そして，「見えるところ」で処理されれば，理のある側が勝つことになるだろう。その意味で，関与の透明化が大きく進展することは間違いない。

　第二に，規模別権限委譲の方式が定着したことも，90年代の分権化の大きな特色である。この方式は，1994年の地方自治法改正による中核市の成立でその流れが形づくられ，分権一括法の成立で全面的に取り入れられることとなった。

　中核市とは，一定の要件を満たした人口30万以上の市に政令指定都市に準じる権限を付与する制度である。中核市の成立以前は，地方自治法上の事務の違いは，一般の市町村と政令指定都市の二区分しかなかったが，これにより，新たに第三の区分が生まれることになった。さらに，今回の分権一括法の成立により，政令指定都市，中核市のほかに，新たに人口20万人以上の「特例市」という制度が誕生した。こうして，一般市とあわせて全部で4区分の市が生じることになったのである。

　筆者は規模別権限委譲の方式が一般化したことを次の意味で評価している。もしどの市町村にも一律に権限委譲を図ろうとすると，大都市はともかく小規模町村では対応できないということになり，結局分権が進まないか，あるいは，小規模町村をむりやり合併させて規模を大きくし，しかる後に分権化するという，いわゆる「受け皿合併論」を誘発することになりがちである。これに対して，規模別権限委譲の場合，現行の市町村の規模にふさわしい権限を委譲するのであるから，無理な合併をしなくても権限委譲が可能になる。しかも，中核市の制度が生まれた同じ1994年の地方自治法改正において，複数の自治体による事務の共同処理方式として新たに広域連合の制度が誕生し

た。都道府県の広域連合は国に，市町村の広域連合は都道府県に対して事務権限の委譲を求めることができるので，小規模町村は，合併をしなくても近隣市町村と広域連合を組むことによって，場合によれば特例市なみの権限委譲を求めることも可能である。これら諸制度の成立によって，住民には，少ない権限でも小規模町村に住むという選択肢や，近隣市町村と合併して特例市になり多くの権限を手に入れるという選択肢や，小規模町村を維持しながら広域連合を組むことによって都道府県からの権限委譲を求めるという選択肢など，市町村の規模と権限の多様な組み合わせが可能になったのである。

　第三に，条例制定権の範囲が大幅に拡大したことも，90年代の分権化の貴重な成果である。前述のとおり，従来機関委任事務は条例制定権の対象からはずされていたが，分権一括法の成立により機関委任事務制度が廃止されたこと，また，新たな事務類型として生まれた自治事務と法定受託事務がともに条例制定権の対象となったことによって，自治体の処理するすべての事務が条例制定の対象になった。もっとも，法律と条例との関係をめぐる法律論は従来のままであるし，また法定受託事務については，個別の法令の規定の形式を逐一検証しないと現実に自治体に許容される条例制定の余地がどの程度のものになるかを判断することができないが，少なくとも制度的には条例制定権の範囲が飛躍的に拡大したことは間違いない。重要なのは，拡大した条例制定権を地域がどう活かしていけるかであろう。

　第四に，大規模な自治体再編には至らなかったことである。道州制論や300市構想などの大規模再編論に対しては，地方六団体など自治体関係者が猛反発する。90年代初頭には現行の都道府県と市町村の抜本的な再編を求める議論が華々しく展開されていた。しかし，そうした議論は1994年の段階でいったん後景に退き［西尾，1999，13～18ページ］，とりあえず現行制度を前提としたうえで分権化を進めるべきだというある種の合意のようなものが形成されていった。このことは，分権論のイニシアチブが，この時期に非関係者の手から自治体関係者の手へ移っていったことを意味している。とはいえ，いったんは収束された大規模再編論が今後とも噴出しないとは限らない。97年頃から大規模な市町村合併を求める議論が再び活発になり始めている。今後の動きを注視すべきだろう。

第8章　地方分権と住民の課題

　第五の特色は，90年代の分権化は，税財源の移譲と公共事業の分権化という二つの大きな課題を残したことである。税財源の移譲については第二次勧告で，目指すべき改革の方向性が理念として確認されたにとどまった。すなわち，歳出規模と地方税収との乖離をできるだけ縮小するという観点に立つこと，所得・消費・資産等の間の均衡がとれた国・地方を通じる税体系のあり方等を踏まえること，税源の偏在性が少なく税収の安定性を備えた地方税体系の構築を検討すること，などが確認されたが，それをどう具体化していくかは今後の課題である。また，公共事業の分権化については第五次勧告が課題としたが，前述のとおり族議員などの反対にあい，当初構想から大きく後退した勧告しか提出できなかった。第四次勧告までは，分権推進委員会の研究者が中央省庁と事務的な交渉を積み重ねて一つ一つ譲歩を引き出していったが，公共事業の分権化や税財源の移譲に関しては，こうした方式ではもはや大きな成果を期待することはできない。その意味で，地方分権は世論と政治力によって推進する新たな段階に突入したといってよいだろう。

　この節を終えるにあたって，福島県独自の権限移譲についても若干ふれておきたい。福島県による独自の措置として，県の権限を市町村に移譲することが検討されている。これは，改正地方自治法第252条の17の2の規定に基づく措置であり，おそらく他の多くの都道府県でも同様の権限移譲がなされるものと思われる。新聞報道によれば，1998年10月13日に，県は14分野164項目の権限移譲が独自に可能であると市町村に提示したという。市町村側の要望を調査して，2000年4月に向けて権限移譲の具体的な項目を練り上げていく方針であるという。県としては近隣市町村との格差が生じないように，権限移譲を受け入れる場合は広域で対応するように要請しているとのことである（『福島民報』1998年10月14日，『朝日新聞（福島版）』1998年10月14日）。問題は，市町村がこれに対してどう対応すべきかであろう。

　まずいえることは，市町村の仕事が増えることが即，地方分権ではないということである。したがって，市町村の側に判断の余地のないような事務であれば基本的に断るべきであろう。逆にいえば，市町村がその事務の執行に際して独自の判断が下せるか，あるいはその事務を受け入れることによって地域づくりの幅が広がるようなものであれば，積極的に受け入れていくべき

197

である。ある権限を受け入れる時に，それによって地域づくりの可能性がどのように広がっていくかという具体的なイメージがないと，権限移譲されても，増えた仕事にただ忙殺されるだけになってしまうに違いない。

とはいえ，初めから何も検討せずに断ってしまうのも好ましくない。検討の俎上に上っている事務は，これまで市町村にとって馴染みのなかった事務であるから，これを受け取った場合に市町村の地域づくりに具体的にどうプラスになるのか簡単にはイメージしにくいだろうが，だからといって検討すること自体を排除してしまうべきではなく，地域づくりのためにプラスになるかどうかをしっかりと吟味したうえで，必要なものは積極的に引き受けていくという姿勢が必要であると思われる。[7]

むすびにかえて

数年前の敬老の日に，NHKが「介護移住」というタイトルの特集番組を放映していた。高齢者福祉が充実している市町村へ住民が移住するケースが最近増え始めていることを紹介する特集番組であった。「介護移住」は最近の現象であるが，これまでにも，サービスのよい自治体へ住民が移住するということがなかったわけではない。例えば，大都市近郊などで若い夫婦がアパートを探す際に保育行政の充実した自治体を選ぶというようなことは，かなり以前から行われていた。

集権的であるはずの日本でも，「介護移住」や「保育移住」が起こる程度には自治体間のサービス格差は存在する。分権化が進み，国による統制が少なくなると，こうした格差は今後ますます拡大していくことになるに違いない。しかし格差の存在を問題視していては，分権化は進展していかない。分権化とは，自治体間の違いを許容することである。

自治体間の格差を考える場合，次の三つを峻別する必要がある。①自らの選択による格差，②自らの不明や怠慢による格差，③自らの選択に起因しない格差である。

③の自らの選択に起因しない格差というのは，例えば，税源に乏しく財政力の貧弱な自治体などの抱える問題である。こうした格差に対しては，従来

第8章　地方分権と住民の課題

どおり，国が地方交付税などで財源保障をしていかなければならないだろう。

　しかし，①や②の格差の増大はやむをえないだろう。というよりも，①の拡大については，むしろ歓迎すべきである。これを容易にすることが，まさに分権化の目的だからである。介護や保育の格差にしても，住民が主体的に選び取った格差であれば，大いに歓迎されるべきだろう。それは，むしろ「個性差」とでも表現されるべきものである［地方分権推進委員会，1996，1-Ⅰ-4］。

　問題は②である。政治学者の松下圭一によれば，自治体としての自己革新の成果を積み上げてきた先駆自治体と，明治以来の国依存が続く居眠り自治体のあいだには，すでに追いつかないほどの行政格差が生じているという［松下，1996，48ページ］。自己革新を怠り安易に国に依存する自治体は，今後の分権社会に対応できないであろう。

　「介護移住」のできる住民は実はそう多くない。住民の多くは，何らかの理由で住んでいる地域を離れることができないからである。分権化が進めば，住民は，これまで以上に地域の政治や行政に関心をもたざるをえなくなるであろうし，また，地域の政治のあり方も，住民意思の反映しやすいシステムに変わっていかなければならないはずである。

　分権化が住民生活の真の豊かさにつながるかどうかは，ひとえに受け止める側の地域の意欲と能力にかかっている。分権化の果実をどう享受できるかは，地域によって大きな違いがあるだろう。分権化を活かすも殺すも地域次第なのである。

　　　　　　　　　　　　　　　（1999年7月脱稿，2000年3月最終校正）

注
　1）　市町村がこうした視点をもちながら介護保険にどう対応すべきかについては，［池田，1998］を参照。
　2）　このことは，福祉国家が成熟段階に達すると分権化が必要になることを意味している。これとは逆に，立ち上げ段階の福祉国家は集権化を必要とした。これについては［市川，1997］を参照されたい。
　3）　90年代の分権論に対しては，以上に示した筆者のような理解のほかに，これを新保守主義ないし新自由主義的な改革を意図するものであるとみなす有力な見解も存在する。筆者も，分権論の中にはそうした意図によるものが

少なからずあることを認めるが(例えば小沢一郎氏の分権論など)，少なくとも現在までのところ，現実に進行した分権化の中には，新自由主義的な要素はあまり多く認められないと考えている。おそらく，評価の分かれ目は，90年代の分権論の流れを形作った第三次行革審と，80年代の第二臨調や第一次行革審とのあいだに，連続をみるか断絶をみるかによるのだろう。

4) 従来，機関委任事務は都道府県の事務の約7〜8割，市町村の事務の約3〜4割を占めるといわれてきており，また，そうした理解が学界でも一般にもひろく定着している。しかし，現実には，機関委任事務の割合はそれほど多くなさそうだということである［鳥飼，1997］。

5) (第一次)地方分権推進計画は分権推進委員会の第一次〜四次までの勧告をほぼ踏襲しており，また，分権一括法は(第一次)地方分権推進計画を具体化したものである。しかし，この三者については，前二者間には若干の，後二者間には重大な相違がある。

6) 必置規制とは，例えば，保健所長は医師でなければならないなどという規制であり，国が行政の専門的執行を確保する観点から自治組織権に対して一定の制約を加えているものである。今回の改革では，社会教育関係などを中心に必置規制の緩和が進み，一定の関与の縮小が図られることとなった。

7) なお，1999年5月16日の『福島民報』によると，県からの要望調査に対して，市町村側は，農地転用や農業振興地域の変更の許認可など5項目を移譲するよう希望しているという。これは，先に県が示した164項目に含まれていないため，県は関係部局であらためて検討することにしたという。さらにその後の経過については，『福島民友』1999年9月16日号，同11月18日号などを参照のこと。なお，このテーマに関しては，『福島民報』2000年1月22日号，同1月26日号にも興味深い記事がある。

参考文献

五十嵐敬喜「官僚同意のなかでの『地方分権』」『法学セミナー』第513号，1997年。

池田省三「介護保険と地方分権」『法学セミナー』第525号，1998年。

市川喜崇「いまなぜ地方分権か」，福島大学地域研究センター編『国家をこえて地域をひらく』八朔社，1995年。

―――「『新中央集権主義』の再検討」『行政社会論集』(福島大学)第9巻第3・4号，1997年。

渋川智明「分権委，6次勧告見送り活動の中心を監視活動に移す」『月刊地方分権』第5号，1999年。

高木健二『分権改革の到達点』敬文堂，1999年。

地方分権推進委員会『中間報告』1996年。

鳥飼顯「機関委任事務に関するいくつかの『通念』への疑問」『都市問題』第88

第8章　地方分権と住民の課題

　巻第7号，1997年。
西尾勝(編)『地方分権と地方自治　新地方自治法講座⑫』ぎょうせい，1998
　年。
　―――『未完の分権改革』岩波書店，1999年。
松下圭一『日本の自治・分権』岩波書店，1996年。

第9章　福島県の地方都市問題

鈴木　浩

はじめに——本章の課題

　福島県内の地方都市で何が起きているか，今後の課題は何か，それを探るのが本章のねらいである。そこでまず「地方都市問題」という場合の対象の広がりについて限定しておきたい。与えられたテーマである「地方都市問題」という表現には，「地方都市」と「都市問題」とが結合されており，以下のような対象の広がりについての論点が絡み合っていると考えられるからであり，ここではそれらについて一応の整理をしたうえで本論を展開したい。

　まず「都市問題」という場合，「地方都市」がどのような広がりで対象化されるのかということと密接に関係してくるし，一般的には都市社会に生起する諸問題を対象化することには違いないが，切り口はさまざまである。ここでは筆者の専門性から，福島県内での都市問題について「都市計画」との関連で考察すること，そしてその際「都市と農村」との関係における諸問題をも視野にいれて考察することとしたい。

　次に「地方都市」という場合，それは具体的にはどのような地域を対象とするのかということである。市町村のうちの市部と考えるか（福島県内には10の市がある），「都市計画区域」と考えるか（福島県内で都市計画法上の都市計画区域を定めているのは全市町村90のうち63，うち市街化区域・市街化調整区域を定めているのは14である），あるいはまた国勢調査にいう「人口集中地区（DID）」（以下DIDと呼称する）と考えるか，それによって福島県内の対象の広がりは異なってくるのである。

　やや長くなるが，都市的な地域としてどの範囲を対象とするか，その考え方を検討しておこう。

第9章　福島県の地方都市問題

表9－1　福島県におけるDIDの状況（1995年）

	全人口に占める比率（％）	全面積に占める比率（％）
福島県	37.14	1.26
福島市（Ⅰ～Ⅲ）	62.90	5.05
会津若松市	78.51	5.66
郡山市	66.38	5.81
いわき市（Ⅰ～Ⅷ）	47.25	3.64
白河市	48.41	4.93
原町市	47.81	3.64
須賀川市	43.22	4.32
喜多方市	35.27	2.66
相馬市	22.23	1.32
二本松市	32.60	1.93
梁川町	29.21	1.69
保原町	40.00	4.76
本宮町	32.53	4.30

注：福島市といわき市は，それぞれ市域の中に分離したDIDが複数存在しており，括弧内のローマ数字はその区域を示している。
資料：1995年度国勢調査。

　それぞれの市町村には形態や集積の違いはあれ，何らかの形で中心市街地が存在している。それらが地域生活の基本的な都市的なサービスを担っていたと考えられる。一方合併によって行政区域を拡張してきた市部は都市的な集積の高い中心市街地はもちろん，合併以前の町村の農村部を包含している。それらの事情が市部をそのまま都市地域として認識しづらい状況をつくりだしてきた。このような事情から1960年国勢調査以降，DIDの概念を設定したのであった。[3]

　1995（平成7）年度国勢調査によると県内においてDIDが存在する市町村は表9－1に示す10市3町である。ここで少し注意を要するのは，川俣町には1990年国勢調査時点までDIDが存在していたが1995年時点でそれが消滅していることである。それは後に述べる市街地空洞化の一つの姿である。

　ちなみに都市計画では，このDIDを次のように活用している。つまり都市計画における「市街化区域」設定の基礎は「相当の人口及び人口密度を有する市街地その他の既成市街地」（都市計画法施行令第8条）として規定され，それは「50ヘクタール以下のおおむね整形の土地の区域ごとに算定した場合における人口密度が1ヘクタール当たり40人以上である土地の区域が連たん

している土地の区域で，当該区域の人口が3千以上であるもの」(都市計画法施行規則第8条) としている。

これまでの検討と地域における実態をを踏まえると，ここでは少なくとも市町村における市部を地方都市の対象として扱うことは適切ではない。本章での都市についての概念規定を一応しておこう。

「地域社会において，人々の日常生活を支える居住，産業・経済，流通・消費，医療・福祉，教育・文化，などの諸活動の集積する地区を市街地といい，市街地（土地・空間）とそこでの諸活動の総体（社会経済構造）について住民による統合的・規範的なシステム（政治構造）が作用する社会的・空間的な広がり」を都市としておきたい。

現実には，上記のような特質をもって誕生した都市が経済的・政治的に優勢を占め，周辺の農村地域等を合併していった歴史があり，行政単位としての自治体には都市と農村が同時に含まれることが多い。したがって社会経済構造によって析出される「都市」としての認識よりも，政治的・行政的な単位としての「自治体としての都市」が認識されることのほうが一般的である。

そのことは福島県における自治体では共通にいえることであり，全国的にみても大都市を包含する首都圏や近畿圏を除く地方でも同じ状況である。福島県におけるDIDの状況に関する前掲の表9-1を見ると，いわゆるDIDにおける人口が全人口の過半数を占めるのは会津若松市，郡山市，福島市だけであり，それらの自治体でさえ市街地の広がりとしてのDIDは，各々の自治体の面積のたかだか数パーセントにしか過ぎない。

しかし一方で，生活上の実感として，中心集落といえるような集積状況を含めれば，どの市町村にも何らかの中心市街地は存在している。

本章では，都市計画でも援用されているDIDを基礎にした既成市街地を主要な対象領域と考えておくが，DIDの存在しない，あるいは都市計画区域のない市町村でもその中心集落も念頭に入れて考察を進める。

ところで，筆者は地方都市における都市計画の諸課題については，すでに検討したことがある[鈴木浩, 1991]。そこではわが国における都市計画の特質から生起する次のような都市問題を検討した。

(1)わが国の都市計画は都市における基盤整備（それも主には産業基盤であ

る）を中心としてきた。都市基盤が整備された地区において，産業を支える経済空間と住宅などの生活空間が不動産という市場のもとで立地を競っているのがわが国の姿であるが，その結果は誰の目にも明らかである。経済空間に生活空間が駆逐されてしまう。そのことを未然に防ぎ，都市を人々の生活の場として確保してきたのがこれまでの欧米における都市計画の役割だったのである。
(2)都市計画の具体的な手段として，開発や建設を中心にしてきた。長い時間をかけて都市施設，居住空間，生活環境などの保全・修復などを行うことを積極的に位置づけてこなかった。
(3)わが国で都市計画といえば，とくに中央官庁（建設省）主導型の仕組みの中で運用されてきた。
(4)わが国の都市計画は全面的にモータリゼーションを前提としてきた。
(5)都市計画における時間の概念が希薄である。適切なスピードやスケールとしてコントロールするよりも，それらの早さや大きさを競うことに邁進してきたといえる。

80年代までの動向を考察したこの論文が発表された直後にバブル経済がはじけ，90年代は空前絶後の景気後退を余儀なくされた。そして公共政策の失敗が次々と露呈し，行財政改革が避けては通れない課題となった。そのような状況下で，政府・建設省による都市計画に関する改革も次々に打ち出されてきている。例えば1997年都市計画中央審議会答申「安心で豊かな都市生活を過ごせる都市交通及び市街地の整備のあり方並びにその推進方策はいかにあるべきか」は，わが国のこれまでの都市計画が「都市化社会」に対応するものであったことを認め，これからの都市計画として「都市型社会」に対応するものでなければならないこと，自治体による都市計画の展開などを提起したのであった。一方で「民間活力導入」とそのための「規制緩和」が追求されており，民間活力と市場原理が結合して展開されている都市状況の典型が地方都市における中心市街地空洞化ではないかと考えるとき，地方都市における都市計画のあり方をめぐっては，これまで以上に本格的な議論が求められていることはまちがいない。

要するに本章は，一方で福島県下のすべての市町村の中心集落規模も想定

しつつ，他方周辺の市町村の人々を引き寄せるような中心性と広域性の比較的高い中心市街地（その大半はやはり市部における中心市街地が該当する）を念頭において90年代の状況について検討を進めることにしたい。

1　激動の地方都市，その象徴としての中心市街地空洞化問題

今日，福島県内に限らず，わが国の地方都市が共通に抱える深刻な課題として登場してきたのが中心市街地空洞化問題である。長引く不況とそれによる消費の低迷が引き金になって急速に広がったが，その要因はさらに高度経済成長時代やバブル景気の時代そして金融経済の国際化・ボーダレス化そして貿易の自由化などに横たわっている。それは問題の広がりにおいて，また問題の深さにおいて，まさに地方都市と地域社会のあり方を根底からゆさぶる課題といえそうである。ここではまず中心市街地空洞化問題を足掛かりに，わが国の地方都市や地域社会が今日の状況を引き起こすまでに，どのような地域づくりを進めてきたのか，そして地域の側から中心市街地再生の課題をどのように認識するか，さらに地域からの内発的な展望をどう描くか，というところに重点をおいて検討してみたい。今日の中心市街地の深刻な事態に直面して初めて都市とは何か，豊かな地域空間とはどのようなものか，をあらためて原点に立って考える絶好の機会になっていると考えるからである。

　地方都市における中心市街地空洞化の要因と実態について，少し断片的なきらいはあるが箇条書き的に述べていこう。

(1)拡大の思想（スピード，スケール，そして"新しさ"を競う）

わが国のこれまでの都市計画や住宅政策を受けて福島県下の地方自治体も，急速に進む都市化に対応させて市街地を拡大し郊外に住宅を建設していくことが主要な任務であったし，市街地の拡大がその地域の発展として受け止められてきた。都市計画や建物を支える技術革新の急速な展開も市街地におけるスクラップ・アンド・ビルドを助長してきた。わが国の経済を支えるフロー主義が地域社会の空間形成の論理にもなっていった。

　どこの自治体でも人口増加，工業開発をめざし宅地造成を進めていった。

一方で中心市街地の居住環境は高密化，混合化そして劣悪化が進み，そこに居住していた人々もこぞって郊外へ住宅を求めていった。

(2)モータリゼーション

わが国における車社会化は70年代以降急速に進んだ。とくに地方都市は車依存社会になってしまった。人々の生活にとって車が必需品になった時から，車のアクセスに便利な施設や居住地が求められるようになっていった。既成市街地での車への対応は既存の空間所有や利用の複雑さから立ち後れ，郊外への施設誘導をもたらすことになった。

車社会は一方で公共交通ばなれを誘発し，運行や経営が圧迫され，ますます利用しにくくなるという悪循環をもたらした。しかし，交通弱者の生活支障や市街地の快適性の後退，環境・資源問題の深刻化が車社会そのものを見直す契機になっている。

福島県下でも，ほとんどの市町村で中心市街地を貫通していた幹線道路のバイパスが建設されてきた。それは増え続ける交通量に対応することが第一義的な目的であったが，あわせて前項の「拡大の思想」と結びついている。バイパスの周辺は格好の開発適地として位置づけられてきた。もともとの市街地にそこまで拡大するほどの力量があったかといえば否であったのであり，それが今日の空洞化と深く結びついている。

(3)流通革命

わが国の中心市街地における伝統的な商業・卸売業といえば，主には家業として展開されてきた。しかし，スーパーマーケット，コンビニエンスストアなど全国ネットの企業的経営が地方の中小都市にも急速に進出してきた。当初これらは中心市街地にも多く立地したが，車社会にいちはやく対応して郊外へ転出したのだった。顧客の車利用に応えるだけでなく，広域かつ膨大で迅速な物流を貨物トラックに委ねており，急速に郊外型にシフトしていったのである。品揃え，選択のしやすさ，店舗の明るさ，クレジットカードの利用など，どれをとっても市街地の個店，専門店に比べて先行して消費者の欲求をとらえてきた。これらが，われわれの豊かな消費生活や豊かな商店街

の姿なのかどうか，を吟味するひまもなく急速なスピードで市街地商店街に大きな影響を与えてきた。

(4)ボーダーレスと都市のヒエラルキー構造

東京への一極集中の進行を政府が率直に認めたのは，第四次全国総合開発計画（1988年）においてであった。80年代前半に布石された「世界都市――東京」の青写真，それに向けての規制緩和・民活路線そして全国的な高速交通体系の整備，80年代後半からのすさまじい東京マネーの流動や世界的な金融システムの再編などによって，わが国の都市間競争は激しさを増した。地方都市に進出する全国ネットの大型物販業やコンビニエンスストアは高い利潤を求めて短期決戦型の立地傾向をたどっている。時には，中心商店街の数百の小売店の売上高に相当する売上高を獲得するスーパーが進出することも珍しくない。

集積がさらなる集積を呼ぶ大都市の成長とともに地方都市はますます全国的な序列化の中で厳しい経済社会状況に追い込まれていく。経済の論理で対抗できる特色をもった市街地の形成を実現できる地方都市として維持していくことはそれほどたやすいことではなくなっている。地方都市の中心市街地がその地域の住民生活を支え，経済的にも成り立っていくためには余程の特色を打ち出さなくてはやっていけなくなってきている。

政治・経済や情報のグローバリゼーション（globalization）が進む一方で，地域の特色を打ち出す，いわゆるローカリゼーション（localization）がまた課題になっており，世界各地での取り組みと連携していくこともその都市が個性や誇りを獲得していく重要な契機になっていくであろう。

(5)農村・農業の衰退と都市化

地方都市における中心市街地空洞化の要因として指摘しておかなければならないのは市街地周辺の農村部との関係のあり方である。もともと地方都市における中心市街地は周辺の農村部とは深い関係をもっていた。全国の地方都市に存在する五日（市），七日（市）などの地名は農漁村からの新鮮な食料品の市場であったし，それが都市の賑わいの原点であった。デパートや大手

スーパーの食品売り場では味わえない活気と風情があった。農村の人々もそれを機会に「まち」にやってきて生活用品を買い，都市の空気を味わっていった。しかし，農作物が全国ネットの流通経路にのせられ，さらには農業自体が衰退の一途をたどるようになって，都市と近郊農村の関係は共生から主従の関係に置き換わっていった。曲がりなりにも共生の関係が保たれていれば都市化をコントロールできる力が農村側にもある。しかし，主従の関係になると都市化の波を受け入れ，都市的な土地利用に委ねてしまうことになる。市街化現象が必要以上に郊外に広がっていく誘因になっている。

　さて，首都圏や近畿圏などの市部などでは全市域が市街地を形成している自治体もあるが，地方都市の市域は周辺に農村地域が広がっているところに特質があるといってもよい。1960年から国勢調査で人口集中地区(DID)という考え方を導入したのも，これらを背景にしていることはすでに述べたとおりである。福島県下の10市はすべて，このような特質をもっている。したがって，地方都市における基本問題の一つとして，市街地と近郊農村地域との関連のあり方をめぐる課題を指摘しなければならない。

2　都市問題における「地域社会」（コミュニティ）問題

　国民生活審議会・コミュニティ小委員会が「コミュニティ——生活の場における人間性の回復」を発表し，地域社会の崩壊を示唆したのは1969（昭和44）年であった。高度経済成長期に「挙家離村」「人口の地すべり的移動」などと表現されてきたような農村からの人口流出の結果，都市社会における地縁的な人間関係の希薄さに比べて地域社会が維持されてきた農村社会においてもその維持すら困難になってきたことが深刻に受け止められたからである。1960年代以降の福島県下の地方都市では地域社会がどのような状況にあったのか，正確な把握をしているわけではないが，市街地においても町内会・自治会などを通して地縁的な関係が日常生活の中で色濃く存在していたのではないかと思われる。そのことは多くの人々から当時の地域社会がもっていた教育力（地域社会が子どもたちの成長に関わる力）や福祉力（お年寄りを地域が支える力）や管理力（地域の環境・自然そして衛生を維持する力や地域

における社会慣行・規範などを維持する力）などを発揮していたことについての経験を聞き出せることからも推測できる。地域社会を構成する各々の世帯においても，1960年代頃までは，その世帯での次の世代への継承はおおよそ見当がついていた。世帯主が家を新築しようとすれば，その家が次の世代まで住み続けられるであろうことをほぼ念頭においていた。

　ところが，今日の地方都市では，30年前に国民生活審議会の提起したコミュニティ問題が，一層深刻な事態に立ち至っているというほかはない。

　「商店街や住宅地において地域社会としてのこれからの姿がみえますか」

　「子供たちを育み，お年寄りを支え，地域の環境や自然を守りコミュニティを育てていく地域の力を実感できますか」

　「今後の世帯の継承に見通しが立っていますか」

　「家屋敷を次の世代に引き継ぐ見通しがありますか」

　「農業や商売を次の世代に引き継ぐ見通しがありますか」

　などの問いかけが，今日では重い響きをもって受け止められている。さらにいえば，そもそも「地域社会は必要なのか」，「家族やその生活拠点たる住まいが次の世代に継承される必要があるのか」という問いかけさえ発せられているのが今日の状況ではないかと思われるのである。

　要するに地方都市の直面する課題として指摘しておかなければならないのは，地域社会としての実体が揺らいできており，そのことが今後の高齢社会に立ち向かう弱点にならないか，地域の魅力を削ぐことにならないか，ということである。

　わが国における高齢社会の到来は，これまでの右肩上がりの経済発展の方向からの軌道修正を求めている。これまで地域社会に蓄積してきた知恵と工夫をむやみやたらに捨て去るのではなくて最大限活かすことが必要である。高齢者の生きがいと次代を担う若者とを繋ぐ方法を見出すことが，これからの課題になっているし，それを展開するための情報発信をできるのは地域社会のシンボル的な場が形成できるかどうかにかかっている。地域社会の人々が世代を超えて交流できる場としての中心市街地のあり方が，また地域社会の発展継承につながっていくはずである。

　例えば地方都市における地域社会との関係について，高校生はとくにその

転機に直面する。地元で仕事や進学先をみつけるのか，大都市などへ転出していくのか，人生の最初の重要な転機であるといってもいい時期の彼らの声を地域が受けとめているであろうか。こういう世代間の丁寧なやりとりの蓄積が地域力を高めていくことになるだろう。

今日では，福島県内各地で地域づくり，まちづくりの取り組みが活発に展開されるようになってきている。そのことは地域社会再生に向けて重要な足掛かりになるものと評価できるが，一方でそれらの取り組みを支えている人々の世代から次の世代への引き継ぎがどう行われているのか，という課題があるのではないかと思われる。

実は「地域社会」がこれらの課題を受け止めるもっとも重要なフィールドであるが，地域社会の実体はどうなっているのか，人々が求める地域社会とはどのようなものか，そもそも地域社会に何かを求めているのか，という根本的な問いかけがなされるようになっているのが今日の状況である。

3 地方都市の今後の展望

これまで，地方都市の現状や課題について，政治経済的な視点と市街地の空間的特性そして地域社会としての特性を重ね合わせながら考察してきたが，ここでは，自治体としての地方都市つまり市町村単位での今後の展望について検討してみたい。今後の地方都市の展望は結局自治体の政策展開のありように規定されるといわざるをえないからである。

(1)福島県における地域構成の考え方

1998年3月，政府は新・国土総合開発計画を発表した。そして2000年3月現在福島県は新しい福島県総合計画を策定中である。行財政改革，地方分権そして長引く経済不況などを背景に，これまでの地域振興方策の基調は大きく転換を迫られてきている。福島県下の地方都市のあり方を考えるとき，これらの上位計画の動向をとらえておくことは重要である。新・全国総合開発計画では「選択と連携」というキーワードを掲げ，全国の各々の地域が自らの選択で今後の方向を見定めること，その実現のために地域間連携を強めて

いくことを提起している。いわば「自己決定」「自己責任」ということであろう。

ところで福島県ではこれまで多極分散型の七つの生活圏構成[4]を設定し、一極集中の弊害を回避しようとしてきたところである。各々の生活圏が自律的な地域として発展していくためにはなお経済基盤、公共施設、インフラなどの整備や各市町村の自治体としての政策能力を高めていくことが前提的な条件であるが、同時に県や国の役割は何か、あらためて明確にすべきであろう。地方分権は地域間格差の拡大として作用する可能性が大きく、これが市町村をして地方分権への踏み出しを躊躇させている原因の一つである。とすれば、これまでの地域間格差をもたらしてきたもの、そしてこれを是正する道筋をさらに明確にしていくことが求められている。自治体における政策能力の形成については項を改めて後述することとしたい。

(2)地域社会・コミュニティ再生の課題

すでに述べたように、高齢社会に向けての地域社会・コミュニティ再生の課題があらためて重要な課題として認識されつつある。ちなみに、コミュニティ再生の課題はわが国に限ったことではない。例えばイギリスではブレア政権のもとでコミュニティ再生のための政策が繰り広げられるようになっている[5]。

われわれの生活の身近なところで地域社会が実感できることが、地域の個性はもとより地域の誇りを生み出す基礎になるであろう。地域社会が実感できるというのはおそらく、そこに住む人々の間に共通の「ふるまい方」と「もてなし方」が形成されるということである。フォーマルなものでいえば協定とか条例という形でオーソライズされたものがわかりやすいが、現段階でもっと重要なことは共通のルールを形成するシステム、つまり地域住民が話し合える、そして必要に応じて専門家や行政などの支援を受け入れられる場や組織が形成できるかどうか、である。従来型の町内会や自治会は往々にして限られた年齢層や職歴層などに偏ってしまい、地域の多くの人々との間のギャップや行政の下請け機関化などについての問題点が指摘されてきた。既存の組織を活用し発展させていくことも考えられるが、いずれにせよ地域の広

範な人々が支え合えるような地域組織の活動が求められている。そして現段階でこういう地域組織が発展できるかどうかで重要な分岐点になっているのが，こういう組織に対する自治体の姿勢である。現実には，自治体はこういう地域組織を行政組織の一部と考えている場合から相対的に独自の活動をする住民組織として一定の緊張関係と連携のバランスを保とうとする場合など，まちまちである。地域組織として発展することを期待しながらも日常的には行政が管理運営を支えてしまうケースなどが多く，自律と連携をバランスよく保持することにはかなりの蓄積が必要である。場合によっては地域組織と行政との間の依存や包摂などの問題点を克服するために，専門家などによる中間組織を形成して両者の良好な関係を維持する試みも生まれてきている（東京・世田谷区における「まちづくりセンター」など）。

　これまで医療福祉・環境資源・教育文化などの課題は，基本的には「公」の担うべき課題としてとらえることが一般的であった。個人や家族あるいは企業などの「私」が担う問題とが截然と分かたれてきたのであった。今日この「公」と「私」という二極のセクターだけでなく，「共」という領域の可能性が注目されてきている。それはそれぞれのセクターのもつデメリットを断ち，メリットを活かすための第三のセクターという意味で注目されている。その際に，多くは機能集団（アソシエーション）型の組織がNPOとして関心をもたれることが多いが，ここでいう地縁的な「共」もまた地域生活を豊かなものにしていくために重要であることを確認しておきたい。

(3) 中心市街地再生の課題

　地方都市の中心市街地問題とその要因についてはすでに詳しくみてきたところである。その再生に向けてどう立ち向かうか。それにはすでに指摘してきた諸要因への対応が求められているといえるが，ここでは次の2点を付け加えておきたい。
　一つは，市街地の姿と機能についての合意の形成である。とくに地方都市において，周辺の郊外住宅地や農村部から中心市街地再生の取り組みに対する賛同が得られるかどうかという課題が提起されることが多い。そのようななかで文字どおり「中心市街地はなぜ必要なのか」について徹底した議論を

通して合意していくことが求められている。これには中心市街地の姿やそこで発揮されるべき機能さらにはそこでの生活像などの具体的なイメージが共有される必要があろう。地方都市では伸びやかな自然の中での「郊外居住」こそ享受すべき居住の姿であり，「都心居住」などは東京などの大都市の居住像であって，中心市街地に人口を呼び戻す必要はない，というような意見に対して説得力のある「都心居住論」が展開できるかどうか。限られた環境・資源や公共投資そしてスクラップ・アンド・ビルド型のフロー重視経済からメインテイン・アンド・インプルーブ型のストック重視経済に置き換えることは意外にむずかしい。当面は生活の「量」を抑制することが含まれるからである。高齢社会にどう対応するか，物量作戦で乗り越えられるはずもなく，資源・投資抑制型の社会経済環境を自覚的に受け止めるための一層の議論が必要である。

　二つには，中心市街地再生の課題は地域における「ものづくり」の衰退と深く関わっているということである。どこの地方都市にも，まちなかには地域の人々の生活や文化を支える「ものづくり」があった。すでに述べたように周辺部の農漁村からの生鮮食品が集まってきていた。これらの生産物の地域内循環が地域個性の形成に重要な役割を果たしていた。しかし，より大きな流通システムの形成のもとで地方都市における生活物資もまた全国を流通する商品として供給されるようになってきた。地元のパン屋，菓子屋，豆腐屋，魚屋，八百屋などは製造や加工をすることをやめ，仕入れたものを販売する業態に変わってきた。それでは個性的な都市型の産業や商業による地方都市の魅力を形成することはむずかしい。地方都市は規模や量ではなく，質でその個性を発揮しなければならないからである。地方都市の中心市街地再生にとって，まちなかでの「ものづくり」文化の再生がもっと重要な課題として取り上げられるべきでないかと思う。

(4)都市と農村の共生の課題

　地方都市における中心市街地のあり方を考えるうえで大都市と決定的に異なっていることは身近な周辺に広大な農村地域を擁していることである。この周辺の農作物は，上記の都市型食品製造業と同様都市圏域内での供給シス

テムがくずれ，全国的な流通システムに置き換わってきた。極端にいえば産地を抱えながら，大都市の市場から逆移入してくるものも多い。地方都市が魅力的になるための有力な方策の一つは，周辺の農林業，漁業などとの連携を強めることである。すでに市街地と近郊農村との関係を発展させようと取り組んでいる自治体もあり[6]，その可能性はきわめて高いといえよう。

(5)車社会の軌道修正

車社会の是正に対するスタンスも欧米とわが国との違いの一つになっている。市街地に進入する車を適切にコントロールすることで中心市街地の賑わいと快適性を取り戻した事例が欧米では増加している。公共交通や自転車の復権に取り組んでいる事例も多い。わが国の地方都市における車社会の実態からいえば，地道でも確実な蓄積を積み重ねていく以外にはない。中心市街地における目抜き通りといえる通りを中心に来街者の車はもちろん店舗の搬出入の車をコントロールし快適な目抜き通りにできるかどうかは決定的に重要である。また中心市街地における駐車場の整備はその量を確保することよりも配置や質を考慮しなければならない。中心市街地における重要なポイントを結ぶ公共交通（ミニバスや路面電車あるいは本格的にはLRT）の運行が有効である。郊外からのアクセスは電車やLRTなどの活用や中心市街地のエッジの部分でのパーク・アンド・ライドなどのシステムを導入することなどがこれまでに出されているアイデアである。要はこれらのシステムをできるだけ多くの市民を巻き込んで合意していくこと，理論的に議論を積み重ねるだけでなく，社会実験によってその有効性を確かめていくという実践的な方法を駆使していくことも有効である。

(6)地域における政策能力の形成

今日あらゆる地域政策課題において「住民・行政・企業のパートナーシップ」が叫ばれるようになってきた。それより以前から「住民参加」の重要性が指摘され，市町村の「基本構想」[7]などでは必ずといってよいほどに住民参加によるまちづくりが叫ばれてきた。にもかかわらず，残念ながら「住民参加」や「住民・行政・企業のパートナーシップ」は言葉や表現の流布ほどに

実体は深まっていない、というのが実感である。

　行財政改革、地方分権の潮流などから考えれば、これらのコンセプトは地方都市における政策展開にとってきわめて重要な視点である。誤解を恐れずに結論的にいえば、自治体における新たな質と量の政策能力を獲得するための試金石が、「パートナーシップ」や「住民参加」の実体をどう創りだせるかにあるともいえよう。

　さて、「中心市街地における市街地の整備改善及び商業等の活性化の一体的推進に関する法律」（いわゆる「中心市街地活性化法」）が1998年6月に公布された。それ以来多くの地方自治体がこの法律に基づく「基本計画」の策定に向けて総力を挙げて取り組んでいる。これらの動向の中には、政府関係省庁におけるこれまでの縦割り行政に対する新たな横断的な対応などが注目されている。一方で、中心市街地活性化に取り組む地方自治体の対応について今後改革すべき課題がないわけではない。これまで述べてきたように中心市街地再生の課題はきわめて総合的な課題であり、地方自治体においてもこれまでの縦割り的な対応では限界があることは明らかである。しかし、「中心市街地活性化法」に基づく「基本計画」が、関連省庁のメニューの落とし込みを主な内容にしているために、具体的な計画の推進は既存の事業部局に配分していくという構図になりやすい。実は中心市街地活性化の重要なコンセプトにもなっているTMO（Town Center Management）の課題などはこれまでの部局では対応できない、包括的な考え方を確立しなければならず、その困難さのために全国的に立ち後れているともいえるのではないかと思う。文字どおり自治体の政策能力が問われているというべきであろう。そして各省庁のメニューを選択するという方式も果たして自治体の創造的な政策形成になじむものかどうか、いずれ現場の側から再検討をする必要があろう。

　市街地再生のために、地域力を発揮するための連携の基礎は情報の共有であり、その前提となる情報公開の拡充も重要な課題である。いずれにしても、中心市街地再生の課題は、さまざまな法制度の改革と地方自治体の自治能力が問われることになっている。

第9章　福島県の地方都市問題

最後に——豊かな地域社会とライフスタイルをめざして

　90年代になって，戦後わが国をリードしてきた論理が全面的に崩壊し，経済の長期的な低迷そして地方都市中心市街地の空洞化にみられるような深刻な事態に直面した。

　80年代後半から，その後のキーワードとして「国際化・ボーダーレス化」「情報化」，「高齢化」などが流布され，それらはいずれも実際の生活の場面で実感できるものとなっているが，あわせてそこに潜む問題点や課題も浮き彫りにされつつあるということもできる。そして情報，資本，ひと・ものが世界中をいとも簡単に行き交うようになって次第に富の遍在や政治力の集中などが明らかになってきている。それによって，R.フランクとP.クックが指摘する「一人勝ちの社会」［フランク／クック，1995］に突入していることが実感されるのである。かれらは「一人勝ち社会」のもたらす浪費的な投資や浪費的な競争に対する警告を発しているが，これをわが国の地域社会や生活構造に当てはめるとどういうことになるか，今日のわが国における平均的なライフスタイルと家計構造を想定しながら，考えてみよう。

　わが国において1960年代以降ライフスタイルや家計構造に大きな影響を与えてきたものの代表的なものとして①教育への投資，②住宅への投資，③車への投資，の三つをあげることができる。

　60年代以降の教育産業の台頭，大学の大衆化，高等教育機関の大都市地域への偏在，などによって，ほとんどの世帯が子弟への教育投資を膨らましてきている（偏差値は投資額に比例するなどといわれたことさえある）。福島県を含めて大学の設置が少なかった東北地方では，子弟の大学進学にともなう教育投資は4年間で1000万円を超すといわれている。この投資はすなわち親が汗水流して稼いだ所得のかなりの部分が地域還元されることなく大都市に吸収される，という構図になっている。

　住宅も大変な投資であるが，これも地方での投資エネルギーが地方の経済を潤すような流れではなくなってきている。これも60年代以降の，いわゆる「住宅産業」の台頭によって，地域経済循環から断ち切られてきている。言い

換えれば，地方での投資であっても，その経済的メリットは本社機能のある東京や大都市へ集中する結果となっている。しかもわが国の住宅の耐用年数は著しく短い。建設省の発表ではわが国における住宅の平均耐用年数は27年となっている。正確なデータの確認ができないが，イギリスなどの住宅の耐用年数との比較でいえば，かの国で1軒の住宅を使いこなしている間に，わが国では2軒ないし3軒の住宅を建て替えていることになる。単に物理的な耐用年数だけでなく，経済的陳腐化，中古住宅市場の未発達と融資や税制による新規建設への誘導などが影響しているが，いずれにせよ新規住宅建設に振り向ける世帯の家計支出は莫大な金額になっている。

車社会＝車に依存した地域社会と考えれば，地方は文字どおり車社会の真っ只中にある。一家に1台どころか地方では2台，3台はあたりまえ，という状況になっている。この車の購入・維持のための家計支出も世帯のライフサイクル全体の中で総和をしていくとかなりの総額になることは想像に難くない。

教育・住宅・車，それぞれが家族生活を成り立たせている重要な構成要素になっているが，その総投資額が集中しそのまま地域経済の発展につながる大都市地域と，その大半が大都市地域に流出してしまう地方との格差が広がる構図ができあがってしまっている。国内でながめてみれば東京一人勝ちの構図であり，世界的なスケールでみれはアメリカ一人勝ちという構図である。このように人々のライフスタイルを地域社会や地方都市との関連でとらえてみると，われわれ自身が浪費的な投資，浪費的な競争の中で，本当の意味での豊かさを実現できないでいることが思い知らされるのである。

地方都市における生活や経済あるいは資源が，一定の比率でその生活圏域内で循環するシステムが求められているし，それがこれまでの大量生産，大量消費，大量廃棄の生活スタイルや「一人勝ち社会」を軌道修正していくことになるのではないかと思う。

さらに高度経済成長期を中心に形成され，その後のわれわれのライフスタイルの中に刷り込まれてきたさまざまな価値観をいかに克服していくかという課題も大きい。都市的生活様式や空間構成が農村に浸透していくことを地域の発展とうけとめてきたこと，開発と保全という課題が提起されてきたに

もかかわらず結果的には開発に流されてきたこと，スピード・スケールそして効率を競い合うことが地域の発展につながると考えてきたこと，などその呪縛から解き放たれることに時間がかかりそうなのは大都市よりも地方都市のほうなのかもしれない。

　戦後わが国は民主主義を基本理念にして再出発をした。この民主主義が地域生活やまちづくりの場面で具体的にどのような意思決定の原理として発展してきたか，と問い直してみると，やや不安である。戦後の教育の中でも小学校以降，どのように民主主義を子供たちに学習させていったかという点からも不安が残るのである。それはあまりにも「多数決」という方法に委ねてきたのではないか，という危惧である。「多数決」は民主主義的決定方法の一つではあるがすべてではない。ましてまちづくりなどの現場ではこの「多数決」という方法が有害である場合すらありうる。「高齢者や障害者にやさしいまちづくり」などが叫ばれるようになってきたのも，これまでの「多数決」によるまちづくりに対する反省からでもある。私たちの地域におけるライフスタイルの中で「民主主義」をどう発展させていくかも一層重要な課題になりつつある。住民参加や住民・企業・行政のパートナーシップあるいはNPOなどの重要性が叫ばれているが，それらはいずれも民主的な運営方法を基礎に確立しなければならないものばかりだからである。

　これまで地方都市問題について検討してきたが，結局のところ地方都市のあるべき姿についてあまり合意されたものが形成されていないということに気づかざるをえない。地方都市における人々の生活像，地域社会・コミュニティ，地方都市の個性と魅力などについての社会的なコンセンサスの形成こそがいま求められているのではないかと思う。

注
　1）　1999年3月31日現在，福島県における都市計画区域指定市町村数は63，その面積は県全域に対して24.3％，人口は180.8万人で全人口に対して84.8％である。都市計画区域のうち市街化区域面積の比率は2.0％，市街化区域の人口は43.3％である。
　2）　1995年国勢調査では，福島県のDIDは1万7260㌶（県全面積の1.3％），人口792.7千人（県全人口の37.1％）である。

3) DID (Densely Inhabited District：人口集中地区) は1960年国勢調査より採用されたものである。このDIDの設定の趣旨および経過については，「1995年国勢調査人口集中地区編」に，次のように説明されている。「昭和28年の町村合併促進法及び昭和31年の新市町村建設促進法により，多くの町村が新たに市制を施行し，又は既存市合併されるに至って，市部の地域内に，農漁村的性格の強い地域が広範囲に含まれるようになった。この結果，市部の地域は，その面積が著しく広大となった反面，人口密度は低下し，統計上，『都市的地域』としての特質を必ずしも明瞭に表さなくなり，統計上の利用に不便が生じてきた。そこで総理府統計局（現総務庁統計局）では，昭和35年国勢調査の際に，この『都市的地域』の特質を明らかにする新しい統計上の地域単位として『人口集中地区』を市町村の境域内に設定し，これらの人口集中地区についても国勢調査結果を集計することとした。これによって，都市的地域の人口の実態を明らかにする統計資料が提供され，地方交付税算定基準の一つとして利用されているほか，都市計画，地域開発計画，市街地再開発計画，産業立地計画，交通計画，環境衛生対策，防犯・防災対策，その他各種行政施策，学術研究及び民間の市場調査などに広く利用されている」。
4) 「県北」「県中」「県南」「会津」「南会津」「相双」「いわき」の七つの生活圏である。
5) コミュニティのもつ「地域力」を高めていくという意味で"capacity building"という表現が使われ，そのための政策が展開されている。
6) 山形県長井市における都市と農村の交流は注目されている。
7) 自治体によっては総合計画，振興計画など呼称はさまざまだが，地方自治法第2条第5項によって行政運営の総合的な指針として策定が義務づけられている。

参考文献

鈴木浩「地方都市における都市計画の諸課題」，星埜惇・河相一成編『地域再構成の展望』中央法規出版，1991年。

フランク，R./クック，P，香西泰監訳『ウィナー・テイク・オール』日本経済新聞社，1995年。

横倉節夫『共同と自治の地域社会論』自治体研究社，1998年。

第10章 福島県の過疎対策

松野　光伸

1　過疎地域・過疎対策とは

　21世紀を目前にして，過疎地域はどのような状況にあり，そこにはどのような問題が存在しているのだろうか。そして，その問題の解決のためには，21世紀の過疎対策はどのようなものでなければならないのだろうか。

　まず，過疎地域とはどのような地域をいうのだろうか。現行の過疎地域活性化特別措置法（1990年制定，以下，活性化法と略）第１条によると，「人口の著しい減少に伴って地域社会における活力が低下し，生産機能及び生活環境の整備等がほかの地域に比較して低位にある地域」とされる。簡単にいえば，過疎地域とは，人口が減って活力がなくなった地域，生産・生活面で劣っている地域，ということになる。したがって過疎対策とは，人口の減少を抑え（できれば増加させ），生産・生活面での格差を縮小・是正することを目的に行われる対策（政策・施策），ということになる。

　過疎対策は，各省庁の国庫補助事業の特例措置と過疎債の発行が柱となっているが，その対象となるためには，まず過疎地域として指定される必要がある。地域指定の要件は，大きくみると人口減少率と自治体の財政力とからなっている。具体的に活性化法では，次の二つの要件に該当する市町村を過疎地域と定めている。

　一つは，㈦1985年国勢調査人口の1960年対比減少率（人口減少率）が25％以上，または㈦人口減少率が20％以上で1985年の高齢者（65歳以上）人口の割合（高齢者比率）が16％以上，または㈦人口減少率が20％以上で若年者（15〜29歳）人口の割合（若年者比率）が16％以下であること，もう一つは，1986年度から1988年度までの財政力指数の平均値が0.44以下であること，で

ある。そして，0.44という数値は全自治体の財政力指数の平均値である。したがって，通常，全自治体の半数近くはこの要件にあてはまると思われるから，過疎地域の指定要件としては，事実上，人口要件が中心となる。

人口要件についていえば，1970年の過疎地域対策緊急措置法（以下，緊急法と略）および1980年の過疎地域振興特別措置法（以下，振興法と略）では，人口減少率だけであった。しかし，1990年の活性化法制定段階で，人口減少率だけでは従来の過疎自治体の多くをそのまま過疎地域に指定することが難しくなり，過疎からの「卒業」による財政支援の打ち切りを嫌う多くの過疎自治体からの強い要望で，高齢者比率や若年者比率が加えられることとなった。

したがって実際上，過疎地域とは，財政力が全国平均より劣る市町村で，人口の減少率が高い（または高齢者比率が高いか若年者比率が低い）市町村のことで，過疎対策とは，そうした自治体に対して，人口減少を抑え，地域格差を縮小することを目的になされる政策・施策のことで，それは後述するように，自治体に対する財政的テコ入れが主となっている。

2　過疎地域の現状・問題点は

活性化法に基づき過疎地域に指定されている市町村の数は，1997年4月1日現在1231で，全国の市町村総数に占める割合は4割弱（38.1％）となっている。また，総人口に占める人口比は6.3％，国土総面積に占める割合は約半分（48.9％）である（表10－1）。こうした現状，すなわち過疎地域の比重の大きさ，人口減少の激しさと，種々の地域格差の残存，行政サービスの未整備とを根拠に，2000年の活性化法の期限切れを前にして，過疎自治体は過疎対策の存続・拡充を要求している。

しかし，過疎地域のこうした現状は，逆に，過疎対策の根本的見直しの主張の根拠ともなる。すなわち，四半世紀たっても，当初指定された市町村のほとんどが，過疎地域から「卒業」できないとすれば，この間の過疎対策は効果がなかったのではないか。あるいは，過疎地域の人口がこれほど少なくなったのに，なぜ従来と同様の財政規模で過疎対策を続ける必要性があるの

第10章　福島県の過疎対策

表10-1　過疎地域の概要

		全国	福島県
過疎地域市町村数比	(%)	38.1	41.1
面積比	(%)	48.9	48.0
人口比	(%)	6.3	11.3
人口減少率	(%)	24.0	18.7
若年者比率	(%)	13.5	13.5
高齢者比率	(%)	25.0	24.3
財政力指数		0.20	0.22

注：1)　過疎地域市町村数比は1997年4月1日現在。
　　2)　人口は1995年国勢調査。
　　3)　人口減少率は1995年／1960年。
　　4)　若年者比率は15〜29歳人口の全人口に占める割合（1995年）。
　　5)　高齢者比率は65歳以上人口の全人口に占める割合（1995年）。
　　6)　財政力指数は1996年度。
資料：国土庁地方振興局過疎対策室監修『平成9年版　過疎対策の現況』1998年，319〜321ページにより作成。

か。もはや過疎対策は，過疎地域をいかに「安楽死」させるかだけを考えるべきだ，等々。

　21世紀の日本でも，過疎対策を存続・拡充すべきか，それとも縮小・廃止すべきかという論点にはあらためて触れることとし，その際の視点を明らかにするためにも，過疎地域の現状・問題点をもう少しみておくことにしたい。

　まず，人口減少そのものがとまらないという状況がある。かつての高度成長期，急激な人口流出にみまわれ，1965年からの5年間に13.1％もの減少率を記録した，全国の過疎地域の平均人口減少率も，70年代にはいると鈍化傾向を示し，1980〜85年の人口減少率は3.7％と，過疎問題が指摘されるようになってからでは最低の減少率となった。しかし，1985〜90年の人口減少率は5.8％と再び高くなり，1990〜95年のそれも4.7％と，人口減少には歯止めがかからない状況にある［国土庁地方振興局過疎対策室，1998］。

　さらに深刻な問題は，過疎地域の人口減少には，かつての社会減に加えて自然減が大きな要因として作用していることである。過疎地域の自然増減率は，1987年に全体として初めて減少に転じたが，その後着実に減少の度合いを強めている。1996年の過疎地域の自然減の数は約3万5000人となったが，これは，1994年の社会減の数値とほぼ等しい。今後，仮に，過疎地域をめぐ

223

図10-1　高齢者比率および若年者比率の推移

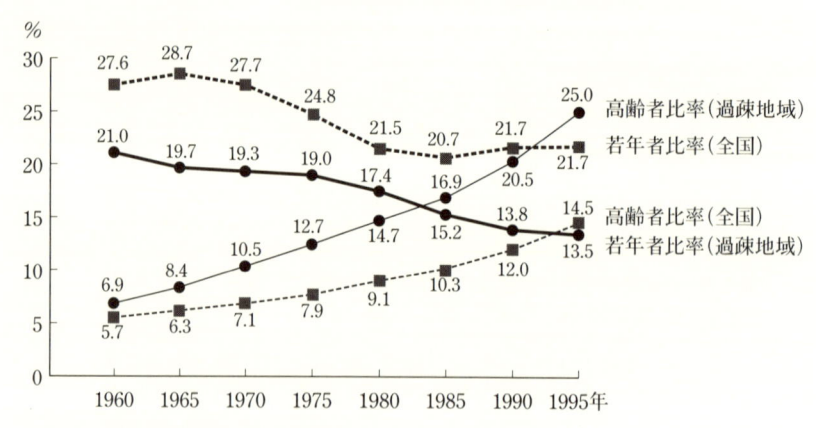

```
%
30 ┤
    27.6   28.7   27.7
                         24.8
25 ┤                                         25.0   高齢者比率(過疎地域)
    21.0                       21.5   20.7   21.7
20 ┤    19.7   19.3   19.0                   21.7   若年者比率(全国)
                         17.4
                                16.9
15 ┤                     14.7   15.2   13.8  14.5   高齢者比率(全国)
               10.5   12.7                          13.5   若年者比率(過疎地域)
               8.4            9.1   10.3   12.0
10 ┤    6.9        7.1   7.9
     5.7   6.3
 5 ┤
 0 ┼────┬────┬────┬────┬────┬────┬────┬────
    1960 1965 1970 1975 1980 1985 1990 1995年
```

資料：国勢調査および前掲『過疎対策の現況』44ページ。

る社会経済環境が安定的に推移し，人口の社会減が比較的穏やかなものとなったとしても，「過疎地域の自然減は構造的なものと考えられることから，自然減は今後とも増大すると見込まれ」「過疎地域の人口総数は今後，加速度的に減少していくことが予想される[1]」という。

　いうまでもなく，過疎地域の自然減が構造的だというのは，過疎地域では青壮年層の割合が少なく，結果として出生率が低いのに対し，高齢者の比率が相対的に高いことによる。図10-1は，高齢者比率と若年者比率の推移をみたものである。高齢者比率は，全国では1960年から1975年の間が2.2ポイント，1975年から1995年の間が6.6ポイントの増加であるのに対し，過疎地域ではそれぞれ5.8ポイント，12.3ポイントと増え方が大きく，過疎地域では全国より非常に速いペースで高齢化が進んでいる。全国の高齢者比率が，1995年段階での過疎地域の高齢者率25％というレベルに達するのは，2015年と推計されているから，過疎地域は全国より20年先行した高齢社会になっているということができる。

　以上みてきたように，この四半世紀の間に，過疎地域では約4分の1の人口が減少したうえに，ここ10年ほどは再び人口減少が激化する傾向がでてきている。しかも，若者が「出尽くしてしまった」過疎地域では，社会減に加えて自然減が加わることによって，加速度的な人口減少が予想されるが，こ

の新たな人口減少は，残された高齢者が死を迎えることに起因する面が大きいとすれば，それは，過疎地域そのものの消滅につながるおそれがある。そして，その兆しはすでに，集落の消滅として部分的に現れてきている。

1997年4月現在で過疎地域に指定されている1231市町村をすべて対象とした集落調査（有効回収率100％）によると，1960年から1997年までの間に，全体として1801集落，1市町村平均では4.3集落が減少している。集落減少の理由（内訳）としては，「移転」が19.7％，「自然消滅」が31.4％，「その他」が48.9％となっている。なお調査報告書によると，「その他」とされるものには，「集落合併」によるものが多いと推測されるという〔過疎地域問題調査会，1998〕。「移転」「自然消滅」だけでなく，「集落合併」の場合も，その多くは集落内の人口・世帯数の減少が大きな要因となっていると思われる。

集落内の人口・世帯数の現状をみると，人口規模では，20人未満の集落が2914で全体の6％を占め，世帯規模では，10世帯未満の集落が4995で，10.3％となっている。すなわち，過疎地域では，すでに1割を超える集落が10世帯未満となっており，近い将来の消滅が危惧される状況にある。また，全集落の3分の1近くが20世帯未満である（表10‐2）。

3 福島県の過疎地域の現状は

福島県の過疎地域の現状も，基本的には，こうした全国的状況と異なることはない。表10‐1で明らかなように，福島県では90市町村中37町村が活性化法に基づく過疎地域に指定されており，過疎自治体の占める比率は全国平均よりも高くなっている。また面積比でみても，全国平均とほぼ等しい。したがって福島県は，少なくとも全国並みの「過疎県」といえ，県政上も過疎対策が重視されて当然といえる。しかし，福島県が自らを「過疎県」としてとらえ，過疎からの脱却を県政上の死活問題としてきたという印象はない。また，県民一般も福島を「過疎県」として認識しているとはいえないだろう。それは，福島県の過疎地域が，全国の過疎地域と比べ，相対的には「恵まれた」状況にあることと無関係ではないだろう。

表10‐1によると，福島県は，過疎町村比と面積比では全国並みだが，人

表10-2 人口規模

	集落数	総人口数	1集落平均人口数	1～9人	10～19人	20～29人	30～39人
全国	48,597	7,966,771	164.1	995	1,919	2,693	3,148
福島県	1,158	236,706	204.4	8	24	26	30

	集落数	総世帯数	1集落平均世帯数	1～4世帯	5～9世帯	10～14世帯	15～19世帯
全国	48,597	2,649,992	54.6	1,227	3,768	5,410	5,185
福島県	1,158	64,220	55.5	12	62	88	110

資料：過疎地域問題調査会『過疎地域における集落の現状と課題に関する調査研究』1998

口比では全国の2倍近くの数値となっている。すなわち，過疎地域の人口減少率は，全国平均の約半分でしかないということであり，そこには福島県の過疎地域の「恵まれた」状況が現れている。さらに，高齢者比率や財政力指数の点でも，福島県は全国平均よりもやや「恵まれた」状況にある。

また，表10-2で集落の現状をみてみると，福島県の場合，人口20人未満の集落は32集落で，全体の2.8％となっており，全国の半分にも満たない。世帯規模でみても，近い将来の消滅が危惧される10世帯未満の集落は，全国では1割を超えていたのに，福島県は6.4％にすぎない。全国の過疎地域では，集落の約3分の1が20世帯未満であったが，福島県では4分の1にもみたない。集落の衰退・消滅といった面でも，福島県は相対的に「恵まれた」現状といえる。

ところで，福島県の人口は，1960年代を通じて県外流出による減少が続いたが，1972年には底をつき，以後，着実な増加を続けてきた。もちろん，過疎地域では1970年代，80年代も人口減少は続き，90年代に入ると自然減の状態が生まれた。しかし，県全体の人口が増加していたために，福島県は「過疎県」であるとの自己認識は生まれにくかった。したがって，過疎対策も県政上の柱には実際上なりにくかった。

もちろん，県全体として人口が増えていたとしても，この30年間に人口が減少しなかった市町村は，県内90市町村の4分の1でしかない。しかも，人口が増加した市町村においても，地区（大字）や集落レベルでみれば，人口

第10章　福島県の過疎対策

別・世帯規模別集落数

(1997年3月末現在)

人口規模別集落数								
40～49人	50～69人	70～99人	100～149人	150～199人	200～299人	300人以上	不明
3,225	6,161	7,129	7,711	4,667	4,979	5,935	35
41	96	174	207	161	169	222	0

世帯規模別集落数								
20～24世帯	25～29世帯	30～39世帯	40～49世帯	50～69世帯	70～99世帯	100世帯以上	不明
4,516	3,874	5,715	4,260	5,032	3,870	5,701	38
111	88	142	108	166	108	163	0

年，268ページ，270ページ。

減少に悩んでいるところが少なくない。また，高齢者率も，県全体では，全国の過疎地域の平均よりやや「恵まれた」数値を示してはいるが，金山町と昭和村は，すでに40％を超えており(1998年3月末で，ともに41.2％)，三島町，伊南村，西会津町，只見町，山都町，南郷村といった会津の過疎町村も，軒並み30％を超えている。高齢化への対応も，過疎自治体ごとにみれば，非常に厳しい状況にあるといえる。

ところで，福島県全体の人口も，1998年4月以降，対前年同月比で，わずかではあるが減少に転じた。そして，同年10月の人口動態比較で，四半世紀ぶりに県人口が減少したことが明らかになると，地元新聞は「県人口，減少の"危機"」[2]と報じた。なお，その報道では，県人口減少の背景として経済低迷と少子化を挙げており，過疎化の進行についての指摘はなかったが。

ともあれ，県全体の人口の減少は，自己を「過疎県」として認識させるようになるだろう。そして，21世紀の福島県の人口動向としては，減少傾向をたどる可能性が強い。もちろん，それは，全国の多くの都道府県に共通にいえることではあるが。したがって，21世紀の福島県政においては，少子化対策とともに過疎対策が重要な柱として位置づけられることになるだろう。その際，自らを「過疎県」として認識し，県政の柱に過疎対策を据えると同時に，自らが「恵まれた過疎県」であることにも留意することが，重要となってくるように思われる。

4　過疎対策の推移と結果は

　第1節で述べたように，過疎対策とは，通常は，人口の減少を抑え（できれば増加させ），生産・生活面での格差を縮小・是正することを目的に行われる対策（政策・施策），ということができる。しかし，意外に思われるかもしれないが，1970年の緊急法が掲げた目的は，過疎地域の人口を増加させることどころか，人口の減少を抑えることでさえなかった。それが目的としたのは，「人口の過度の減少を防止すること」（第1条）でしかなかった。

　緊急法は，通常の法案と異なり，政府提案ではなく議員立法の形で制定された。それは，過疎自治体から要請された立法措置の内容が，政府がすでに1969年5月に閣議決定した「新全国総合開発計画」の内容と矛盾，対立するものであったためと考えられる。「新全総」の認識は，過疎地域における雪崩的人口流出を，生産性の低い農林漁業に従事する者が，都市の労働力として流出していくことであって，就業構造の転換の面からも望ましいこととするものであった。したがって，「過度の減少」への対応だけに過疎対策を限定させたといえる［内藤，1991］。

　過疎対策の目的が，過疎地域の人口減少の防止にあったのではなく，むしろ離農の促進，労働力の流出にあったことは，緊急法制定当初，過疎対策の目玉とされた集落再編成事業にもみてとれる。緊急法は，過疎対策の基本目標として，①交通通信連絡網の整備，②住民福祉の向上，③産業の振興と安定的雇用の増大，④地域社会の再編成の促進，の4点を掲げた（この4点は，その後30年間の過疎対策においても，基本的に維持された）。そして，地域社会の再編成の促進のための施策である集落再編成事業が，1970年代前半は積極的に展開された。そしてそれは，実際上は集落移転事業が中心であった。

　自治省は，1972年度の過疎対策として12億円余の予算要求をしたが，そのうち6億円は集落再編成事業補助費であった。大蔵省査定で，過疎対策予算は大幅に削減され，過疎自治体が最も強く要望した過疎バスへの補助は全額カットされたが，集落再編成事業補助金は前年度比50％増の3億円が認められた。また，集落移転事業の補助率は，当初の3分の1以内が1973年度から

2分の1以内に引き上げられた。そして，補助対象の事業は，原則として20戸以上の集落全部が移転するものとされ，しかも移転者が「離農等をする場合」には，補助基準経費が高く設定されていた［松野，1991］。

　1960年代から70年代にかけて，都市の重化学工業で働く労働者として，過疎地域から大量の人口が流出した。それは，一方では，都市および工業の吸引力によるものであり，過疎地域の側からみれば，農林業の行き詰まりによるものでもあった。したがって，もともと田畑が狭いなどの要因で農業の基盤が弱く，それを補う林業が，燃料革命や木材価格の下落などにより衰退した中国，四国，九州の農山村からは，距離的に近い重化学工業地帯へと，青壮年層や世帯全部が流出することとなった。しかし，相対的には農業基盤が強く，重化学工業地帯へも遠い東北の農山村からは，学卒や出稼ぎという形での流出が多く，過疎問題の進行，深化という点では，「西日本型」よりも相対的に「恵まれた」状況にあった。

　ともあれ，以上のような過疎化の要因・背景を考えれば，本来の過疎対策は，農林業を中軸に据えた産業振興事業が基本になければならなかった。そして，当初から，政府の過疎対策における，産業とりわけ農林業振興事業の欠落に対する批判も，少なくなかった。しかし，政府の産業政策，地域開発政策の基本方向からして，そのことは望むべくもなかった。そして，過疎対策の基本に座ったのが，交通通信体系の整備を名目とする建設土木事業であった。

　過疎対策事業費は，1970年度から1996年度までの26年間に，約50兆円にのぼった。そしてその半分近くが「交通通信体系の整備」すなわち道路整備に主としてあてられてきた（図10-2）。さらに，「産業の振興」や「生活環境の整備」「教育文化の振興」など，他の項目に分類される場合も，事業内容は施設整備がほとんどであった。

　過疎対策は，国庫補助事業の補助率のかさ上げと，過疎債の発行の承認とがその2本柱となっている。国庫補助率のかさ上げ対象事業，および過疎債の適用対象事業を決めるのは，いうまでもなく所管の中央省庁と自治省であり，人件費や施設運営費はほとんどその対象とはされず，もっぱら道路をはじめとする公共施設の整備がほとんどであった。

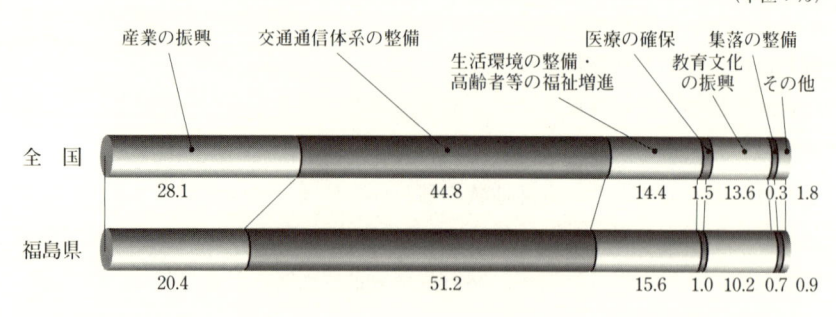

図10-2　過疎対策事業実績構成比

(単位：%)

	産業の振興	交通通信体系の整備	生活環境の整備・高齢者等の福祉増進	医療の確保	教育文化の振興	集落の整備	その他
全国	28.1	44.8	14.4	1.5	13.6	0.3	1.8
福島県	20.4	51.2	15.6	1.0	10.4	0.7	0.9

注：全国は1970～96年度。福島県は1970～97年度。
資料：前掲『過疎対策の現況』161ページ。福島県過疎地域町村協議会『新たな過疎地域の振興に関する報告』1999年，25ページ。

　したがって，過疎地域には一般に，交通通信体系の整備に，過疎からの脱却を期待する意識が存在したという事情とともに，財政力の貧弱な過疎自治体が事業を展開する場合は，どうしてもこうした国の過疎対策に依存せざるをえないという事情があった。とくに過疎債は，その元利70％があとから地方交付税で措置されるので，過疎自治体の事業選択は，その事業の必要性よりも，むしろ過疎債が適用されるか否かが優先される傾向となった。したがって，過疎自治体はおしなべて，乏しい独自財源を使って，農林業振興に基礎をおいた独自の産業政策を展開するよりも，道路をはじめとする公共施設の整備を推し進めることとなった。

　しかし，こうした指向性は，過疎自治体の財政的事情によってだけで説明することはできない。人口が減少した過疎地域においても，公共施設の整備に取り組まないというわけにはいかない。たとえ，その整備には効率的視点が強調されるにしても，地域的格差を放置，拡大することは，過疎地域の政治的重要性からして許されない。

　さらに，公共施設の整備は，過疎地域が選択せざるをえなかった「産業政策」「雇用政策」でもあった。離農，流出することなく過疎地域に残った住民にとって，農林水産業に主要に従事しながら生活を維持すること，所得格差を縮小することは困難であった。企業誘致やリゾート開発によって雇用の場

が確保された過疎地域は，ごく一部でしかなかった。したがって，公共施設の整備のための建設土木業は，過疎地域における最大の産業，雇用の場となった。そして，過疎地域に残った住民に対して，何らかの産業をおこし，雇用の場を保障することは，過疎地域の政治的重要性からして，不可欠な政策であった。

いうまでもなく過疎地域の政治的重要性とは，農山村部の政治的過大代表性という問題から生じている。いわゆる55年体制のもと，自民党単独政権が長期に続いた主要な要因として，国会議員の定数格差の存在があった。都市部に比べて農山村部のほうが，人口（有権者）比で多くの国会議員を選出することになる，この過大代表性の存在は，農山村そして過疎地域に対する行政施策が，政治的性格を強くする要因として働いた。

こうした，公共施設整備を主軸とする過疎対策が30年間続けられた結果，過疎自治体の財政構造，そして過疎地域の産業構造・就業構造は，非常に歪んだものとなった（後掲，表10－3参照）。

また，産業振興の分野だけでなく，教育，医療，福祉などの分野でも，施設の効率的整備が施策の中心であり，人件費などの助成措置は極力抑えられた結果，行政サービスの貧困な状況は，打開の見通しが立っていない。

5　福島県の過疎対策は

福島県の過疎対策も，前掲の図10－2で明らかなように，事業実績で群を抜いているのが「交通通信体系の整備」で，「産業の振興」「生活環境の整備」がそれに続いていることなど，前節でみた全国的動向と同様の傾向を示している。しかし，「交通通信体系の整備」の比率は，全国よりも6ポイント以上も高く，全事業実績の過半数を占めている。それに対して産業振興関係の事業実績は，全国より8ポイント近く小さく，福島県の過疎対策が交通通信体系の整備に傾斜していることがみてとれる。

もちろん，福島県の過疎地域の相対的有利さとも相関して，交通通信体系の整備が，過疎対策として一定の効果を果たしているとも推測される。この間，福島県においては，白沢村，長沼町，塩川町，東村，大信村，楢葉町，

表10-3 産業別就業人口の構成比

(%)

	第一次産業			第二次産業			第三次産業		
	1970年	1990年	増減率	1970年	1990年	増減率	1970年	1990年	増減率
全　　国	19.3	7.1	△63.2	34.1	33.3	△ 2.3	46.6	59.6	27.9
過　　疎	50.3	27.4	△45.5	20.3	31.4	54.7	29.4	41.2	40.1
福 島 県	44.1	14.2	△67.8	21.7	36.7	69.1	34.2	49.0	43.3
県内過疎	63.9	26.8	△58.1	13.7	38.5	56.8	22.4	34.7	54.9
三 島 町	38.6	14.4	△62.7	26.5	45.8	72.8	34.9	39.8	14.0

資料：国勢調査および国土庁地方振興局過疎対策室監修『平成4年度版　過疎対策の現況』54ページ、福島県『福島県過疎地域活性化方針（後期）』1994年、63～64ページ、福島県大沼郡三島町『過疎地域活性化計画（後期）』1994年、5ページ。

表10-4 産業別就業者数の割合（1990年）

(%)

	農林水産業	鉱業	建設業	製造業	電気・ガス水道業	運輸通信業	卸売・小売飲食業	金融保険業	不動産業	サービス業	公務その他
全　国	7.2	0.1	9.5	23.7	0.5	6.0	22.4	3.2	1.1	22.5	3.9
過　疎	27.4	0.4	12.1	18.8	0.3	4.2	13.3	1.1	0.1	18.1	3.9
三島町	14.4	—	22.0	18.4	2.1	3.6	11.2	1.9	—	22.9	3.5

注：小数点以下第2位を四捨五入したので、合計が100.0%にならない場合がある。
資料：前掲『過疎対策の現況』59ページ、『三島町町勢要覧　資料編』1993年、4ページ、および国勢調査。

鹿島町の7自治体が、過疎自治体を「卒業」した。その中には、高速道路などの基幹的道路整備にともなって、企業、工場の進出がはかられた地域が多く存在している。また、交通通信体系の整備が、消費の多品種少量化の志向ともあいまって、過疎地域の産品の販売市場の拡大や、都市とのさまざまな交流の拡大の可能性を生み出した点で、産業振興のための基盤整備の役割も果たしたといえる［下平尾、1995ａ、1995ｂ］。

しかし、それが福島県の過疎地域の産業構造、就業構造に歪みをもたらしていることは否定できない。表10-3、表10-4は、福島県の典型的な過疎自治体である三島町の産業構造、就業構造を、全国のそれと比較したものである。

全国的にみると、1970年の段階では、過疎地域の場合、第一次産業の就業人口が5割を超え、第二次産業、第三次産業の就業人口を大きく引き離していたのが、20年間に比率と順位は大きく変動し、過疎地域においても、第三

第10章　福島県の過疎対策

次産業の就業人口が4割強の比率でトップとなり，次いで3割強の比率の第二次産業が2位で，第一次産業は比率をほぼ半減させて3位へと転落した。

　しかし，こうした全国的状況と比べると，福島県の過疎地域では，第二次産業がトップを占めていることが特徴的といえる。そして，県内の過疎自治体の典型ともいえる三島町の場合，この特徴はいっそう顕著で，第二次産業の就業人口が45％強，20年間の増加率も7割強と，際だった数値を示している。そして，表10-4にみられるように，三島町の場合は，建設業就業者が就業人口の22％と，過疎自治体の平均値の2倍近くにもなっており，第一次産業就業人口を，建設業が吸収してきた状況がうかがわれる。

　三島町といえば，「ふるさと運動」の提唱など，都市との交流による内発的観光事業に先駆的に取り組んできた自治体として有名である。また，町主導による桐加工場や山菜加工場の建設・経営など，地場産業育成の面でも，先駆的・独創的取り組みを行なってきた自治体として知られている［佐藤，1992；安達，1992；守友，1991］。しかし，目的意識的に内発的発展・活性化の道を模索してきた三島町においても，このように建設土木業が突出する就業構造となっていることに，過疎自治体が現実には，公共施設整備を主軸とする過疎対策に依存せざるをえない状況がみてとれる。

　福島県の過疎対策も，全国的状況と同様，公共施設整備を主軸とする建設土木業，とりわけ交通通信体系の整備を中心に，中央省庁・県の関連部局と町村とが縦割りで事業を計画・実施し，県の地方課（市町村課）が過疎債などの財政措置をとるという方式で展開された。県の過疎対策の直接の担当部局である企画調整部地域振興課は，そうした縦のルートをはずれたところにおかれ，独自の過疎対策（とくにソフト施策）の検討・実施が求められたが，福島県の場合，都市との交流という視点からの施策がその中心的位置を占めていたことが特徴的といえる。

　1972年に福島県（当時は生活環境部）は，豪雪，山村，過疎地域等の振興対策を検討する目的で，特定地域振興対策懇談会を設置した。この懇談会が70年代後半に取り上げた主要なテーマが都市との交流で，1980～81年には県内外の事例調査に精力的に取り組み，「都市と農山村との交流に関する事業は，長期的で，種々の波及効果のある多面的な視野からとりあげられるべき

事業であり，今後の農山村のあり方としては注目に値する事業である」との認識を示した。
　この懇談会は1981年に改組され，その後，過疎地域振興後期計画策定に関する検討にもっぱら携わることとなったが，その際も，農山村と都市との交流をテーマに1985～86年の2年にわたって調査，検討を行い，「交通体系の整備，自動車交通の急速な発達により，時間距離が著しく短縮された」状況において，「本県は地理的にみて，観光都市住民との交流において，恵まれた条件下にある。首都圏に近いという条件が自然の利用価値を高めている」との認識から，都市との交流事業に力を入れることを提唱した。
　このように，福島県が，都市との交流事業を独自の過疎対策として重視するようになったのは，福島県の過疎地域の「恵まれた」条件に着目したからであった。また，このことは，県内過疎地域の人口減少に対する歯止めとして，一定の効果をもったものと思われる。というのは，1990年と95年の国勢調査を比較して，人口が増加した7過疎町村（天栄村，舘岩村，桧枝岐村，北塩原村，磐梯町，猪苗代町，会津本郷町）のうちには，都市との交流・観光への取り組みが，人口増の大きな要因となっていると推測できる町村が，かなり存在するからである。そうだとすれば，それも，福島県の過疎地域の「恵まれた」条件ゆえといえる。
　また，福島県の過疎地域における企業立地は，「東北地方では最多，全国でも屈指の立地件数となっている」し，「首都圏等からのFターン」による「新住民」を受け入れる目的で，1995年度から実施した県単独事業の「"マイライフ in うつくしま"定住促進事業」がきっかけで，「21家族47人のFターンが実現」するなど，福島県の過疎対策がかなりの成果を挙げている面があるとすれば，それらも大なり小なり，福島県の過疎地域の「恵まれた」条件に起因しているといえよう。

6　21世紀の過疎対策は

　過疎対策に関しては，過疎地域「安楽死」論が根強く存在してきた。過疎地域「安楽死」論とは，以下のような考え方をいう。すなわち，資本主義経

第10章　福島県の過疎対策

済のもとでは，よりよい雇用の場，所得を求めて過疎地域から人口が流出するのは不可避であるし，所得格差をはじめとする種々の格差を縮小することも不可能である。しかし，人が残り生活している以上は，最低限のサービスの保障は必要だし，生活格差があまり激しくなることは抑えねばならない。なぜならば，前述のように，過疎地域，農山村部は政治的には過大代表制であるから。したがって，過疎対策は，政治的彌縫策として，過疎地域に人が住んでいる限り続けられなければならない。過疎地域に住む人が少なくなり，政治的重要性が減少するにつれて，過疎対策は縮小され，過疎地域が「安楽死」を迎える段階で，過疎対策もその使命を終えることとなる。

　1990年代にはいり，選挙基盤を都市にシフトする戦略に基づく，議員定数配分の是正が実行に移された結果，農山村地域の政治的重要性は低下することとなった。しかも，過疎地域の多くが，高齢化の進行により21世紀には消滅の危機に直面している。このまま推移すれば，21世紀は，まさに過疎地域が「安楽死」する時代となるだろう。2000年3月での現行過疎法の失効を前に，政府や自民党の側から，過疎地域を対象とする個別法の制定ではなく，特定農山村，辺地，離島，豪雪地などの特定地域の振興に関わる法を統合し，総合的な地域振興法（「農山漁村計画法」）を制定すべきとの意向が示された背景の一つには，「安楽死」目前の過疎地域の状況が存在していたといえる。

　したがって21世紀の過疎対策は，従来のように，過疎地域の生産・生活基盤の整備の遅れ，種々の格差の存在を強調し，その是正のための財政的テコ入れを要求するだけのものでは，先細りするしかない。過疎対策の存続・拡充の主張に対し，都市部の住民をも含めた国民的同意を得るためには，過疎地域が担っている公益的機能の維持・増進の必要性をこそ，前面に押し出す必要がある。すなわち，過疎地域は，土砂流出や洪水の防止，水資源涵養等の国土保全機能や大気の浄化等の環境保全機能，さらには豊かな自然とのふれあいを通じた教育の場，リフレッシュの場の提供など，多面的かつ重要な公益的機能を担っているので，その面からも，従来の過疎自治体への財政的テコ入れの拡充と，新たに住民への直接所得補償の導入とがはかられる必要がある，と。

　過疎地域が担うこうした公益的機能は，そこに人が住み，生産し，生活し

ていることによって果たされる。したがって，過疎地域に住み続けられるだけの生産・生活基盤の確保，例えば交通手段，医療・福祉・教育等のサービス，就業の場などの確保が保障される必要がある。しかし，人が住んでいることは，必要条件ではあっても十分条件ではない。むしろ，住み方，生産の仕方，生活の仕方それ自体が重要といえる。例えば，過疎地域の住民に，上流水系を汚染するような生産・生活の仕方をされては，下流の都市住民にとっては迷惑以外の何ものでもなくなる。ある意味では，過疎地域の農林水産業は，都市住民にとってみると，食糧供給の役割以上に，水源の保全の役割のほうが大きいともいえる。となると，過疎地域の農林水産業者に対する直接所得補償も，食糧供給の対価というよりも環境保全の対価という性格から，制度化の具体的内容を検討する必要があるといえよう。

　また，直接所得補償に関しては，過疎地域の側においても「『不便だろうが，金をやるから住んでくれ』では，プライドが許さない」，「"施し"が欲しくて，中山間地域に住んでいるわけじゃない」という反撥等がある[7]。過疎地域の農林水産業に対し，その公益的機能ゆえに所得補償するとしたら，それに従事する住民の正当な労働に対する報酬である必要があるし，その場合，一つは農林水産物の売買という形態を通じて行われることが，都市住民（消費者）との関係では望ましい。

　従来の過疎対策は，ともすると生活格差を根拠に，都市住民（国民一般）への「依存」「迎合」「たかり」の色彩を帯びていたともいえる。また，都市との交流も，観光などの面での経済的効果が，どうしても中心となっていた。21世紀の過疎対策の方向は，過疎地域の公益的機能を国民的に確認すること，都市と農山村が，互いの存在の相互依存性を確認しあうことによって，対等な立場での連携，共存，共生をはかることがめざされねばならない。だが，過疎地域の公益的機能に対する国民的合意や，都市と農山村との対等な連携・共生は，一朝一夕には実現しえない。そうした方向での実践の積み重ねがあって，初めて実現されるものであるし，実践にあたっては，過疎市町村および都道府県が，現状と課題を自覚的に分析し，独自の過疎対策に目的意識的に取り組む姿勢が緊要となってくる。

　例えば，広島県町村会（広島県地域振興対策協議会）がまとめた『新たな

第10章　福島県の過疎対策

地域対策への課題と提言』(1998年11月)は，新たな過疎対策を検討するに際しては，広島県の過疎地域の特徴を踏まえた具体的政策を，県等が独自に打ち出す必要があることを主張している。少し長くなるが，以下，抜粋・引用してみよう［広島県地域振興対策協議会，1998］。

　過疎化の要因として，昭和38年の豪雪などが指摘されるが，豪雪はひとつの契機にすぎないものであり，その背景として，中国山地で室町から明治時代までの長い伝統を持ったタタラ製鉄による小集落の形成と，戦後の山林解放を伴わない農地解放による生産基盤の縮小による影響が考えられる。また，地理的な背景として，中国山地特有の急峻かつ襞の細かい谷筋をもつ地形条件である。この特質は，東北地方の「懐の深い山地」や，「河川の中流域」を持つ過疎地域と異なり，大規模な耕地や山林の所有，利用を困難なものにしてきた。このような中国山地の地形・地理的特質としての"山間の棚田率"は広島県が全国一であり，次いで，島根県が続いている。(その意味では，広島県こそが全国に先駆けて21世紀の中山間地域対策を打ち出す使命をもっている。しかも，それは，地域的，個性的な性格をもつものでなければならない。)
　こうした東北地方とも異なる"中国山地固有の条件が，38豪雪やエネルギー革命によって，東北型過疎の「世帯員減少型」と異なる厳しい「挙家離村型」という現実を生起させた"という理解が重要であり，今後の過疎対策においても，他の過疎地域とは異なる「生産対策と併せ，生存・生活支援やコミュニテイー支援にも配慮した対策」が求められていると言える。

　中国地方の過疎地域は，さらに，他の過疎地域とは異なる特質(内陸部―沿岸部―島嶼部とが急峻な水の流れに沿うように連続的に展開している地域)をもっている。つまり，広島県の沿岸では，海岸線から車で30分以内のところにも，過疎集落や廃村となった集落跡を見ることができる。また，これらの過疎・廃村が瀬戸内工業都市に隣接している，というところにも中国山地型過疎の特質を見ることができる。このように，中国山地や広島県の過疎地域は，逆に多くの都市住民が住む沿岸の都市部に近接し，豊かで多様な自然を提供できる条件を有しているとも言える。

大自然と多くの山麓に沿う棚田などに囲まれた内陸部では，……周辺の環境管理によって，都市部への水資源の供給地となっているばかりではなく，土砂崩壊・流出防止機能，洪水防止機能，大気の浄化などの生活環境保全に大きく貢献し，また，新鮮・安全・良質な食料の生産基地であるとともに，情操教育や社会教育の場でもあり，さらには，豊かな自然が人々へ精神的なやすらぎとゆとりを与える場として，大きな公益的機能を持っている。……こうした地域に住む人々が，豊かではあるが小規模分散型の資源を多角的に活用した広島型の農林業や多彩な経営体育成と技術革新などに取り組むとともに，自然・水資源・環境・国土などの管理者として，また豊かなグリーンツーリズムの担い手として定住することが出来る条件整備が求められている。これらが実現できなかった場合の，下流部の都市のデメリットは計り知れない。

　中国地方および広島県の過疎地域の特徴，その公益的機能からくる課題を以上のように押さえたうえで，「21世紀の県土を創造するための新しい視点」の提示，政策・制度の提起を行なっている。その典型例として，「国土・水資源管理とデカップリングの実現」という視点・政策に関して，以下，抜粋，引用してみたい〔広島県地域振興対策協議会，1998〕。
　そこでは，EUなどのデカップリングの政策的妥当性を認めたうえで，「急峻な地形で降雨量の多いという独自の地形・地理的な条件下のわが国では，『森林・里山・棚田の維持管理，溝普請などによる国土と水資源保全の補償』方式が適当と考えられる」とし，具体的政策として一つは，「維持困難な私有林については，県や市町村・森林組合などが連携し，私有林の買い上げ，借り上げによる公有林化を促進」し，「こうして公有林化された森林は，経済林としてのみでなく保安林や水源涵養林，鳥獣保護林，森林リゾート林，学習・観察林など，多様な機能を持つクライン・バルト（市民の森）として整備し，在村農林家の人々をバルト・フォスター（森の番人）として，その管理・育成・森林レンジャーなどに雇用すること」，および「このクライン・バルトが，多くの市民のバルト・ボランティア（森の奉仕者）に支えられる仕組みづくりを確立する」ことが提起される。
　同様に，「耕作放棄地の増加などに伴う農業生産活動の低下により，県民へ

の多様な食糧提供機能や洪水防止機能，土壌浸食防止機能等が低減しており，その防止に資するような，農業生産活動に対する補償制度」の必要を指摘し，「この場合，対象行為は，農地保全管理，水源，農道などの維持管理も含めることとし，一定の集落組織または，公社などを補償対象者とするなど，集落活動を支える視点からのシステム構築が必要である」との提起もなされている。

　なお，「水資源の涵養，国土保全，環境保全，食料供給などの多面的機能に着目し，さらには，多自然居住地域創造をめざし，公的な支援策としての『所得補償制度』を確立する必要がある」と主張する場合，それを全国的な過疎対策として一般的に要求するだけでなく，「都市住民が拠出する水源基金」の創出など，広島県独自の政策・制度の検討が志向されていること，そしてその際，広島県全体の「中山間地域が有する公的機能の評価」の試算を行なったり，一つの過疎自治体を対象に，「広島広域都市圏に対する町内の１農家当たりの治水・給水寄与額」の評価の試算を行なったりして，自らの主張を裏づけていることなども注目に値する。

　こうした視点は，福島県における新たな過疎対策の検討・創出にあたっても，大いに参考となるものである。広島県は，急峻な水系，棚田率の高さなどの地形的・地理的特徴を，近接する都市地域との関係から捉え直し，過疎地域の多様な公益的機能の維持が，県内都市部の住民にとって必要かつ重要であり，かつ，都市部と農山村地域との種々の連携・共生のための政策・施策を現実に必要とし可能とする条件として，位置づけている。

　都市地域との近接性への着目は，首都圏との隣接性，さらには，県内都市の多極分散的存在という，福島県の過疎地域の「恵まれた」条件の自覚的活用につながるものがあろう。

　そこからは，水源保全など国土・環境保全的な公益的機能の維持に着目した場合，森林・里山・棚田・溝などの維持・管理にたいする「所得補償」を，都市自治体（住民）との直接的連携によって具体化する必要性，現実性がでてくるといえよう。また，それらの公益的機能を担うために，住民がそこで住み，生活し続けられるよう，生産基盤だけでなく教育・医療・福祉・交通などの生活基盤を整備する目的で，財政的支援をすることも認められること

となろう。

　また，福島県の過疎地域における農林水産業や，その加工産業は，首都圏や県内都市に新鮮な品を供給する点で「恵まれた」条件にあるだけでなく，環境保全型の農林水産業を展開することによって，それらの地域の消費者の安全性志向にも結びつける条件ができるだろうし，グリーンツーリズムの面でも「恵まれた」条件が相乗される可能性がある。

　その意味では，環境保全的な公益的機能の確保，ならびに新鮮で安全な食料の地域内流通の拡充の目的で，県内の都市部と過疎地域との直接的な連携・共生が，21世紀には目的意識的に取り組まれる必要があるだろう。そうした取り組みに際しては，上流域の過疎自治体と下流域の都市自治体とが，共同の事業を実施することとならんで，県が広域的自治体の立場から，さまざまな調整，補完の事業・システムを創出することが，とりわけ重要になってくる。そして，そのためには，県庁内に過疎地域・中山間地域対策を総合的に取り組む体制を確立すると同時に，地方振興局の権限・財源・体制を拡充することが必要となってくる。

　新世紀の過疎対策においては，こうした広域的視点が重要になる一方で，集落・地区レベルのいわば狭域的単位に視点を置いた取り組みも焦眉の課題となってきている。前述のように，過疎地域では崩壊・消失の危機に直面している集落が多い。そして，過疎地域が果たすべき公益的機能の維持にとっては，集落そのものの維持が絶対的条件となってくる。なぜなら，過疎地域における生産活動や地域資源の管理は，個々の住民だけでは担いきれず，集落の住民が種々に協働することによって担われているのが実態といえるからである。さらに，集落・地区が活力を維持し，より活性化をはかろうとするならば，集落としての事業実施・計画作成等の取り組みに，集落住民が主体的に参加することが必要不可欠である。

　したがって，崩壊・消失の危機にある集落に対しては，かつてのように行財政効率の視点から移転をはかるという施策方向ではなく，集落機能を維持・拡充する視点からの施策が展開される必要がある。この場合も，学校教育の保障，高齢者介護などの福祉サービス，交通手段の確保など，過疎自治体のみでは困難な行政サービスに対しての，県による補完的施策が重要とな

ってくる。

　また、集落・地区レベルでの住民参加による計画づくり・事業実施の取り組みを促進する方向での、県によるテコ入れも検討の価値があるように思われる。過疎自治体が、自治体内のすべての集落（行政区）に補助金などを交付し、計画づくりや事業実施を促すことで、住民参加による地域活性化をめざす取り組みは、福島県でも近年目立ってきており、飯舘村のように全国的にみても優れた成果をあげているところもある。

　なお、こうした取り組みに対する県によるテコ入れの試みとしては、島根県が「島根県中山間地域活性化基本条例」に基づいて、1999年度から創設した中山間地域集落維持・活性化緊急対策事業が注目される。この事業は、特定農山村地域か過疎地域、辺地地域のいずれかに該当し、高齢化率35％以上の集落すべてを対象に、集落自ら作成した振興プランに基づいて実施する、集落の維持・活性化のための事業に要する経費として、一律100万円を交付するというもので、島根県内の全集落（3941）の約26％にあたる1032集落が交付対象になっているという。

　なお、担当部局が作成した事業実施要項によると、「集落振興プラン」の内容は、①産業経済的機能維持対策、②文化的機能維持対策、③社会生活的機能維持対策に大別され、例えば産業経済的機能維持対策として「農林地の共同保全管理に必要な経費」が、また、社会生活的機能維持対策として「高齢者生活支援対策に必要な経費等」が例示されている。島根県のこの事業が注目されるのは、集落レベルでの住民参加による計画づくり・事業実施への支援を、きわめて多くの集落を対象に行おうとしていることにあるだけでなく、その計画・事業の内容・方向性を、21世紀に重要となる側面での集落機能の維持に、目的意識的に設定していることにある。

注
1) 国土庁地方振興局過疎対策室［1998］30ページ。
2) 『福島民友』1998年10月24日。
3) 福島県企画調整部地域振興課［1982］3ページ。
4) 福島県企画調整部地域振興課［1986］26ページ。
5) 福島県過疎地域町村協議会［1999］16ページ。

6) 同上，21ページ。なお，首都圏などからの移住・定住者は，90年代に入って増加傾向にあるように見受けられる。そうした動向を県全体でまとめた資料などは見当たらないが，新聞などに散見される個別の地域に関する記述からも，そうした動向の一端はうかがえる。例えば，都路村では，「新住民40世帯が定住」しており，「将来定住を予定している人も含めると80世帯が家を建てている」という（『河北新報』1998年9月15日）。また，山都町では，「空き家に都会の人を呼ぶボランティア活動」を通じて，この10年で，新たな移住者が「すでに山都町で約20軒，周辺の喜多方市，西会津町，熱塩加納村を含めると約30軒にのぼる」という（『朝日新聞』1998年9月13日）。
7) 『河北新報』1998年10月4日。
8) 県内自治体の取り組み状況を概観した資料などはないが，例えば『福島民友』（1996年5月8日）には田島町の取り組みが，また『福島民報』（1996年5月14日）には大信村と飯舘村の取り組みが紹介されている。なお，飯舘村の取り組みについては，松野光伸「地域づくりと参加」『地域づくり交流』第17号（日本地域開発センター，1997年5月）も参照されたい。
9) 『山陰中央新報』1999年2月6日。

参考文献

安達生恒編『奥会津・山村の選択』ぎょうせい，1992年。
過疎地域問題調査会『過疎地域における集落の現状と課題に関する調査研究』1998年。
国土庁地方振興局過疎対策室監修『平成9年度版 過疎対策の現況』1998年。
佐藤長雄『山村が光る時』財界出版局，1992年。
下平尾勲「農山漁村における産業政策の一視点」『福島大学地域研究』第6巻第3号，1995年ａ。
─── 『地域づくり 発想と政策』新評論，1995年ｂ。
内藤正中「過疎地域対策の展開」，内藤正中編著『過疎問題と地方自治体』多賀出版，1991年。
乗本吉郎『過疎問題の実態と論理』富民協会，1996年。
橋本徹・大森彌編著『過疎地域のルネッサンス』ぎょうせい，1994年。
広島県地域振興対策協議会『新たな地域対策への課題と提言』1998年。
福島県『福島県過疎地域活性化方針（後期）』1994年。
福島県大沼郡三島町『過疎地域活性化計画（後期）』1994年。
福島県過疎地域町村協議会『新たな過疎地域の振興に関する報告』1999年。
福島県企画調整部地域振興課『都市と農山村との交流に関する調査報告書Ⅱ』1982年。
─── 『農山村と都市との交流に関する調査報告書Ⅰ』1986年。

保母武彦『内発的発展論と日本の農山村』岩波書店, 1996年。
松野光伸「過疎対策としての集落再編成」, 内藤正中編著『過疎問題と地方自治体』多賀出版, 1991年。
———「過疎地域活性化の現状と課題」『行政社会論集』(福島大学行政社会学会) 第8巻第4号, 1996年。
———「過疎地域活性化と老人福祉施設整備」『行政社会論集』第10巻第2号, 1997年。
守友裕一『内発的発展の道』農山漁村文化協会, 1991年。
———「山村の活性化と地域振興公社」『福島大学地域研究』第8巻第2号, 1996年。
山本努『現代過疎問題の研究』恒星社厚生閣, 1996年。

第11章 電源開発と地域の論理

清水 修二

1 福島県と電源開発——歴史的概観

(1)猪苗代電源開発

　福島県における電源開発は三つの段階に分けてとらえることができる。第一が戦前の猪苗代電源開発，第二が戦後の只見川電源開発，そして第三が，1960年代以降の浜通り電源開発である。この福島県電源開発史については，すでに北村洋基氏が見事なスケッチを描いている[1]。ここでは電源の立地というところに主眼をおいて簡単に歴史を振り返ってみたい。

　発電事業はもともとは消費地立地の火力発電が主であった。やがて煤煙問題等で都市立地が困難になり，遠隔地の水力が電力源として期待されるようになる。それを可能にしたのが高圧送電技術の発達である。福島県では1895（明治28）年に福島電灯株式会社の庭坂発電所が福島町まで15㌔の距離を送電して最初の電灯に灯をともしたが，送電圧2500㌾は当時日本で最大級のものだった[2]。1899年には安積疏水の落差を利用して，安積郡熱海町の沼上発電所から郡山町まで24㌔，1万1000㌾の送電が行われた。これをさきがけとして猪苗代湖水系には図11‐1のように多数の水力発電所がつくられた。この電源開発を担ったのは東京電灯系の猪苗代水力電気株式会社で，これらの発電所は戦後の電力再編成にさいして東京電力の管内に編入されることとなる[3]。

　猪苗代第一発電所が稼動を開始したのは1915（大正4）年で，東京方面への電力の長距離送電は，電力の大消費地と発電所が空間的に遠く隔てられるという電源立地の一つのパターンを先駆的に示したものである。それ以前は，

第11章　電源開発と地域の論理

図11－1　猪苗代湖利用図

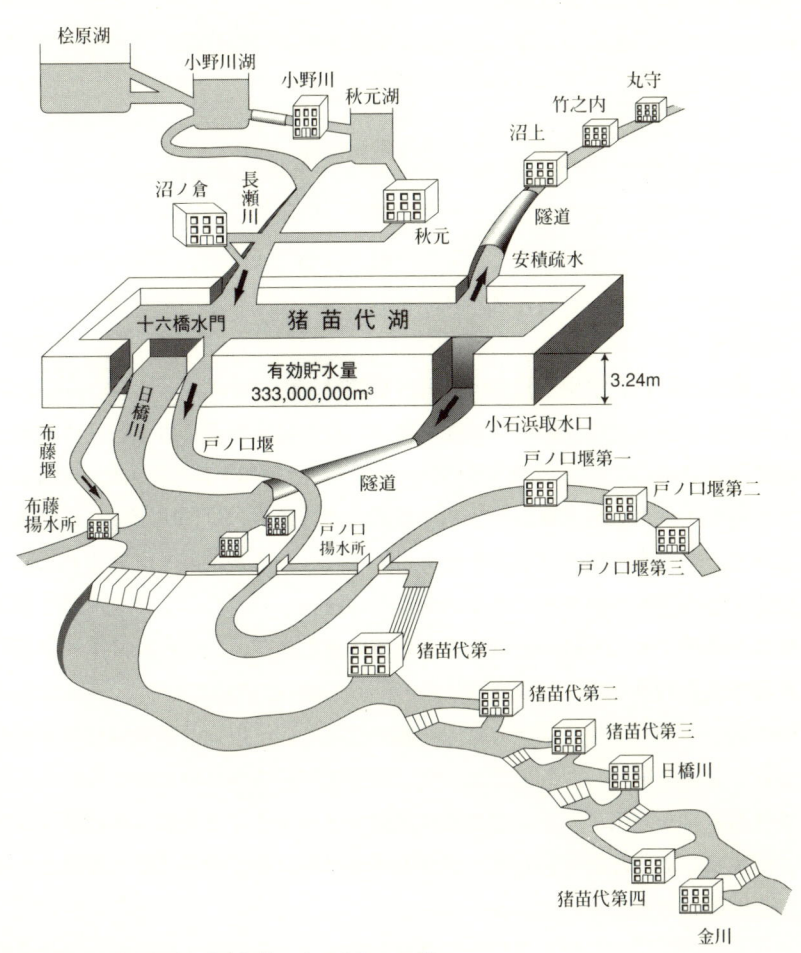

出所：福島民友新聞社『電力県ふくしま』1973年。

発電所の建設はその立地地域の産業に電力を供給することを目的として行われたものであった。ところが発電所の遠隔立地は，ときには地元との利害の対立をひきおこしながら進められる。猪苗代湖にあっても，発電用の貯水量確保のための湖面低下工事が，沿岸で農業をいとなむ住民の反対運動で20年越しの事業になったという史実がある。

(2) 只見川電源開発

奥会津の只見川本流には16の水力発電所が階段状のダムを連ねている（図11-2）。支流もふくめるとじつに33カ所の発電所がある。只見川の豊富な水量と巨大な落差が，水力発電の資源としてきわめて有望であることは早くから人の知るところとなり，1929（昭和4）年はじめの時点で，福島・新潟両県に提出された発電用水利使用許可申請書は58件，98地点にのぼっていた。[4]

そもそも最初に只見川の水利権を獲得したのは，河沼郡野沢町ほか6カ村に電力を供給していた野沢電気株式会社だった(1919年)。その後，野沢電気は只見川水力電気株式会社と社名を変更し，発生電力は郡山市に送ってそこを一大工業都市にする構想であったという。ところが期限をすぎても工事実施の許可申請が提出されずに水利権は効力を失ってしまう。そこでつぎに水利権を獲得することになるのが東京発電株式会社で，この会社は水利使用の許可申請にあたって福島県知事に100万円の寄付の申し出をした。それは発電所工事ならびに「福島県地方富源開発」のための，県道改修費に費やすべきものと使途を限定したものであった。県は結局，水利権の付与を前提にこの寄付（毎年5万円ずつ納入）を受け入れ，それから3カ月後に水利権は同社に帰属せしめられた(1929年)。またそれとは別に県庁舎の改築の費用として10万円の寄付もなされている。

東京発電株式会社は，現在の東京電力の前身である東京電灯株式会社に合併されたが，皮肉にも水利権を獲得した年に世界恐慌が勃発し，電力需要は収縮して電力の過剰という事態になり，会社は工事実施の延期を願い出ることを余儀なくされた。そうこうしているうちに戦時体制の一環として電力の国家管理が進展し，発電および送電は国策会社である日本発送電株式会社(日発)の独占に帰することとなって（1939年），只見川の水利使用権は実質上，

第11章　電源開発と地域の論理

図11-2　只見川電源地帯縦断図

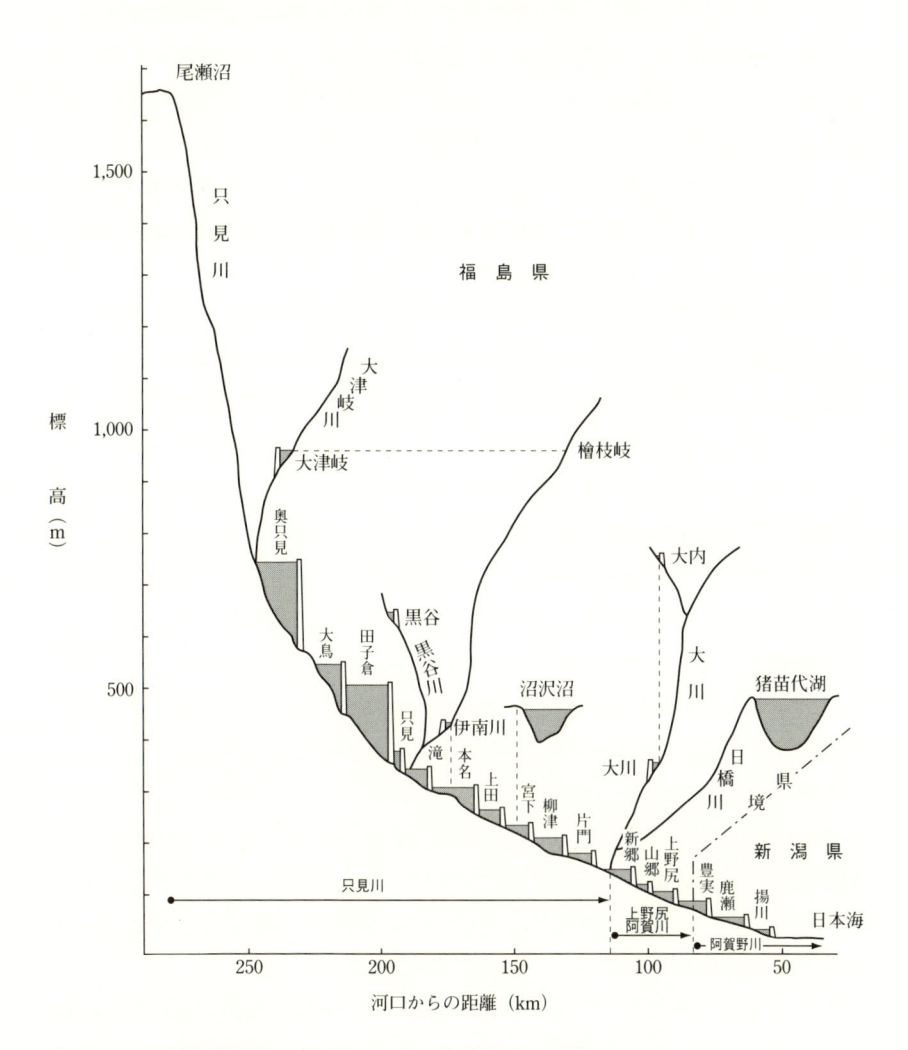

出所：只見町史編纂委員会『尾瀬と只見川電源開発』1998年。

247

この日発が継承することになった。

　戦後，日発は発電所15カ所の新設を含む只見川の大規模な開発計画を提案したが，1951年の電力事業再編成で日発は解体され，現在みられる9電力体制になる。そこで問題は，只見川の電源開発を誰の手で行うか，具体的には東北電力と東京電力と，どちらが水利使用権をにぎるかということであった。そしてとりあえず，戦前のいきさつから只見川上流の未開発水利権は東京電力が引きつぎ，他方で実際の水利利用にかんする日発の調査費用は東北電力が引きつぐという，中途半端な結果になった。

　ところで奥只見，田子倉などの巨大ダム・発電所の建設は1社のみによっては不可能であるとして，特殊会社である電源開発株式会社が手がけることになっていた。そして只見川下流ではすでに東北電力が発電事業を行なっており，このうえ東京電力が参入するとなれば一つの水系が三つに分断されることになる。しかも東京電力の水利権は1929年に設定されて以来眠ったままの状態で，いわゆる遊休水利権であった。そこで福島県知事は建設大臣に対してその許可取り消しを要請し，異例の閣議決定によってこの要請は受理された。これに対して東京電力は行政処分の執行停止を裁判所に訴え出るが，時の総理大臣吉田茂の異議申し立てで却下される（この間のいきさつについては，東北電力から自由党や福島県知事にそれぞれ数千万円の献金があった等を内容とする，いわゆる「只見川怪文書」が国会で配布されるといったこともあった）。

　このほか只見川開発については，本流1本で開発を行うべきであるとする福島県側の「本流案」と，一部を新潟県に分水して利用すべきであるとする新潟県側の「分流案」との間で，7年におよぶ激しい攻防があった。これは6％を新潟県側に分水するという妥協で収拾された。

　以上のような経緯で，只見川ではわが国空前の大規模電源開発が軌道に乗り，今日みるとおりのダム群が出現することとなった。水利権をめぐって地域間ならびに企業間の利害が交錯し，おりからの高度経済成長をささえる電力供給地とされたこの地域は大いに揺れ動いた。そしてこの電源開発は，ダムの建設段階では建設ブームを巻き起こして地元に活況をもたらしたが，完成後は潮が引くようにそれも消え去り，現在，奥会津地方は福島県内随一の

過疎地域になっている。ダムのせいで過疎化したとは必ずしもいえないにしても、電源開発に地域の発展を託した地元の期待は満たされなかったといえる。ちなみに只見川本流の発電所の総出力は約186万㌔㍗で、大型の火力・原子力発電所2基分に相当する程度の大きさである。

(3)浜通り電源開発

　福島県が原子力発電所の誘致にむけて動きはじめたのはかなり早い時期からである。県と東京電力の共同歩調で、1960年には双葉郡大熊町の旧陸軍飛行場跡地をふくむ土地が適地として選定された。その後東京電力から、隣接する双葉町に用地を拡張すべく提案があり、かくてのちに福島第一原発と呼ばれるようになる発電所の建設地は2町にまたがることとなった。用地内の移転家屋はわずかに11戸であった。5) 1号機の設置許可の下りたのが1966年、運転開始が71年、最後の6号機の運転開始が79年である。総出力は469.6万㌔㍗で、これだけで只見川電源の2.5倍をこえる。建設工事は13年間継続した。

　しかし楢葉・富岡両町にまたがる第二原発の場合はそうスムーズにはいかなかった。隠密裏に立地選定をすすめ、知事の年頭記者会見でだしぬけに建設計画を公表するといったすすめ方が反発を呼んで、住民の反対運動が起こり、さらには原子炉の設置許可処分の取り消しをもとめる行政訴訟も提起された。裁判は1975年にはじまり、最高裁で上告棄却（原告住民敗訴）の判決の下されるまで足かけ18年もの長期にわたった。ともあれ福島第二原発の1号機の運転がスタートしたのが1982年、最後の4号機は87年、総出力は440万㌔㍗である。第一原発と通算して21年間工事が続いたことになる。

　東京電力はこのほかに、広野町に石油火力発電4基（出力320万㌔㍗）、さらに新地町に東北電力と共同で石炭火力発電2基（200万㌔㍗）をもっている。「水主火従」の時代に只見川で水利権取り消しの苦杯をなめさせられた同社が、「火主水従」の時代に原発・火発で酬いた恰好である。

　福島県浜通りには、それ以外に原町石炭火力（東北電力、2基200万㌔㍗）、勿来火力（常磐共同火力、4基162.5万㌔㍗）がある。そのうえさらに、東北電力による浪江・小高地点原発の新設、および東京電力の第一原発7・8号機増設と広野火力の5・6号機増設が予定されている。かくて図11-3

249

図11-3 福島県浜通りの発電所群

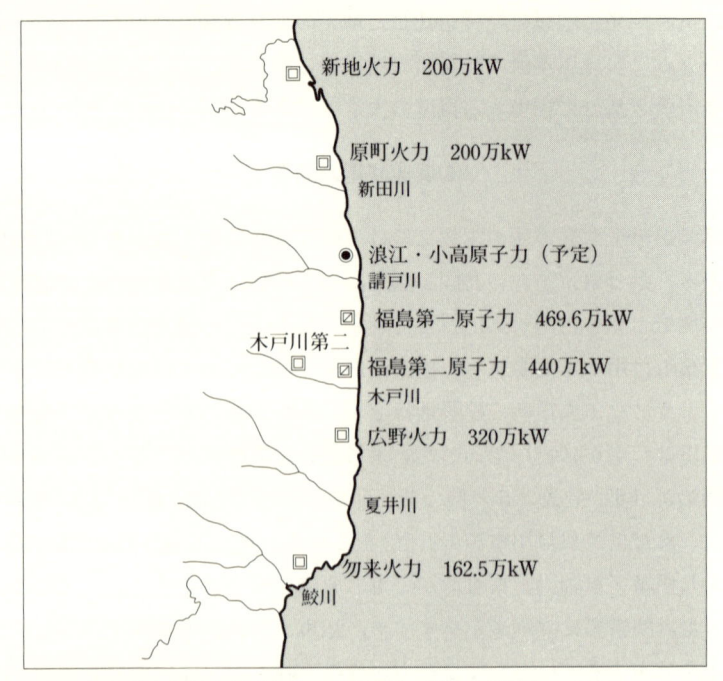

新地火力　200万kW
原町火力　200万kW
新田川
浪江・小高原子力（予定）
請戸川
福島第一原子力　469.6万kW
木戸川第二
福島第二原子力　440万kW
木戸川
広野火力　320万kW
夏井川
勿来火力　162.5万kW
鮫川

出所：福島県地域振興課『県内の電源立地に関する資料』1999年。

にみるように浜通りは，発電所が目白押しに林立する世界有数のエネルギー供給地帯になっているわけである。

　こうした驚異的な集中電源立地は，石油危機（1973年）以来の脱石油戦略と，首都圏への経済力の集中・集積とを背景にして進展している。とくに原子力発電所は大都市に近接して立地することができないとされているもので，首都圏にとっては福島県がまずまず頃合の位置にあると考えられているのではないだろうか。

2　福島県と首都圏——電力需給の実態

　福島県内には現在つぎのような発電設備（自家用を除く）が存在している。[6]
水力86ヵ所（最大出力367.256万キロワット），火力5ヵ所（889万キロワット），原子力2

250

カ所（909.6万キロワット）。出力の構成比は水力17％，火力41％，原子力42％で，原子力発電が最も大きい。

　これを事業者別にみると，東京電力が58.4％（相馬共同火力の出力の半分を加えれば63.0％）であるのに対して，地元の東北電力は15.4％にとどまる。只見川の巨大ダムを有する電源開発株式会社はわずか9.5％にすぎない。ついでに東京電力の県内発電設備の構成をみれば，水力2.7％，火力25.3％，原子力71.9％，そして東京電力の発電設備全体の22.3％は福島県にある。

　発電設備ではなく実際の発電量がどうなっているかといえば，県内総発電量の65.7％を東京電力が占めている。そして東京電力分をふくめ，県外に持ち出される電力の量は，県内発電電力量の88％におよぶ。つくっている電気の12％しか県内で使っていないわけである。このように，福島県は東北電力の給電エリア内にありながら，そこで発電される電力の大部分は東京電力のもので，首都圏に大量の電力を「移出」する立場にある。他方で，県内にある東北電力の発電所でつくられる電気でまかなっている部分は，県内消費電力の42.9％でしかない。地元の東北電力については，福島県は電力を他県から「移入」する側に立っているのである。

　9電力体制のもとで福島県はこのように大変いびつな電力需給構造をもつにいたっている。輸出用農産物の生産に特化して，肝心の自家消費用の食糧は輸入に頼らなければならなくなるといった，発展途上国のモノカルチャー経済に似ていなくもない。

　発電所の遠隔立地は，先にみたとおり戦前の猪苗代電源開発以来のものだが，原子力発電が主力になりつつある今日，いよいよそれは顕著になってきている。原子力発電所が大都市から遠く離れた地点に立地する理由は，冷却水の確保や土地問題などもあるが，原子炉のもっている潜在的危険性に対応した立地選択であることは明らかである。最近は，遠隔地の大規模発電所から効率的に電力を運ぶための送電線のスケールアップが，電磁波公害という新たな環境汚染をひきおこすのではないかとも指摘されている。

　ところで原子力発電の立地問題は，一種複雑な構造をもっている。燃料であるウランの採掘からはじまり，その精錬，濃縮，発電，再処理，そして廃棄物の処理・処分にいたる連鎖の中で，原発はその一環をなすにすぎない。

再処理工場は青森県六ケ所村に建設中だが，放射性廃棄物の処分場については立地の見通しが立っていない。しかも原発の使用済み燃料は再処理してプルトニウムを抽出し，高速増殖炉（FBR）で燃料として再利用するというのが，わが国の原子力発電の基本方針で，FBR の立地，さらには FBR で使用済みとなった燃料の再処理・処分施設の立地も問題となる。また，FBR 原型炉「もんじゅ」が事故でつまずいているなかで，現在運転中の軽水炉でプルトニウムを消費しようというプルサーマルが当面の原子力政策の重点になっており，そのために必要な再処理工場もどこかに造らなければならない。

　エネルギー需給の空間的構造の問題は，水資源の場合とならんで，都市と農村の対立関係を如実に示す現象の一つである。水がなければ一日もたちゆかない都市が，水害に最も弱い体質をもっているのとちょうど同じように，電気エネルギーが途絶えればたちまち機能マヒに陥る大都市が，もっとも原子力関連施設を忌避する。水資源の不足に悩む大都市はいよいよ遠隔の地に水源を求め（東京は尾瀬の水をほしがっている），原子力施設も福島，新潟，青森，北海道と，ますます大都市から遠くなる。

　電力をめぐる今日の基本矛盾については，これを「需給のギャップ」に求める考え方が一般的である。つまり，電力の供給（すなわち発電所の建設）が需要の伸びに追いつかないところに基本的な問題があるとみるのである。しかし矛盾というものをどこに見出すかという点に，じつは論者の姿勢が反映する。需要の拡大に供給を追随させることを必要事と考えれば「需給のギャップ」の解消が最大の課題になるが，電力需要の野放図な拡大に歯止めをかけることをこそ必要事と考えるなら，事態の評価は反転する。

　私自身は，電力をめぐる今日の基本矛盾を「需給の空間分離」という点に求めたいと思っている。「需給のギャップ」が発電所の立地難によって拡大している事情をみれば，いずれの見方をとろうとも大した差はないとみえるかもしれないが，環境問題やエネルギー問題にどのような姿勢でとりくむかという実践的な観点からすると，両者にはかなり大きな違いがあると思うのである。[7]

3 浜通り地域の変貌

(1)双葉郡における発電所の立地効果

原子力発電所の誘致は,「福島県のチベット」などとその開発の後れが嘆かれていた浜通りの将来に大きな夢をもたらすものと喧伝された。しかし第一原発1号機の建設中に県の委託で作成された『双葉原子力地区の開発ビジョン』(1968年)は,つぎのように述べていた(原文のまま)。「双葉地域は数十年先はともかく,その工場立地条件からみて原子力発電以外の大工場の立地という面からみて,多くをのぞみ得ない地域でもあるので,むしろ原子力発電地帯に徹底し,県としては只見水系の揚水型発電の再開発などを含め,電力供給県としての地歩を確立するようつとめてはどうか。(中略)将来何か関連産業が考えられないわけでもないが,今日の段階では,この地域の特殊事情をも併せ考えて,燃料再処理工場とその関連工場をあげることができよう」。

発電所というのはエネルギーを生産するもので,それ自体としては産業誘引効果を格別もたない。また地元企業との産業的連関も皆無に近い。現に浜通りが電源地域として特化してきている事実は,上の開発ビジョンの予見の正しさを証明するものといえるだろう。

福島県自身も,原発の建設による地域振興の限界を認めている。発電所の立地は,その建設工事中は大きな経済効果を地元にもたらすし,電源三法交付金や固定資産税などの財政ルートを通じても地域の振興に少なからず貢献するが,それらはいずれも一時的な効果にとどまり,地域経済の恒久的発展には結びつかない。したがって国は,現地が自律的発展の軌道にのるまで財政的支援を継続すべきであると主張するのである。[8]「地域の恒久的発展策」という言葉は,爾来,福島県にかぎらず原発が立地する自治体当局の,国に対する要求の合い言葉になっている。

発電所建設で浜通り(双葉郡)がどう変わったかについては,政策科学研究所『福島県双葉地方の地域振興に関する調査』(1994年)が詳細に検討をく

わえている。原発10基と火発4基の建設は，25年4カ月にわたって総事業費2兆1667億円，月平均71.3億円の資本投下を当地にもたらした。それによって人口の減少に歯止めがかかり，双葉郡全体としてはゆるやかな増加に転じた。農家の出稼ぎも激減した。町村民所得は県内トップレベルにまで上昇し，道路をはじめとする公共施設は見違えるほど整備された。

　しかしその半面で，当初望まれた農業生産の複合化は実現せず，農業そのものの衰退過程が進んだ。一方，所得は増加したものの，車の保有率の高まりもあって商圏が拡大し，購買力は地元に向かわず周辺地域に流出する傾向も生じた。工業においては土木建設業だけが格段に拡大して，発電所の追加投資と公共事業に依存する体質が組み込まれる形となった。また，人口の減少がとまったとはいえ，若者の雇用の場がふえないとか高等教育機関が郡内にないとかの事情で，住民の社会減がじわじわと増大し，高齢化が急速に進展しつつある。過疎化の体質は基本的には克服されていないのである。

　原子力発電所の立地効果については，早くから「電源立地効果の一過性問題」という言葉でその限界が指摘されていた。そして一過的な効果が消えたあとの「ポスト原発」の課題が提起されてきたのであり，それは今まさに目の前の現実になっているといえる。もっとも，かつて予測されていた事態とはいささか異なる状況が出現していることも事実である。それは発電所のもたらす雇用が思いのほかに大きいということである。1992年の数字で，東京電力の従業者が1689人，関連企業（子会社）は3018人，協力企業（下請）が6080人，合計1万787人が発電所関連の雇用者数である。その3分の2は双葉郡内の住民であり，2世帯ごとにほぼ1人が発電所関連で働いている勘定になるといわれている。[9]

　このことは，水力発電とはちがって火力・原子力（なかでも原子力）の場合，建設工事が終わってもなお相当大きな常時雇用が継続する事実を示している。製造業にくらべて，たしかに投下される資本の巨額なことを思えば相対的に雇用は小さいが，もともと人口の少ない農村地域にとってみれば発電所は文字どおりの巨人である。しかも発電所が存続するかぎりそうした雇用は継続するわけだから，「恒久的」地域振興の担い手としての評価が与えられても不思議ではない。

しかしながらこれは，原発による地域振興の強みであると同時に弱みでもあることに注意すべきである。すなわち発電所の雇用吸収力があまりに大きいことが，農業など地元産業の発展，あるいは当地に進出しようとする企業の立地の障害になるという問題である。また特定の大企業にこれほど依存した就業構造を形成してしまった地域は，将来に大きな不安定要因をかかえていかざるをえない。不幸にして発電所がシャットダウンするような局面が生じたときの衝撃は甚大なものになるからである（その可能性は決して無視できるほど小さくはない）[10]。

(2)原子力立地と財政の問題

いわゆる電源三法がつくられたのは1974年で，すでに四半世紀を経過した。電源立地促進のための利益還元システムとして出発したこの制度は，1980年の電源多様化勘定の設置以来原子力開発そのものに多くの租税を注ぎ込むパイプとなり，また立地促進対策も当初の公共施設建設の枠を大幅に踏み越えて，さまざまな名目をもつ多数の補助金を支給するようになっている。三法の成立以来，1997年に至るまでに福島県が当の特別会計から受け取った補助金の総額は，およそ1270億円にのぼっている。

最近の特徴的な立地対策を挙げれば，原子力発電施設等立地地域長期発展対策交付金（1999年度予算60.6億円）と原子力発電施設等立地地域産業振興特別交付金（同62.5億円，新規）がある。前者は，三法交付金が期限付きであることへの不満を受けて，原発（および核燃施設）が稼動しているかぎり支給の続く息の長い補助金を設けたものであり，後者は，原発の地元で一定量の雇用を新たに創出する企業の電気使用料を，事実上半減させる内容の補助金である。発電所のとなりに工場を造れば電気料金は半額だ，というわけである。

電源三法は原子力発電にかぎらず火力，水力発電にも適用される補助金システムだが，最近はもっぱら原子力関連に対象を限定した補助金に絞られてきているようである。そして新規の立地および既設地点での増設の場合に，格別に大きな利益が地元に落ちるような組み立てになっている。ただそうすると既設原発が相対的に不利な扱いになるので，先に触れた長期発展対策交

付金のような，既設原発にまで遡及する補助金も設ける必要が出てくるのである。

　電源立地促進財政の中身が次第に多種多様化し，精緻になっていくのは，電源三法システムが本来的な地域政策システムではないことを逆説的に証明している。地域政策手段としての財政の機能は，本来，その地域の自律的・内発的な発展に寄与することでなければならない。地域がずるずると財政依存の深みにはまっていくような事態は，地域政策の破綻を示す以外の何ものでもない。したがって原発立地の経済効果の筆頭に財政効果を挙げるといった論法は本末転倒で，また財政効果を最大の目的にして原発の誘致や増設を唱えるというのも，甚だしく逆立ちした発想である。

　大規模発電所に特化した農村地域社会は，雇用の確保や所得の増加によって思いもよらぬほどの「成長」を遂げる。しかしそれはあくまでも外発的な成長にとどまり，地力の培養をともなう本当の「発展」には結びついていないというべきである。恒久的な地域振興への道が，恒久的な補助金依存への道と同じでないという保証はないのである。

4　リスク・アロケーションと地域の論理

　従来の経済学は「富の分配」を大きなテーマにしてきたが，現代の経済学は「危険の分配」をも主要なテーマの一つにしなければならない[11]。しかも富の分配と危険の分配とは緊密に結びついているから，両者は切り離して論じるわけにいかない。そして現代社会において富の分配（ウエルス・アロケーション）と危険の分配（リスク・アロケーション）とは，フィルムのポジとネガのように，逆相関の関係になっていく傾向があるといえるのではないだろうか。

　都市と農村の関係においてこれを考えてみよう。都市は富の集中する空間であり，生産力において劣る農村は，おおむね都市の繁栄に奉仕する立場に甘んじてきた。工業と農業の不均等発展を基礎とする，都市と農村の不均等発展である。けれども都市に集積するのは富ばかりではなかった。大都市の中心部には貧困層の溜まり場＝スラムが形成され，都市は富と貧困が複雑に

ないまぜられた空間となって拡大を続ける。また都市集積がある程度以上にすすむと，いわゆる集積の不利益が発生しはじめ，都市に特有な生活環境の破壊が生じ，激化していく。大気汚染が進行し，交通事故が頻発し，ひとたび地震や洪水が起こればその被害は甚大なものになる。都市は一大危険空間となるわけだ。

しかし都市のかかえるさまざまな危険の中には，空間的に転移せしめることの可能なものがある。その代表的なものが「ごみ」と「発電」である。たとえば東京23区内の家庭や事業所から出る一般廃棄物は，都内の清掃工場で焼却処理されて東京湾に埋め立てられている。海という，もの言わぬ空間に転移しているわけである。また都内で発生する産業廃棄物の一部分は，北海道から鹿児島まで，日本全域に運ばれて処分されている。

発電においては事柄はもっと顕著なものがある。福島県と首都圏との電力需給のいびつな関係は先に述べたとおりである。東京電力は，みずからの管内に原子力発電所を一つももっていない。今後は遠く青森県東通村にも原発を建設する予定である。他方で福島県や新潟県は，県内の原発から出る使用済み燃料の県外搬出を強力に求めており，青森県の再処理工場，さらには，どこかまだ決まっていない最終処分場へと，核のごみはあたかもガン細胞のように転移を重ねていく。

こうした「転移の構造」を可能にしている要因の一つが，前述の，わが国でもっとも高度に発達した財政システムである。このシステムはかつては比較的スムーズに機能してきたといえるが，ここへきて厚い壁に突き当たっている。そのことを劇的な形で示したのが新潟県巻町の住民投票（1996年8月4日）である。

住民投票の意義や限界についてはここで論じるかぎりでない。少なくともごみや原子力をめぐって提起されている住民投票が，これまで述べてきたような「転移の構造」へのプロテストの意味をもっているのは確かだ。そうした構造的問題から切り離して，住民投票を地域エゴだのNIMBY（ニンビイ）だのと倫理的に非難するのは誤りである。[12]

独特の財政システムが必ずしも効を奏さない情勢をみて，東京電力は福島県に対して大型の寄付の申し出をするようになった。サッカー施設「Jヴィ

レッジ」が東電から提供された130億円の寄付で造られた経緯は記憶に新しい。東京電力は「戦前来，福島県には電源立地でお世話になっているから」と寄付の理由を説明している。猪苗代電源開発以来のつきあいだというわけだ。福島県のほうも，寄付を受け取ることにかけては，先に紹介した只見川開発における寄付以来の「伝統」がある。1953年に県の新庁舎が7億円かけて建設されたが，それは財源として大口の寄付を知事が電力会社に要請し，獲得できたからであった(東北電力1億円，東京電力5000万円)[13]。しかしもともと電源三法がつくられたのは，そのような無原則的な寄付で電源立地がすすめられる事態を，好ましくないと判断したからである。少なくともそのように，当時の当局者は国会で説明している。

　電源立地の社会的・政治的ルールは，地方分権と環境保全の流れに沿うかたちで再構築されなければならない。首都圏への電力供給を担ってきた長い歴史と実績をもつ福島県は，この問題で議論の先頭に立つ資格をもつとともに，責任も負っているとはいえまいか。

注
1) 北村洋基「電源開発と福島県」，山田舜編『福島県の産業と経済』日本経済評論社，1980年。
2) 白い国の詩編『東北の電気物語』東北電力株式会社，1988年，442ページ。
3) 松坂清作編著『電力県ふくしま』福島民友新聞社，1973年，295ページ。
4) 以下の記述はおおむね，福島県『電源只見川開発史』1960年による。
5) 大熊町史編纂委員会『大熊町史・第1巻　通史』福島県双葉郡大熊町，1985年，836ページ。
6) 以下の数字は1998年度のもの。福島県地域振興課『県内の電源立地に関する資料』1999年3月による。
7) この考え方については拙著『NIMBYシンドローム考——迷惑施設の政治と経済——』東京新聞出版局，1999年を参照されたい。
8) 福島県『電源地域振興特別措置法制について』1983年。
9) 政策科学研究所『福島県双葉地方の地域振興に関する調査』1994年，70ページ。
10) わが国では原子力発電所の建設は国策として進められている。そして国策で造られたものは国策で廃棄される可能性がある。現にスウェーデン，イ

タリア,スイス,ドイツといった国々では,国民投票や国会の決定などで政策的に原子力発電から撤退する道が選択されている。日本においても,たとえ国内の原発に事故がなくとも外国とくに近隣のアジア諸国のどこかでシビアな事故が発生した場合に,原発の運転停止さらには廃棄という政治選択が行われる可能性は小さくない。

11)　ウルリヒ・ベック著,東廉・伊藤美登里訳『危険社会——新しい近代への道——』法政大学出版局,1998年参照。ちなみに原著は1986年の発刊。
12)　前掲拙著参照。ちなみに,NIMBY は not in my backyard のことで,迷惑施設を忌避する住民の心理傾向を批判する意味で使われるようになった用語である。
13)　松坂,前掲書,300ページ。

第III部　ネットワーク化と地域づくり

第12章 福島県の地域コミュニティ

兼田　繁

1 コミュニティは実在するか？

　コミュニティという言葉が注目されるようになったのは，1969年9月の国民生活審議会調査部会・コミュニティ問題小委員会報告『コミュニティ——生活の場における人間性の回復——』からである。その後，1971年4月の自治省事務次官通達『コミュニティ（近隣社会）に関する対策要綱』で，コミュニティ施策が提唱され，行政の文書のなかにも登場し始めた。とりわけ，地方自治体の振興計画のなかでしばしば使用され，行政用語としては定着しているかもしれない。しかし，住民生活のなかに溶け込んでいるかといえば，そうでもない。なぜだろうか。その理由の一つに，コミュニティという言葉の曖昧さ，をあげることができる。

　国民生活審議会報告では，コミュニティを「生活の場において，市民としての自主性と責任を自覚した個人および家庭を構成主体として，地域性と各種の共通目標をもった，開放的でしかも構成員相互に信頼感のある集団」と，定義している。そして，「コミュニティの不毛の状態が，人間性を回復し，生活の豊かさを実現するための大きな障害となっている事実を憂慮」して，「いまだ形をなしていないコミュニティ」を形成する方策を提起したのである。

　自治省事務次官通達『コミュニティ（近隣社会）に関する対策要綱』の趣旨は，要約すると以下の通りである。

　〈住民は，快適で安全な生活環境のもとで，健康で文化的な生活を営むことを欲している。このような望ましい生活は，住民の日常生活の場である近隣社会の生活環境の整備とあわせて，住民の地域的な連帯に基づく近隣生活が営まれて初めて実現される。近隣社会は，住民の社会生活の基礎的な単位で

ある。今日の住民生活は動態化するとともに，その行動圏域は漸次広域化しており，住民は近隣社会に対する関心を失い，人間は，孤立化し，地域的な連帯感に支えられた人間らしい近隣生活を営む基盤が失われるおそれがある。このような現状に対処して，住民が望ましい近隣生活を営むことができるような基礎的な地域社会をつくるため，新しいコミュニティづくりに資するための施策をすすめる〉。

　ここではコミュニティは，「近隣社会」と定義され，「望ましい近隣生活を営むことができるような基礎的な地域社会」としての新しいコミュニティ(近隣社会）づくりを提唱している。こちらはコミュニティを，実在する近隣社会を指している点で国民生活審議会報告と異なっている。ともあれ，「望ましい地域社会（集団）のあり方」を示すコミュニティと「実在する地域社会の一断面」を示すコミュニティとが混在したまま，行政主導のコミュニティ施策として展開されることになった。

2　コミュニティ行政の展開

(1)コミュニティへの政府の関心

　中央政府レベルのコミュニティへの関心は，自治省だけではなかった。1972年12月，中央社会福祉審議会は，「コミュニティ形成と社会福祉」という答申をまとめ，以下のように新しい地域社会＝コミュニティの必要性を説いている。

　　急速な経済成長やこれに伴う地域間，産業間の人口移動は，技術革新の進展や情報化社会の進行と相まって地域住民の生活様式や生活意識の変革をもたらし，また，生活の自然的，社会的環境の悪化をもたらしている。そして，これまでの地域住民の生活のよりどころとなっていた既存の地域共同体は，このような変革に対応することができず解体の方向をたどりつつあるが，これに変わる新たな地域社会が形成されないまま，住民の多くは孤独な不安な生活を余儀なくされている。一方，核家族化の進行は，家族の生活保障機能を縮小し，これに変わる社会

第12章　福島県の地域コミュニティ

的サービスの必要性を増大している。また，所得水準の向上や余暇時間の増加に伴い，余暇についての考え方も大きく変化している。これから形成されるべき新しい地域社会，すなわち「コミュニティ」は，まさに以上のような地域住民の諸要求を充足するものでなければならず，そしてこのようなコミュニティの形成なくして，国民の生活福祉の向上を期することはできない。

そして，1970年代半ばには各種『白書』のなかにも登場するようになる。

　大都市地域，過疎地域ともに，そこに生活する住民は，生活圏における人的連帯性を強め，近隣コミュニティを見なおすことが，医療，福祉サービスの確立に寄与し，それを育てることにもなる（1974年版『厚生白書』）。

　福祉の精神，相互連帯の精神の助長に努め，基礎的な地域社会としてのコミュニティ形成に格別の努力を払うことなどにより，地域住民の社会福祉活動の条件づくりに努める必要がある（1975年版『厚生白書』）。

　人間の住む場所とそこに住む人間の自主的な連帯感がコミュニティであるとすれば，「住宅」や「老後」の問題は，こうした地域コミュニティの形成と関連して解決すべきであり企業の地域社会における活動も，その形成に貢献することが望ましい（1975年版『経済白書』）。

　わが国の伝統的な地域共同体は，都市化の進展や終戦後の部落会，町内会の解体などからその機能は低下した状況にある。これにたいして最近では近代的な近隣，地域の連帯を図る集団としていわゆるコミュニティ形成の必要性が強く求められるようになっている（1976年版『国民生活白書』）。

中央政府レベルでのコミュニティへの関心を，地方自治体レベルに波及させたのは，自治省のコミュニティ施策である。

(2)自治省のコミュニティ施策

　自治省は『コミュニティ（近隣社会）に関する対策要綱』に基づき，1971年度から73年度の3年間に，小学校区程度を基準として全国83カ所（44都道府県79市町村）にモデルコミュニティ地区を指定し，施設づくりや組織づくりを軸にしてコミュニティ活動を推進した。福島県では郡山市の桑野地区が指定されている。1977年に地方自治協会が行なった調査によれば，コミュニティ研究会等を設置したのが18都道府県，そして単独事業としてコミュニティ地区を指定したのは17道県(288カ所)，指定地区予定を含めると19道県(544カ所）となった。東北では，宮城県74カ所，秋田県70カ所，青森県15カ所，岩手県3カ所で，福島県・山形県では単独地区指定を行なっていない。

　自治省は1983年11月にコミュニティ施策の第二段として，『コミュニティ推進地区設定要綱』を策定し，コミュニティ推進地区の指定を行なった。設定の基準は，都市地域またはその周辺，コミュニティ活動が積極的にすすめられている，市町村の積極的姿勢等で，全国147カ所が指定された。しかし，県レベルでコミュニティ行政の姿勢には格差が目立ち始めており，県単独のコミュニティ推進地区指定は5県183カ所にとどまった。継続的なコミュニティ行政を窺うことができるコミュニティ関係PR誌の発行は，1983年度で9都県であった。こうした状況にもかかわらず，自治省はコミュニティ施策の第三段として，1990年に『コミュニティ活動活性化地区設定要綱』を策定する。「まちづくり」と「文化イベント活動」に限定した全国141カ所の地区指定を行う。ここでは「コミュニティ」が「まちづくり」に飲み込まれ，自治省主導のコミュニティ施策の終焉を窺わせる。ともあれ，自治省の三段階にわたるコミュニティ施策によって，全国の3分の2以上の市町村自治体の基本計画等にコミュニティ施策が盛り込まれるようになり，コミュニティが自治体行政用語として定着したことは確かである。しかし，コミュニティの出発点にあった，伝統的地域共同体に代わる新しい地域社会の形成，という「コミュニティの理念」はどうなったのだろうか。現実の伝統的地域共同体は，どのように変化したのだろうか。

3　町内会・部落会は変わったか？

(1)伝統的地域共同体としての町内会・部落会

　伝統的地域共同体を代表する地域組織は，町内会，町会，部落会，自治会，行政区，振興会等と呼ばれるものである。ここでは，町内会と総称しておく。これら町内会の活動内容はさまざまだが，おおよそ共通したいくつかの特徴がある。第一は，人々の住むあらゆる地域に組織されており，しかもその地域が重複していない。したがって，一人の住民が二つの町内会に加入することはない。第二に，ほとんどの場合，加入単位が個人ではなく世帯である。家族構成がどのような形態であれ，権利・義務は世帯ごとに扱われ，会費も世帯当たりで決められる。第三は，地域内のすべての世帯が半ば強制的に加入させられることが多い。加入脱退が自由であっても，加入を拒否することはなかなか困難である。近所づきあいが気まずくなるだけでなく，行政からの広報が届かない等，日常生活に必要な情報が入らなかったりするからである。それだけ町内会が日常生活にかかわっている証拠でもある。たしかに，町内会の活動は，実に多彩である。運動会・祭り・レクリエーションなどの親睦行事，ゴミ処理・害虫駆除・草刈・排水溝清掃などの環境整備，交通安全・防火・防犯対策，公共的施設に関する行政陳情，さらには冠婚葬祭にまでかかわることもある。

　ところで，この町内会にはやっかいな問題がある。さまざまな活動のなかに，宗教的・政治的な行事や活動が含まれていたり，本来，自治体などの行政がやるべきと思われる仕事を肩代わりすることが多いことである。この問題を考えるためには，町内会の歴史，とりわけ戦時中のことを振り返ってみる必要がある。

(2)戦時町内会・部落会

　年輩の方なら「トントントンカラリンと隣組……」という歌を知っているはずである。戦時下に町内会のことを歌ったもので，明るい響きをもってい

る。しかし，そのころの町内会は，そんなに明るいものではなかった。内務省は1940年に「町内会部落会等整備要領」という通達を出し，町内会のない地域にこれを設置させるとともに，町内会のなかに隣組も整備させた。この「整備要領」の目的には「隣保団結ノ精神ニ基キ市町村内住民ヲ組織結合シ万民翼賛ノ本旨ニ則リ地方共同ノ任務ヲ遂行セシムルコト」「国策ヲ汎ク国民ニ透徹セシメ国政万般ノ円滑ナル運用ニ資セシメルコト」などが掲げられている。一言でいえば，戦時遂行のための末端組織として町内会を活用することなのだが，その結果，町内会は実に多様な活動を行なった。主なものを列挙すると，軍部・政府の宣伝普及，出征兵士の歓送，防空演習，住民登録，国債の割当消化，貯蓄の奨励，金属屑の収集，税金収納事務，特殊戦時作業のための労働力提供，重要生活物資の配給，警察への情報提供等である。このように町内会は住民がお互いに助け合う生活組織でもあったが，同時に戦争協力ための生活や思想を強制監視する統制組織でもあった。つまり，中にいれば皆が一生懸命協力しあって苦しい戦時下を生き抜こうとする「美しい姿」にみえたものも，外からみると戦争協力にがんじがらめにされた「非人間的集団」とみえたのである。こんな役割をもつ町内会だったから，敗戦後占領軍総司令部は町内会の役職者の公職追放を要求した。これには，内務省が強く抵抗したため実現しなかったが，1947年の政令第15号によって町内会の解散が命じられた。しかし，この政令はあまり実効性がなく，名称を変えながら存続した地域が多かった。

(3)戦後の町内会・部落会

　1952年のサンフランシスコ講和条約と同時に，町内会禁止の政令第15号は失効することになり，町内会は公然と各地で組織されていった。その理由の一つに，住民生活に必要なさまざまな業務を行政だけで処理できなかったことがある。この問題は，戦後復興期だけでなく，1953年の町村合併促進法で広域的な自治体行政が成立することによって，拡大していく。そこで公共的な業務でも，戦時と同じような住民の自助努力に委ねようとする地方自治体が多くなった。ところが戦後社会は地域の住民構成を労働者家族を中心に多様化，流動化させたために，地域的連帯が希薄になった。新しく移り住んだ

人々, とりわけ職住分離の長時間労働（通勤），共働きの労働者にとっては，町内会活動は大きな負担である。そのため，町内会活動は一部役員の人だけで担われる状況が生じてきた。その役員の人たちも，有給の公務員ではなく無償奉仕だから，なかなかなり手がおらず，結局は古くからそこに住んでいる人とか，退職した公職経験者が運営の中心を担うことになった。こういう人の中には，戦前からの宗教的・政治的活動が未分化な町内会の伝統や慣習を，そのまま踏襲する人が多く，ますます住民から敬遠されることになる。

こうした歴史から，町内会は草の根保守の媒体であるかのように，考えられてきた。とりわけ，知識人層に町内会を否定する意見が強い。しかし，岩崎信彦ほか編『町内会の研究』[1989]で分析している全国9都市の住民アンケート調査結果（1986年実施）よると，町内会の必要性についての回答は，「なくてはならない」が16％，「あったほうがよい」が69％，「ないほうがよい」が6％となっている。消極的支持が中心とはいえ，主観的には肯定評価が圧倒的多数であり，これは大都市圏でも地方都市でもそれほど大差がない。知識人層の積極的否定評価と多数の住民層の消極的肯定評価のギャップをどのように考えたらよいのだろうか。福島県の県北地域の町内会の実情をみることにする。

4　福島市の町内会連合組織と役職層

町内会の行政的・政治的利用のあり方によって，新しい地域社会の形成が抑止される場合もある。とりわけ，班—単位町内会—（学区）連合町内会—(全市)連合町内会と段階的に組織化され，役員は上にいけばいくほど多忙となるにもかかわらず，事実上無償に近い活動条件にある現状を考えると，一般住民と乖離する傾向は避け難いともいえる。それがただちに政治的保守化を助長するとはいえないまでも，行政・町内会による住民統制と動員の仕組みが形成されることもある。この住民統制と動員の仕組みは，行政と町内会との間に町内会幹部と行政幹部との人脈ネットワークによる地域の安定化もしくは秩序維持機能を果たす。

福島市は，いわき市・郡山市とともに全国屈指の広域都市である。戦前は

約9平方キロメートルにすぎなかった旧福島市は，1947年2月の渡利村・杉妻村を皮切りに，1968年10月の吾妻村まで，周辺18町村と1地区を次々と編入合併し，約80倍の面積に拡大した。広域化した福島市の課題の一つは，合併前の旧町村を単位とした19支所を，中学校区再編を梃子にして，15支所に統廃合することであった。それは同時に，行政および外郭団体が掌握する地域社会の再編成をともなうことになり，その要は町内会連合組織である。

　1992年にわれわれが実施した調査では，単位町内会は市全体で818あった。規模別では，10戸前後の町内会から1000戸を超える町内会まで，その差は大きい。単位町内会の連合体である地区連合会が26で，旧市町村の数より大きいのは，旧飯坂町が合併前の連合組織のまま分割されていること，新興の蓬莱団地が加わったことによる。これらの全市組織として，地区連合会の会長で構成する福島市町内会連合会連絡協議会がある。全体としては3層構造であるが，旧福島市・旧飯坂町等は学区ごとの連絡組織があるために，4層構造になっている。そのために，全市レベルの役職をもった町内会長の仕事は，想像以上に多い。以下に，旧福島市内の典型的町内会長（1992年時点76歳・会長歴10年）の主な年間活動例を列挙してみる。

　(4/4) 交通対策協議会支部春の交通安全運動会議・(4/6) 小学校入学式・(4/8) 町内区長，班長会議・(4/10) 町内老人会総会・(4/11) ゲートボール大会・(4/13) 会計監査・(4/16) 市町内会連合会役員会・(4/19) 福祉施設園友会総会・(4/22) 幼児交通安全クラブ開講式・(4/23) 護国神社春季例大祭・(4/25) 旧市内町会長会議・(4/29) 消防団分団総会・(4/29) 町内住民告別式・(5/12) 町会通常総会・(5/15) 祓川をきれいにする会総会・(5/17) 全市町内会連合会役員会・(5/19) 小学校運動会・(5/21) 地区防犯協会連合会定期総会・(5/23) 地区社会福祉協議会理事会総会・(5/24) 全市日赤社資増強運動会議・(5/25) 地区青少年健全育成推進会議・(5/29) 地区派出所防犯協力会議・(5/31) 全市町内会連合会総会・(6/5) 暴力団根絶福島県民大会・(6/5) 福島競馬場近隣町会懇談会・(6/7) 地区町会団体協議会・(6/8) 町会定例執行部会・(6/11) 中央地区緑化木害虫防除協力会議・(6/22) 町内住民告別式・(6/28) 全市集団資源回収団体報奨金交付制度説明会・(7/3) 防災講演会・(7/6) 町会定例執行部会・(7/7) 町内住民告別式・(7/9) 福島縫製福祉センター

協力会理事会および総会・(7/18) 町内住民告別式・(7/20) 慈恩寺観音菩薩大祭・(7/23) 交通対策協議会支部総会・(8/6) 町内定例執行部会・(8/17) 地区住民告別式・(8/19) 全市町内会連合会役員会・(8/20) 地区自治振興協議会・(9/1) 自主防災避難訓練・(9/3) 町内住民告別式・(9/6) 町会定例執行部会・(9/7) 地区大運動会・(9/10) 全市共同募金協力者会議・(9/15) 隣接町会秋季行事・(9/17) 地区社会福祉協議会理事会・(9/23) 護国神社秋季例大祭・(9/25) 福島競馬場近隣町会懇談会・(9/26) 福島競馬場寄贈品交付式・(10/5) 町会定例執行部会・(10/10) 水雲神社秋季例大祭・(10/15) 全市町内会長県外視察研修会・(10/17) 地区派出所管内防犯責任者研修会・(11/5) 町会定例執行部会・(11/11) 祓川改修工事説明会・(11/12) 市政施設視察研修会・(11/22) 福祉施設園友会理事会・(11/26) 祓川改修工事地域関係者説明会・(11/29) 町内簡易保険団体結成20周年記念祝賀会・(12/5) 町会定例執行部会・(12/23) 町内住民告別式・(1/5) 町会新年会・(1/10) 老人会新年会・(1/19) 地区体育協会新年会・(1/24) 町内住民告別式・(1/28) 地区青少年健全育成推進会表彰祝賀会・(1/29) 全市町内会連合会新年会・(2/5) 町会定例執行部会・(2/5) 資源を大切にする県民運動研修集会・(2/6) 全市町内会連合会役員会・(2/20) 全市町内会連合会研修会発表者事前打ち合わせ会・(2/26) 福島競馬場近隣町会長会議・(2/27) 全市町内会連合会研修会事例発表・(3/4) 保育園児による牛乳パック贈呈式・(3/5) 町会定例執行部会・(3/7) 地区派出所への協力会からの寄付物品贈呈式・(3/13) 中学校卒業式・(3/24) 葬儀場ホールオープン祝賀会・(3/29) 町内青年ソフトクラブ総会・(3/30) 福島地方拠点都市地域指定総決起大会。

　町内会組織が町内の行事だけでなく，さまざまな分野（とりわけ行政の外郭団体）と関わっていて，各種会合等に役職者の出席が要請される。行政課題が，縦割りの外郭団体から，町内会役職者をとおして，地域住民に浸透する仕組みの一端を窺うことができる。

　これだけの活動を，無報酬に近い形で行うことができる階層は限られてくる。約3分の1の抽出で調べた旧福島市内の単位町内会長の職業／年齢／役職年数は，①住職／70歳／15年，②団体役員／55歳／11年，③旅館業／61歳／22年，④商店主／87歳／18年，⑤会社社長／75歳／10年，⑥飲食業／68歳／

表12-1 福島市内の典型的町内会財政

地域類型	世帯規模	会費年額	財政規模(A)	収入 繰越金	収入 会費(B)	収入 助成金等	収入 その他	会費割合(B/A)	支出 事務費(C1)	支出 活動費(C2)	支出 負担金(C3)	事務費割合(C1/A)	活動費割合(C2/A)	負担金割合(C3/B)
混住地域	600	3600	331	45	206	40	40	62.2	177	85	69	53.5	25.7	33.5
商店街	300	*	236	53	160	20	3	67.8	173	32	31	73.3	13.6	19.4
新興住宅	196	4000	139	29	81	9	20	58.3	85	28	26	61.2	20.1	32.1
一般住宅	60	3600	42	13	20	4	5	47.6	25	8	9	59.5	19.0	45.0
農村地域	36	8000	59	1	30	19	9	50.8	32	14	13	54.2	23.7	43.3

注：1) 金額の単位は，年額会費以外は万円である。
2) ＊は，会費に格差を設けている。
3) 会費・事務費・活動費の割合は，財政規模に対する比率である。負担金割合は，会費収入に対する比率である。
資料：1992年実施の調査結果。

初，⑦会社役員／79歳／8年，⑧会社役員／64歳／1年，⑨無職／74歳／10年，⑩団体役員／67歳／初，⑪無職／78歳／10年，⑫無職／76歳／12年，⑬農業／62歳／16年，⑭会社嘱託／74歳／30年，⑮会社役員／70歳／30年，⑯無職／80歳／4年，⑰無職／63歳／17年，⑱無職／75歳／18年，⑲商店主／76歳／18年であった。全体的に，高齢化・長期化の傾向がみられる。無職者の退職前職業はさまざまだが，公務員が目立っており，職業階層の偏りがみられる。

　単位町内会の活動は多様であり，その共通点を概括することは困難だが，典型的な町内会財政から，若干の特徴をみてみたい。第一は，財政のなかに占める会費収入の割合が少ないことである。その理由の一つには，祭などの大きな事業は，寄付を募ったり特別会計で運営したりしているところが多いこと，もう一つは，独自活動の少ないところは，蓄積された繰越金の額が大きいこと，である。第二は，市からの助成金もあるが，それを上回る負担金（ほとんどが外郭団体の各種募金）を支出していることである。多いところでは，会費収入の半分近くが負担金に充てられている。第三は，支出のなかで活動費の占める割合が低いことである。つまり，事業を行うよりも，組織を維持運営するための支出が多くなっている。役職者の多忙化と反対に，一般の住民からみれば，広報誌等を配布し各種募金と会運営のための会費を徴収

する町内会，という状況が窺われる（表12‐1参照）。

5　保原町の「混住化」と新住民の町内会

(1)町―旧村―町内会の構成

　現在の保原町は，1955年に町村合併するまでは，旧保原町，柱沢村，上保原町，大田村，富成村の五つの自治体に分かれていた。これら旧5町村のうち，旧保原町を除く4村は，農山村地域である。戦後におけるこの4村の戸数の変化を概観してみると，1965年から1992年の間に，上保原地区は605戸から1346戸に倍増している。大田地区も659戸から897戸へと増加傾向にある。柱沢地区は486戸から523戸へ，富成地区は410戸から409戸へとそれほど大きな変化がみられない。つまり，農山村地域だった4村のなかで上保原地区が最も「混住化」が進んだ地域ということになる。しかし，上保原地区全体で「混住化」が進んでいるとはいえ，町内会という集落単位でみると一律ではない。現在，上保原地区には21の町内会がある。戸数では最大209戸，最小は10戸である。21の町内会を「混住化」の程度で分けると，おおよそ旧住民だけの町内会が11，新住民だけの町内会が2，新旧混住化している町内会が8となっている。また，新旧混住化している8町内会のうちの半数である4町内会は，新住民のほうが多くなっている。このように町内会単位でみると，ほぼ旧住民からだけなる町内会が半数を占めており，そこでは内部的には変化しながらも従来からの地域的まとまりや慣行が継承されている可能性がある。とくに，生産と生活が一体となって地域に関わってきた旧住民層は，職住分離の新住民層に比べて地域に関心が高く，彼らの地域への関わり方が上保原地区の地域的まとまりや慣行にも強く反映されていると思われる。このようななかで，職住分離型の新住民層を主体とする町内会が，どのような活動を展開するのか，注目される。

(2)新住民による町内会活動

　上保原地区では，職住分離型の新住民層を主体とする町内会は二つある。

一方は1980年頃に造成され，他方は1990年に入居が開始されている。後者のA町内会は，入居開始間もなく結成された。A町内会の場合，居住地条件では，各戸の敷地の広さだけでなく，建築協定にもみられるように，良好な周辺環境の形成にも配慮され，住民構成では，県外から入居した人も含めて，町外からの来住者層の比率が相対的に高く，高学歴層の比率も高い。保原町内では先例のない町内会のタイプである。それだけに，新しい町内会の活動と運営を定着させるには，多くの困難と試行錯誤を伴ったが，A町内会は，多様な出身地で，多様な経験と考え方をもっている住民の声を，よくまとめてきた。

　A町内会は，新しい町内会にもかかわらず，たくさんの事業を精力的に行なってきた。その事業内容を大きく区分すると，「町内会ぐるみ事業」と「専門部会的事業」に分けられる。「町内会ぐるみ事業」は，一斉清掃・消毒，花見，地区運動会参加，植樹・植栽，夏祭り，芋煮会等で，毎月のように行事が行われている。「専門部会的事業」には，婦人組織・趣味の会のユニークなお話会や講習会，体育部のスポーツ大会参加，育成会の活動などがある。当初は，「町内会ぐるみ事業」が多様に行われていたが，次第に「専門部会的事業」が広がっている。「専門部会的事業」に比べると，「町内会ぐるみ事業」のほうは多くの参加を得るために準備が大変になり，住民アンケートによって環境美化事業の打ち切りを決めたり，総会の投票によって夏祭りの廃止を決めたりしている。そのかわり，子どもたちのためのミニ運動会が行われ，町内会を越えた交流が進むようになった。

　一般的には，入居にともなって生じる当面の諸問題が解決し，親睦行事を通じて入居者同士がある程度知り合え，町内会事業も相対的に安定してくると，町内会活動も新しい段階を迎える。このような段階で，一般的に指摘される問題は，役員の役割や選出の仕方等，役員体制のあり方である。大方の町内会には，会の事業や財政を統括したり，対外的な仕事をしたりする「執行部員」と，分野ごとの活動を推進する「専門部員」と，会全体と各家庭の間に立って日常的な実務を行う「班長」等の役員がおり，「班長」は，班ごとの話し合いで選ばれるが，輪番制が普通になっている。「専門部員」は独自活動が活発に行われていれば，そのなかで役割分担も自然と決まっていく。問

題は「執行部員」で、この「執行部員」が、町内会内部の事業や財政を統括するだけならばまだしも、町内会は「地域を代表する組織」とみなされることから、他地域との関係、行政との関係等の対外的な仕事を担うことも多くなり、多忙となってくる。そうなってくると、「執行部員」は誰にでもできる役員というわけにはいかず、結局、役員のなり手が少なくなってしまう。ここから、二つの弊害が生じやすい。一方は、多忙さに耐えうる条件を備えた人たちによる「執行部員」の固定化で、この固定化は、時として「執行部員」のなかに名誉職的・特権的な意識を生み、その他役員と乖離していく場合がある。他方は、輪番で決まってくる「班長」のなかで互選することで、この互選は、時として押しつけ合いに終始し、誰かが貧乏くじを引いて犠牲になる場合もでてくる。その弊害を克服するために、A町内会では「集団指導体制」——輪番ででてくる班長も、専門部の活動のなかからでてくる専門部長も、総会で選ばれた三役も、みんなが対等平等に会の運営にあたる——をめざしている。

(3)地域の中での新興町内会

A町内会の、上保原地区運動会での活躍は、町内の住民結合を強めているだけでなく、他の町内会の活動にも少なからぬ刺激を与えている。運動会への参加者数も多く、早くも優勝を経験したが、それ以上に、手製の弁当をつくったり、老人席を設けたりの細かい配慮がされている。農村部の既存町内会の人々をして、「新興住宅地の町内会で炊き出しをしているのに、農家がファストフードとは」と、嘆かせた。また、他町内の人々にも開放された婦人組織・趣味の会の「民話を聞く会」や、ミニ運動会も地域の注目を集めている。このような地域交流が進めば、確実に「地域のなかでのA町内会」の位置も大きくなっていくに違いない。

ところで、町内会は、そこに居住する住民を代表する組織という面をもっている。地域的な調整が問題になったり、諸課題を地域単位で処理する際に、町内会が住民代表組織として扱われる場合が多い。したがって、町内会単位の共同問題の処理や親睦、交流にとどまらず、地域のなかで町内会が果たす役割も大きい。ここで「地域」といっても、「重層的」で、行政の側面からみ

ると，1989年の町村制までの行政単位であった「自然村」(T地区)，さらには1955年の合併までの行政単位であった旧行政村(旧上保原村)，それと現在の行政単位である保原町という段階的な広がりをもった地域がある。また，教育分野には，小学校区，中学校区という段階的な広がりをもった地域もある。旧行政単位とか学校区とかは，他の個別分野の段階的な組織単位となる場合が一般的で，とりわけ町内会は地域末端の組織単位に位置づけられている。消防，防犯，交通安全，福祉・保健等の官製的組織，また，老人クラブ，婦人会，青年会，子供会(育成会)等の年齢階層別組織，さらには体育協会などの目的別組織等も，全町的な組織のもとに下部組織を段階的な地域につくり，町内会が末端の基礎組織となることが多い。町内会を媒介とした「重層的な地域」における諸活動は，一般住民が気がついているか否かにかかわらず，組織的に進められていることが多い。このような状況のなかに，新しい町内会が結成されると，既存の組織単位に機械的に組み込まれ，既存のルールに機械的に従わなければならなくなる。保原町の場合，既存の組織と既存のルールは，主として，行政と旧住民によってつくられ，また，担われており，通勤労働者が比較的多くを占める新興住宅地の新住民に適合しないルールもある。A町内会の婦人部が，保原町の既存の婦人会組織に機械的に組み込まれることをせず，独自の組織と活動の基盤を形成する道をとったことは，注目される。新しい町内会が既存組織の基礎単位となるとき，自分たちの町内会やそれを構成する住民の人々にも適合する新しいルールを創造していくことは，ますます重要な課題となろう。

6　伊達町の町内活動支援策

(1)伊達町行政の「町内会助成金」

　伊達町の町内会は，阿武隈川を挟んで，市街地を主とする川西地区16団体，農村部を主とする川東地区16団体，計32団体である。伊達町行政では，町内会組織の育成と振興をはかるために，1985年9月に，「伊達町町内会育成交付金等交付要領」を策定し，助成金を交付している。また，それ以前の，1981

第12章　福島県の地域コミュニティ

年8月には，行政事務の適正かつ能率的な遂行をはかるために，「伊達町行政連絡員設置規則」を制定し，町内会長を行政連絡員に委嘱することによって，行政と町内会とのパイプを確立している。そのほかにも，行政の担当部局によっては，さまざまな形で町内会と接点をもち，それらの協力を得ながら特定の行政事務の遂行を進めている。

　伊達町行政が，町内会活動とのかかわりで「助成金を交付する仕組み」は，少なくない。しかし，「助成金を交付する仕組み」は，縦割り行政のなかで歴史的に形成されてきていること，町内会組織を対象とすると明示されているものが少ないこと，行政の業務の一端を具体的に担うことへの「見返り」という性格をもつものが多いこと等々，複雑である。

　明示的な，町内会助成金の交付の代表例は「町内会育成交付金」であるが，町内会長に委嘱している「行政連絡員」にたいする「報償」も，「助成金」の性格をもっている。行政担当者は，行政連絡員は個人に委嘱しているのだから，報償も個人に対するものであって，町内会への助成金ではない，との建前で理解する向きもあるが，行政連絡員に委託される各種業務は，実際には，行政連絡員＝町内会長だけで遂行しているのではなく，町内会活動のなかで遂行される場合が多い。たとえば，広報等の配布を新聞配達員のような形で「行政連絡員」に委嘱すれば，「行政連絡員」は担当戸数に自身で配布するが，町内会長に委嘱すれば，町内会の連絡ルート（班体制）で，他の役員の協力を得ながら配布することになる。行政連絡員の業務遂行にあたって，他の役員を含め住民の協力の度合いが多ければ多いほど，行政連絡員に対する「報償」は町内会に対する「助成金」の性格を強めていく。しかも，それは「町内会育成交付金」と異なり，いわゆる「紐付き助成金」である。

　「紐付き助成金」のタイプは二つある。第一のタイプは，「行政連絡員」と類似のもので，個人に行政業務を委託し報償を支払う形式を取りながら，事実上その業務を町内会単位で住民の協力を得ながら遂行するものである。この種のものには，町内会単位で委嘱される「保健協力員」「道路維持管理人」などがある。前者の場合は，個人で業務を遂行する場合が多いと思われるが，住民の協力も不可欠である。後者の場合は，道路愛護デーの一斉清掃は町内会全体で行なっているが，住民の協力がなければ「道路維持管理人」の負担

が大きくなる。第二のタイプは，団体を単位とした税金・募金等のとりまとめにたいする「還元金」で，「納税貯蓄組合」「社会福祉協議会」「衛生組合」などがある。伊達町の場合，「納税貯蓄組合」は，川東地区ではすべて町内会単位で組織されているが，川西地区では必ずしも町内会単位ではない。この種のタイプでは，「還元金」が町内会財政収入の一部となっていることから，「助成金」の性格が強い。また，「衛生組合」は，町内会にとっても必要な活動にたいする援助金である。しかし，「社会福祉協議会」の場合は，「自発的な募金」にたいする還元金という形式をとっている。これらは，ほとんど町内会財政に組み込まれている。

(2) 新しいタイプの町内会支援策

　伊達町のふるさと創生事業は，地域社会の活性化を図り，活力あるまちづくりを進めることを目的として，1992年度から実施された。第一次対策では，各町内会の計画した事業に対して100万円を助成するもので，3ヵ年の間に31町内会がすべて助成を受けた。主な事業内容は，集会所の改築，街路灯新設，ゴミ収集箱の設置，公園整備，山車の備品購入，町内会誌の発行などであった。川東地区のほとんどが，集会所改築または祭礼関連であったのに対し，川西地区は比較的多彩であった。たとえば，4町内会が話し合って共同の事業を追求したり，住民アンケートによって街路灯設置の事業を行なった町内会があった。1995年度に開始した第二次対策では，事業内容を「緑化事業」「コミュニティ活動」「活性化事業」の三つの柱として，各地域・各団体において，自ら考え自ら行う地域づくり事業を援助することを目的に進められた。これを活用し，単位町内会を基礎に，単位町内会を越えた地域で「住民福祉会」を結成し，高齢者マップの作成・先進地視察・学習講座等，多彩な活動が展開されている。

　ふるさと創生事業による地域活動支援策は，期間限定で試行的側面が強いものだが，行政と町内会との新しい関係を模索するものといえよう。

7 コミュニティの課題

　コミュニティは、その出発点において、町内会・部落会等を基礎とした地域社会の一定範域である「近隣社会」とか「生活圏」を意味するだけでなく、伝統的地域共同体から脱皮した「望ましい地域社会形成」をめざすという目標をも含んでいた。「望ましい地域社会」とは、住民自治が尊重され、民主主義的で自由な住民関係が形成され、地域における住民の暮らしが豊かになることであろう。福島県においても、現実の地域社会の変化のなかに、その芽生えや息吹は窺うことができる。しかし、「望ましい地域社会」は、「望ましい地方行政」と表裏一体であり、地方行政と町内会・部落会等を基礎とする地域社会との関係改善の問題でもある。このことを自覚的に追求するようなコミュニティ行政の展開は、福島県においては、これからである。

参考文献
　岩崎信彦ほか編『町内会の研究』御茶の水書房、1989年。
　園田恭一『現代コミュニティ論』東京大学出版会、1978年。
　中田実『地域共同管理の社会学』東信堂、1993年。

第13章　環境問題と地域の論理
————廃棄物問題を中心に————

中井　勝巳

はじめに

　環境法の分野では，1980年代末頃から「地球環境問題の高揚期」ととらえており，フロンガスや温暖化問題など，国境を越えて解決が迫られている環境問題が顕在化してきている。1992年のブラジルでの地球サミットはそれらの問題を協議する国際会議であり，その後，1997年には温暖化防止条約締約国による京都会議が開催され国際的な取り組みが進められてきている。他方，国内では，環境基本法（1993年），環境アセスメント法（1997年）が制定され，環境法制が大きく展開してきている。

　国内の環境問題としては，地域開発や公共事業による自然環境の破壊もあるが，それ以上に社会的に深刻な問題となってきているのが，廃棄物の問題である。廃棄物の最終処分場の建設をめぐっては，全国各地で建設反対運動，差止の裁判，さらには，建設の可否を問う住民投票も行われてきている。悪質な不法投棄もあとを絶たない。また，焼却施設から発生するダイオキシン類の問題も緊急の対策を要するものである。

　本章では，このような廃棄物問題に焦点をあてながら，福島県がかかえる環境問題を取り上げていきたい。

1　福島県における廃棄物処理事業者と処分場

(1)廃棄物処理事業者の概要

　廃棄物処理法は，産業廃棄物の収集・運搬業，中間処理業，最終処分業を

第13章　環境問題と地域の論理

表13-1　福島県の産業廃棄物処理業許可業者数

(1996年3月末現在)

業　種	業者数
収集・運搬業	1,401
中間処理業	32
最終処分業	8
収集・運搬業及び中間処理業	72
収集・運搬業及び最終処分業	7
中間処理及び最終処分業	1
収集・運搬業，中間処理業及び最終処分業	10
計	1,531

出所：社団法人福島県産業廃棄物協会『20年のあゆみ』1997年。

行おうとする者に対して，それぞれ許可制をとっている。福島県における，産業廃棄物処理業許可業者は，表13-1のように，1996年3月末現在で1531である。

　許可業者の内訳をみてみると，産業廃棄物の収集・運搬業者が9割以上を占めている。これは，建設業者などが，建築物の廃材処理のために，許可が必要なことによるものである。表13-2からも明らかなように，年代的には，20年前に比べると事業者数が10倍になっているが，特に，1989年頃から1990年代前半までに事業者数が急増し，90年代後半は1400〜1500で安定してきている。90年代後半から中間処理業者が増加傾向にある。

(2)産業廃棄物処理施設の設置状況

　また，廃棄物処理施設については，廃棄物の焼却，脱水，乾燥などを行う中間処理施設と最終処分場がある。最終処分場は，一般廃棄物処分場と産業廃棄物処分場に分かれ，産業廃棄物処分場は，有害な特別管理産業廃棄物を扱う遮断型処分場，いわゆる安定5品目を扱う安定型処分場，そして，上記以外の産業廃棄物を扱う管理型処分場がある。廃棄物処理法は，中間処理施設，3種類の最終処分場について，それぞれに許可基準を設け，許可申請があったものについて，都道府県知事が許可を出している。福島県における産業廃棄物処理施設の設置状況は，1996年3月末現在で，表13-3の通りである。

　表13-3からも明らかなように，福島県における処理施設の設置数の9割

表13-2　福島県の産業廃棄物処理業許可業者数

年度＼区分	収集・運搬業	中間処理業	最終処分業	収集・運搬及び中間処理業	収集・運搬及び最終処分業	中間処理及び最終処分業	収集・運搬中間処理及び最終処分業	計
1977年3月末日現在	121	1	—	12	8	—	6	148
1978年3月末日現在	150	1	1	11	13	—	6	185
1979年3月末日現在	190	2	2	16	13	—	7	230
1980年3月末日現在	223	4	2	19	13	—	8	269
1981年3月末日現在	263	8	2	24	13	0	8	318
1982年3月末日現在	305	7	1	30	14	0	10	367
1983年3月末日現在	331	10	3	27	18	0	7	396
1984年3月末日現在	366	10	3	32	16	0	8	435
1985年3月末日現在	410	11	3	36	12	0	9	481
1986年3月末日現在	444	9	4	41	11	1	8	518
1987年3月末日現在	578	9	3	40	14	1	7	652
1988年3月末日現在	824	9	5	44	16	1	8	907
1989年3月末日現在	1,154	10	6	49	16	1	9	1,245
1990年3月末日現在	1,248	11	5	51	14	2	9	1,340
1991年3月末日現在	1,334	46	5	49	13	2	11	1,430
1992年3月末日現在	1,340	18	5	56	9	2	11	1,441
1993年3月末日現在	1,406 (4)	26 (0)	6 (0)	53 (0)	9 (0)	2 (0)	11 (0)	1,513 (4)
1994年3月末日現在	1,477 (186)	26 (8)	6 (1)	64 (13)	10 (0)	2 (0)	10 (2)	1,595 (209)
1995年3月末日現在	1,320 (225)	31 (12)	9 (1)	69 (13)	3 (0)	2 (0)	12 (2)	1,446 (253)
1996年3月末日現在	1,401 (251)	32 (9)	8 (1)	72 (15)	7 (0)	1 (0)	10 (2)	1,531 (278)

注：1993年3月末現在以降の括弧内数字は特別管理産業廃棄物処理業で外数。
出所：表13-1と同じ。

表13-3 福島県の産業廃棄物処理施設設置状況

(1996年3月31日現在)

施設の種類	設置者	事業者	処理業者	地方公共団体	計
中間処理施設		175	247	29	451
最終処分場		27	32	2	61
内訳	安定型	13	20	0	33
	管理型	13	12	2	27
	しゃ断型	1	0	0	1
	計	202	279	31	512

出所：表13-1と同じ。

近くが中間処理施設であり，残り1割の最終処分場は安定型と管理型がほぼ半々である。また，大都市部からの産業廃棄物の流入の大きな要因となる委託処理料金は，福島県の場合，現在，管理型処分場の燃え殻，汚泥で1トンあたり1.5～2.0万円であり，安定型処分場の金属くずで1トンあたり0.6万円しており，これらの料金は，他県に比べると少し高いようである。廃棄物の処理業も，景気の変動の影響を受け，バブル経済崩壊後の長引く産業活動の停滞によって，委託処理量が減少してきている。

2 福島県の廃棄物問題と地域の論理

(1)廃棄物処理施設の設置規制

(ア)1997年改正廃棄物処理法と許可申請手続

1970年に制定された廃棄物処理法は，これまで十数度の改正がされてきたが，中間処理施設の焼却施設から検出されたダイオキシン類が大きな社会問題となってきたこともあって，1997年に大幅な改正が行われた。この法改正にともなう処理施設の設置手続は，図13-1のようなフローとなっているが，以下では，許可申請手続に関連する主要な改正点とその問題点について述べていきたい。

まず第一に，廃棄物処理施設の設置許可申請手続へ生活環境影響調査書の

図13-1　1997年法改正後の施設の設置手続のフロー（厚生省の整理）

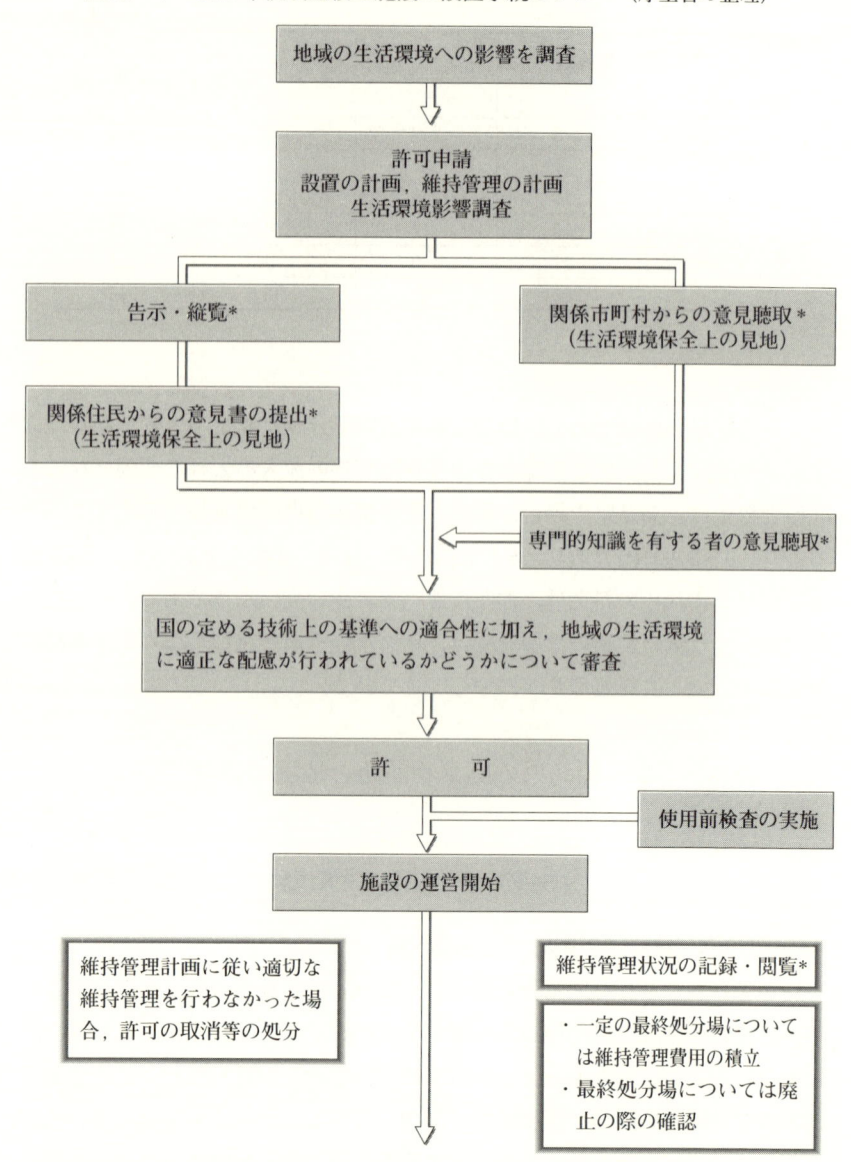

```
            ┌──────────────────────┐
            │ 地域の生活環境への影響を調査 │
            └──────────────────────┘
                       ↓
            ┌──────────────────────┐
            │       許可申請         │
            │ 設置の計画，維持管理の計画 │
            │     生活環境影響調査    │
            └──────────────────────┘
              ↓                    ↓
    ┌──────────────┐      ┌──────────────────┐
    │  告示・縦覧*   │      │ 関係市町村からの意見聴取* │
    └──────────────┘      │ （生活環境保全上の見地） │
                          └──────────────────┘
    ┌────────────────────┐
    │ 関係住民からの意見書の提出* │
    │   （生活環境保全上の見地）  │
    └────────────────────┘
                       ↓        ┌──────────────────┐
                       ←────────│ 専門的知識を有する者の意見聴取* │
                                └──────────────────┘
            ┌─────────────────────────────────┐
            │ 国の定める技術上の基準への適合性に加え，地域の生活環境 │
            │  に適正な配慮が行われているかどうかについて審査    │
            └─────────────────────────────────┘
                       ↓
                 ┌──────────┐
                 │   許　可   │
                 └──────────┘
                       ↓        ┌──────────────┐
                                │ 使用前検査の実施 │
                                └──────────────┘
                       ↓
                 ┌──────────────┐
                 │  施設の運営開始  │
                 └──────────────┘
    ┌────────────────────┐   ┌──────────────────┐
    │ 維持管理計画に従い適切な │   │ 維持管理状況の記録・閲覧* │
    │ 維持管理を行わなかった場 │   └──────────────────┘
    │ 合，許可の取消等の処分  │   ・一定の最終処分場について
    └────────────────────┘       は維持管理費用の積立
                                 ・最終処分場については廃
                                   止の際の確認
```

注：上記の手続は政令で定める施設（最終処分場および焼却施設とする方向で検討中）
　　の場合であり，その他の施設では*は不要。
出所：田口正己『ごみ問題百科Ⅱ』新日本出版社，1998年。

添付が義務づけられることとなった(同法第15条3項)。生活環境影響調査書記載事項とは，①処理施設の稼働，廃棄物の搬出入および保管にともなって生じる大気汚染，水質汚濁，騒音，振動および悪臭，②生活環境影響調査項目の現状，把握方法，③自然的条件，社会的条件の現状，把握方法，④生活環境影響調査項目の変化の程度，範囲，予測方法，⑤影響の程度を分析した結果である。設置許可申請者は，これらの生活環境調査項目を事前に調査しなければ施設の許可申請ができないことになっており，いわゆる環境アセスメント的な意味合いが強い。

　第二に，許可申請書等の告示，縦覧が認められていることである（同法第15条4項〜6項）。すなわち，知事は，許可申請があった場合，申請事項の概要について告示し，1ヵ月間申請書等を縦覧に供している間に，「処理施設の設置に関し生活環境の保全上関係がある市町村長」，もしくは，「処理施設の設置に関し利害関係を有する者」は，環境保全上の意見書を提出することができる。

　第三に，許可基準が強化され，専門知識を有する者から意見聴取することが義務づけられたことである(同法第15条の2)。都道府県知事は，設置計画が技術上の基準に適合しており，設置計画および維持管理計画が周辺地域の環境保全に適正な配慮がなされたものでなければ許可してはならない。許可する場合には，専門知識を有する者の意見を聴かなければならず，また，生活環境保全上必要な条件を付することができる。

　このような改正により，許可申請手続は強化されてきているが，それに対して，以下のような主な問題点が懸念されている。まず第一に，許可申請手続に生活環境影響調査書が添付されることになったが，申請者が提出してきた生活環境影響調査書について，「生活環境に及ぼす影響のあるなし，影響が施設設置の許可に条件的に適合するかどうか，だれが具体的に評価し判断するか」[田口，1998，282ページ]が明確になっていないことである。環境アセスメント制度の場合は，都道府県などでは第三者的な機関である審査会を設けて，環境影響評価書の審査を行なってきているが，この生活環境影響調査書については，その審査体制が明確になっていないといわれている。

　第二に，都道府県知事が許可申請書等の告示，縦覧を行うが，それによっ

て地域住民が知りたい情報がどの程度積極的に開示されるのかという問題がある。また，環境保全上の意見書を提出することができる「関係市町村」，「利害関係がある者」とは，具体的に，どのような範囲のものをさしているかである。さらに，「関係市町村」，「利害関係がある者」からの意見書の提出を認めた廃棄物処理法の改正は，従来，都道府県が指導要綱などで行なってきていた「住民の合意」を排除する意味合いが強いと指摘されている。これは，全国各地で産業廃棄物処分場建設をめぐって住民との紛争が激化し，その際，「住民の同意」を盾に住民側の激しい抵抗が続いている状況を国が苦慮してのことであるといわれている。

(イ)福島県の独自の規制手続

1997年改正廃棄物処理法によって，許可申請手続は大きく変わることになったが，福島県は，基本的に，1990年に制定された福島県産業廃棄物処理指導要綱にもとづいて，独自の規制手続を堅持している。

指導要綱の中で，許可申請手続の上で特に重要なのが，事前協議制度である。事前協議制度とは，申請者が法律に基づく許可申請書を福島県に提出する前に，事業計画書，さらにさまざまな関係者との事前の協議を行わせた事前協議書などを提出させるものである。これによって県は，関係市町村，権利関係者，地元住民などの同意がとられているかを確認し，地元の施設受け入れの意思を確認し，法律に基づく許可手続に入ろうとするのである。

福島県産業廃棄物処理指導要綱は，事前協議書の中に「同意に関する書類等」の添付を求めており，具体的には，最終処分場周辺の土地所有者と居住者，下流域の水利権者と水路管理者および地区代表者の同意書が必要であり，さらに，関係市町村長との協定書も求められている。特に，最終処分場周辺の土地所有者と居住者の同意は，原則として100%を求めている。

このように国の法改正で事前の「住民の同意」が緩和されたにもかかわらず，福島県は従来通りの「住民の同意」を求め，地元の意向を尊重した廃棄物行政を進めようとしていることは，一定，評価できるであろう。

ただ，一般的に廃棄物処理施設を含めたいわゆる「迷惑施設」の建設に当たっては，行政側はできるだけ早期に建設計画の情報を住民に提供すること

が求められる。これまでは早期の情報提供は，開発事業者の営業上の権利や土地所有者の権利の保護という観点から，躊躇されてきた面が大きい。しかし，最近の廃棄物処分場建設をめぐる住民紛争をみるならば，地元住民の同意を得ることなしには，処分場建設が立ち行かなくなってきている。つまり，施設の安全性の科学的な立証を含めた正しい情報を早期に住民に提供することから，住民の信頼を得て事業計画を進めていく姿勢が，事業者や行政に求められているのではないであろうか。「情報公開」と「住民参加」は，21世紀の政治・行政のキーワードであることを忘れてはならないであろう。

(2)不法投棄問題

全国的に最終処分場の建設をめぐる住民紛争が多発する一方で，産業廃棄物の不法投棄もあとを絶たない状況が続いている。福島県もその例外ではなく，特にいわき市においては，勿来地域の廃坑跡への廃油ドラム罐不法投棄や四倉町の野積みドラム罐問題など，深刻な不法投棄問題が発生している。いわき地方は常磐自動車道の開通により首都圏からの交通アクセスが一段と容易になり，首都圏の産業廃棄物の委託処理の供給地となっており，そこに悪質な処理業者が入り込み，不法投棄を引き起こすという構図がみられる。

福島県によれば，県内の不法投棄に対するパトロール体制が強化されてきており，現在県内の七つの振興局に廃棄物担当者（3～4名）を配置し，さらに県内で104名の嘱託者が月2回の巡回を行なって不法投棄への監視の目を光らせ，一定の成果を上げている。福島県警察本部との連携もはかられているようである。

ところで，1997年改正廃棄物処理法は，不法投棄者への罰則を強化し，一般廃棄物については1年以下の懲役もしくは300万円以下の罰金，産業廃棄物については3年以下の懲役もしくは1000万円以下の罰金（ただし法人等に対しては1億円以下の罰金）を課している。しかし，これらは不法投棄者に対する刑事責任であって，不法投棄によって汚染された環境の原状回復を求める責任とは異なる。環境汚染の原状回復については，「汚染者負担の原則」が適用されるので，不法投棄を行なった者が，自己の責任で，不法投棄物を撤去し，原状回復することが義務づけられることになる。

しかし，現実には，不法投棄者は刑事責任を問われても，原状回復に要する経済力（資金）がなかったり，すでに不法投棄を行なった処理業者が倒産しているようなケースが多く，不法投棄は放置されたままとなっていて，周辺地域への環境汚染が深刻化している。いわき市の勿来地区の廃坑跡への廃油ドラム罐不法投棄や四倉町の野積みドラム罐問題は，まさにその典型的事例である。

　四倉町ドラム罐撤去事業についてみれば，1998年秋に，福島県が代執行事業として24億円を予算化し，野積みドラム罐の撤去作業を行なってきている（『朝日新聞（福島県版）』1998年11月12日）。24億円の県費（税金）を投じて原状回復事業を行うことには，「汚染者負担の原則」に照らしても賛成できないという意見もなくはないが，他方で，放置された廃棄物によって環境汚染にさらされている住民がいることを考えれば，一刻も早い原状回復作業は必要な措置であろう。なお，1997年改正廃棄物処理法第13条の12は，「産業廃棄物適正処理推進センター」を設け，同法第13条の13によって，都道府県等が行う不法投棄の除去費用の一部を「産業廃棄物適正処理推進センター」が援助することが定められている。

　1999年4月からは，中核市に移行したいわき市は，廃棄物行政を任されることになり，福島県の一定の支援を受けながら，いわき市が主体となって原状回復事業を継続している。

(3) 焼却施設とダイオキシン類問題

　わが国のゴミ処理は，中間処理方法として「焼却主義」をとってきた。可燃ゴミは，焼却することによって容積を小さくすると同時に，衛生的にもすぐれていると考えられていたからである。ところが1990年代の中頃から，焼却施設から発生するダイオキシン類の毒性が発ガン性や「環境ホルモン」（内分泌撹乱化学物質）という形で重大な社会問題となってきている。焼却施設から発生するダイオキシン類の問題は，すでに20年以上も前から科学者によって警告されてきていたが，今回は国（厚生省）が率先してダイオキシン類の有害情報を提供しているところに，一つの特徴があるように思われる。

　ダイオキシン類は，塩化ビニール類を800度以下の低温で焼却したときに発

生するといわれている。そのため，ダイオキシン類の発生を抑制するためには，800度以上の高温で24時間フル稼働する焼却施設が必要となってくる。焼却炉の稼働の中断は，低温焼却を招くからである。

　福島県も，平成8（1996）年度から毎年実施している，県内の一般廃棄物を処理する公的焼却施設のダイオキシン類の測定結果（廃棄物処理法の維持管理基準にもとづく測定結果）を公表してきている。平成10（1998）年度の測定結果によれば，調査対象28施設のうち三島町にある「三島町外二町一ケ村（柳津，金山，昭和）衛生処理組合」の焼却施設が，基準を超えるダイオキシンを排出していることが判明し，同施設を停止して修繕に入る措置がとられた。また，平成14（2002）年度から実施される新しい維持管理基準に照らした場合，28施設のうち16施設が不適合であることが明らかとなっており，関係市町村は対応が迫られることになる（『福島民報』1999年5月27日）。

　また国（厚生省）が推進しようとしている「ゴミ処理広域化計画」にもとづいて，福島県も1999年5月に「県ゴミ処理広域化計画」を発表した（全国31番目）。それによれば，図13‐2のように，平成29（2017）年度までに，現在ある28の焼却施設を10に削減し，各施設で24時間フル稼働で1日100トン以上の焼却能力を求めている。計画最終年には，平成8（1996）年度の排出ガス中の有害ダイオキシン類を98.9％削減できると見込んでいる（『福島民報』1999年5月12日）。

むすびに

　以上，福島県における環境問題について，廃棄物の問題に焦点をあてながら述べてきが，福島県の廃棄物処理業，廃棄物行政の現状の一端を紹介したにとどまっている。統計資料的なもので，全国の都道府県や東北地方と対比することができれば，福島県の現状や動向が一層鮮明にできたかも知れないが，そのような作業は，別の機会に譲りたい。

　最近の地球環境問題を別にすれば，環境問題は本来，地域的特性をもったものである。環境破壊は地域的（局地的）に発生し，地域的に解決が求められるものである。それゆえ，地域が環境問題にどのような姿勢で向きあうか

図13-2　福島県ゴミ処理広域化計画

注：ブロック内の地区割りは現在の組織単位。数字は施設の1日当たり処理能力。
出所：『福島民報』1995年5月12日。

が鍵となってくる。自然が豊かな福島県を21世紀にどのように継承するかは、環境問題に住民、企業、行政がどのように立ち向かっていくかにかかっているであろう。

参考文献

北村喜宣『産業廃棄物への法政策的対応』第一法規出版、1998年。
社団法人福島県産業廃棄物協会『20年のあゆみ』、1997年。
ジュリスト増刊『環境問題の行方』1999年。
田口正己『ごみ問題百科II——争点と展望——』新日本出版社、1998年。
吉村良一・水野武夫編『環境法入門』法律文化社、1999年。

第13章　環境問題と地域の論理

付記　本章をまとめるに際して，1998年秋から冬にかけて，いわき市，小野町の現地調査，福島県廃棄物対策課と社団法人福島県産業廃棄物協会に聞き取り調査を実施した。調査と資料提供にご協力いただいた関係機関の皆さま，ならびに調査に同行していただいた福島大学の研究プロジェクトメンバーに，この場を借りて，厚くお礼を申し上げたい。

第14章　情報化と県民のくらし

星野　珙二

はじめに

　本章では，まず，福島県の情報化施策の基軸になっている「福島県高度情報化推進基本計画(改訂版)」［福島県，1995］，ならびに福島県が県民を対象に実施した情報化に関するアンケート調査結果［福島県情報管理課，1998］を参照することで，地域情報化の考え方や現況を把握してみることにする。そして，行政側から示された地域情報化の推進計画と，地域住民の情報機器利活用の実態や情報化施策への期待を突き合わせ，重ねてみることで，地域情報化に関してのいくつかの課題を抽出してみようと思う。そのうえで，適切な地域情報化のビジョンを共有していくために，やや過大な期待に膨らんで実像がはっきりしない〈情報社会〉論を批判的に検討し，より現実的なフレームの中で今後を展望してみることにする。

1　福島県における情報化の現状

(1)行政側の情報化への取り組み

　福島県においては，1989年に高度情報化施策の推進のために「福島県高度情報化推進基本計画」を策定し，1994年度には情報化をめぐる環境条件の変化に対応して計画の見直しを行い，「福島県高度情報化推進基本計画（改訂版）」［福島県，1995］を策定している。ちなみに，福島県では21世紀へ向けての県政運営の基本方針として福島県長期総合計画「ふくしま新世紀プラン」を策定しており，この基本計画はその上位計画にあたる「ふくしま新世紀プ

第14章　情報化と県民のくらし

ラン」と整合性をはかりながら，次のような性格をもたせることが謳われている。すなわち，「的確に対応すべき時代潮流変化の一つとして位置づけられている高度情報化の進展に対して，本県のめざすべき方向とこれを実現するための主要施策を明らかにするものである」と述べられている。本章では，この改訂版に基づきながら，まず行政側の情報化への取り組みの現状を，県民の暮らしに直接的に関わる部分を中心にして概観しておくことにしよう。

この改訂版における計画の目標年次は西暦2000年としており，基本構想に関する部分，基本計画に関する部分，計画の推進に関する部分の三つから構成されている。基本構想に関する部分では，「21世紀のふくしま新時代をひらく情報ネットワークの形成」を計画の基本目標にすることが簡単に述べられ，次いで高度情報化の現状と展望に比較的大きく紙面が割かれ，最後に高度情報化推進の基本的方向が示されている。後の議論との関わりもあるので，高度情報化の現状と展望について，まずその要点を押さえておくことにする。本計画では，高度情報化進展の背景を，次のように二つの要因が絡み合って形成されつつある変化として捉えている。一つはコンピュータの高性能化による情報処理技術とデータ伝送の高速・高品質化によるデジタル通信技術の融合による広域的な情報ネットワークシステムの形成であり，もう一つは人々の価値観やライフスタイルの変化および産業構造の転換にともなう情報に対する社会の多様なニーズの増大であり，これら二つの要因が相まって情報の価値が社会全体に高まってきていると分析している。さらにそのことから，社会の枠組みも大きく変化するとし，経済企画庁の「情報社会と国民生活——技術的側面を中心として——」(1983年3月)を参考に，技術の変革により〈狩猟社会〉〈農業社会〉〈工業社会〉へと変遷を遂げたように，今後は〈情報社会〉が到来するものと考えられると結んでいる。その後，情報メディア等の技術動向が説明され，情報化に対する国や都道府県の施策や民間企業等の取り組み状況が紹介され，続いて福島県レベルにおけるさまざまな情報化への取り組み状況が具体的データに基づいて紹介されている。

最後に掲げられた高度情報化推進の基本的方向では，福島県がどのように情報化に取り組もうとしているかを次の5項目に整理している。

①県民生活向上のための高度情報化の推進

図14-1　県民生活向上のための高度情報化の推進

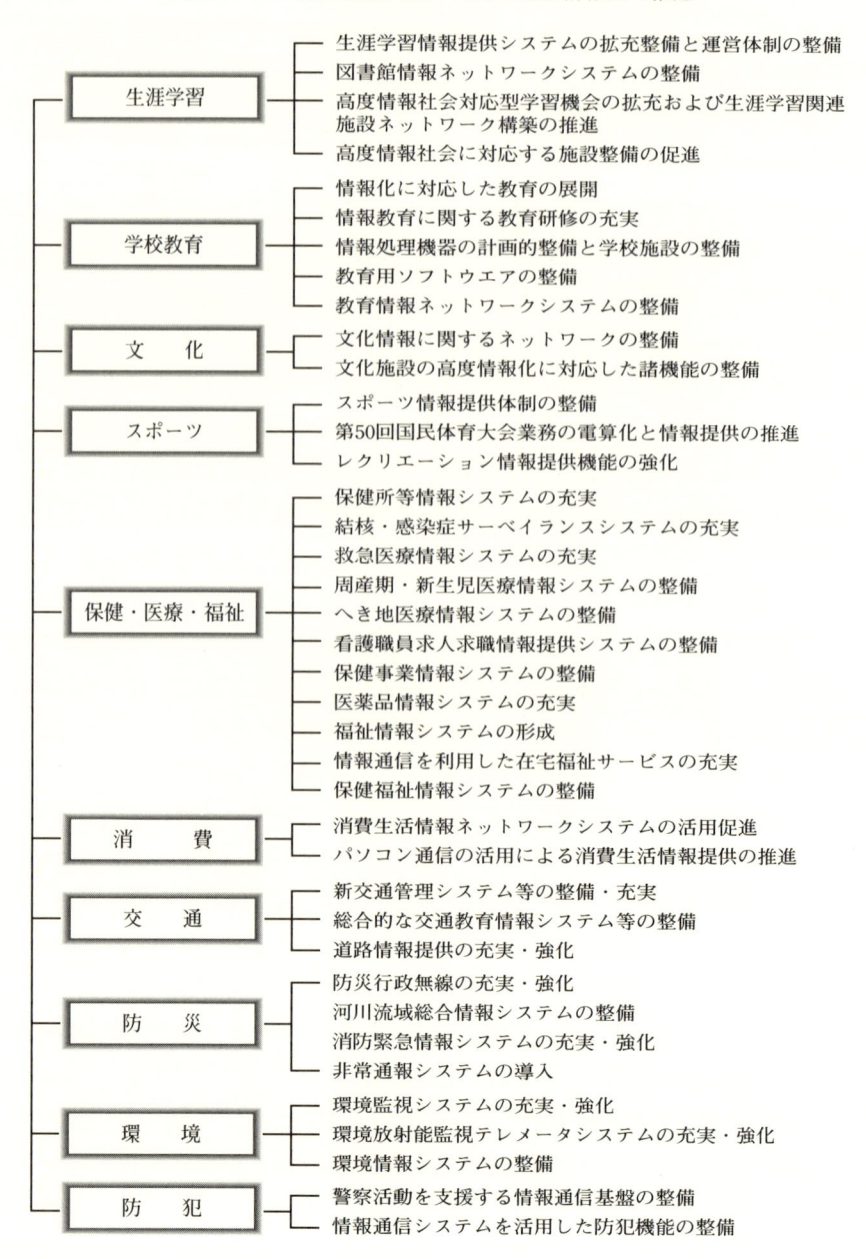

- 生涯学習
  - 生涯学習情報提供システムの拡充整備と運営体制の整備
  - 図書館情報ネットワークシステムの整備
  - 高度情報社会対応型学習機会の拡充および生涯学習関連施設ネットワーク構築の推進
  - 高度情報社会に対応する施設整備の促進
- 学校教育
  - 情報化に対応した教育の展開
  - 情報教育に関する教育研修の充実
  - 情報処理機器の計画的整備と学校施設の整備
  - 教育用ソフトウエアの整備
  - 教育情報ネットワークシステムの整備
- 文化
  - 文化情報に関するネットワークの整備
  - 文化施設の高度情報化に対応した諸機能の整備
- スポーツ
  - スポーツ情報提供体制の整備
  - 第50回国民体育大会業務の電算化と情報提供の推進
  - レクリエーション情報提供機能の強化
- 保健・医療・福祉
  - 保健所等情報システムの充実
  - 結核・感染症サーベイランスシステムの充実
  - 救急医療情報システムの充実
  - 周産期・新生児医療情報システムの整備
  - へき地医療情報システムの整備
  - 看護職員求人求職情報提供システムの整備
  - 保健事業情報システムの整備
  - 医薬品情報システムの充実
  - 福祉情報システムの形成
  - 情報通信を利用した在宅福祉サービスの充実
  - 保健福祉情報システムの整備
- 消費
  - 消費生活情報ネットワークシステムの活用促進
  - パソコン通信の活用による消費生活情報提供の推進
- 交通
  - 新交通管理システム等の整備・充実
  - 総合的な交通教育情報システム等の整備
  - 道路情報提供の充実・強化
- 防災
  - 防災行政無線の充実・強化
  - 河川流域総合情報システムの整備
  - 消防緊急情報システムの充実・強化
  - 非常通報システムの導入
- 環境
  - 環境監視システムの充実・強化
  - 環境放射能監視テレメータシステムの充実・強化
  - 環境情報システムの整備
- 防犯
  - 警察活動を支援する情報通信基盤の整備
  - 情報通信システムを活用した防犯機能の整備

第14章　情報化と県民のくらし

図14-2　高度情報社会に向けた県土・人づくりの推進

【新たな時代を築く情報ネットワークの形成と人材の育成をめざして】

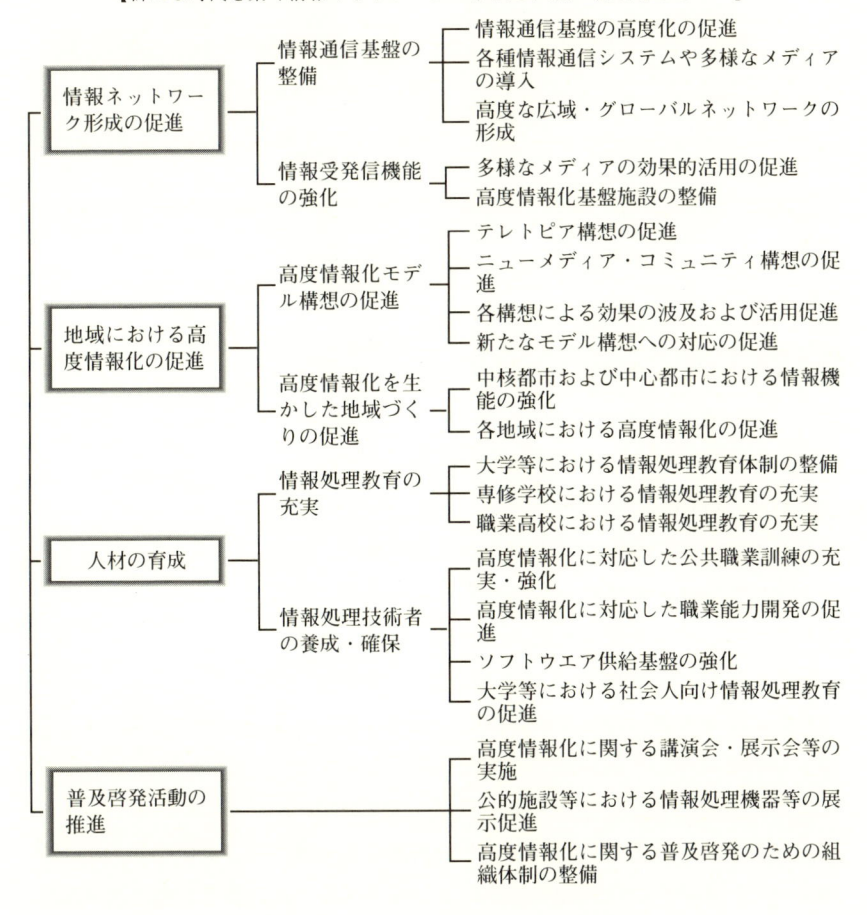

- 情報ネットワーク形成の促進
  - 情報通信基盤の整備
    - 情報通信基盤の高度化の促進
    - 各種情報通信システムや多様なメディアの導入
    - 高度な広域・グローバルネットワークの形成
  - 情報受発信機能の強化
    - 多様なメディアの効果的活用の促進
    - 高度情報化基盤施設の整備
- 地域における高度情報化の促進
  - 高度情報化モデル構想の促進
    - テレトピア構想の促進
    - ニューメディア・コミュニティ構想の促進
    - 各構想による効果の波及および活用促進
    - 新たなモデル構想への対応の促進
  - 高度情報化を生かした地域づくりの促進
    - 中核都市および中心都市における情報機能の強化
    - 各地域における高度情報化の促進
- 人材の育成
  - 情報処理教育の充実
    - 大学等における情報処理教育体制の整備
    - 専修学校における情報処理教育の充実
    - 職業高校における情報処理教育の充実
  - 情報処理技術者の養成・確保
    - 高度情報化に対応した公共職業訓練の充実・強化
    - 高度情報化に対応した職業能力開発の促進
    - ソフトウエア供給基盤の強化
    - 大学等における社会人向け情報処理教育の促進
- 普及啓発活動の推進
  - 高度情報化に関する講演会・展示会等の実施
  - 公的施設等における情報処理機器等の展示促進
  - 高度情報化に関する普及啓発のための組織体制の整備

図14-3　高度情報化の進展に伴い発生する課題への対応
【健全で不安のない高度情報化社会の実現をめざして】

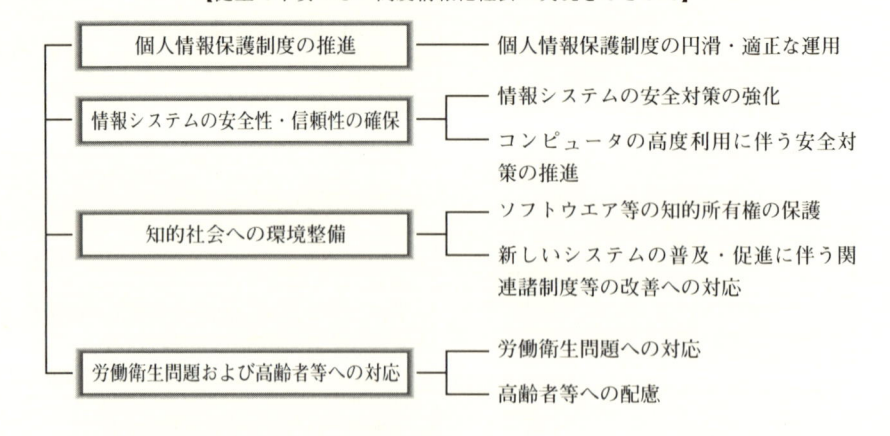

```
┌─ 個人情報保護制度の推進 ──── 個人情報保護制度の円滑・適正な運用
│
├─ 情報システムの安全性・信頼性の確保 ┬─ 情報システムの安全対策の強化
│                                    └─ コンピュータの高度利用に伴う安全対策の推進
│
├─ 知的社会への環境整備 ┬─ ソフトウエア等の知的所有権の保護
│                       └─ 新しいシステムの普及・促進に伴う関連諸制度等の改善への対応
│
└─ 労働衛生問題および高齢者等への対応 ┬─ 労働衛生問題への対応
                                      └─ 高齢者等への配慮
```

②産業振興のための高度情報化の推進
③行政内部の高度情報化の推進
④高度情報化に向けた県土・人づくりの推進
⑤高度情報化の進展にともない発生する課題への対応

　このうち，一般県民の生活に関わりの深い①②③の内容を参考として掲げておくことにしよう（図14-1～14-3）。これらの内容については，次の基本計画に関する部分でさらに具体的に述べられているが，紙面の都合上それ以上の詳細については本章では割愛することにする。

　計画の推進に関する部分では，県民，民間部門，国，市町村，隣接県と密接な連携をはかりながら進めることの重要さが強調され，計画事業の推進体制として，県庁内に企画調整部長を委員長とする「高度情報化推進委員会」を設置したうえ，県庁外に「福島県高度情報化推進協議会」を設けて審議を依頼する仕組みになっていることが示されている。

(2)アンケート調査にみる県民の利活用

　ここでは1998年10月に福島県情報管理課が公表した「情報化に関するアンケート調査結果報告書」［福島県情報管理課，1998］の中から，県民の情報機器利活用の実態や情報化に関する意識について，本章の目的に照らして参考に

第14章　情報化と県民のくらし

なる部分を抜き出しながら，コメントを加えてみよう。調査対象は1562人，うち回収数は389人（回収率25％）で，県北，県中，県南，会津，南会津，相双，いわきの7生活圏をカバーしている。また，男女比は〈女性〉が53％で〈男性〉のそれをやや上回っている。年代別では〈40歳代〉が25％を占め，以下〈30歳代〉〈50歳代〉が20％，〈60歳以上〉が17.5％，〈20歳代〉が15％で続いており，おおむね各年代層をカバーした構成になっている。

　まず，回答者全体のパソコンの利用状況については，「利用している」が3割強，「今後利用したい」が4割弱であり，双方あわせると7割に達し，「必要なし」が全体の4分の1を占める分布になっている。このことから，今後しばらくの間パソコン利用者は増え続けるものと推察できよう。男女別にみると，〈男性〉の「利用している」の構成比が約41％を占め，〈女性〉の24％とは大きな格差があることが確認される。年代別では，〈20歳代〉の「利用している」が約46％を占めて大きく，〈30歳代〉〈40歳代〉もそれぞれ「利用している」が37％という高い水準にある。また，パソコンの主たる活用目的は，「仕事用」の45％と「趣味用」の38％が大きく，双方で全体をほぼ二分する状況にある。しかし男女別にみると，〈男性〉ではさらに「仕事用」の比率が大きくなる（51％）のに対して，〈女性〉では逆に「趣味用」の比率が大きく（46％）なっている。パソコンを利用するに際しての問題点は，「機器の操作や設定がむずかしい」および「機器の購入費用が高い」の支持率がそれぞれ50％を超える状況にあり，普及の障害になっていることがわかる。

　次にインターネットの利用状況をみてみよう。「家庭で利用している」，「職場や学校で利用している」の構成比がそれぞれ1割程度であり，全体の標本の2割がインターネットを利用しているという結果になっている。ちなみに，これは『インターネット白書'98』で紹介されている全国動向の1割［日本インターネット協会，1998, 33ページ］より高い比率である。「今後利用したい」と回答した人が46％強にのぼっており，やはり今後インターネットの利用者が確実に増えていくことを示唆している。その一方，「必要なし」と回答した人の比率も3割弱になっており，その普及には一定の限度が存在することがうかがえる。男女別にみてみると，〈男性〉の「利用している」および「今後利用したい」の構成比がそれぞれ〈女性〉のそれを上回っており，積極的な姿

勢が確認される。それに対し、〈女性〉の約3分の1がインターネットは「必要ない」と回答している。年齢別では〈20歳代〉〈30歳代〉の約4人に1人が何らかの形で現にインターネットを利用しており、「今後利用したい」の構成比も55％前後と大きく、積極的な姿勢がうかがえる。インターネットを利用している人に、その利用上の利点を尋ねた結果は、「自宅や職場から各種情報が取得できる」が5割強、「メールが使える」が3割強、「ホームページによる情報発信」が5％という分布になっている。利用していない人も含め、すべての回答者にインターネットを利用するに際しての問題点を尋ねた結果を、支持率の大きいほうから5項目を列挙すると、「通信コスト等の維持費が高い」(39％)、「機器の操作や設定がむずかしい」(34％)、「機器の購入費用が高い」(32％)、「プライバシーの侵害が心配」(22％)、「教えてくれる人がいない、もしくは少ない」(17％)の順となっている。ただしその内訳は年齢別に異なっていて、第1位の「通信コストの維持費が高い」は若年層ほど支持されており、第2位の「機器の操作や設定がむずかしい」は高齢層ほど支持されている。インターネットで取得したい情報を、やはり支持率の大きい上位項目から順に挙げてみると次のようになる。「観光・イベント情報」(45％)、「趣味・娯楽情報」(45％)、「保健・医療・福祉情報」(32％)、「ショッピング情報」(23％)の順となっている。年齢別にみると、高齢者層では「保健・医療・福祉情報」の支持率が相対的に高くなり、若年層では「趣味・娯楽情報」や「ショッピング情報」が相対的に高くなる傾向にある。

　その他の情報通信機器類の利用に関しては、携帯電話・PHSの「利用している」が5割強に達し若年層を中心にかなり広範に普及したことが確認され、「今後利用したい」が2割弱となっていることから、あわせて7割の利用が見込まれる。4人に1人が「必要なし」とも答えているが、その他項目に記述された意見として、「圏外のため利用できない」との指摘も散見される。ファクスについては、「利用している」が36％、「今後利用したい」が40％、「必要なし」が22％という分布になっている。テレビ電話およびモバイル携帯端末については、「利用している」がほんのわずかな構成比であり、「今後利用したい」とあわせても3割に満たない。それに対してケーブルテレビについては、「利用している」がわずかな構成比であるにもかかわらず、「あれば利用

したい」と「ぜひ整備してほしい」をあわせると5割強にのぼっており，一定の潜在的需要が存在することを教えている。その主たる理由が，日常的に慣れ親しんでいるテレビというメディアの性質のためか，双方向性をもつ地域コミュニティとしてのメディアの性質によるものか，残念ながら当該アンケートの設問からは判断できない。

今後予想される情報通信サービスの中で期待されているものを，支持率の高いものから4項目を列挙してみると，「ホームバンキング」(60%)，「ホームチケッティング」(44%)，「ホームショッピング」(36%)，「電子新聞・電子出版システム」(18%)となっている。それ以外の選択肢である「通信カラオケ」，「通信ゲーム」の支持は小さい。

さて，本章の主題に直接関わる地域情報化に関する設問に対しての調査結果へ目を転じてみよう。最初の設問は，自治体が重点をおいて取り組むべき分野を尋ねたものである。回答結果を支持の多いほうから5項目にわたって順番に並べてみると，「保健・医療・福祉」(74%)，「行政（窓口）サービス」(36%)，「教育・文化」(34%)，「産業振興」(19%)，「気象・防災」(17%)となっており，他の選択肢である「地域間・国際間交流」「道路交通」「その他」はあまり支持されていない。「保健・医療・福祉」については，性別，年代別にかかわりなく全般に高い支持を得ており，今後の取り組みが大いに期待されている分野であることが分かる。次いで，「行政（窓口）サービス」と「教育・文化」への取り組みが期待されているといえよう。

第二の設問は，地域の活性化や住民福祉の向上のためにどのようなシステムを対象に情報化を進めるべきかを尋ねたものである。支持率の高いほうから並べてみると，「独居老人等の健康管理や緊急通報ができるシステム」(45%)，「病院や保健所等の診断結果をカード等に蓄積して住民の健康管理に役立てるシステム」(29%)，「隣接の市町村役場や駅・病院等でも，住民票や印鑑証明書等の交付が受けられるシステム」(22%)，「近くの支所で，税金等の申請や届け出等の処理が済んだり転出・転入届が一度で済むようなシステム」(18%)，「消費・物価等の生活に密着した情報を家庭で得ることができるシステム」(17%)，「役所の手続き・体育施設等の予約・図書館の手続きがカードを利用して容易になるシステム」(16%)，「地域の災害や防災情報に関する詳

細情報が家庭でわかるシステム」(12％)，「他の学校との共同授業や遠隔教育のシステム」(10％)，「観光や特産品などの地元の PR システム」(9％)の順であり，道路や駐車場に関する情報，地域や外国事情に関する情報の支持はさらに小さい。この第二の設問に対する結果は，最初の設問，すなわち自治体に期待する内容を求めた結果とほぼ整合的であるといえよう。支持された順番の１，２は「保健・医療・福祉」分野であり，順番の３，４，６は「行政（窓口）サービス」分野であり，その後に防災，教育，産業振興分野に関するシステムが続いている。

　第三の設問は，自治体が今後地域情報化の環境整備を進めていくにあたって重点をおいて取り組むべき内容を尋ねたものである。同様に支持率の高い項目から並べてみると，「安い料金のネットワークの整備促進」(41％)，「県内での携帯電話・PHS 等の受信不能・不良地域の解消」(30％)，「パソコンやインターネットなどを自由に体験できる施設の整備」(23％)，「操作が容易な装置等の開発促進」(20％)，「今後の情報化を担う人材の育成」(18％)，「光ファイバー網など，情報通信基盤の整備の促進」(17％)が上位に位置している。年代別にみると，10歳代，20歳代では「県内での携帯電話・PHS 等の受信不能・不良地域の解消」が第１位で支持され，それ以外の年代では「安い料金のネットワークの整備促進」が第１位で支持されているものの，60歳代では「操作が容易な装置等の開発促進」が第１位に迫って第２位で支持されるなど，それぞれの年代を反映した結果になっている。

　第四の設問は，自治体が地域情報化を推進することの必要性や意義について尋ねたものである。これも，支持された上位の項目を順番に並べてみると，「多様で迅速な行政サービスの提供により，住民の利便性が向上する」(40％)，「距離によるハンディキャップが克服され，地域が定住の場所として見直されていく」(28％)，「遠隔地との情報交流が盛んになり，地域の産業や経済に新しい発展可能性が広がっていく」(24％)，「大量な情報へのアクセス，大量・高速な通信などにより，学習や文化活動などの場が広がる」(23％)となっている。行政サービスの提供による利便性向上に，まずは地域情報化の主たる必要性と意義を見出した結果となっており，それ以外に，物理的距離の克服による地域定住の促進，情報交流による地域産業・経済の発展，大量

第14章　情報化と県民のくらし

な情報の活用による学習・文化活動の充実などに必要性と意義を見出しているといえよう。

　第五の設問は，児童・生徒の情報教育について自治体が重点をおいて取り組むべき施策を尋ねたものである。この設問は単一回答を求めており，構成比の大きいほうから三項目を列挙すると次のようである。「通常の授業での基礎的能力の習得」（33%），「教育機関における指導者の育成」（24%），「専門教育機関（情報系学科）での人材の育成」（11%）となっており，その他の選択肢である「機器の整備」や「課外活動で取り組む」の比率は小さい。このことから，大勢として，教育機関における指導者を育成し通常の授業の中で基礎的教育を行うのが適当と考えていることが分かる。

　第六の設問は，住民の情報化への適応能力を高めるために自治体が重点をおいて取り組むべき施策を尋ねたものである。これも単一回答を求めたもので，構成比の大きい3項目を順番に並べると，「自由に情報機器を利用できる施設の整備」（36%），「研修，セミナーの開催」（21%），「情報弱者に対する積極的な普及啓蒙」（12%）となる。他の選択肢である「パソコン等の貸与」，「個人の自主的な習得にまかせる」，「企業等の社内研修にまかせる」の比率は小さい。これらの結果から，地域住民は情報化への適応のための施設整備や研修などの啓蒙活動を，自治体に対して期待しているといえよう。

　第七の設問は，自治体が地域情報化を推進するにあたり公共部門と民間部門との役割をどのようにすべきかについて尋ねた設問である。これも構成比の大きい項目を並べてみると，「情報化は投資額も大きいことから，公共部門と民間部門が一体となって取り組んでいくことが必要」（28%），「基本的には民間部門によって進められるべきだが，民間部門による情報化が期待できない過疎地域など，都市部との格差が生じる地域については公共部門の主導も必要」（20%）となり，以下，「情報化は商業サービスや産業活動が中心であることから基本的には民間部門によって進められるべきであり，公共部門はそれを支援する環境整備・条件整備に努めるべき」，「情報通信基盤は次代を支える社会資本であり公共部門が中心になって取り組むべき」，「民間部門がサービスの提供やそれに必要な基盤整備，機器・設備の開発を進め，公共部門は公共サービスの提供など行政分野での情報化に努めるべき」が13%前後

で続いている。以上の結果を総合すると，基本的には公共部門と民間部門の役割分担をはっきりさせながら，双方互いに緊密な連携のもとに進められる必要があるといえよう。

2 県民のくらしと情報化の課題

さて，第1節では福島県の情報化への取り組みの現状とアンケート調査結果から県民の利活用の実態をみてきたが，ここでは双方を重ねたときに浮かび上がってくる情報化の課題を整理してみよう。とはいっても，もともとこの二つの資料は独立したもので，アンケート調査は「福島県高度情報化推進基本計画」の見直しの後に実施されたものであり，双方重ね合わせて整合性を問うような関連性をもったものではないことをはじめに断っておかなければならない。しかも，基本計画書はあくまでも県行政の全体的な文脈の中でまとめられたものであり，アンケート調査は県民の情報機器類の利活用の実態と情報化への意向を尋ねたもので，双方の視角が必ずしも合致していないことにも留意しておかなければならない。

そのような前提を置きつつ，双方を重ねたときにみえてくるまず第一の点は，県政の文脈，すなわち行政区割りで展開される情報化施策と，地域住民が日常的に情報機器を活用し情報化に馴染んでいくプロセスとの間には，やはり大きな溝が横たわっているということである。このことは何も県の基本計画が県民から離れたところで立案されているということではなく，ましてや県の基本計画が無意味だといっているわけではない。県として基本計画を立案するのは当然であるし，それは十分意味のあることである。溝が横たわっているといったのは，個人レベルの生活における情報化というものを考えたとき，その個人のニーズに基づいて個人的周辺から情報化が進展していくというそもそもの性質に依存するためである。たとえば，アンケート調査結果からの具体的な例を思い起こして欲しい。インターネットで取得したい情報の支持率の大きい項目は「観光・イベント情報」「趣味・娯楽情報」「保健・医療・福祉情報」「ショッピング情報」となっていたし，また今後予想される情報通信サービスの中で期待されているもので支持率の高いものは，「ホーム

第14章　情報化と県民のくらし

バンキング」「ホームチケッティング」「ホームショッピング」となっていた。「保健・医療・福祉情報」を除けば，ほとんどが民間部門の情報サービスの充実に期待を寄せていることが分かる。そして，実際のところ「保健・医療・福祉情報」の情報サービスについても，支持率の高かったものは「独居老人等の健康管理や緊急通報ができるシステム」，「病院や保健所等の診断結果をカード等に蓄積して住民の健康管理に役立てるシステム」であり，市町村，もしくは市町村に設置された保健・医療・福祉施設の情報サービスに期待が寄せられているのである。したがって，県民が身近に感じながら期待を寄せている情報化の主要なものは，民間部門や市町村および市町村に配置された施設の情報サービスを通して実現されるという関係になっている。そのような関係構造にあることを認識するならば，今後の課題として，どこに重点を置いてそれぞれがどのような役割分担で臨めば効果が高まるかという具体的なシナリオが必要であろう。県の基本計画では，県民，民間，市町村が並列的に扱われているが，特に県民の情報化については，どのような関係構造にあるかを見極めつつ，その溝を埋めていくための橋渡しの方策を具体的に検討していくべきであろう。

　自治体との関連では，重点をおいて取り組むべき分野として「保健・医療・福祉」「行政（窓口）サービス」「教育・文化」「産業振興」「気象・防災」が支持されていた。このうち「行政（窓口）サービス」以外については県の基本計画で配慮がなされているが，「行政（窓口）サービス」についてはほとんど触れられていない。直接的には市町村で扱われる問題であり，情報化の質として必ずしも高度ではないかもしれないが，一般県民の関心は決して低くないことに留意しておく必要がある。そしてこのことは，個人情報の保護と表裏の関係にあることに十分注意しておかなければならない。すなわち，行政（窓口）サービスの利便性を高めていくことは，個人情報のデータベースが整備されていくことであり，一方でそれは個人情報の保護という問題に結びついていく。もちろん県の基本計画でも，高度情報化の推進にともない発生する課題として「個人情報保護制度の推進」の計画が盛り込まれているが，行政（窓口）サービスとの微妙なバランスを必要とする問題でもあり，今後具体的な方針が必要になるところであろう。

もう一つ指摘したい課題は、世代間格差や地域間格差の解消である。インターネットを利用するに際しての問題点を尋ねた結果では、「通信コスト等の維持費が高い」、「機器の操作や設定がむずかしい」の二つの支持率が大きかったが、その内訳は年齢別に異なっていて、「通信コストの維持費が高い」は若年層ほど支持され、「機器の操作や設定がむずかしい」は高齢層ほど支持されていた。パソコン利用の問題点についても、ほぼ似たような傾向が確認されていて、若年層では「機器の購入費用が高い」が、高齢層では「機器の操作や設定がむずかしい」が支持されている。一方、住民の情報化への適応能力を高めるために自治体が重点を置いて取り組むべき施策を尋ねた結果で構成比の大きい項目は、「自由に情報機器を利用できる施設の整備」、「研修、セミナーの開催」、「情報弱者に対する積極的な普及啓蒙」となっていたことを思い起こそう。地域住民は情報化への適応のための施設整備や研修など、年代に応じてそれぞれ期待するところがあり、格差解消のきめこまかな対応策が求められているといえよう。また、自治体が今後地域情報化の環境整備を進めていくにあたって重点をおいて取り組むべき内容を尋ねた結果、比較的支持率の高い項目に「県内での携帯電話・PHS等の受信不能・不良地域の解消」の声が大きかった。こうした過疎地域の基盤整備については行政側の役割に負うところが大きく、地域間格差解消の対応策が必要といえよう。

　上述したような地域住民の情報化への適応を高めていく施策を実現するには、当然のことながら施設整備や人材確保という問題が浮上してくるはずで、それも課題に加えておかなければならないだろう。県の基本計画でもそれについては一定考慮されており、ここではそれ以上のコメントは控えることにする。

3　市民生活変容論をめぐって

　ところで、「福島県高度情報化推進計画（改訂版）」では、高度情報化が進展する背景を、情報ネットワーク技術の発展と情報に対する多様な社会的ニーズという二つの要因が相まって情報の価値が全体的に高まることにあると説明している。そして、「高度情報化の進展により、社会の枠組みも大きく変

第14章　情報化と県民のくらし

化すると考えられ，21世紀には新たな社会として高度情報社会が出現するものとされている」［福島県，1995，7ページ］と述べている。この〈情報社会〉という概念は，前述のように経済企画庁の「情報社会と国民生活――技術的側面を中心として――」を参考にしたもので，技術の変革により〈狩猟社会〉〈農業社会〉〈工業社会〉へと変遷を遂げたように，情報関連技術の変革によって新たに〈情報社会〉あるいは〈脱工業社会〉が訪れるというものである。この種の議論は，どちらかといえば情報関連技術の積極的な推進者を中心として，しばらく以前から広範に叫ばれてきた事柄でもある。

　しかしながら，この〈情報社会〉あるいは〈脱工業社会〉がどのような社会を意味し，〈工業社会〉とどこがどういう点で異なるかというようなことについては，ほとんど明確にはされてこなかった（一部の学識者が内容のある議論を展開しており，これらの論点の一部については拙稿［星野，1999］で触れている）。たしかに情報関連技術の進歩，発展は目覚ましく，その社会的影響についてはなんぴとも否定するものではないが，しかしそのことが現在とは異なった新たな社会の段階に結実するかどうかについては，もっとしっかりした議論が必要である。そのためには，〈工業社会〉という名称で代表される工業生産が著しく発展し市場経済が成熟した近代社会の本質を押さえておく必要があり，その文脈に照らして，情報関連技術の影響を受けて市民生活やコミュニティがどのように変容していくかについて考察しなければならないだろう。あるいはこの点について，大石裕等は物理的情報装置と文化的情報装置を対置させ，前者に偏重した情報社会論の限界を指摘しつつ「情報化と文化的情報装置との関連に焦点を当て，それを切り口として社会関係と社会・文化構造との関連を考察する必要がある」［大石・吉岡・永井・柳澤，1996，30ページ］と述べている。また，佐藤俊樹は「メディア技術が〈個人〉をつくるわけではない。〈個人〉の観念とそれにかかわる社会制度がメディア技術の使い方をきめている」［佐藤，1996，98ページ］と述べたうえで，「個人と情報技術のかかわり方はあくまで社会のしくみの上で考えていかなければならない。もちろん，けっして容易なことではない。その社会的コンテキストは幅広く，深い。……（中略）……メタ自己（自分を制御する自己）のしくみは，近代社会の根幹をなす制度であり，その影響も法，教育，家族など，

きわめて広い範囲におよぶ」［佐藤，1996，129ページ］と指摘している。

そこで一つの切り口から単純化すると，次のような選択問題が浮上してくる。情報関連技術の影響が主として生活の利便性を中心に展開していくのか，そうであればそれはむしろ〈工業社会〉の高度化という範疇にとどまるということになるし，あるいは近代社会のルールや仕組みを変えていくほどの質的転換をもたらすのか，そうであればそれは〈脱工業社会〉としての〈情報社会〉という新しい段階への移行を意味することになる。その判断のキーポイントは，インターネットなどに代表されるネットワーク型の通信コミュニケーション手段が，生活者参加型の新たなコミュニティを築き，なにか地域の創造活動などにおいて従来にはなかった新しい展開をみせ，それが地域社会のモデルになりうるかどうかである。これに関しては，「コンセンサス・コミュニティ」という概念で，「生活者自らが主体となって情報を編集・発信して合意（コンセンサス）を形成し，自らの社会の課題を解決していく」［村上，1998，225ページ］生活者参画型ネットワークの構想が提案されている。

そうした試みについては大いに注目していきたいと思っているが，しかしそれでもなお私自身の判断を慎重にさせるのは，そもそも私たち自身が近代社会のどこを問題にしてどういう方向へ乗り越えていこうとするかの自覚や苦しみをもたずに通信コミュニケーション手段がそれを簡単に解決してくれるとは考えにくいからである。

おわりに

情報化を通して県民のくらしがどのように変わっていくか，あるいはどのように変わっていくべきかを論じることが本章の目的であった。県行政では，情報化施策を一つの重要な将来のファクターと位置付け，行政分野ごとに基本計画を策定しており，その基本的考え方については紹介した通りである。この基本計画では〈情報社会〉の到来を予想していると書かれているものの，実際に盛り込まれた計画の内容は，おおむね現在の行政の枠組みを維持したなかで，情報化によりシステムが洗練され，利便性が向上するという範囲に収まっている。また，県民を調査対象にしたアンケート調査においても，質

第14章　情報化と県民のくらし

問の中身は情報機器類の利活用や自治体へ期待するものが中心で，〈情報社会〉そのもののあり方に関連するような内容は盛り込まれていない。福島県の情報化の現状から判断するなら，おそらくこの基本計画もアンケート調査もほぼ的を射たもので，妥当なレベルで行われているといえるかもしれない。そして，その範囲での情報化は，現状においても着実に進行しつつあることが確認できるし，今後も進行していくものと推察できる。

　しかしながら一方で，情報化の進展によって，地域社会におけるコミュニケーションのあり方が変わったり，社会の仕組みが変わって，いわゆる〈情報社会〉が到来するのかどうかをめぐって，真剣に議論が展開され始めているのも事実である。私個人としては，情報関連技術の発展に導かれ，〈脱工業化社会〉といわれるようなまったく新しい〈情報社会〉が簡単に実現するとは今のところ考えていない。むしろ上で述べた利便性向上の延長に，どのような方向へ情報技術を活用し社会を成熟させていくことができるかの実質が問われているように思っている。その種の問題に対して，本章では十分な見通しを与えるところまで議論を詰めるまでは至らなかったが，生活の質を高めるという観点から今後改めて情報技術の利活用について考察したいと考えている。

参考文献

大石裕・吉岡至・永井良和・柳澤伸司『情報と地域社会』福村出版，1996年。
佐藤俊樹『ノイマンの夢・近代の欲望』講談社，1996年。
日本インターネット協会編『インターネット白書'98』株式会社インプレス，1998年。
福島県「福島県高度情報化推進計画（改訂版）」1995年8月。
福島県情報管理課「情報化に関するアンケート調査結果報告書」1998年10月。
星野珙二「情報化社会をめぐる論点」，新家健精・星野珙二編著『情報化と社会』八朔社，2000年。
村上陽一郎監修，NTTデータシステム科学研究所編著『あなたの子どもの世代は幸せになると思いますか――コンセンサス・コミュニティの世紀へ――』TBSブリタニカ，1998年。

第15章　地域社会における子育て・文化の協同

境野　健兒

はじめに

　アメリカで起きた高校生による銃乱射は，生徒が学校内で無差別に銃を乱射し，多数の死傷者をだした事件ということで，衝撃的であった。報道によれば，加害者である高校生の学校生活での差別感や精神的なストレスが，暴力的行為の引き金になったと伝えられている。日本もアメリカもさして変わりはない。神戸での中学生による殺人事件，黒磯市における女性教師刺殺事件など忌まわしい暴力事件が引き起こされている。暴力行為は校内暴力やいじめにもみることができる。こうした子どもの暴力事件は後を絶たず，最近は薬物乱用にみられるような，自分自身への身体的暴力というべき兆候も生まれている。

　子どもの暴力問題に関して，心の深部で進行していることとして指摘されていることの一つに，人との交わりの力が衰弱化していることがあげられる。子どもたちの社会性の衰弱した状況を，元都留文科大学学長の大田堯は「孤独化現象」と表現している。孤独化現象というのは，人がまわりにいて，客観的にはコミュニケートの手段が豊富なのにもかかわらず起こっていることから，「効率とマネーの"豊かな社会"の人間関係」［大田，1997，94ページ］を象徴しているように思える。

　子どもたちに広がる「孤独化現象」は，子どもが社会性を獲得しなければ人間になれないという意味で，子どもの人権をめぐるもっとも重要な社会問題である。しかも，このバラバラにされている世界は子ども自らが選択したわけではないから，子どもは被害者にほかならない。子どもにとって豊かな交流のある生活や教育環境をつくり，子ども自らが社会性を獲得する場を創

造することが，これからの時代に求められている。子どもが仲間との生活世界を共有し，友だち同士で交わる力を培いつつ，他者を理解する力を付けていくことができる場を地域社会に広げていくことが必要である。交わりのある生活によって，他人を尊重することや，協同する力や，責任感や正義感を培い，民主主義を実践する能力を自分のものにしていくことが求められている。

　子育ては家庭の領域に属することが多い。しかし，仲間と交わる世界は家庭だけでできるものでない。子どもが豊かに交わる生活の必要性の合意とそのための協力，協同なしには不可能である。つまり，子育ては私的領域に属することではあるが，協同することによって子どもが豊かに交わる世界がかなえられることを重視する必要がある。本章では，福島県内に広がる子育てや子どもの文化を通じて，父母・地域住民の協同化の現状と課題を考えることにしたい。

1　「子ども時代」を失わされている子どもたち

(1)背負わされた重荷

　他者と交わる力を衰弱化させ，「孤独化現象」を進めてきたのは，競争的人材選抜制度に乗るしかない仕組みができあがったことと無関係でない。親密な交わりを求めつつ，他方で相手と競争する過酷な試練に，子どもたちは立ち向かっている。しかも，この競争は誰かが上位に上れば誰かが落ちるという過酷で排他的な競争なのである。教育施策だけが問題ではない。「我が子には可能な限り高い学歴」を，という親の願いにも支えられ，受験競争は過熱化してきたのである［久富，1993］。70年代以降の校内暴力，不登校，いじめ，最近では学級崩壊など，競争の激化と決して無関係ではない。多くの子どもたちが抱えている悩みは，学習と進路問題である。そして，競争から降りることは自己の将来の見通しを危うくするという強迫観念のもとで，苦悩を重くし，「いらついたり」，「ムカついたり」というストレスを蓄積しているのである。他者と交わる生活より，競争に価値がおかれ，子どもたちの交わりた

いというごく自然な願いは，家庭でも学校でも十分に受け入れられることもなく，社会的にも大切なことであると認知されることはなかった。

　子どもたちは，遊びよりも勉強が強いられ，学力向上のための塾や通信教材があてがわれ，子どもの自由時間は狭まっていった。その結果，テレビ等のマスメディアと過ごす時間が増え，同学年の少数の友だちや家の中で遊ぶ世界へと囲い込まれる生活を強いられてきたのである。競争の肥大化と交わりの喪失は，強い相関関係にある。

(2)失われた交わりのある世界

　子どもたちの交わる力の衰弱化は，結局旺盛な交わる機会がきわめて少なくなったことに原因がある。交わる知恵と力は具体的な子どもの遊びや集団的な生活を通じて培われるものである。家庭や地域社会における子どもたちの交わりの喪失化の要因を考えてみよう。第一には，70年代後半以降の少子化傾向［厚生省，1998，9ページ］により，家庭における子ども同士の交わりの場がなくなったことである。また，このことは幼児期から母親などごく少数の限られた人と交わる機会しかもてない傾向を強めている。他方，保育所・幼稚園などでは，交わりのある生活を教育活動として重視し，互いに育ち合う世界を実践的につくりだしてきたといえよう。特に，家庭での乳幼児の子育ては，親と子どもの閉じた世界が問題にされている。

　家族構成に加えて，第二には子どもの遊びの変化が大きな要因をなしている。藤本浩之輔は，「子ども社会」を規定する三つの条件として，空間，時間，仲間という三つの「間」を軸に子どもの生活変化を捉えている。この把握は，子どもの交わりのある生活を理解するうえで，有効である。子どもが失ってきたものは，ゆったりと過ごせる自由な時間である。子どもの生活は遊びそのものであるといっても過言ではない。子どもにとって遊びは夢と創意を育み，生きている証である。そして，束の間の自由な時間に潜入してきたのが，商品化された遊び道具にほかならない。子どもの遊び場は戸外から室内に，遊び仲間も同級生で，しかも少人数化していった。藤本浩之輔は，自由な解放された空間と時間を失うことは，「子どもは意識していないかもしれないけれど，いつの間にか非常に貧しい世界をつくりあげてしまう」とし，

子どもの生活の空疎化，形骸化，貧困化を招くと，指摘している［藤本，1996，23ページ］。

　第三に，子ども集団の変化とともに，地域社会における子ども同士や大人との交わりが希薄化したことである。地域社会には，昔から季節に応じたたくさんの遊びや行事があったが，子どもの遊ぶ姿はめっきりみられなくなっている。それらと深い関係にある大人の地域社会の交わりも希薄化してきている。昔地域社会では，子どもに出番と役割を与えた季節季節の年中行事が行われ，大人の知恵や技を学ぶ機会でもあったのに，今では大人との交わりも希薄化している。

　子どものこうした生活世界は，体を使って交わりながら，不断の学習活動によって自己を形成することの衰弱化を意味している。子どもが自ら選択したわけでない時空の狭隘化は，子どもの成長・発達への権利を犯しているといわねばならない。こうした問題状況を考えると，子どもがモノやコトや人と具体的に関わる生活環境や教育環境をつくっていくことを課題にし，「地域に子どもたちの共同関係の復権」［竹内，1998，36ページ］をさせ，子育ちの社会的条件を豊かにしていかなければならない。

2　地域社会に目を向けた子育て支援策

　1990年代に入ってから，文部省，厚生省等によって学校外における子どもの生活に関する子育ての支援策が総合的に提起されるようになった。福島県でも，それらに対応した施策が展開されている。ここでは，行政の子育て支援の方向性に関して概観しておくことにする。

　現行学習指導要領のもとで，週休五日制の社会的な動向を反映し，学校にも1992年から月1回の土曜休日が導入され，1995年からは月2回に拡大されてきた。また，21世紀に向けて「生きる力」を育てることを目標にした新学習指導要領のもとで，2002年からは完全学校五日制が実現する。

　学校五日制の導入に際して，福島県教育委員会は，土曜休日に応じて学校開放や多様な公共施設開放の奨励策を行い，父母の不安感に対応した。また，将来的なことも視野に，「ジョイフルサタデープラン」という学校週五日制に

対応した事業を，各市町村を対象にモデル事業として実施し，「地域における教育力の向上」，「学校外活動」や「子どもの遊び場開発」などを奨励し，成果を積み上げてきている。特に，異年齢集団のサークル活動も視野に入れて，子どもの地域生活の世界を生み出すことに腐心している。しかし，当初から父母の不安解消策としての「受け皿」づくり的な要素も大きく，モデル事業以後は地域の自主的な取り組みも低調で，行政依存型という傾向は否めない。

　「生きる力」を育成することを目標とする学校改革のもとで，地域社会と学校教育の関係は大きな課題である。市町村教育委員会が核となって「地域教育連絡協議会」「地域教育活性化センター」を設置し，「日常的な生活圏の中で」の「子育て支援ネットワークづくり」の構想も提起されている［中央教育審議会，1996，48，60ページ］。こうした組織には，地域社会における子どもの活動プログラムづくりの支援や実施が期待されている。また，子育て支援では，民間教育産業の力にも依拠して推進する方向が提起されている［中央教育審議会，1996，60ページ］。他方で，学校教育と社会教育との連携に関しても，「両者の学習の場や内容などの要素を重ね合わせながら，一体となって教育に取り組む」という「学社融合」という考え方が新たに提唱され［生涯学習審議会，1996］，今後進展する可能性をはらんでいる。このように，地域社会と学校の関係や子どもの地域生活の再生が多面的に構想されてきていることは，学校中心の教育システムの転換を意味するものになっている。しかし，ソフトな側面は別にしても，公的施設の地域間格差，指導員体制の格差，民間教育産業の参入による家庭の経済的な格差など，新しい問題が生じる可能性も指摘されている。

　なお，文部省は「子どもたちの多彩な体験活動」を振興することを目的に，「全国子どもプラン（緊急3カ年戦略）」（平成10年）を策定している［文部省生涯局，1999，12〜17ページ］。2002年の完全学校五日制を視野に，体験活動（専修学校・大学の開放，博物館・美術館の開放，農業体験）や，特に他省庁との連携による多彩な共同事業の実施を柱に据えている。なお，学校や地域社会における文化活動や鑑賞の奨励のために，「地域こども文化推進事業」の予算措置を1999年度から計上することになった。これらも先にみたように，子どもの生活の拠点において交わりの生活づくりを重視することより，施設中

第15章　地域社会における子育て・文化の協同

心でかつイベント的な要素をもつことが予想される。子どもの協同が真に実現するには，住民自身で展開している子どもの文化協同の蓄積にも学び，かつ支援することも求められているのではないであろうか。

　子育て支援策に関する動向で，注目されるのは児童福祉の分野からの接近であろう。1990年代における，老人対策を軸にした「ゴールドプラン」から子育て支援を軸とする「エンゼルプラン」への転換の中で，都道府県段階での「エンゼルプラン」の策定作業が進められた。おりしも1994年は「国際家族年」で，「安心して子どもを生み育てられる社会」，「育児と就労が両立できる社会」を築くとともに，子どもたちが育つための環境づくりを推進する方向が明確にされたのであった。福島県では1995年に，「行政のみならず家庭，企業，地域社会等が責任を分かち合い，福祉・教育・労働・保健医療・住宅等の分野を強化しながら」，「子どもが健やかに生まれ育つための環境づくり（児童環境づくり）」の総合的なプランを策定している［福島県児童福祉課，1995］。その後，市町村段階でのプランづくりが進行していることが注目される。

　上記のプランのうち，地域社会における子育て支援策として，「遊び」の環境づくりとして，児童館，児童センターの設置，児童遊園地の整備や教育施設の開放を図り，「異年齢の子どもが交流できる『空間』と『機会』の提供」が提起されている。なお，注目されるのは「児童環境づくりの推進のために『子ども会議（仮称）』等を開催し，子ども自身の意見を反映させる機会を設ける」と積極的な提案が行われていることである。「子どもを核とした新たなコミュニティの再生」によって，家庭における子育ての孤立化から協同の方向に進めていこうとしていることが注目される。また，学齢児童の放課後保育に関しては，1997年の児童福祉法の改正により，初めて学童保育事業が法制化された。

　学校五日制の完全実施や少子高齢化社会，男女共同参加型社会に対応して，産み育てやすい環境を住民の身近なところで充実させていくことが，今後の課題となろう。それはまた，子どもに新しい交わりのある生活を作り出す可能性をもつものである。

3 地域に根ざす子ども文化の協同化

(1)子どもの文化と自主活動

　1970年代半ば以降，子どもを対象にした演劇，映画の鑑賞活動，地域・親子読書活動，遊びや子ども集団づくりなどが，全国的に広がった。この時代は，日本の高度経済成長にともなう地域社会の変貌が進み，他方でマスコミ文化や情報メディアの普及の中で，子どもたちに文化的な機会は広がったものの，文化の消費化，商品化も進み，子どもの発達にさまざまな歪みを生み出した時期でもある。子どもたちのこうした文化環境に対して，子どもを保護する視点から，それらから遠ざけることではなく，積極的に，子どもたちによい文化を提供し，よい文化を育てたいという親たちの願いが，これらの自主的運動をつくり出したのである。これらの運動は地域社会を基礎にした自立的な市民運動であり，「商業主義的な文化から相対的に自立的となり」[佐藤一子，1995，256ページ]，親と子がよりよい文化的な機会を共有し，共同鑑賞し，つくり手にもよいものを要望すること，さらに地域社会の共同文化の再生（伝統芸能や地域生活文化の尊重，子ども集団の再組織化）に取り組むことをめざしたものである。

(2)福島県内における協同した子どもの文化環境づくり

i) 子どもの演劇鑑賞活動

　福島の子どもの演劇鑑賞団体である福島県子ども劇場おやこ劇場は，1975年に発足した。当初は福島市中心に組織化が行われたが，この24年間に会員数は710名から，約7100名と10倍に増加し福島県内の鑑賞活動を発展させてきている（図15-1を参照）[3]。なお，1995年には最高を記録し，約8500名に達した。学校における演劇鑑賞活動がほとんど行われていないなかで，子どもに文化の機会を着実に提供しているのである。身近な地域で，父母の協同による子ども劇場づくりが進められ，県内各地に広がったのである。福島県子ども劇場おやこ劇場連絡会に加入している劇場は，1998年度の場合には，県北

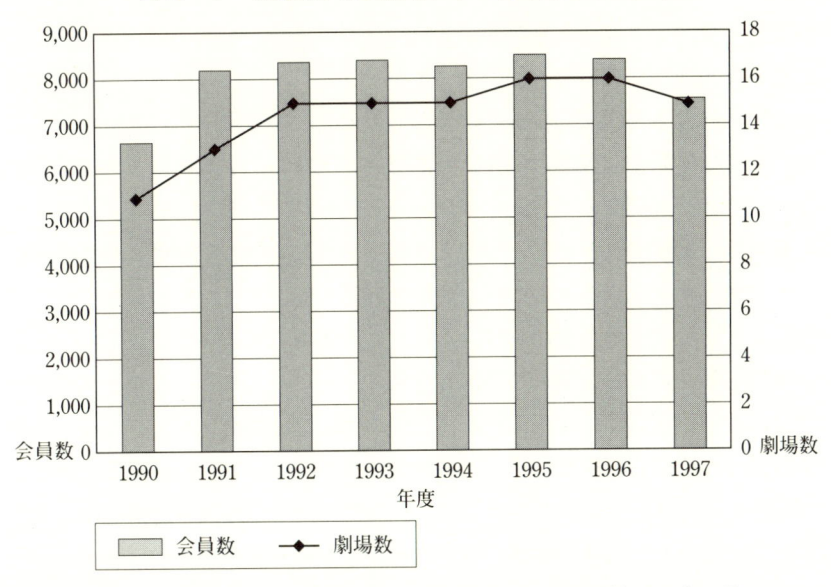

第15章　地域社会における子育て・文化の協同

図15－1　福島県子ども劇場おやこ劇場会員数・劇場数

出典：福島県子ども劇場おやこ劇場連絡会「第9年度総会討議資料」1998年6月。

ブロック（以下，子ども劇場・おやこ劇場名称；福島中央，福島南，福島西，原町，相馬，あだたら），県南ブロック（あさかの，いわき，白河，すかがわ），会津（会津，喜多方，両沼，猪苗代，南会津）と15劇場にのぼっている。とりわけ，会員は劇場の事務局がおかれている各地区の中心地だけでなく，広く近郊農村地帯にも広がっていることも注目に値する。

　演劇鑑賞に要する費用，劇場運営活動費用やブロック活動を支える県レベルの連絡会の運営費などは，会員の会費によって賄われている。会費は鑑賞活動だけの費用でなく，子どもの文化活動を維持する会の財政的基礎になっている。父母が活動に要する財政を支え合うことで，共同で自分たちの文化享受の機会をつくりだし，文化協同組合的な仕組みをつくりだしている。

ⅱ）鑑賞活動と自主活動

　子ども劇場おやこ劇場の活動は，子どもに「生の舞台を鑑賞する」機会を与える活動を中心的な課題に据えながら，非営利活動として取り組み，舞台

芸術のもつ教育的な意義を問いかけてきた。子どもの文化のあるべき姿を演劇集団と協力し，互いに学びながら充実させてきた。1998年度の福島県内での鑑賞作品数は約58本で，例会数（ステージ数）は85にのぼっている。内容も低学年向けや高学年向けなど，子どもの成長・発達段階に合わせた工夫をし，会員は年間4回程度の例会に参加できる。なお，小規模の劇場の場合は，学年に合わせた例会の工夫ができにくいといわれている。

　劇場は，鑑賞活動とともに子どもの自主活動を重視し，劇場まつり，子どもの合宿，キャンプなどの多様な活動を展開し，子どもたちに交わりの場を提供している。この自主活動は，ブロックよりさらに小さい単位での，身近な地域活動を重視し，会員が参加しやすくしている。また，ブロックによっては，小学生部会，中学生部会，高校生の部会，また幼児サークルなど，発達段階ごとの関心や興味に即した活動を行なっているところもある。子どもがともに交わる世界が地域社会に少ないなかで，子どもたちの居場所となっている。こうした自主活動は，子どもの実態を理解するための学習や子どもにとってのよい文化とは何かの学習と，さらに会員同士の交流など，会員同士の協同の所産である。

　劇場活動は鑑賞と自主活動の二本の柱があり，子どもが文化を享受する機会をつくりだしている。また，さらに子どもの文化の向上と普及を目指し，映画上映や演劇小ホールづくりなどの文化環境づくりにも視野を広げ，子育ての環境づくりに関わっているのである。

(3)家庭・地域文庫活動の展開

i）地域に広がる子どもの読書環境づくり

　家庭・地域文庫活動は，子どもを対象にした読書を中心とした文化活動である。全国的には1950年代に始まり，子ども劇場・おやこ劇場と同じ1970年代に全国的に広がった。

　子どもをめぐる文化が変容し，本離れが進むなかで，読書を通じて言葉，感性，想像力を育てる機会を広げることを目的に，家庭で所有している書籍を開放したり，身近な地域に文庫を設置する自主的活動として取り組まれ，子どもが読書文化に関わる機会を豊かにつくりだしている。

第15章　地域社会における子育て・文化の協同

表15-1　市町村別の子ども文庫数

	市町村名	家庭文庫	地域文庫	施設文庫	合　計
県北	福島市	8	7	1	16
	桑折町		1		1
	梁川町	1		1	2
	川俣町	1	1	3	5
	飯野町		2		2
	安達町	1			1
	本宮町	1	1		2
	白沢町			1	1
	岩代町	1			1
	東和町		1	1	2
	合　計	13	13	7	33
県中	郡山市	7	1	4	12
	須賀川市	9		9	18
	長沼町			2	2
	岩瀬村		2		2
	三春町	1	3		4
	常葉町			1	1
	都路村			2	2
	大越町			1	1
	平田村			2	2
	石川町			2	2
	古殿町	1			1
	合　計	18	6	23	47
県南	白河市	2	1	7	10
	西郷村			2	2
	矢吹町	2			2
	泉崎村		1	1	2
	東村	2		2	4
	表郷村	6	2		8
	棚倉町	14	1		15
	矢祭町			1	1
	合　計	26	5	13	44
会津	会津若松市		1		1
	北塩原村	1			1
	猪苗代町	1	1		2
	磐梯町	1			1
	三島町			1	1
	金山町			1	1
	合　計	3	2	2	7
南会津	下郷町		1	1	2
	田島町	4			4
	只見町		2	2	4
	伊南村			1	1
	合　計	4	3	4	11
相双	原町市	4		1	5
	飯舘村			2	2
	鹿島町	1		4	5
	合　計	5		7	12
	いわき市	4	1	2	7
全体	合　計	73	30	58	161

出典：福島県立図書館「手をつなごう——子ども文庫・読者会等調査」
　　　（平成8年版）1997年1月。

福島県内の公立図書館の設置は，市立では10市に（ほかに，市立のもとに8分館），町村では18町村というように，図書館が必ずしも身近な場所にない。また，図書館が設置されていないところでは公民館図書室や幼稚園・保育園での図書開放事業などが，公的な整備の不十分さを補完している。家庭・地域文庫も，歩いて通える身近なところの読書環境として，公的な読書環境の遅れを補完しているのである。

　福島県内では，1960年代に家庭文庫が初めて開設された。その後，70年代に相次いで地域文庫が開設されるようになり，70年代の後半に開設数は最高を記録し，1980年代以降減少の傾向にある。最近における家庭文庫，地域文庫の動向は表15-1のようになっている。1996年度の場合，家庭文庫が73カ所，地域文庫は30カ所，その他幼稚園・保育所等の図書開放事業が58カ所と，地域文庫が少なくなってきていることが特徴的である。子どもの本離れという文化状況に加えて，文庫をよく利用し読書に親しむ年齢である小学校高学年層の利用者の減少や，地域文庫を支える父母・住民の就労や高齢化等が，文庫活動の停滞をもたらしている。

　ⅱ）地域における子ども文化の広場

　文庫は，本を選び，読み，感動し自己の内面的な世界を豊かに育む機会となっているばかりでなく，子どもたちの文化を仲立ちする豊かな交わりの場をつくりだしている。文庫活動を通して運営に関わる人々の共同的な関係が生み出されていることに注目したい。多くの家庭・地域文庫では，お話の会，紙芝居，人形劇，絵本づくり，折り紙教室などの鑑賞・創作活動などにみられるように子ども文化の広場づくりの機能を果たしている[4]。文庫の中には，中学生や高校生の利用に便宜をはかる運営を行なっているところもある。

　家庭・地域文庫は，地域の父母・住民の自主活動で維持されている。開設場所は，家庭，町内会の集会所，地区公民館，教会，生活改善センター等，地域社会の多様な諸施設を利用しているが，なかには廃車のバスを利用し，また文庫専用の施設をつくって活動しているところもある。開設時間は毎週土・日曜日や学校五日制による土曜など，子どもが利用しやすい曜日と時間帯が工夫されている。蔵書は，県立図書館の「団体貸出」の活用や家庭にあ

る読み終わった本の寄贈，バザー等の収益により図書を増やし，充実させている。

　文庫活動を支えている父母・住民は，子どもの本に関する学習や読み聞かせの技術習得の学習を行い，すぐれた文化を地域社会に送り，根づかせている。また，公的な図書館の設置や図書館づくりなど，地域の文化を豊かにする取り組みを行なっているのである。

4　子育ての広場づくり

(1)子育て不安と交流

　ここ十数年，幼児同士で遊ぶ光景などもめったに見ることができなくなっている。以前なら近隣の親同士の結びつきが強く，子どもも親の交わりの中で遊びの世界をもっていたものである。現在，子育ての孤独化が進行し，幼児をもつ親同士の交わりを意識的に追求していかないと，子ども同士が交わる機会がもてない状況にある。そんななかで1980年代以降，育児サークルが全国的に広がっている。後述するように，福島県でも地方都市からその近隣町村へと広がっており，子ども文化を支援する協同に加えて，幼児をもつ親の中に新しい子育ての協同の取り組みが広がっていることが注目される。

　育児サークルは，市町村の保健活動の一環として親の育児支援事業として取り組まれたものであり，なかには自主的なサークル活動に発展したものも少なくない。サークル組織化の契機は，乳幼児検診等における養育相談で，親同士が交流すれば解消できるような子育ての悩みが多いこと，しかも一人で子育てに悩む母親が増加していることから，母親が交わる機会があれば，子育ての自信をもつ機会ともなるということであった。

　サークルが広がっている客観的要因として，以下3点のことが考えられる。

　第一に，子育てに不安感をもつ母親が増加していることである。養育の基礎的なことがらをもちあわせていない親が増えている。親自身が少子化のもとで育ち，養育体験の機会が少なくなった世代が，親になっているのである。

　第二に，少子化や高学歴化社会を背景に，子どもへの過度な集中と期待が

母子関係に入り込み，子育て不安を助長させている。また，子育て情報に左右され，不安感を増大させていることである。
　第三に，核家族化や地域社会の交流機会の喪失によって，相談や交流の機会が失われ，孤立化が進んでいることである。
　育児サークルによる子育て支援策は，政策的には少子化対策として位置づけられているが，子どもの育ちの課題としても考える必要があろう。親と一日中一緒に過ごす幼児は，親の過度な期待を背に受けた生活を強いられているのである。子どもは，親の保護のもとで，遊びを通じて子ども同士の関わりの中で人間らしく自己を形成していくのである。育児サークルは，子どもにとっては親の凝縮した視線から離れ，子ども同士の遊びの広場づくりとなっているともいえる。

(2)子どもの広場と親の学び

ⅰ）広がる育児サークル

　「わが子がよその子どもと遊ぶ機会がない」，「子育てを話し合える友人がいない」という親たちの悩みが，育児サークルを各地に広げ，子ども同士の交わりや子育ての知恵の学び合いの広場になっている。県内では，1986（昭和61）年に本宮町に最初に誕生したのが育児サークルの始まりであった。県内の育児サークル数の開設状況は，関係機関で掌握されていないので，正確さに欠けると思うが入手した資料でみておくことにする。
　本宮町では，1カ所のサークルから始まり，1997年までに9カ所に増えている。サークルの会合回数は各所によって違うが，参加者の述べ人数は，1996年度で乳幼児5383人，保護者が4794人にのぼるなど，親の要望によって，増加傾向にあるといわれている。育児サークルでは定員制，随時加入制など試行錯誤を繰り返しながら，少人数を維持し，その結果としてサークル数が増え，町の中心施設から歩いて行ける距離の施設を利用しての開設が広がっている。なお，ほとんどの育児サークルは保健婦の指導で結成され，その延長としてサークルの自主化が進められていくといった経過をたどっている。[5]保健婦は運営方法の相談や育児相談の役割を担っている。
　福島市では，「安心して子供を生み，健やかで豊かな人間性を育む支援・体

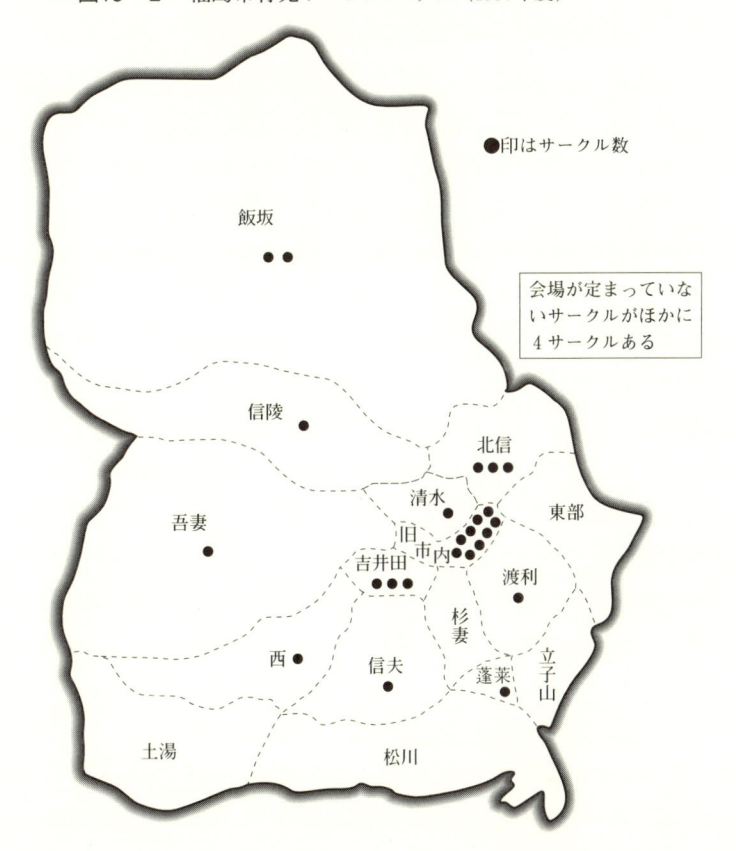

第15章　地域社会における子育て・文化の協同

図15-2　福島市育児サークルマップ（1997年度）

●印はサークル数

会場が定まっていないサークルがほかに4サークルある

制づくり」を課題に「家庭や地域ぐるみの育児支援」が，育児に関わる社会環境の変化のもとで，1994年度から実践されている。育児グループ数は当初6サークルであったが，図15-2のように，市内に約28サークルと広がっている[6]。活動場所は，公民館，児童センターなど公共施設が利用されている。福島市の場合は子どもの成長段階に応じたサークル，あるいは一つのサークルが年齢別に三つのコースをもつなど，親の要望を重視した幅の広いサークルとなっている。郡山市でも，22のサークル活動が行われ，婦人団体が運営している育児サークルがそのうちの4サークルを数え，なかには幼児のため

321

の「わらべうたサークル」があるなどサークルの主体，活動内容も多面的であり，子ども同士の遊びを通しての交わりの空間をつくりだしている。

こうした幼児をもつ親のサークルは，地方都市だけでなくいわゆる農村地域である梁川町，飯野町，大越町，船引町でも展開されていることも注目される。例えば，船引町では子育て広場として「母と子どもの遊び教室」を1995年から毎年実施し，月1回，平均して11組がともに学び，遊ぶ機会をつくっている［福島県田村郡船引町，1998］。最近では，母親たち自身で内容を企画したり，遊び教室以外の日常的な交流も進んでいるという。こうした地域では三世代家族が多いのだが，核家族化，少子化も確実に進んでいる傾向にある。特に，農村に進出してきた企業にともなう転勤者の家族の参加者の比率が高い傾向となっている。このように，農村地域でも子育ての孤立化が確実に進み，育児サークルの組織化の必然性を生み出しているのである。

子どもを祖父母に預けて働いている父母の増大は，先にみた若い母親の子育ての孤立化だけでなく，祖父母にも育児や子育ての苦悩が広がっている。そこで祖父母を対象にした育児教室が開かれ，子どもとの交わりの場がつくりだされている。飯野町［福島県伊達郡飯野町，1998］と船引町では年間3回程度の「孫育て教室」が開かれているし，本宮町では若い母親のサークルに祖父母の参加を促すなどの方向性も生まれている。

保育所でもない，公園でもない子どもたちと親，祖父母の広場が広がっていることは，子育ての新しい社会的基盤を生み出しているように思われる。孤立から協同による子育ての創造といえよう。

ⅱ) 育児サークルの活動内容

育児サークルでは，どこでも親と子どもが一緒になって，豊かな遊び文化を創造している。絵本・紙芝居・コンサート等の子どもの夢を育む活動，工作・手遊び等の手を使った遊び活動，散歩・遠足・運動会・芋煮会などの外遊びなど，四季折々に合わせた多彩な活動が取り組まれ，子どもの育ちの場が豊かになっている。こうした広場づくりは，親と子どもだけの狭い空間から飛び出し，親同士の交流や子ども同士の友だちづくりの場にもなっている。育児サークルは，幼児にとって，親同士の関わりのもとで，安心して遊べ

世界である。遊びは他者との交わりの力を育てる有効な場である。また，子どもはほかの親や子どもの様子から，知恵も学習することができる。親の視線が一日中注がれている世界から解放された自由な広場で，子ども同士の交わりの中で育つことが保障されているのである。

　昔は子ども同士が遊ぶことは，ごくあたり前のことであった。しかし，いまや子ども同士の遊びを確保するために，自覚的にサークルを組織しないと子どもの交わりをつくりだすことができなくなっている。また，育児サークルは，親にとっても子育ての自信と知恵を得る場になっている。子ども自身の成長を相対化してみることができ，本来の豊かな親子関係をつくりだす契機となっていることも注目されよう。

　育児サークルは，単なる子育て相談の場ではない。日常生活の範域に組織されている，親の子育ての協同化といえよう。しかし，サークルは，多くても毎週1回程度である。日常的な活動のために身近な施設を行政が支援し，日常的に交わる場ができれば，子育ての輪は一層広がるであろう。生み育てやすい環境づくりのために，重要な政策課題であるといえよう。

5　子育て・文化のネットワークづくり

　本章ではふれることができなかったが，学童保育活動，児童館活動[7]，子どもの遊びサークル活動，フリースクールを作る活動や地域の伝統的な行事など，子どもの育ちの協同の広場づくりは県内各地で多様に展開されている。前述した三つの事例からもうかがうことができるように，地域社会に子ども同士が交わる広場は，父母・住民による協同によって，継続的かつ豊かにつくりだされている。二，三十年前にはごく当たり前であった子どもの交わりのある生活を再生するには，意識的な追求が必要になっていることを示しているといえよう。

　子育て・文化における協同は，地縁的な集まりではない。子どもが育つには，子どもの文化と人と人の交わりがなくてはならないという，子育てにおける価値を互いに共有し，成り立っているものである。つまり子どもの成長・発達にとって必要な知恵を出し合いながら，豊かな文化を子どもが享受する

機会を保障する親たちの協同なのである。親たちの協同は，近隣住区を超えて広がっている。このような人々の新しい結び合いによる子育ての力が，地域の教育力を構成しているのである。

　子育てサークル，子どものための文化サークルも個別に行われてきた。今後，子どもの文化・子育ての享受の機会を広げていくには，多様な文化の情報に接し，参加する道が広がれば，子育てを一層豊かにできるのではないだろうか。そのためにも子育てや子ども文化の協同のネットワークが必要であろう。情報の交流，活動の交流，協同の活動が求められている。こうして子どもを育てる協同の輪が広がることが，子どもに豊かな交わりのある地域生活をつくりだすことにほかならない。情報交流では，すでに，郡山市内では民間の手で子育て情報誌が発行され，遊び場，行事，福祉，医療など多様な情報が発信され，子育てに関する情報が市民に提供されている。[8]　また，社会福祉協議会では地域で行われている子育て支援の情報の提供も行なっている［福島県民生児童委員会協議会・福島県社会福祉協議会，1998］。子育ての施策立案，実施にかかわって，関係機関の連携も恒常的に行われている市町村も生まれている［鈴木，1997，727ページ］。こうした多様な関係づくりを一層発展させることが大切であろう。

　21世紀が「豊かな子どもの時代」になるように，子どもの参加を重視しつつ，「子どもに最善の利益を」という「子どもの権利に関する条約」（1990年11月，国際連合総会で採択）で示された内容を，地域社会で保障していくことが，父母，住民，行政に課せられている課題なのである。

注
1）　子育て・文化・教育における協同化に関しては，拙稿［境野，1995 a，1996 b］を参照のこと。
2）　学校五日制への対応策としての学校外活動の事例は，「福島県青少年の地域社会創生事業報告書」［福島県教育委員会，1999］などの各年度の事業報告書を参照。
3）　子ども劇場・おやこ劇場の発足時から11年間にわたる活動の内容については，「福島子ども劇場11年の歩み」［佐藤真砂子，1998］が紹介をしている。

第15章　地域社会における子育て・文化の協同

4) 家庭文庫，地域文庫の活動の内容に関しては，以下の文献を参照のこと。福島県立図書館発行『あなたの町にも文庫を作ってみませんか』1985年，同『手をつなごう──子ども文庫のあすへむかって──』1993年，同『手をつなごう──子ども文庫・読書会等調査』1997年。なお，「子ども文庫，きのう・今日・明日」［新田，1987］では福島市における子ども文庫活動と図書館をつくる活動の紹介を行なっている。
5) 本宮町で展開されている育児サークルでは，育児サークルごとにサークル活動の記録を毎年残し，実践を蓄積している。親たちが協同し，子どもの交わりづくりにおける興味深い実践が紹介されている。
6) 福島市内では，育児サークルの連絡会が組織され，『育児サークルガイド』を発行して，各サークル情報が詳しく紹介されている。
7) 福島県の学童保育活動に関しては，『福島の保育』［福島県保育連絡会，1995］が詳しい。特に，学童保育活動の実践例および「福島県の学童保育実態調査」は県内の学童保育状況に関する唯一の資料となっている。
8) 郡山子育て情報マップの会では，1997年に『親子でハッピー・ウォーク』を創刊し，98年までに3号発行している。なお，情報誌は有料になっている。

参考文献

大田堯『子どもの権利条約を読み解く』岩波書店，1997年。
久富善之『競争の教育』労働旬報社，1993年。
厚生省『厚生白書──少子社会を考える──』ぎょうせい，1998年。
境野健兒「子どもの教育文化における地域づくり」『社会教育』福島県教育委員会，1995年ａ。
　──「生活協同組合における子育て協同」『行政社会論集』第8巻第4号，1996年ｂ。
佐藤一子「子どもの文化参加と公的支援システム」，佐藤一子・増山均編『子どもの文化権と文化的参加』第一書林，1995年。
佐藤真砂子「福島子ども劇場11年の歩み──子どもの健やかな成長を願って──」，福島市の経済と暮らしを考える会編『地方都市創造への挑戦』八朔社，1987年。
生涯学習審議会「地域における生涯学習機会の充実方策について」1996年。
鈴木洋子「地方の時代の小児保健」『小児保健研究』第56巻第6号，1997年。
竹内常一『少年期不在』青木書店，1998年。
中央教育審議会「21世紀を展望した我が国の教育の在り方について（第一次答申）」『文部時報』第1437号，1996年。
新田琴113「子ども文庫，きのう・今日・明日」，福島市の経済と暮らしを考える会編『地方都市創造への挑戦』八朔社，1987年。

福島県教育委員会生涯学習課「平成10年度福島県青少年の地域社会創生事業報告書」1999年。

福島県児童家庭課「うつくしま子どもプラン——ふくしま子育て新時代——」1995年。

福島県伊達郡飯野町「飯野町母子保健計画」1998年。

福島県田村郡船引町「船引町母子保健計画」1998年。

福島県保育連絡会『福島の保育——白書10集——』1995年。

福島県民生委員委員会協議会・福島県社会福祉協議会『大きく広げよう子育て支援の輪』1998年。

藤本浩之輔「プロローグ」,藤本浩之輔編『子どもコスモロジー』人文書院,1996年。

文部省生涯学習局「〈全国子どもプラン（緊急3カ年戦略）〉の概要」『教育委員会月報』第588号,1999年。

第16章　文化的環境としての地域文化の創生
——メディアトライブ形成による表象空間の再編成を中心に——

辻　みどり

1　「地域文化」を文化的環境として考える

　地域文化を，地域に点在する文化財に関する統計ではなく，地域住民の日常生活との関わりから捉えようとすると，福島県の生活文化は，都市型，郊外住宅地，農村型という，居住スタイルを反映した異なる形態が混在していると言い表すことができる。

　福島県は広大な県土の空間をもつが，高度経済成長以降都市文化が短時間のうちに流入し，情報化や高速交通網の発達に準じて都市文化の構成要素としての消費財が都市部から郊外住宅地を経て農村部へと浸透した。衣服から電化製品，情報機器，家具やインテリア，西欧風の建築様式の住宅など，生活全般にわたる消費財の浸透は，従来の生活文化とのギャップを残したまま併存し，その結果，地域におけるトポスに文化的混乱が生じている。

　この場合の文化とは，ウィリアムズ（Williams）とホガート（Hoggart）を経て分類された後，改めて概念の一致により再編された文化の二つの流れ——「古典の」美学的形式（オペラ，バレー，演劇，文学，美術）の鑑賞から得られる「美学的卓越の一基準」，すなわち私たちが呼び習わすところの「芸術文化」および「特定の生き方であり，芸術と学問の分野だけでなく，慣習や，ありふれた行動の中にも含まれる意味と価値の表現」[Williams, 1961]すなわち「生活文化」のうち，後者を主に指すことになる。

　もちろん，都市文化流入以前にも農村には農村の生活に密着した生活文化があったわけだが，都市型の消費文化に基づいた評価が定着するにつれて，農業という生産の場であり続けながら，農村文化生産の場という価値が奪われて都市文化の消費の場という側面だけが残され，都市文化の供給が不充分

であることを理由としたマイナスの評価がされ否定的な価値づけをともなう「イナカ」という言葉の烙印が押されるようになってしまったのである。

こういった評価は，福島県に限らず日本全国の，首都東京を中央とした場合の「地方」と呼ばれる地理的空間に対して適用され，基本的には東京かそれに準ずる大都市からの距離に比例して評価が下げられていった。しかし，都市文化を支持し世界へ向けて常に新しい消費文化を発信／享受しつつも，近代化の先駆者である英国では，田園生活への根強い憧憬が存続し，都市文化に対して適用するものとは異なる価値評価の基準を併存させている。

日本における地理的空間に潜むヘゲモニーの発生について，園田は「イナカ―ミヤコ関係」という関係性を切り口としながら，ミヤコを頂点としミヤコ→都会→イナカという順に示される文化的洗練度の序列が，空間に関する価値のヒエラルキーに反映されていると説明している [園田, 1994]。その際，価値基準を決定するのは都会の文化と都市住民の価値観であり，地方を文化の欠落として下位に位置づけているのだと説明している。

現在の日本の状況に当てはめて考えてみると，高度経済成長以降，情報化が進んで都市文化の情報が地方に遅滞なく伝達され，農村がはぐくんできた生活文化との地域差を明確にする一方，その差を補完する目的を果たすべく，高速交通網が張り巡らされ，その結果国土の「時間と空間を抹殺」し [Schivelbush, 1977]，都市の消費文化において文化財として位置づけられる消費財を，地方都市経由で地方の生活文化に浸透させている。消費財の流通および普及過程を反映して，東京→首都圏→地方都市→周辺部という，地理的空間のヒエラルキーが生じていると考えられる。

しかし，なぜ東京を頂点とする大都市優位のヒエラルキーが現在こうも浸透してしまっているのだろうか。個々の消費財の特性だけでなく，都市という空間のもつ魅力や文化的優位性が固定化した理由について探らなければならない。このようなヘゲモニーを追認して生活文化の向上を図るなら，限りなく都市化を推進しなければならないことになるが，都市空間が提供するアメニティの問題はここでは切り離し，地域の生活の特性を含む地域文化の見取り図を想定したうえで，その中に都市を舞台として創生される消費文化を位置づけるようにしなければならない。

第16章　文化的環境としての地域文化の創生

　地理的空間は，人間との関係性によって分節され，意味づけられたとき「場」となる[Tuan, 1974]。福島県の居住地を取り巻く豊富な自然環境は，東北ラウンドテーブル参加7県の意識調査[東北八新聞社協議会，1998]では85.6％から「東北の魅力や資産」として肯定的に捉えられているが，高速交通網の発達にともなう視覚／知覚の変容［伊藤，1989］により，山並みや農村の風景は，紙芝居の画のように，開かなくなった窓のガラス越しに飛び去っていき，人が身をもって直接空間体験したときのような奥行きと生活感を失って，固有の地名を失った均質の「日本の山村景色」におとしめられているという実態を認識しなければならない。この自然環境に意味を付与し，文化的「場」と考えることの可能性が，福島県独自の地域文化創生と関わっている。

　また，自然環境を「経済的資産」ばかりでなく「文化的資産」として認知するには，先の都市文化礼賛ヘゲモニーの構図を脱して，自然を都市型の消費文化の空白地とみることをやめて，積極的な文化の所在として認知するような，自然と人の関係性を見出すことが必要である。同じ意識調査の中で「県別に支持される魅力や資産」として福島県に該当するのは「史跡・旧跡・お城など」(36.2％)，「リゾート・観光地」(28.6％)だが，いずれも他県から来る訪問者にとっての魅力という要素が強いものばかりである。

　園田は「イナカ」の概念を，都市民にとって好ましくない空間（農地）と都市民の生活に不可欠の空間（緑地：観光地・古跡・別荘・市中の山居＝「郊外」および都市民が隠居したり逍遙したり遊山したりする「町はずれの野」）とに分類してみせた［園田，1994］が，先の意識調査の結果は，ほかならぬ地域住民が，都市民本意の空間への価値判断の基準を自らの基準として取り込み，気づかずに内在化させてしまっている様を露呈している。

　地方の住民にとって，とりわけ豊かな自然環境を日常的な文化的資源とみなすことができるかどうか――都市文化を頂点とするヘゲモニーに対立する文化的価値の体系を独自に開拓し，周知しなければ，「イナカ」という文化的欠落の烙印から逃れられない。

　「地域文化」が，基本的に地域という空間の制約を受けて創生され，はぐくまれるものであるとすれば，分析・考察する切り口は，地域そのものの変容とともに見直されるべきである。このような趣旨から，本章では，福島県の

文化に関する現状認識を踏まえて，以下の3点のパースペクティブに依拠して論じることにする。

①指標から「場」としての地域の捉え方へ

地域住民の生活時間・空間・構成要素を総合したうえで，断片化して数値化し，改めて指標という点の集合として再構築してみせる従来の統計処理的な手法ではなく，地域を連続した一つの空間として捉え，その中を移動する等身大の地域住民の行動パターンによって分節される時空＝「場」であると想定して，空間の有り様を分析する，よりリアリティのある方法へシフトする。

②芸術文化や文化財（点在）から文化的環境（ゾーン）へ

例えば，コンサートの演奏者と観客の間で，文化の供給と需要の質のバランスがとれなければ，文化は地域に定着しえないという考えが住民から出されている［福島県地域政策共同研究会，1997］ように，一点豪華主義的な文化財を導入するばかりでなく，地域住民の文化財を選ぶセンス育成，享受する側のセンス育成が，長い目で見た「地域文化」育成には必要である。

また文化のハードが地域に点在すればよいという発想で終わるのではなく，ハードとそこで展開するソフトとのバランス（美術館と展示品，ホールとコンサート）に留意しなければならない。「文化的環境」はモノとイベント等の点在によって構成されるという従来の考え方から「環境としての文化」という考え方へシフトすることになる。また，美しい街づくりこそが，文化的環境であるという考えも出始めている。

③文化の生産と文化の享受（消費）の二つの側面から地域文化を考える

これまで「地域文化」の代名詞格だった伝統工芸は，地域で生産／消費を行い住民が共有していた，日用品を中心とした生活文化であるが，ライフスタイルの変化により，消費動向が変容し，生産側が取り残される形になってしまっている。技法の保存に加えて，技術革新やデザインの改良による，同時代の生活文化への復帰の努力が間断なくされているが，これをさらに新たな生活文化の創生に高めることが望まれる。一方，現在進行形の生活文化の享受の実態を把握し，日常生活を取り巻く都市部から農村部まで浸透し文化的トポスを変えてしまった消費文化について，地域の特徴と照合しつつ考察

第16章　文化的環境としての地域文化の創生

する必要がある。

以上のようなパースペクティブに基づき，消費文化論をベースとした「モノ—ヒト関係」を切り口として，表象空間に還元される文化的環境としての「地域文化」を論じてみたい。本章では，都市における新しい消費文化の動向を分析し，県内の都市部を想定しつつ地域文化を創生する可能性について検討したうえで（第2節），福島県全体の地理的空間の文化表象再編成による，文化的環境としての地域文化創生の可能性を模索する（第3節）。

2　消費文化とユースカルチャー形成

(1)都市文化としての消費文化の意味

「ほしいものが，ほしいわ」というキャッチコピーは，1987年，宮沢りえを起用したセゾングループの年間グループキャンペーンだったが，不況下で行われた消費意識・動向世論調査［朝日新聞社，1999］でも，比較的値段が高く日用品以外で欲しいモノを尋ねた設問に対して37％が「とくにない」と答えている。

こういったモノ余り現象の中では，消費財がニーズによって使用価値（機能）本意で購入されることがまれになり，代わりに，他の商品との差別化を目的としたブランドや広告に起用したタレントのイメージなどの付加価値によって消費者の欲望を刺激し，消費されるようになる。差別化のための付加価値は，モノに意味作用を与え，モノは記号として機能するようになる。記号は発信者と受信者が解読コードを共有することによって成立するため，企業は大がかりな広告戦略を用いて，製品に付与したいイメージを消費者に周知する。消費者は他の消費者との差別化を図るため，製品を購入するが，それは使用価値ゆえではなく，イメージを消費していることにほかならない。

このような消費をめぐる状況を，ボードリヤール(Baudrillard)は以下の3点に要約した［Baudrillard, 1970］。

①消費はもはやモノの機能的な使用や所有ではない。
②消費はもはや個人や集団の単なる権威づけの機能ではない。

③消費はコミュニケーションと交換のシステムとして，絶えず発せられ受け取られ再生される記号のコードとして，つまり言語活動として定義される。

　この定義に従えば，私たち消費者はモノを買うとき，モノを媒体とした記号の受信と解釈という，きわめて文化的な活動を行なっていると考えられるし，同時に消費財を所有し，展示することによって，情報を発信し，自己を表現するという文化的な活動を行なっていることになるのである。このようにして行われる買い物はショッピングというレジャーに変質しており，消費者は漠然とした期待感をもって街へと出かける。多様な品種を扱う複数の店が連なって，あたかも博覧会や美術館のように展示されている都市で，商品と出合い，欲望を刺激されて，入手する。都市は，物の質・量が高い／多いほど，消費文化の生産に寄与し高度なレジャー空間であると評価され［Benjamin, 1935］人を惹きつけることができる。

　消費者は衣服を身につけると同時に，衣服がもつイメージを身につけ，それを自分のイメージとして自己演出する。衣服を着て歩いている人は皆，複数の記号の交響曲を奏でているような案配（ときに不協和音を出す可能性もある）で，周囲の人間の解読を促していることになる。都市民は，一人ひとりが記号により自己イメージを演じる「個体情報装置」として機能し，コミュニケーション行為を行なっていると解釈される［上野征洋, 1992］。衣服を着ることにとどまらず，身につけるものすべて，アクセサリーや髪型，手にする小物に至るまで表象として表現するとき，人は，半ば意図的に，半ば無意識のうちに，アーティストのような表現者として，自らの衣服をキャンバスに，あるいはボディを彫塑のように活用しながら，パフォーマンスを演じていると考えることができる。このとき人は高度な文化の体現者ということができ，意識的に演じる人が多く集まる空間ほど，文化度が高いことになる。それはすなわち，モノを中心とした記号表象のパフォーマンスと解読の試みが交錯し，お互いの演じる／視る立場を入れ替えながら楽しむ劇場空間であるということだが，地名に適用すれば，ファッションを提供する原宿や青山，あるいはファッショナブルな人々を呼び寄せる施設を多くもつ銀座や渋谷が該当する。このように，ウインドーの中で商品の表象が呼びかけ，街路でも人々が表象を展示しながら歩く都市空間は，表象の高密度空間である。

第16章　文化的環境としての地域文化の創生

　都市空間は，インフラ，消費財，娯楽等多様な局面で最新テクノロジーの試行の場となり，道路・上下水道等の公共施設や教育，医療施設のような「基礎都市機能」に加えて，高等教育機関，大規模商業施設，コンベンションホール，美術館，博物館など「高次都市機能」の充実ぶりが都市としてのアイデンティティを形成し，この点が都市の文化の所在とされている［酒田，1991］。だが，こういったインフラのデザインを含む都市空間という器そのものが，表象になる。都市空間は，都市民が生きたドラマを演じる「巨大な劇場的装置空間」である［山本，1992］と同時に，装置としてのメディアそのものと化すのである。

　したがって，消費社会において，都市という地理的空間の文化的卓越性は，商品と消費者が演じ合う劇場空間として，また高密度な表象空間としての卓越性にあり，消費社会の価値観の枠組みが続く限り，大都市優位のヒエラルキーは崩し難いのである。しかしそれでは，消費社会においては地方に地域文化を見出す可能性はないのだろうか。

　そこでまず，消費社会のシステムの内部で，表象のスペクタクルをうち破る可能性をはらむ試み（次項）を紹介したうえで，システムを活用しつつ速度の要素に抵抗してシステムを遅延させ脱却を試みる提案（第3節(1)）をした後，システム内部で表象の読み替えを利用した都市文化ヘゲモニーの脱却（第3節(2)）と対抗ヘゲモニーの創案を論じていきたい。

(2)消費行動をベースとしたメディアトライブ形成と都市空間の再編成

　若者の概念が広がり，高校生，大学生，社会人，子育て中など多様な人生の段階が併存するが，消費する主体であり新しい傾向の牽引役となる若者の消費行動の新しい動向を考察する。消費のリーダー役を同定する研究は，マーケティングの分野の蓄積があり，「イノヴェーター」（発売より最初の2.5％の購入者を指す）あるいは「フロントランナー」（発売より10％の購入者を指す）が，主に二十〜四十代の若者を中心とした世代であるという結果が出されている［飽戸，1999］。

　また，加齢による同世代人口の推移を考えると，若者に受け入れられている意見は，以後のびる可能性が大きい［飽戸，1999］し，階級構造がみられな

い現在の日本では，ファッションリーダーからフォロワーへと流行がしたたり落ちる「トリクルダウン効果」（タルド，ジンメル）が起こるので，現在の若者よりさらに若い層が年長者の影響を受けつつ成長すれば，10年後にはメインストリームの変革を実現すると考えられるからである。

例えば若者風俗に対する小学生の関心を調査したところ［大阪児童研究会, 1997］，「やってみたい」と答えた項目には「パソコンを持つ」74.1％，「ポケベルを持つ」51.7％，「プリクラをする」40.1％，「ブランドもの運動靴をはく」35％，「茶髪にする」28.7％，「芸能人のファッションをまねる」18.8％が該当したという結果が出ている。彼らが成人に達した頃には，現代の若者は社会の中核を担う年齢に達しており，生活文化に関する社会全体の嗜好性や価値観が代替わりすると予測できる。

以上のような考えから，主に高校生と大学生の消費文化の動向について，分析してみることにする。高校生は，流行や新しい消費の担い手であり，情報化時代にあってマスメディアを通じて最新情報を入手しているが，親元や地域から離れられない状態である場合が多い（衣類などは大都市まで買いに出かけることがある）。大学生は，一時的居住者であっても，ほぼ同数の同年齢層の定員が入れ替わり居住し，大都市や帰省先との往復によって自らが消費文化の新しい情報（消費財と嗜好性＝テイストの両方）の媒体（メディア）となり，地元の高校生等の若者文化と共存しつつ，地域の生活文化の動向を決定するファクターであると考えて，積極的に考察の対象に組み入れる必要がある。彼らは先に述べたとおり，新しい傾向をマニュアル等によって情報収集しつつ，消費財を所有して街を歩くことによって「個体情報装置」（メディア）の役割を果たすとともに，視覚に入る対象人物の記号表象によるパフォーマンスを，習得したコードの知識をもとに正確に解読し，街という劇場空間の役者と観客の役をインタラクティブにこなし，文化的な「場」を成立させている。

当然のことながら，消費財は，高度経済成長時代の大衆同調型や，バブル期のような一元的なマニュアル追随型をとるのではなく，多様化，個性化し「こだわり消費」の様相をみせ，自己実現のための選別が行われていると分析されている［飽戸, 1999］。しかし，この「こだわり」と呼ばれる選別がどのよ

第16章 文化的環境としての地域文化の創生

うになされているのか,マーケティングのセグメンテーションでは説明しきれない部分を,消費財の表象機能を用いて説明してみる。

　上野俊哉は,マクルーハンによる,人間の身体を補完し拡張するものとしてのメディア(衣服,住宅,貨幣,時計,自動車,ゲーム等)の概念拡張の延長線上に,マクルーハンが予見したコンピュータネットワーク社会によって生じるグローバルヴィレッジとは逆行する,メディアによって細分化され形成される「トライブ」(文化人類学用語の「部族」)という意味で「メディアトライブ」という概念を定義した［上野俊哉, 1996, 1998］。

　メディアトライブの構成員は,上野が指摘しているとおり,商品,消費文化をその媒介(メディア)とするかぎりで,単なる市場のセグメント化,区分と変わらなくなる場合もある。例えばメディアとしてのCDを購入して聴く鑑賞者(=消費者)は,集団所属の記号となる同じ商品を共有する(消費者集団)メディアトライブを構成する。しかし,例えば「ルーズソックス」というメディアを核とするトライブが,単にルーズソックス消費者という次元を越えて,制服スタイルの加工・修正という対抗的な意味づけを含む若者文化の表象であり,彼らの価値観を意味しているように,メディアトライブは,集団形成の核となるメディアが表象するイデオロギー,文化,サブカルチャー等を,背後に包含している。上野は,あるモノへの嗜好,テイストの選択によって作られる感覚と趣味の共同体であるメディアトライブがサブカルチャーを契機に形成される時,現実の民族的,文化的,社会政治的な区分やカテゴリーを解体する可能性を提示している［上野俊哉, 1996］。

　だが,現在若者文化にみられ始めた新しい動きの兆候として,嗜好性(=テイスト)を同じくする複数のメディアを当時に取り上げて情報化する雑誌が登場していることが目につく。例えば,ヤング(メンズ)向けファッション+音楽+スポーツ雑誌の『WARP MAGAZINE Japan』[1]は,"skatesnowsurfsoundstyle"(スケートボード,スノーボード,サーフボード,サウンド,スタイル)をキーワードとした情報を提供しているが,スケートボードとパンク(ハードコア・メロコア・スカコア系の音楽とパンク系ファッション)というストリートカルチャーの系列を抜き出して編集方針の中心に据えている。また『Ollie』[2]という雑誌は,編集の柱を"Sound, Street, X-Treme"

335

と定め，エクストリーム（編集部造語）という言葉で表される，スケートボード，インラインスケーティング，BMXといったストリート系のアクションスポーツをメインに据え，それらのスポーツのファンが好む音楽とストリート系ファッションに関する記事を掲載している。一方，ヤング（女性）向けの雑誌としては，『FAMOUS』（『CUTIE』特別編集）が発刊されたが，こちらの嗜好性は，"新しいロック＆ファッション誌"と説明されている。三誌とも，想定読者層を明確に絞り込んだ専門性をもちつつ，ファッションと音楽（とスポーツ）という異なる分野にわたる総合誌である。

この雑誌の傾向は，複数のメディアを共有する，いわば「複合メディアトライブ」が，偶発的な重複というばかりでなく目的意識をもって絞り込みつつ編成されている実態を反映している。ファッションと音楽は，若者文化の主要な構成要素であり，自由裁量がきく予算を（あるいは予算などないままアルバイトしたり資金提供を受けたりして補充しつつ）存分に充当できる項目である。ちなみに，同様に主要な構成要素でありながらも，ゲーム（テレビゲーム，ゲームセンター），映画，マンガは，内部でのセグメント化が起こりにくく，一元化した動きをみせる点が異なる。

過去の「複合メディアトライブ」の例として挙げられるのは1960年代英国のモッズ[3]（Mods）や70年代後半英国のパンク[4]（Punk）といった，ストリートカルチャーの歴史に出現した「族」であるが，独自の音楽の傾向に加えて，ミュージシャン，聴衆双方が同じスタイルのファッションに身を包み，生活信条を共有していた点が特徴的である。

「複合メディアトライブ」の出現は，都市における消費文化にどのような変化をもたらすのだろうか。まず，メディアトライブは，可能な場合には表象をもつモノそのものあるいはデザインを創造したり，所有したりする。純粋な創造が行われない場合には，モノに付着していた従来の表象の新しいコード体系を創出し，再編する。さらに新しいコード体系の下に，複数のモノを選別し所有する。こうして市場に出現する消費財を断片化，収集，新しいコード体系に従って再構成する（以上をもって「サンプリング」作業となる）点で，消費文化の分布に大きな変革をもたらす。

すなわち，トライブの表象コード体系に依拠して所有されるモノの表象に

第16章　文化的環境としての地域文化の創生

よって所有者を特化するのが「メディアトライブ」であるが，「個体情報装置」である都市住民のパフォーマンスに応じて，劇場空間となる都市空間が，メディアの表象する新しい基準で分節されることを意味している。

　従来の消費文化は，年齢や性別，収入や社会的地位を基盤とした消費動向によってセグメント化され，それぞれのセグメントに対応した品揃えを準備した商店が偏在して，セグメントに対応したショッピングゾーンを形成し，その棲み分けが，街づくりにつながっていた。舶来品を扱うデパートや高級品を扱う老舗が，品格ある文化的ゾーンを形成し，よそ行きの服を着て訪れる消費者も加わり，その一帯は独特の雰囲気を漂わせていた。これが，例えば東京銀座や，全国各地に散在する「銀座」という文化的「場」の意味である。ところが「複合メディアトライブ」の形成は，従来の消費文化の分節を，新しいコード体系で再編する。既存の商店の配置から一店ずつピックアップして動線を描くのでは非効率的なうえ，トライブ形成に関与しない店の混在がショッピングというレジャーを妨げるため，トライブ対応した「場」を形成しやすいファッションビルが新しい劇場空間として浮上する。

　しかし「メディアトライブ」を形成する核となるメディアは，導入当初は明確に定義されるが，複数のメディアを巻き込む「複合メディアトライブ」へ発展し，かつトライブの拡張とともにトライブの下部組織としてサブ・トライブ分化が行われるとき「メディアトライブ」は限りなく細分化され，一般的な「大衆」へと拡散していく可能性がある。

　また，メディアが流行のサイクルによる表象と同調する場合も考えられ，ヒットチャートの上位に登場して素早く陳腐化する最近のヒット曲と同じシステムに乗せられ，「瞬間大衆」としてのトライブを形成した後，一般大衆の中に消散する過程も予測される。このような場合，メディアトライブは，集まり散じる暫定的な性格を基本的に備えることになる。なぜなら，流行の本質は，現在のモードとの差別化を永遠に続けることにほかならないからである。

　「メディアトライブ」は，若者文化に根ざし，かつ流行現象を含んでいる以上，大衆化，保守化傾向の兆しと同時に解消するか，小規模化するはずである。このようなトライブ形成に寄与するような消費文化の創出を担うには，

同様に一過性のモノ製造や品揃えの体制で臨まなければならない。かつて西武セゾングループが広告を核とした「生活文化総合プロデュース」を行い，渋谷の街をPARCOを中心に再開発した後，西武池袋店横に，新店舗P'PARCOを開設しインディーズブランドを吸収することによって，メディアトライブへの対応を図りつつ消費文化創生の「場」を守った例がある。しかし，商業的な成功の裏で都市空間が広告の舞台装置となり，結局渋谷の一部が「若者の街でなく若者を対象とした企業の街」「バーチャル・リアリティ・タウン渋谷」［難波，1996］に変容していたという弊害もある。

　だが，人々が記号表象によるパフォーマンスを演じる舞台を提供することによって，消費文化創造を促すことも可能である。例えば最近のメディアトライブによるパフォーマンスの例として，小規模なライブハウスを特定の時間利用して開催する「パーティ」が挙げられる。ヒップホップ系およびテクノ系の場合があるが，メディアトライブ内での伝達を想定して限定された場所に置かれた「フライヤー」と呼ばれる情宣ビラによって開催が周知され，機材を備えた器でしかない小ホールでDJの演奏とライトやスモーク等の効果演出のなか，フロアーでは客がダンスというパフォーマンスをしつつ，パーティの時空を共有する一種のイベントである。

　先に言及した過去のメディアトライブは，たとえ「パンク」のように社会状況への「否」を突きつけ音楽・ファッション両面でスタイル（様式）の破壊を図った集団にしても，そのメディアが表象の対抗的な意味を弱められた形で記号として市場に回収され，消費社会のシステム延命の活性剤にされてしまった経緯［Hebdige, 1980］がある。ヒッピーにしてもパンクにしても，メディアトライブがもちうる表象創生による従来の表象体系（保守化している文化）への対抗的意味合いは，常にシステムへの回収が運命づけられるとされる［Baudrillard, 1970；柏木，1998］。

　それに対して，音楽表現の手続き上，サンプリングを用いて常に即興的に音の素材を断片化・収集・再構成し続け，聴衆ではなくダンスという行為によってパフォーマンスの一端を担うことを期待される客（かつオーディエンス）との一回性のコラボレーションが展開するなら，テクノ系のパーティとは，生産と消費のサイクルを短絡させコード体系の固定化を妨げることによ

りシステムへの回収を逃れる一つの可能性と考えることができる。

　同時に，記号表象の演出に加えて文字通りのパフォーマンスを演じるという意味で，ほかならぬ文化の創生が行われることになる。消費文化論の概念に沿ってこの考え方を拡大すれば，メディアトライブが，独自のそして最新ファッションに身を包んで集合して演じるイベントおよびその舞台空間を提供することは，地域の都市型空間における文化創造に展開する可能性につながる。

3　ライフスタイルによる表象空間の再編成と文化的環境の創生

(1)「メディアトライブ」概念の拡大とライフスタイルの形成

　「メディアトライブ」の核となるメディアが，特定の嗜好性（＝テイスト）によって選別され，そういったメディアの複合が，その人のファッションや行動様式，ライフスタイルを決定するなら，ハビトゥス［Bourdieu, 1979］による集団分節と言い換えることができる。先に紹介した若者文化雑誌にしても，現在は16〜23歳周辺の読者層がついているが，加齢により読者層が拡大したとき，年長グループは，固定した嗜好性（＝テイスト）に基づき，ファッション・音楽・スポーツを選別する明確なハビトゥスを備えた集団として区分できるだろう。さらに，このようなハビトゥスは，若者の場合のようにファッションと音楽ばかりでなく，生活における決定権とそれを保障する経済力の発生にともない，食事，インテリア等，生活のさまざまな局面の選択に適用され，それらのネットワークとしての長期的なライフスタイルが編成されるのである。

　このような動向を反映し，ガーデニングやカントリーをキーワードとしてファッション＋住環境＋食生活を縦割りにして編成した雑誌や「脱都会派の快適ライフスタイルマガジン」『田舎暮らしの本』のように，ライフスタイルの選択とそれに基づく生活創生を前提とした雑誌がすでに発行されていることは，若者のみならず大人を巻き込んで生活全般に及んで，嗜好性（＝テイスト）に基づく再編成が着実に始められていることを窺わせる。嗜好性（＝

テイスト）主体になるが，生活をとりまく消費財がメディアとして表象機能を果たすことに変わりはない。

　消費文化論でいう「ディドロ効果」[McCracken, 1988] は，消費を「相関パターンのある現象」として捉え，消費の選択と組み合わせの際に，消費財は何らかの共通性もしくは統一性によってリンクされ，事物はハーモニーもしくは一貫性をもつ，という理論である。この説は，個人の消費行動を起点とし，それが当人のライフスタイル・コンセプトの統一性を求める行動へと展開することを示唆しているが，この概念の延長線上に，個人のライフスタイルから地域のライフスタイルの調和を求める行動，個別の消費文化の在り方と地域の消費文化の在り方の調和を求める行動，その両者をリンクする，消費文化と他の生活文化との調和を求める行動などを推察することはむずかしくない。

　複数のメディアトライブの出現について，上野俊哉はフランスの社会学者マフェゾリ (Maffesoli) を引用しつつ「それぞれの小集団は自らを絶対的なもの（とりかえのきかないもの）として位置づけ，互いのライフスタイルにおいて対立しあう一方で，同時に異なるライフスタイルの間に，一種の「多文化主義」を成立させ，相対的な安定を築くことができる」と説明している [上野俊哉, 1998]。とすれば，個別のライフスタイルをもつ複数の集団が，一定の地理空間の中に棲み分けつつ共存することも可能だということになるだろう。

　多様な嗜好性に基づいた「複合メディアトライブ」が登場し，しかも継続性をもち始めた場合，消費のシステムは分散するとともに，サイクルが遅延し，拘束力を弱めることになる。前述したテクノ系の「パーティ」と対照的であるが参加者による記号表象のパフォーマンスである点は，同様である。嗜好性の傾向によっては，パフォーマンスの場が都市空間を離れて，郊外住宅地や農村に，山岳地帯に拡大する。日常生活を彩る消費財や行動様式を演出する生活が行われたとき，生きることが文化の創生となり，文化が日常生活という俗事の対極に置かれる特殊な存在であることを終え，日常生活への拡散の中に解消していく。ここに，都市以外の地理的空間が，文化的環境として認識され，しかも表象の戯れに終わらない，地に足のついた「文化的生活」の実践が実現する可能性がある。

第16章　文化的環境としての地域文化の創生

(2)新しい表象空間の創生と都市文化ヘゲモニーからの脱却

　住民にとって，居住空間の表象空間としての密度が文化の度合いを示すとすれば，工業地帯や農地は，生産の場であるにもかかわらず表象の質・量の低さ（少なさ）により文化の空白地帯と解釈される。また，山岳地帯のように，地域住民との関係性が希薄な生活文化の空白地帯は，表象も単調であり，文化的であると認められ難い。

　商業地区でなくとも，橋や道路のようなインフラを含む建造物・建築物が，デザインの美しさで景観美化に貢献するとともに，デザインがもたらすイメージにより，表象空間構築に寄与した例もあるが，表象空間を密にするには，表象としての意味を付与し，その解読コードを人々に周知することが必要である。例えば，エッフェル塔は建設当初醜い工業製品とみなされていたが，詩の題材として取り上げられ，文化的表象としての認知とともに詩のテクストに内包された意味の付与が行われた後に，文化的存在として認められるようになった。

　身近な例でいえば，庭造りは空間に意味を付与して住民との関係を構築していく行為であるが，ここ数年間に新興住宅地の開発にともなって街そのものが旧市街地と異なる雰囲気をもつようになったり，農村や山岳地帯にハーブガーデンが次々とオープンし，福島の空間を「イナカ」から「カントリー」に塗り替えるという現象が起きている。「カントリー」はもちろん辞書的な意味では「田舎」のことだが，同じ地理的な空間でありながら「イナカ」や「農村」とも異なるイメージをもつ場が展開すると考えたほうがよい。

　それは，とりわけ高度経済成長と海外旅行ブーム（1982年頃）以降，またその後の南仏プロヴァンスブーム（94年），自然食ブームを経て，ハーブという植物およびハーブのある生活が，新しい意味作用をもつようになったからである。ハーブを入手することは，例えば『大草原の小さな家』『赤毛のアン』『ピーターラビット』のイメージを入手することにつながる。これらの作品は，翻訳出版ブーム，TVドラマ放映，キャラクターグッズ発売等の機会を捉えて女性ファッション雑誌のグラビアページで取り上げられ，海外旅行＋生活文化を彩るモノ＋登場人物の人柄といった切り口で繰り返し紹介された。

キルトとハーブはなかでも重要なアイテムである。ピアノを所有することは，山の手の生活のイメージを所有することであると上野千鶴子は看破した［上野千鶴子，1987］が，ハーブの入手は，ブランド物による記号操作に慣れた世代が家庭に入った後，温かい家庭の表現としての記号を取り込もうとした試みだといえるだろう。この表象は，温かい家庭，公害，交通悪化，高度経済成長の裏の悪の露呈等への反動を反映した，都会化されていない時代の社会，女性にとって苦難の社会から隔離された，少女時代の追想などを，前出の文学テクストの作品世界に依拠しつつ，表している。

　反都市文化という意味では，「カントリー」ブームは，産業化進展の反動として19世紀英国に起きた田園回帰に近い意味合いをもっている。英国の現象では，機械文明に反対し中世の文化復興を目指したゴシックリバイバルや，労働形態としてのギルド復活，植物等自然のモチーフのデザインへの取り込みなどがあり，全体としての田園生活願望が定着した［Wiener, 1981］。英国における田園空間の価値評価の高さに比して，日本の「イナカ」の評価は惨憺たるものだが，その点「カントリー」ブームは，農村や山岳地帯に新しい肯定的な価値を与える役割を果たしている。

　しかし，日本における「カントリー」ブームは，都市対田舎の対立概念からダイレクトに引き出された概念ではなく，英国文化経由で輸入され，しかも田舎ではなく「カントリー」である点に注目しなければならない。先に述べたように「カントリー」は「カントリー」の表象をもつメディアで満たされた表象空間であり，メディアの出所は，日本の農村文化ではなく，英国田園文化である。これはいわば，バブル時代の海外旅行ブーム，歴史的・伝統的文化の取り込みによる高度な卓越化，海外ブランド競争の延長線上に位置づけられると考えなければならない。ここでは都市の消費文化に対立する概念が実現しているのではなく，むしろ消費社会の差別化システムを促進した結果として，都市文化ヘゲモニーの新しい頂点に位置づけられるに至ったのだと説明される。

　したがって「カントリー」という価値の「発見」は，農村の生活文化の復活ではなく，英国ブームに基づいたコード体系の認知による，表象の読み替えである。表象の空白地帯に豊穣な表象を与え「文化的環境」を創生するこ

とではあるが，意味の付与が地理的空間の内発的なものでない以上，日本全国気候条件がハーブ生育に適合する地域に，均質な「場」が登場するのを妨げることはできない。また消費のシステムのサイクルに組み込まれていることから，新たな差異化のアイテムが登場すればブームが去ることも想定しなければならない。しかし「カントリー」という表象が現代社会のシステム下で疲弊した人間に対する「いやし」という補完的機能をもちうること，また表象空間でありながら，記号表象のスペクタクルの裏でハーブという作物の生産が行われる地に足のついた生産の場たりうることは，地域にとって歓迎できる要素である。

(3) 都市文化ヘゲモニーに対抗するヘゲモニー創出の可能性

最近顕著な現象として，新たな「Ｉターン」(農民化現象)が起きている。消費者の役を担ってきた都市住民が，生産の場(農業)へのコミットを試みるのは，不況によるリストラが原因であるとする見方もあろうが，雅びであろうと所詮差異化の表象の戯れの永久運動にすぎない消費文化のヴァーチャルな空間から脱却し，生命がはぐくまれる確かな手応えの心地よさを思い出しつつあるのだと深読みすることもできるだろう。表象の疎らな空間そのものを，エキゾチックな新たな表象として差別化し，表象空間に読み替えさせることも可能である。

松野[1996]は，フィッシャーのネオアーバニズムを紹介しながら，農村的生活様式―都市的生活様式という従来の対立の図式から解放され，情報・通信ネットワークや交通アクセスを前提としアメニティ志向の生き方を追求する，両様式を融合した「地方的生活様式」の方向性を示唆しているが，福島県のように地方都市が点在しその周辺に農村や山岳地帯が迫る地理空間においては，空間全体の均一な都市化は不可能であるが，逆に，都市部と山岳地帯を短時間のうちに移動することによって，都市と農村・山岳地帯の両方の文化的環境を日常的に享受することが可能である。双方の環境の特性を活かす嗜好性(＝テイスト)に基づいたライフスタイルを発掘するとともに，そのスタイルを望ましいイメージとするコード体系を周知することによって，福島県の県土に新たな意味の付与を行い，都市と農村・山岳地帯を複合した

文化的環境を是とするヘゲモニーを創出できるのではないだろうか。

　住民が嗜好性（＝テイスト）をベースとしたライフスタイルを核として主体的に生活を営むとき、生活は文化的営みとなり、居住空間は文化的環境として再編成される。この考え方が都市部ばかりでなく、福島県の広大な県土を占める農村や山岳地帯でも適用され、さらに独自のテイストによる空間との関わり方を開拓できたとき、都市文化を頂点としたヘゲモニーを解体する文化的価値が個々の空間に見出されるだろう。

　しかし、そもそも文化的意義を見出す努力をしていないことに留意しなければならない。眠れる文化資産を掘り起こしつつ、「トポフィリア（場所愛）」［Tuan, 1974］を形成することが手始めに求められる。

注

1）『WARP MAGAZINE Japan』トランスワールド社発行、1996年創刊、発行部数公称30万部。読者層は16〜22歳。読者層の加齢あり。うち男性が7割。
2）『Ollie』ビー・ドリーム編集、1996年創刊、発行部数公称25万部。読者層15〜23歳。スポーツ関連記事への関心は10代後半がメイン。ファッション関連は22〜23歳がメイン。読者層は加齢せずに一定年齢が入れ替わっている。うち男性が7割。地方の売り上げが首都圏より目立つ。
　　　ファッションを主流に置きつつ文化の動向全般を網羅した雑誌は『マリ・クレール』のような雑誌のほかにも『ミセス』『家庭画報』等、女性誌に多くみられたが、情報の切り口は想定読者層の年齢かライフステージで輪切りにされているのが通例であった。
3）モッズは、モダン・ユースの略。1960年代英国の「族」で、ファッション（スリムなスーツとアーミーパーカー）、音楽、スクーターが主なメディアである。
4）パンクは、1970年代後半ニューヨークとロンドンにほぼ同時発生したが、英国のパンクは若者の失業者数増加など社会状況への「否」を核としている。メディアは音楽とファッション（安全ピン、剃刀や裂け目等のモチーフ）。

参考文献

飽戸弘『売れ筋の法則――ライフスタイル戦略の再構築』ちくま新書、1999年。
朝日新聞社「消費意識・動向世論調査」『朝日新聞』1999年4月25日。
伊藤俊治『ジオラマ論』リブロポート、1989年。

第16章　文化的環境としての地域文化の創生

上野千鶴子『〈私〉探しゲーム——欲望私民社会論——』筑摩書房，1987年。
上野俊哉『シチュアシオン——ポップの政治学——』作品社，1996年。
——「アーバン・トライブとは何か？」『10＋1』第13号，INAX出版，1998年。
上野征洋「都市の持つ情報と人間行動」，栄久庵憲司監修，ボイスオブデザイン編『都市とデザイン』電通出版事業部，1992年。
大阪児童研究会「アンケート調査」『朝日新聞』1997年3月1日。
柏木博『ファッションの20世紀——都市・消費・性——』日本放送出版協会，1998年。
北澤裕「消費・レジャー・ポストモダニゼーション」，桜井洋編『ライフスタイルと社会構造』日本評論社，1996年。
酒田哲『地方都市・21世紀への構想』日本放送出版協会，1991年。
園田英弘『「みやこ」という宇宙——都会・郊外・田舎——』日本放送出版協会，1994年。
東北八新聞社協議会主催「東北ラウンドテーブル7県県民意識調査」『福島民友』1998年6月16日。
難波功士「広告化する都市空間の現在」，吉見俊哉編『都市の空間　都市の身体』勁草書房，1996年。
福島県企画調整部企画調整課『芸術文化創生・振興のための新たな機能に関する基礎調査報告書』1996年，115～122ページ。
福島県地域政策共同研究会『若者が地域に求める文化とは何か——若者の多くが住んでみたいと思うような地域づくりへの提言——』1997年（辻執筆担当箇所：2～43ページ）。
松野弘「地域社会の変容と形成——地域社会の変容過程と地域社会形成のための現代的視点——」，桜井洋編『ライフスタイルと社会構造』日本評論社，1996年。
山田登世子『メディア都市パリ』青土社，1991年。
山本健太郎「浮遊する都市の生活装置」，栄久庵憲司監修，ボイスオブデザイン編『都市とデザイン』電通出版事業部，1992年。
李孝徳『表象空間の近代——明治「日本」のメディア編制——』新曜社，1996年。
Baudrillard, Jean, *La Société de Consommation ; Ses Mythes, Ses Structures*, Gallimard, 1970.（ボードリヤール，今村仁司・塚原史訳『消費社会の神話と構造』紀伊国屋書店，1979/1993年）。
Benjamin, Walter, "Paris, die Hauptstadt des XIX. Jahrhunderts", 1935, *Werke Band 6*, Suhrkamp Verlag KG., Frankfurt.（川村二郎・野村修訳／編集解説『ベンヤミン著作集6』晶文社，1975年）。
Bourdieu, Pierre, *La Distinction ; Critique sociale du jugement*, Minuit, 1979.

(ブルデュー，石井洋二郎訳『ディスタンクシオン I・II』藤原書店，1990年)。

Hebdige, Dick, *Subculture ; The Meaning of Style,* 1980. (D.ヘブディジ，山口淑子訳『サブカルチャー——スタイルの意味するもの——』未来社，1986年)。

McCracken, Grant, *Culture and Consumption ; New Approaches to the Symbolic Character of Consumer Goods and Activities,* Indiana Univ. Press, 1988. (G.マクラッケン，小池和子訳『文化と消費とシンボルと』勁草書房，1990年)。

McLuhan, Marshall, *Understanding Media ; The Extensions of Man,* McGraw-Hill Book Co., New York., 1964. (マクルーハン，栗原裕他訳『メディア論』みすず書房，1987年)。

Schivelbusch, Wolfgang, *Geschichite der Eisenbarnreise : Zur Industrialisierung von Raum und Zeit im 19 Jahrhundert,* Hanser Verlag, 1977. (シヴェルブシュ，加藤二郎訳『鉄道旅行の歴史——19世紀における空間と時間の工業化——』法政大学出版局，1982年)。

Tuan, Yi-Fu, *Space and Place : The Perspective of Experience,* University of Minnesota Press, Minneapolis, 1977. (イーフー・トゥアン，山本浩訳『空間の経験——身体から都市へ——』ちくま学芸文庫，1993年)。

―――, *Topophilia : A Study of Environmental Perception, Atitudes and Values,* Prentice-Hall, Englewood Cliffs, New Jersey, 1974. (イーフー・トゥアン，小野有五・阿部一共訳『トポフィリア——人間と環境——』せりか書房，1992年)。

Wiener, M. J., *English Culture and the Decline of the Industrial Spirit, 1850-1980,* Cambridge University Press, Cambridge, 1981. (ウィーナ，原剛訳『英国産業精神の衰退——文化史的接近——』勁草書房，1984年)。

Williams, Raymond, *The Long Revolution,* Chatto and Windus, London, 1961. (ウィリアムズ，若松繁信ほか訳『長い革命』ミネルヴァ書房，1983年)。

執筆者一覧

下平尾勲（しもひらお・いさお，序章担当）
　1938年大阪府生まれ。大阪市立大学大学院経済研究科博士課程単位取得。現在福島大学経済学部教授。著書に『地域づくり　発想と政策』（新評論，1995年），『現代地域論』（八朔社，1998年）等。

守友裕一（もりとも・ゆういち，第1章担当）
　1948年富山県生まれ。北海道大学大学院農学研究科博士課程修了。現在福島大学経済学部教授。著書に『内発的発展の道』（農山漁村文化協会，1991年），『地域発展戦略と第三セクター』（農政調査委員会，1993年）等。

末吉健治（すえよし・けんじ，第2章担当）
　1963年福岡県生まれ。明治大学大学院文学研究科博士後期課程退学。現在福島大学経済学部助教授。著書に『企業内地域間分業と農村工業化』（大明堂，1999年）等。

初澤敏生（はつざわ・としお，第3章担当）
　1962年埼玉県生まれ。立正大学文学部大学院博士課程地理学専攻中退。現在福島大学教育学部助教授。著書に『企業空間とネットワーク』（共著，大明堂，1993年）等。

安西幹夫（あんざい・みきお，第4章担当）
　1947年千葉県生まれ。上智大学大学院経済学研究科博士課程満期退学，ドイツ・ケルン大学にて経済学博士学位取得。現在福島大学経済学部教授。主要業績に，「21世紀に向けてのわが国自動車産業の企業戦略」（『日米自動車産業の経営分析』日本証券経済研究所，1995年，103～146頁）を分担執筆，„Neue Entwicklungen im Produktsmanagement der japanischen Automobilindustrie", *Customizing in der Weltautomobilindustrie—Kundenorientiertes Produkt und Dienstleistungsmanagement*, hg. v. Franz W. Peren und Helmut. H. A. Hergeth, Campus Verlag (Frankfurt und New York) 1996, S. 279ff. を分担執筆，等。

山川充夫（やまかわ・みつお，第5章担当）
　1947年愛知県生まれ。東京大学大学院理学系研究科博士課程中退。現在福島大学経済学部教授。著書に『企業空間とネットワーク』（共編著，大明堂，1993年）等。

漆崎健治（うるしざき・けんじ，第6章担当）
　1936年北海道生まれ。北海道大学大学院経済学研究科博士課程中退。現在岩手県立大学総合政策学部教授。著書に『金融機関の資産行動——金融政策の有効性——』（第三出版，1973年）等。

新家健精（あらや・けんせい，第7章担当）
　1935年東京都生まれ。東京大学大学院経済学研究科博士課程退学。現在福島学院大学短期大学部教授。主要業績に「Bayesian Statisticsの源流」『商学論集』第59巻第3号（1991年），「研究開発に関する情報経済学的視点」『創価経営論集』第18巻第3号（1994年）等。

市川喜崇（いちかわ・よしたか，第8章担当）
1963年長野県生まれ。早稲田大学大学院政治学研究科博士課程修了。現在同志社大学法学部助教授。著書に『現代の分権化〈地方自治叢書8〉』（共著，敬文堂，1995年）等。

鈴木浩（すずき・ひろし，第9章担当）
1944年千葉県生まれ。東北大学大学院工学研究科建築学専攻博士課程終了。現在福島大学行政社会学部教授。著書に『居住空間の再生〈講座現代居住3〉』（編著，東京大学出版会，1996年）等。

松野光伸（まつの・てるのぶ，第10章担当）
1945年埼玉県生まれ。法政大学大学院社会科学研究科博士課程単位取得退学。現在福島大学行政社会学部教授。論文に「過疎地域活性化と老人福祉施設整備」『行政社会論集』第10巻第2号（1997年12月）等。

清水修二（しみず・しゅうじ，第11章担当）
1948年東京都生まれ。京都大学大学院経済学研究科博士課程満期退学。現在福島大学経済学部教授。著書に『NIMBYシンドローム考――迷惑施設の政治と経済――』（東京新聞出版社，1999年）等。

兼田繁（かねた・しげる，第12章担当）
1948年岩手県生まれ。立命館大学大学院社会学研究科博士課程満期退学。現在福島大学行政社会学部教授。著書に『人間復権の地域社会論』（編著，自治体研究社，1995年）等。

中井勝巳（なかい・かつみ，第13章担当）
1951年兵庫県生まれ。立命館大学大学院法学研究科博士課程単位取得修了。現在福島大学行政社会学部教授。著書に『環境法入門――公害から地域環境まで――』（吉村良一・水野武夫編，法律文化社，1999年）等。

星野珙二（ほしの・きょうじ，第14章担当）
1945年福島県生まれ。早稲田大学大学院理工学研究科博士課程修了。現在福島大学経済学部教授。主要業績に『情報化と社会』（編著，八朔社，2000年），Criterion for Choosing Ordering Policies between Fixed-size and Fixed-interval, Pull Type and Push Type, *International Journal of Production Economics*, Vol. 44, No. 1, 等。

境野健兒（さかいの・けんじ，第15章担当）
1944年群馬県生まれ。東京大学大学院教育研究科博士課程単位取得満期退学。現在福島大学行政社会学部教授。著書に『地域社会と学校統廃合』（共著，八朔社，1994年）等。

辻みどり（つじ・みどり，第16章担当）
1955年東京都生まれ。早稲田大学大学院文学研究科後期課程単位取得満期退学。現在福島大学行政社会学部教授。論文に「TASTEと欲望のイコノロジー――ヘンリー・ジェイムズの『ポイントン邸の蒐集品』を読む」『行政社会論集』第10巻第4号（1998年3月）等。

グローバリゼーションと地域 ——21世紀・福島からの発信——
2000年5月25日　第1刷発行

編　者　　福島大学地域研究センター

発行者　　片　倉　和　夫

発行所　　株式会社　八朔社
東京都新宿区神楽坂 2-19　銀鈴会館
振　替　口　座・東京00120-0-111135番
Tel 03-3235-1553　Fax 03-3235-5910

©福島大学地域研究センター，2000　　印刷・平文社／製本・みさと製本

——————福島大学叢書学術研究書シリーズ——————

田添京二 著	サー・ジェイムズ・ステュアートの経済学	五八〇〇円
小暮厚之 著	OPTIMAL CELLS FOR A HISTOGRAM	六〇〇〇円
珠玖拓治 著	現代世界経済論序説	二八〇〇円
相澤與一 著	社会保障「改革」と現代社会政策論	三〇〇〇円
安富邦雄 著	昭和恐慌期救農政策史論	六〇〇〇円
境野健兒／清水修二 著	地域社会と学校統廃合	五〇〇〇円
富田 哲 著	夫婦別姓の法的変遷——ドイツにおける立法化——	四八〇〇円

定価は本体価格です